現代キリスト教神学

理解を求める信仰

Faith Seeking Understanding:
An Introduction to Christian Theology

Daniel L. Migliore

D. L. ミグリオリ

下田尾治郎［訳］

日本キリスト教団出版局

FAITH SEEKING UNDERSTANDING
An Introduction to Christian Theology
by Daniel L. Migliore

First edition © 1991 Wm. B. Eerdmans Publishing Co.
Second edition © 2004 Wm. B. Eerdmans Publishing Co.
This third edition © 2014 Daniel L. Migliore
All rights reserved

Japanese Edition Copyright © 2016
Tr. by SHIMOTAO Jiro
Published by The Board of Publications,
The United Church of Christ in Japan
Tokyo, Japan

目　　次

第三版への序文　7
第二版への序文　8
初版への序文　11
謝　辞　16
頻出引用文献　18

第1章　神学の営み　19

理解を求める信仰としての神学　20
神学のいかがわしき性格　27
神学の諸問題　32
神学的問いを発する方法　39
更なる学びのために　44

第2章　啓示の意味　46

啓示とは何か？　46
隠された神と啓示された神　49
客観的なものとして、また主観的なものとしての啓示　55
一般啓示と特殊啓示　59
啓示の諸モデル　64
聖書に物語られた神の自己開示としての啓示　66
啓示、聖書、そして教会　72
更なる学びのために　77

第3章　聖書の権威　79

近代文化における権威の問題　80

聖書の権威に対する不十分なアプローチ　83
　　聖霊の力によりイエス・キリストにおいて啓示された生ける神に
　　　我々を関係づけることにおける聖書の必要不可欠性　87
　　聖書解釈の諸原理　90
　　更なる学びのために　103

第4章　三位一体の神　105

　　現代神学における神の問題　105
　　三位一体論の聖書的根拠　110
　　古典的三位一体論　114
　　神論における諸歪曲　118
　　三位一体論の意味に関する言い直し　120
　　神の属性　131
　　神の恵みとしての選び　139
　　更なる学びのために　144

第5章　神の良き創造　146

　　キリスト教信仰と環境危機　146
　　創造に関する聖書の証言の読み直し　152
　　創造論における諸主題の再考　155
　　三位一体、創造、エコロジー　165
　　創造の諸モデル　169
　　創造論と現代科学　173
　　更なる学びのために　178

第6章　神の摂理と悪の不可解さ　180

　　摂理信仰と悪の現実　180
　　神学的伝統における摂理と悪　186
　　摂理と悪の再考　191

最近の神義論の諸説　195
　　三位一体の神と人間の苦難　200
　　摂理、祈り、実践　206
　　更なる学びのために　209

第7章　被造物、罪びと、そして
　　　　キリストにおける新しい存在としての人間　211

　　「神のかたち」の諸解釈　212
　　創造された人間　216
　　堕落した人間　225
　　原罪そして敵としての死の意味　232
　　キリストにおける新しき人間　238
　　更なる学びのために　242

第8章　イエス・キリストの人格と業(わざ)　244

　　キリスト論の諸問題　244
　　キリスト論の諸原理　249
　　教父的キリスト論　253
　　キリストの人格に関する古典的主張の再考　258
　　キリストの業(わざ)をめぐる古典的解釈の再考　271
　　暴力と十字架　278
　　キリストの復活の諸次元　285
　　更なる学びのために　292

第9章　文脈においてイエス・キリストを告白すること　295

　　福音の個別性と普遍性　296
　　ラテン・アメリカのキリスト論　298
　　アフリカ系アメリカ人のキリスト論　304
　　フェミニスト、ウーマニスト、そしてムヘリスタのキリスト論　310

ヒスパニックのキリスト論　315
　　アジア系アメリカ人のキリスト論　320
　　キリスト論における地域性と地球性　326
　　更なる学びのために　329

　　上巻人名・事項索引　331
　　上巻聖句索引　340

《下巻目次》

第10章　聖霊とキリスト者の生
第11章　新しき共同体
第12章　宣教、聖礼典、そしてミニストリー
第13章　イエス・キリストの決定性と宗教多元主義
第14章　キリスト者の希望
補遺A　自然神学——ある対話
補遺B　復　　活——ある対話
補遺C　政治神学——ある対話
補遺D　無　神　論——ある対話
補遺E　神学用語解説

装丁：桂川　潤

第三版への序文

この書物の第三版には幾つかの新しい特色が加えられた。先立つ二つの版の読者の方々から寄せられた質問、そして、本書をより明解なものとするために、テキスト内の少なからぬ箇所を編集し直し、補充してみたいとの私自身の願い。これらのことが本書の書き直しと再構成の作業を私に促した。今回、「キリスト教徒とイスラム教徒」と題するセクションを第13章の中に組み入れた。また新たな仮想の神学的対話（先の版に発表された三つの対話編は本書の比較的親しみやすい特徴の一つとして読者の間でも好評を博してきた）を書き下ろしてみた。各章の終わりには、更に理解を深めたい人のための参考文献リストを付し、10冊程度の書物を紹介することにした。最後に、巻末の用語集に収める用語の数もかなりの割合で増やしたことを記しておきたい。この第三版の目的は、約四半世紀前にこの本を出版した際に提示したものと変わることはない。すなわち、キリストを中心に据えたキリスト教神学の門をくぐるにあたっての明解かつ読み応えのある手ほどきを提供すること。改革派の伝統を受け継ぎつつも、同時にエキュメニカル（超教派的）な性格をそこに包み込むだけの拡がりを備えたものとすること。古典的な神学的主張と今日的な神学的主張の双方を含んだものとすること。神学的省察を、キリスト者の生、証言、奉仕といった実践的な事柄と結びつけてゆくこと。これらのことは本書にあっても目的であり続けている。

プリンストン神学大学院のクレイグ・バーンズ学長、そして素晴らしき新図書館の中に本書改訂のためのスペースを設けてくれたドナルド・ヴォルプ司書に謝意をささげたい。資料検索の際に助けてくれたケート・スケブテナス司書、また専門性を駆使して快活な援助を与えてくれた他の図書館スタッフにも感謝したい。アードマン社のビル・アードマン社長、ジョン・ポット編集長に、初版以来、本書作成のために変わらぬ援助と指導を与え続けてくれていることに、感謝したい。タイプ原稿を印刷物に変換するまでの複雑な編集作業を注意深く導いてくれたジェニファー・ホフマンにもまた。何にも

まして妻マーガレットに感謝の気持ちをささげたい。彼女は変わることのない愛と励ましをもって私を支えてくれた。更にはテキストの改良のための賢明な助言も与えてくれた。教育的な責任からはほぼ退いたものの、かなりの時間を書斎と図書館にこもって費やし続けている夫に、辛抱強く、忍耐し続けてくれていることにも有難うの気持ちを伝えたい。

第二版への序文

「すべてが変わってしまった」。この言葉は、2001年9月11日、ニューヨークの世界貿易センタービルが攻撃されて以降、日々、繰り返し聞かされるようになった。事実、あの出来事以来、たくさんのことが変わってしまった。当初の衝撃と悲しみの時を経て、アメリカ合衆国は、まずはアフガニスタン、その後イラクにおいて「テロとの戦い」を開始した。不安が蔓延し、安全面での心配がいや増しに増していった。国際秩序が根底から揺さぶられているのだ。けれども、別の次元において見るなら、何も変わっていないとも言える。変わることのなかったのは、罪と死と破壊の軛(くびき)のもとでうめき続ける世界そのものだ。その中では相も変わらず、見慣れぬ他人は恐怖を抱かれ、暴力は日常的に振るわれている。貧しき者たちと弱き者たちは忘れ去られている。もう一つ変わることのなかったものがある。それは赦しと変革をもたらす神の愛の福音に関する喜ばしきメッセージであり、イエス・キリストにおいて成し遂げられた神の和解の業(わざ)が告げる約束と力であり、普段は往々にして気づかれることはないものの、それでも確かな現実性をもって顕在する、キリストの霊から生まれるところの歓待、友情、平和を基調とする新しき世界である。

　すべての時代、とりわけ危機に瀕した時々において教会が必要とするのは、確信と明確な目的である。『理解を求める信仰 Faith Seeking Understanding』〔本書の原題〕のこの第二版において直近の過去に起こったテロ行為、そして

「テロとの戦い」と私自身が格闘している痕跡を見出すには事欠かないであろう。それでも私の中心的関心は、キリスト教神学への手ほどきの書であるこの書物を特徴づけている根本的確信、すなわち三位一体の神に関する理解、イエス・キリストとその和解の業(わざ)の中心性、そして聖霊の力によりもたらされる神との、またすべての他者たちとの交わりの生が完成されてゆくだろうことに対して抱く希望への確信を、研ぎ澄まし、拡げてゆくことにあるのだ。

　初版の序において語ったことを、今、もう一度、繰り返そう。すべての神学は、それが生まれ出ることになった信仰共同体の信仰と実践に対する批判的省察とならなければならないということである。このような仕方において教会から、また教会へと語る神学は、公共的な神学とならねばならないだろう。理解を求める信仰は、自らがゴールに到達してあるかのようなふりをする必要はない。10年以上も前のことであるが、私は「キリスト教とイスラム教における原理主義の高まり」について危惧の念を表明し、宗教を軽蔑する教養ある人々が、良きにつけ悪しきにつけ、人間の生に対して宗教的確信がもたらす多大な影響を見くびり続けることのないようにとの希望を語った。今ここで私が付け加えることのできることがあるとするなら、ただ次のことだけである。すなわち、宗教的熱情が歪んだものとなる際には、それはすべての熱情の中でも最も危険きわまりない破壊的な熱情に変質してしまうということだ。宗教的共同体は、自らが属する共同体の宗教的遺産にあって何が中心的な事柄なのかを尋ね求めると共に、その光のもとで自らの共同体の教理と実践のすべてを不断に検証してゆく責任を有しているのである。「すべてが変わってしまった」と声高に叫ばれる時代にあっても、何らの破局的な出来事が起こらぬ比較的平穏な時代にあっても、信仰共同体に課せられたこのような自己批判的責任がどれだけ重要なことであるかを示すことこそ神学の決定的とも言える営みなのである。

　批判には、もちろん、基準（尺度）が必要とされる。キリスト教会において、神学をなすにあたっての批判的かつ建設的な基準となるものは、「キリスト教の中心的メッセージ」、すなわち、人となられ、十字架につけられ、甦られた神の御言葉なるイエス・キリストの福音である。生ける御言葉であられる方は、聖霊の力によって教会の証言、その生、その奉仕において今ここに臨在される。同じ御言葉と聖霊はまた、より隠れた仕方においてではあるが、神の和解の世界を完成へともたらすべく、全被造物を通して働いてい

る。この新版において努めたことは、先に私が「三位一体論的信仰の満ち溢れる豊かさ」と呼んだところのもの、そしてそれを特徴づけているところの神、創造、和解、完成といったことに関しての関係的な理解を強化することであった。

「神学の業(わざ)は特定の信仰共同体における共同の生と分かちがたく結びつけられており」、そのような神学の営みは「信仰と祈りと奉仕の共同体の生に参与すること」と不可分であるとの見解を私は今も抱き続けている。かつてこの本の初版を特徴づけるものとして言及した「改革派の神学的遺産や傾向」に関して言えば、それらが「カトリック」や「エキュメニカル」といったことに対する代替として理解されることのないことを条件に、この版においても顕著なしるしであり続けることを望んでいる。「教派的神学」に携わる願いを私は持ち合わせてはいない。すべてのキリスト教神学者がそうであるように、私もキリスト教的神学の伝統の特定の流れの中に立っている。けれどもキリスト教神学は、その展望においてはすべからく「公同的（catholic）」であらねばならないし、またその実質においてはすべからく「福音主義的（evangelical）」であるべきだ。さもなくば、キリスト教神学ではあり得ない。

すべての章において書き直しと拡大、そして今日にふさわしいものとなるようアップデートの作業を行った。それに加えて「文脈においてイエス・キリストを告白すること」そして「イエス・キリストの決定性と宗教的多元主義」と題する二つの新しい章を設けた。同時に、神学の初学者に役立つことを願い、巻末の用語集の補充を行った。

今回もまた、学生たちや同僚たち友人たちに大いに助けられた。とりわけ博士課程に在籍する学生たち、レイチェル・バールド、マシュー・フレミング、マシュー・ランドバーグ、ケヴィン・パク、ルベン・ロザリオ・ロドリゲスに、また同僚のカールフライド・フレーリック教授とマーク・K.テイラー教授に謝意を表したい。各人、改訂版のテキスト各部に目を通し、改良すべき点を指摘してくれた。それでも残る欠陥に関しては、もちろん、その全責任は私にある。

初版への序文

　過去数十年は、キリスト教神学にとって明らかに激動の時期であった。たくさんの新しい主張、提案、そして運動がこの時期に現れた。その中でもより顕著なものとして、黒人神学、フェミニスト神学、ラテン・アメリカの解放の神学、プロセス神学、メタファーの神学といった名前を挙げることができる。またこの期間、先例のないほど、積極的にエキュメニカルな対話が試みられたし、神学的方法をめぐっても盛んに省察がなされてきた。また実践の大切さが強調され、神学と他の学問領域との間で多くの対話が試みられた。この激動の有様から、神学は極度の混乱に陥っていると診立てる人たちもいるが、私はこの悲観的な診立てには同意できない。

　そうはいうものの、この神学界の現況が危険とは無縁であるということにはならない。とりわけ神学を学び始めた者たちにとっては危うさをはらんだ状況でもあるのだ。胸躍らせるような神学的提起や神学的綱領の多様性は、混沌や考えなしの折衷主義へと容易に陥りかねない。不断に遂行し続けなければならない神学の特定の営みがなおざりにされる際には、そうした危険はいや増しに高まることになる。例えば、ある神学者は、方法論的問題に没頭しすぎるあまりに建設的かつ組織的（体系的）に神学に取り組むことの「責任を放棄する」ことに対して警鐘を鳴らしている。「神学の業(わざ)が、神学することに向けての予備作業に取って代わられることの危険性が高まりつつある」と彼は言う[1]。

　この本を著すにあたっての私の目的は、古典的な神学的伝統に対して批判的敬意を抱くと同時に、近年の神学の新しい声や主張に批判的に開かれてあるようなキリスト教神学への糸口を提供することにある。我々の時代にあって解放をもたらさんと企てられる諸神学、とりわけフェミニスト神学や黒人の神学、そしてラテン・アメリカの神学の影響が、この本全体にわたり顕

1　Theodore W. Jennings, Jr., *The Vocation of the Theologian* (Philadelphia: Fortress, 1985), 2-3.

著となることを私は願っている。それと同時に私の属する改革派の神学的遺産や傾向といったものも目立たずにはおらないであろうことを確信している。相互に批判的でありつつも同時に互恵的であるような関わり合いといったものが解放の諸神学と古典的な神学的伝統の間には成立しうるし、そのことは為すに値する営みであるとの確信を若き神学者たちにあって強めることができるなら、私の目的は充分に達せられたと考えることができよう。

　今日、神学に携わる者であるなら誰であっても自身の社会的立ち位置と自身の属する教会的文脈は自己批判的にわきまえていなければならない。私はプロテスタントの信者であり、北アメリカに住む白人の男性ではあるが、私のバックグランドや経験は画一的な WASP 像には合致しない。私のキリスト者共同体〔教会〕に関する原体験とでもいうべきものは、父が牧師をしていたペンシルベニア州のピッツバーグの町にある小さな長老派の教会において与えられた。その教会のメンバーのほとんどは、必死に生計を立てようとするイタリア移民とその家族たちであった。1960 年代の公民権運動や様々な解放の諸神学に出会う以前に、私はその教会において信仰と実践とは分かちがたきことであるとの重要な教訓を学んでいたのだ。その文脈においては、福音の分かち合い（communication）は常に神学的な事柄以上のものであったし、社会の周縁に追いやられている人々に対する配慮は常にキリスト教的ミニストリー（伝道・牧会の働き）における優先事項の一つであった。

　私の提起するキリスト教教理が、いつの時代、いかなる場所にあっても十分に通用するというつもりはない。だがそれが、全世界に広がるキリスト者共同体〔教会〕の信仰の満ち溢れる豊かさというものに対する一つの尺度の表出となっていることを願わずにはいられない。更に願うことがあるとするなら、私が努めたことは古き声と新しき声とが混ざり合う大きな合唱に耳を傾けることにあることと、私という存在は全く異なる経験や文脈に生きるキリスト者たちとの不断の対話から生じる助けや訂正を喜んで受け入れようとする者であることを知ってもらいたいということである。この学びのプロセスにおいて多くの学生たち、同僚たち、男性や女性、黒人や白人の方々、南北にまたがるアメリカ人、ヨーロッパの方々、アジア、アフリカの方々から多くの助けを与えられた。そのことに心から感謝の意を表したい。

　私の神学的営みの直接的文脈は、北米のメインライン（主流派）のプロテスタント教会に属する神学校である。今日、キリスト教教理の概要（概論）

を著そうとするいかなる試みも困難に直面せざるを得ないことは自覚しているつもりだ。しかしそのような努力を怠ることがもたらすであろう結果についても同じくらい私は自覚している。私が慣れ親しんできた北米の神学の諸学派の文脈においては、キリスト教教理を組織的に再解釈することのリスクを遠ざけることの末に待ち受けているものとは、検証されることなき正統主義の勝利、もしくは非神学的専門主義の勝利といったものでしかないのである。

　神学が持つ性格に関する幾つかの確信的事柄がこの入門書を特徴づけてくれるだろう。一つ目の確信とは、キリスト教神学、あるいはこの事柄に関して言うなら、いかなる神学であろうとも、それは特定の信仰的共同体より生じたものであり、また顕著な仕方においてその共同体に結ばれ続けるであろうということ。神学が、神学校において営まれるのか、あるいは大学において追求されるのかといったことは、ここでは問題とならない。重要なことは、神学的探究は真空状態からは生じないということである。神学的営みは、無定形の宗教的諸経験や孤立する個々人が抱く敬虔なる想像の上には打ち建てられることはない。それとは異なり、神学の業(わざ)は、神への礼拝、聖書とそれが物語る神の御業(みわざ)と御心に耳を傾けつつ、教育、和解、解放といった幾重にもわたるミニストリーに従事する特定の信仰的共同体と不可分に結ばれているのである。要するに、神学的探究は、信仰と祈りと奉仕の共同体の共なる生（教会生活）へと不断に参与してゆくことを要求しているのだ。かかる生への参与から離れては、神学はただちに空虚な営みへと変質してゆくであろう。

　この本において明らかにしようと願っていることは、また私が固く信じていることとは、神学は共同体の信仰と実践に関する批判的省察でなければならないということである。神学は、信仰の共同体によってかつて信じられ実践されてきたこと、また現在そうされていることの単なる反復ではない。神学は真理の探求であり、そのことが前提としているのは、信仰の共同体の宣教と実践は常に検証と改革とを必要としているということである。神学の批判的省察に対するこの責任がなおざりにされたり、単なるお飾り的な役割に神学が貶められる際には、共同体の信仰は、常に、浅薄さや傲慢、硬直化といった危険に付きまとわれることになる。近年のキリスト教原理主義（根本主義）やイスラム原理主義の高まりは、良きにつけ悪しきにつけ、宗教を軽

蔑する教養人にさえも、宗教への熱狂的態度が人間（人類）の生に対して重大な影響を及ぼし続けていることを納得させずにはおかないだろう。我々が生きる宗教的多元主義的世界にあっては、信仰の共同体の教理や実践に対して内側から批判的省察を加えてゆくことの重要性は見過ごしにされてはならない。

　最も決定的な事柄として心に留めるべきは、キリスト者共同体の信仰に関する批判的省察ということの中には、次の事柄が含まれているということである。すなわち包括的な神学的ヴィジョンを展開してゆくということ。それを、特定の時と場所における文化や経験や必要性との関わりにおいてキリスト教の中心的メッセージを解釈してゆくことと捉えることもできるであろう。生きることのすべての領域にわたって貫徹されつつある支配に対して徹底的に批判を加えてゆくことの必要性がますます認識されつつある今日にあって、組織神学は、神の力と臨在を三位一体論的概念において再考する営みを担っている。三位一体論的概念における再考とは、天にあって地上のすべてを支配する専制君主としてではなく、互いに与え合う愛において、また交わりを形成する愛において生き、そして行為する三位一体の方として神を理解することである。個人主義的哲学が知的に破綻しているばかりか、かえって貧しき人々を搾取し環境を破壊するようなライフスタイルに寄与するものであることが明らかにされつつある今だからこそ、神学は、関係的概念において、また共同体主義の線に沿って救済の意味を再考するよう、すなわち世界からの個々人の魂の救いとしてではなく、神との交わりや他者との連帯の内なる新たなより深い次元における自由の創造として救済を定義するよう迫られているのである。単なる理論や空疎なレトリックは、人種的不正義、政治的抑圧、環境悪化、女性搾取、核のホロコーストの脅威といった我々の時代における差し迫った危機を前にして、その無力さゆえに批判の嵐のもとにさらされているが、神学は抽象的思弁としてではなく、キリスト教信仰と希望と愛から生じ、それらに向けて方向づけられているところの批判的省察として自らを理解しなければならない。このように、創造、贖罪、完成といった神学的主題に対して関係的な理解を与えると共に、神学を実践（praxis）へと方向づけるべく改訂（再考）を施されたものとして三位一体論的神学は意図されているのであるが、かかる三位一体論的神学こそが以下に展開してゆくことになる神学的ヴィジョンの主要な構成要素となるのである。

最後に、この本における神学的主題（素材）の配列について一言述べておきたい。記述にあたっての配列は、だいたいにおいて神学の古典的な並びに従っている。しかしながら、構成においても、内容においても、意図的に三位一体論的な特徴を前面に押し出している。この書物において三位一体論に与えられている優先的な位置づけには、古典的なキリスト教神学にとってのみならず今日の解放の諸神学とその信仰にとってもこの教理は中心的な重要性を持っているとの私の確信が反映されている。神学において「キリスト論的集中」と称される事柄が長きにわたって支配的な地位を占めてきたが、今日の我々の時代のためにも三位一体論的信仰の満ち溢れる豊かさに関する主張を取り戻さなければならないだろう[2]。

　諸主題の提示にあたって唯一、新たな趣向を施した点があるとするなら、それはこの本の巻末部に、20世紀における代表的神学者たちと諸々の神学的立場を代弁する者たちの間で繰り広げられる架空の対話を収めたことであろう。対話的形式は、教育的な見地から見て学生たちの心に訴えかけるにあたって有効であるばかりか、通常の記述の仕方にはるかにまさって神学探究のヴァイタリティーや神学的議論の尽きることのない性格を理解することを可能とするであろう。

---

[2] 世界教会協議会（WCC）憲章は、「世界教会協議会は、聖書に従って主イエス・キリストを神、救い主として告白し、父、子、聖霊の唯一の神の栄光にその共通の召しを共に果たすことを求める諸教会の交わりである（The World Council of Churches is a fellowship of churches which confess the Lord Jesus Christ as God and Savior according to the scriptures and therefore seek to fulfill together their common calling to the glory of the one God, Father, Son, and Holy Spirit.）」と定めている。

謝　　辞

　多くの学生たち、同僚たち、友人たちが、この本を書くにあたって私を助けてくれた。とりわけ、草稿の全体、あるいは一部を読んで有益なコメントを与えてくれた次の方々に謝意を表したい。コーネリアス・プランティンガ Jr.（カルヴァン神学大学院、組織神学教授）、そしてプリンストン神学大学院の同僚、ジョージ・S. ヘンドリー（チャールズ・ホッジ記念組織神学名誉教授）、ヒュー・T. カー（ベンジャミン・B. ワーフィールド記念組織神学名誉教授）、ナンシー・ダフ（倫理学助教授）、それから博士課程に在籍するキャサリン・D. ビルマンとレアンヌ・ヴァン・ダイクにも。

　私はまた次の方々にも多くを負っている。ジョージ・ストループ（コロンビア神学大学院、組織神学教授）、ミヒャエル・ヴェルカー（ミュンスター大学、組織神学教授）、そしてプリンストンにおいて、様々な時期に、私とチームを組んで神学の基礎コースを教えてきたサン・ヒョン・リー、マーク・クライン・テイラー、デイヴィッド・E. ウィルキンス（いずれもプリンストン神学大学院、組織神学教授）。どれほど彼らのアイデアが私自身のアイデアを豊かなものとしてくれたことか。ここでそのことを詳細に述べるのは気恥ずかしい（私の無知がさらけ出されてしまいそうで）。

　トーマス・ギレスピー学長とプリンストン神学大学院の理事会の方々にも、研究休暇（1990–1991 年）を認めてくださったことに対して、感謝を申し上げる。この期間を使って、私はこの本を完成することができた。並外れた才能を持つ教育助手のジョー・ハーマンにも、お礼を述べたい。タイプ打ちや、その他、細々としたことで彼は私を助けてくれた。

　愛をもって支えてくれただけでなく、賢明な編集上の助言をも与えてくれた妻のマーガレットに対する感謝の気持ちは、あまりにも大きすぎて言葉では言い表せない。

　最後に、私が担当する TH01 のコースを履修してくれた多くの修士課程の一年生にも有難うの気持ちを伝えたい。彼（女）らはこの本の幾つかの章の

もととなった初期的段階における私の講義に、忍耐強く、耳を傾けてくれた。彼（女）らの質問、提案、励ましは、私にとって、常に変わることのない力と喜びの源であった。これらすべての学生たちに、感謝をもってこの本を献げる。

頻出引用文献

Karl Barth, *Church Dogmatics*, 13 vols., various translators (Edinburgh: T&T Clark, 1936-1969).〔カール・バルト『教会教義学』全36巻、新教出版社〕

The Book of Confessions, Presbyterian Church (U.S.A.) (Louisville: Office of the General Assembly, 1999).

John Calvin, *Institutes of the Christian Religion*, 2 vols., ed. John T. McNeill (Philadelphia: Westinster Press, 1960).〔ジャン・カルヴァン『キリスト教綱要　改訳版』全3巻、渡辺信夫訳、新教出版社〕

Luther's Works, 55 vols., gen. eds. Jaroslav Pelikan and Helmut T. Lehman (St. Louis: Concordis; Philadelphia: Fortress, 1955-1986).〔『ルター著作集』聖文舎／リトン〕

Paul Tillich, *Systematic Theology*, 3 vols. (Chicago: University of Chicago Press, 1951-1963).〔パウル・ティリッヒ『組織神学』全3巻、谷口美智雄／土居真俊訳、新教出版社〕

第1章

神学の営み
The Task of Theology

キリスト教神学は多くの営みを抱えている。このことは神学史の学びからも、またその性格と営みをめぐって多岐かつ広範にわたり展開されてきた昨今の諸理解からも明らかである。今日の神学者の中には、キリスト教神学の営みを、古典的なキリスト教諸教理を明解かつ包括的に描き出すことで十分と考える者たちもいる。他の神学者たちは、より広範な文化に通底可能なものとしてキリスト教信仰を翻訳することの重要性を強調する。また、神学を、キリスト教信仰の見地から重要なる諸問題を考察することとして広義に定義する者たちもいる。更には、抑圧された共同体内におけるキリスト教信仰の実践に向けての省察であると神学をみなす神学者たちも存在する[1]。

---

1 神学の性格と営みに関する代表的な議論について知りたければ、Karl Barth, *Evangelical Theology* (New York: Doubleday Anchor, 1964), 1-10〔バルト『福音主義神学入門』加藤常昭訳、新教出版社、2003年、7-15頁〕; Paul Tillich, *Systematic Theology* (Chicago: University of Chicago Press, 1951), 1: 3-68〔ティリッヒ『組織神学 第1巻』谷口美智雄訳、新教出版社、2004年復刊、3-83頁〕; Gustavo Gutiérrez, *A Theology of Liberation*, rev. ed. (Maryknoll, N.Y.: Orbis, 1988), 3-12〔グティエレス『解放の神学』関望/山田経三訳、岩波書店、1985年、3-21頁〕; James E. Evans, Jr., *We Have Been Believers: An African American Systematic Theology*, 2nd ed. (Minneapolis: Fortress, 2012), 1-11; David Tracy, *The Analogical Imagination: Christian Theology and the Culture of Pluralism* (New York: Crossroad, 1981), 3-98; Robert W. Jenson, *Systematic Theology*, 2 vols. (New York: Oxford University Press, 1997), 1: vii-x, 3-22; Anne E. Carr, "The New Vision of Feminist Theology," in *Freeing Theology: The Essentials of Theology in Feminist Perspective*, ed. Catherine Mowry LaCugna (San Francisco: Harper, 1993), 5-29; Wolfhart Pannenberg, *Systematic Theology*, 3 vols. (Grand Rapids: Eerdmans, 1991), 1: 1-61; Jürgen Moltmann, *Experiences in Theology: Ways and Forms of Christian Theology* (Minneapolis: Fortress, 2000), xiv-xxiv, 3-27, 43-63〔モルトマン『神学的思考の諸経験――キリスト教神学の道と形』沖野政弘訳、新教出版社、2001年、3-15, 28-53, 71-96頁〕; Rowan Williams, *On Christian Theology* (Oxford: Blackwell,

神学の営みをめぐるこれらの理解に共通しているのは、いずれも信仰と探究が不可分と考えていることである。神学は、神への信仰を問うキリスト者共同体の自由と責任から生じる。この章において私は、イエス・キリストにおいて知られる神の真理を余すところなく問い続けてゆくこととして神学の働きを論じてゆきたい。神学の営みをこのように定義することにおいて強調したいのは、神学は、伝統的諸教理の単なる繰り返しではなく、それらの教理が指向しつつも部分的にあるいは不完全な形でしか表現し得ていない真理を辛抱強く探究していく営みであるということである。絶えざる探究として、神学の精神は、教条的というよりも、問題提起的（interrogative）なものである。すなわち、神学は、問うことと問われることに対して心構えができていることを前提としている。失くした硬貨を捜し求める婦人のように（ルカ 15:8）、神学の働きは不屈の情熱を要求するものであるが、そのことの報いとして与えられる喜びは大きなものである。

理解を求める信仰としての神学

　ある古典的な定義によれば、神学は「理解（知解）を求める信仰」（*fides quaerens intellectum*）と理解されている。無数のヴァリエーションの存在するこの定義は長きにわたる豊かな伝統を持っている。アウグスティヌスはその多くの著作において「私は理解せんがために信じる」と語っている。アウグスティヌスによれば、神認識（神を知ること）は信仰を前提とするが、その一方で、信仰もまた絶えずより深い理解を求めてゆくのである。キリスト者は、自分たちが何を信じ、何を希み、何を愛すべきかを理解することを欲している[2]。記した時代は異なるも、「理解（知解）を求める信仰」とのフレーズを作り出したとされるアンセルムスも、信仰者は「理性を手段に信仰に至らんがためにではなく、自らの信じている事柄を理解することにより、ま

2000), 3-15; Sarah Coakley, *God, Sexuality, and the Self: An Essay 'On the Trinity'* (Cambridge: Cambridge University Press, 2013), 36-60 を見よ。

2　Augustine, *Confessions and Enchiridion*, ed., Albert C. Outler (Philadelphia: Westminster, 1955), 338〔「信仰・希望・愛（エンキリディオン）」、『アウグスティヌス著作集4』赤木善光訳、教文館、1979年、197頁〕．

たそれらに深く思いをはせることにより、喜びに満たされんがために」探究すると考える点において、アウグスティヌスと意見を共にする。アンセルムスにとっても、信仰は理解を、理解は喜びをもたらすものであったのである。「ああ神よ、我は御身を知らんがために祈り、御身において喜びに溢れんがために御身を愛す」[3]。アウグスティヌスとアンセルムスを継承する伝統に立ちつつ、カール・バルトは、神学は、信仰、そして共同体〔教会〕の実践を「その永続する土台であり、目的であり、内容であるところのものの光のもとで検証し、熟慮を重ねつつ」、考え直してゆく営みを負うと考えた。「『理解を求める信仰』としてのその特有の性格こそが、神学を無分別な同意とは区別するのである」[4]。

　これらの神学者たちに、また古典的な神学的伝統一般にも共有されている確信は、キリスト教信仰は探究を促し、より深い理解を求め、大胆に問いを発する性格を持つということである。神をより深く理解しようとする探究を終わりにすることなどできようか？　「神がいかなる方であるのか、また神は何を欲しておられるのかということを私は正しく知っているだろうか？」との問いを発する勇気が欠如する際にもたらされる結果とはいかなるものであろうか？　マルティン・ルターによれば、「あなたの心がしがみつくところの方、またあなたの心を委ねきることのできる方が……まことにあなたの神なのである」[5]。ルターは更に説明を続ける。我々の神は、実際には、お金、所有物、名声、家族、国家であるかもしれない。神を信じると言う者たちが、自分たちの心が本当に執着しているものは、唯一まことの神であるか、それとも偶像であるかと問うことをやめてしまう際に、いかなることが生じるだろうか？　と。

　キリスト教信仰は、実際にはイエス・キリストにおいて知らされる自由な

3　*St. Anselm: Proslogium; Monologium; An Appendix in Behalf of the Fool by Gaunilon; and Cur Deus Homo*, trans. Sidney Norton Deane (La Salle, Ill.: Open Court Publishing Co., 1951), 178, 33〔「神はなぜ人間となられたか」「プロスロギオン」、『アンセルムス全集』古田暁訳、聖文舎、1980 年、448, 179 頁参照〕.

4　Barth, *Evangelical Theology*, 36〔バルト『福音主義神学入門』加藤常昭訳、新教出版社、2003 年、40 頁参照〕.

5　Luther, "Large Catechism," in *The Book of Concord*, ed. Theodore G. Tappert (Philadelphia: Fortress, 1959), 365〔「大教理問答書」福山四郎訳、『ルター著作集 第一集第 8 巻』聖文舎、1983 年、386 頁参照〕.

る恵みの神への信頼と服従である。キリスト教神学とは、この同じ信仰が問いを発する際の、そしてそれらの問いに対して少なくとも暫定的にでも答えを見出さんと格闘する際の様式(モード)なのだ。まことの信仰は、この世界を生きることに疲れた者たち向けの鎮痛剤でもなく、生をめぐる深遠な問いかけに対するかばん一杯に詰め込まれた出来合いの答えでもない。そうではなくて、イエス・キリストにおいて知らされた神への信仰は、探求を開始する。また、物事の現状を受容する傾向に戦いを挑み、神や世界、また我々に関する無批判な考えに疑義を呈するのである。このことからも明らかなように、真理探究に対する無関心や恐れ、あるいは真理を全きかたちで把握していると主張する傲慢さとは、キリスト教信仰は無縁である。まことの信仰は信仰主義（fideism）とは区別されなければならない。信仰主義は、探究を止め、ひたすら信じなければならない地点に到達することを主張するが、信仰は、求め、そして問い続けるのである。

　神学は、いまだ部分的にしか把握されていない真理に対する省察と探究と追求を触発するキリスト教信仰のこのようなダイナミズムから生じる。我々が神学と呼ぶところの理解を求めるこのような信仰の探求には、少なくとも二つの根本的なルーツが存在する。第一のルーツは、キリスト教信仰の特定の「対象」に関係している。聖書によって証言されているところの神は、我々が自由にすることのできる生命なき存在ではない。神は、生ける、自由な、活動的「主体」である。信仰とは人間の理解力を超えた神秘であり続ける生ける神を知ることであり、またそのような神を信頼することである。生ける、自由な、そして無尽蔵に豊かな神は、イエス・キリストにおいて、主権を有する聖なる愛として啓示された。この啓示において神を知ることは、神と呼ばれる神秘の無限かつ不可解なる深みを認めることである。キリスト者は、自らの信仰のあらゆる核心的主張において、この神秘に直面する。すなわち、創造の神秘、イエス・キリストにおける神の人間性、変革をもたらす聖霊の力、罪の赦しの奇蹟、神と他者との交わりにおける新しい生の賜物、和解のミニストリーへの召し出し、神の国（支配）の完成の約束といった主張においてこの神秘に出会うのである。信仰の目で見るならば、世界は神の自由な恵みの神秘によって取り囲まれているのである。

　ガブリエル・マルセルが説き明かしたように、神秘は問題とはきわめて異なる。問題が解決されうるのに対し、神秘は汲み尽くし得ぬ深みを有して

いる。問題は手の届く範囲にとどめうるのに対し、神秘は我々を包み込み、我々がそこから安全な距離を保つことを許さない[6]。キリスト教信仰は探究を促す。なぜというに、とりわけその中心にあるのが、へりくだりの僕(しもべ)のかたちをとったイエスにおいて、またそのミニストリーと死、そして復活において、神が我々の救いのために働いておられるのだという躓(つまず)きに満ちた宣言であるからだ。このように、キリスト者は、神がイエス・キリストにおいて決定的に語られたこと（ヘブ 1:1–2）を主張する一方で、理解し得ないことが多々あることをも知るのである。問いかけることが不要となる時がいつかきっと来るであろうが（ヨハ 16:23）、今ここにあっては、信仰は、顔と顔を見合わせるようにではなく、ただおぼろげにのみ見ているのであり（Ⅰコリ 13:12）、信仰の問いかけは、いや増しに増してゆくのである。

　理解を求める信仰の探求の第二のルーツは、信仰の置かれている状況である。信仰者は真空地帯に生きているのではない。すべての人と同じように、信仰者は、固有の問題と可能性を抱える特定の歴史的文脈の中で生きている。変遷を繰り返す、曖昧な、またしばしば不安定な世界は、新たな問いを絶えず信仰に突きつける。昨日にあっては十分とされた答えの多くが、今日ではもはや納得のゆく説得力を持たないこともありうるのである。

　問いは、人間として我々が知りうること、なしうることが終わりを告げる地点から発生する。それらの問いは、病気、苦難、負い目、不正義、個人的あるいは社会的な混乱や死などの危機的時期や状況の中で、とりわけのっぴきならぬかたちで我々に押し寄せる。信仰者がこれらの状況の中で生じる問題と関わりを持たなくてもよいということはない。実際、キリスト者は、そうではない者たちに比べて、自らの信仰を、自らの生や世界に起こっている事々と関連づけなければならぬがゆえに、よりひどく途方に暮れてしまうこともありうるのだ。信じる者であるからこそ、キリスト者は、信仰と生きられる現実との間でしばしば生じる厄介な矛盾を経験する。信仰者は、主権者であられる善なる神を信じているものの、悪がしばしば勝利を収めるかに見える世界に生きている。生ける神を信じる一方で、キリスト者はしばしば神の臨在よりも不在を経験する。キリスト者は、変革をもたらす神の霊の力を

---

[6] Gabriel Marcel, *The Mystery of Being* (Chicago: Henry Regnery, 1960), 1: 260-61〔『マルセル著作集 5　存在の神秘』松浪信三郎／掛下栄一郎訳、春秋社、214-15 頁〕。

信じている一方で、教会の弱さと自分たちの信仰のか弱さも身をもって知っている。神の御心に従わなければならないと知りつつも、個別の問題に関して、神の御心が何なのかを把握することの困難さも、しばしば思い知らされている。また、神の御心を知りつつも、それを行うことを拒むということも往々にして生じる。キリスト教信仰は、問いを発し、理解を求める。なぜなら神は、常に、我々の神観念よりも偉大であると同時に、信仰が住む公的世界は、無視しえぬ難題と矛盾を信仰に突きつけるからである。エドワード・スキレベークスが簡潔にまとめているように、キリスト教信仰は「我々に思考を強いる」[7]のである。

　自己満足に安住する閉じた態度を生み出すどころか、信仰は我々のうちに驚きと問いと探究心を呼び覚ます。そのことを強調することによって、我々は信仰の生と神学的営みの持つ人間的性格を明らかにするのだ。問いかける時、求め続ける時、またアウグスティヌスの言うように「真理への愛に没頭する時」、人間は開かれた存在となるのである。人間であることは、あらゆる種類の問いを、例えば「私たちは何者か？」「至上の価値とは何か？」「神はいますのか？」「私たちは何を望みうるのか？」「私たちの欠点を取り除いたり、世界を改良したりすることはできるのか？」「私たちは何をすべきか？」といった問いを発しながら生きることである。信仰の巡礼に踏み入った者は、問いかけることを簡単にやめてはならない。それは人間であることをやめることである。キリスト者であることは、問いを発し、より深い理解を求める人間の衝動を終わらせることではない。反対に、信仰の巡礼者であることは、多くの問いかけを更に先鋭化し、強め、変容させ、新たな切迫した問いかけを生み出してゆくことでもあるのだ。「神はいかなる方であられるのか？」「いかにイエス・キリストは私たちの人間性を再定義されるのか？」「神は今日の世界にも現臨しておられるのか？」「十字架につけられ復活された主に対しての責任を担う弟子であるということはいかなるあり方を意味するのか？」こうした問いが新たに問われてくるのである。イエス・キリストにおける神の恵みをいかほどでも経験した者は誰でも、その神秘をより満足のゆく仕方で知り、また世界と生のあらゆる側面をその光のもとで理

---

[7] Edward Schillebeeckx, *Interim Report on the Books Jesus and Christ* (New York: Crossroad, 1981) の序文。

解したくなるものなのである。

　哲学者デカルトによれば、真理追求の際の信頼に足る唯一の出発点は cogito ergo sum「我思うゆえに我有り」との自己意識であった。キリスト教信仰の論理は、少なくとも次の二点において、デカルト的論理と根本的に異なる。第一に、キリスト者にとっての探究の出発点は、自己意識ではなく、あらゆるものの創造主であり贖い主であられる神の現実性を意識することである。「我思うゆえに我有り」ではなく「神有られるがゆえに我有り」なのである。詩編の詩人が「主よ、わたしたちの主よ、あなたの御名は、いかに力強く、全地に満ちていることでしょう。……あなたの天を、あなたの指の業を、わたしは仰ぎます。月も、星も、あなたが配置なさったもの。そのあなたが御心に留めてくださるとは、人間は何ものなのでしょう」（詩 8:2, 4–5）と書いているように。

　第二に、キリスト教信仰や神学の探究は、神から離れて確実性へと到達しようとする試みというよりも、神への信仰から引き出されるものである。「私の存在以外のすべてのものを疑うことによって確実性を求める」のではなく、「神が我々に憐れみを示してくださったがゆえに我々は尋ね求める」のである。神を信じるなら、我々の古い考え方や生き方は、その根底に至るまで絶えず揺り動かされるだろうことを想定しなければならない。神を信じるとするなら、我々は、永住の地を持たない探求者、巡礼者、開拓者とならなければならないであろう。検証されることなき信条や日々の生活習慣にもはや満足することはできなくなるであろう。神を信じるなら、権力や富や国籍を、また我々に忠誠を強いるような民族を神と崇めることに対し、必ずや異議を申し立ててゆくことになるであろう。キリスト者の信仰は無謀な信仰ではなく「考え続けてゆく信仰」であり、キリスト者の希望は表面的な（うすっぺらな）楽観主義ではなく「十分な根拠に基づく希望」である。また、キリスト者の愛はロマンティックな純情ではなく「開かれた目を持つ愛」である[8]。

　キリスト者は、信仰の巡礼者であり続ける限り、問いを、それも答えを見

8　Douglas John Hall, *Thinking the Faith: Christian Theology in a North American Context* (Minneapolis: Augsburg, 1989); Hendrikus Berkhof, *Well-Founded Hope* (Richmond: John Knox, 1969)〔ベルコフ『確かなる希望』藤本治祥訳、日本キリスト教団出版局、1971 年〕; Jürgen Moltmann, *Experiences in Theology*〔モルトマン『神学的思考の諸経験』〕を見よ。

出すことが常に困難であるような問いを発し続けてゆく。その途上において、信仰者は、すべての問いに対する答えを見出してゆくどころか、むしろ新たな問いの一群をしばしば抱え込むことになる。これこそまさに、聖書の中の女たちや男たちが経験してきたことなのだ。聖書は、簡単に答えを与えてくれる（しばしばそのように読まれてしまうことがあるのだが）書物ではない。心して耳を傾けるなら、聖書は、以下のような恐るべき問いかけにより我々に激しく揺さぶりをかける。「どこにいるのか？」（創 3:9）、「お前の弟アベルは、どこにいるのか？」（同 4:9）、「（貧しい人、乏しい人の訴えを審くこと）こそ、わたしを知ることではないか？」（エレ 22:16）、「あなたがたはわたしを何者だと言うのか？」（マコ 8:29）、「わが神、わが神、なぜわたしをお見捨てになったのですか？」（マコ 15:34）。答えがたき問いを発するのを止める時、信仰は非人間的で危うきものとなる。問うことなき信仰は、イデオロギー、迷信、熱狂主義、自己欺瞞、偶像崇拝へと転落する。信仰は、情熱的に、ひたすら理解することを求めてゆく。さもなくば、信仰は衰退し、容易に死に絶えてしまうのである。信仰が不断に問いを発し続けることであるとするなら、キリスト者共同体の神学的営みとは、そうした問いを追求し、生きた問いとして保ち続け、忘却したり抑圧されたりすることから防ぐことである。人間の生が人間らしさを失うのは、すべてのことに対する答えを持たない時ではなく、真に重要な問いかけを発する勇気を失う時である。そうした問いが発せられることを擁護することによって、神学は、信仰共同体に仕えるのみならず、この世にあって「人間の生を人間らしいものとし、そのようなものに保ち続けるという、神のより広範な目的」に仕えるのである[9]。

　私が描き出してきたような神学的問いは、我々の恐れから生ずる抵抗に不断に直面することになる。生の他の領域において問いを発することには慣れているものの、信仰の事柄において波風が生じることには我々は恐れを抱きがちである。いまだかつて旅したことのない道行きへと誘い導くような問いを我々は恐れる。神や神の目的を深く問いかけてゆくことにより、我々の思考や信仰や人生のうちに混乱の生じることを恐れるのである。もし問いに対する答えが見つからなかったら、全き絶望の中に立ちつくすしかないのでは

9　Paul Lehmann, *Ethics in a Christian Context* (New York: Harper & Row, 1963)〔レーマン『キリスト教信仰と倫理』古屋安雄／船本弘毅訳、ヨルダン社、1992 年〕, 112.

ないかと恐れる。こうした恐れのあまりに、我々は信仰を、より深い理解のために解き放つことなく、むしろ、狭い領域に閉じ込め、退屈かつ無意味なものにしてしまうのである[10]。

　神の全き愛に対する信頼のみが、我々の執拗な恐れを克服し（Ⅰヨハ4:18）、自由な神学的営みに従事する勇気を与えることができる。神学は、祝福を欲し、天使と組み打ち、足を引き摺りながら立ち去っていったヤコブの姿（創 32:25 以下）に比すべき、挑戦と格闘を続ける不屈の探求であり、追求のプロセスである。理解を求める信仰としての神学は、神の自由な恵みと甦りの力の美しさに光を当てることにおいて、多くの喜びの瞬間を与える。だが、それは同時に深淵をのぞき込ませもする。イエス・キリストの十字架を、また神の不在と陰府の力が勝ち誇るかのような十字架のかげりを帯びた人生の諸経験を一瞬たりとも忘れるなら、神学は責任ある神学であることをやめてしまうであろう。このことこそが、神学者となるために支払わなければならない代価に関するルターの衝撃的宣言の意味するところである。ルターは言う。「人が神学者となるのは、生きることによって、否、それ以上のこと、すなわち死ぬこと、そして地獄行きを定められることによってなのである。それは知識を習得したり、書物を読んだり、思弁にふけることによってではない」[11]。

神学のいかがわしき性格

　キリスト教信仰が思考することへと導いてゆくと言っても、キリスト者であることは、たとえ教会の教理に関することであっても、思考することだけで尽きるようなものではない。キリスト教信仰は、思考することを超えて、行為することへと我々を導いてゆく。信仰は、歌い、告白し、喜び、苦しみ、祈り、そして行為する。信仰と神学が考えることだけに終始する際には、そ

10　神学の学びにおいて「恐れ」の果たす役割に関する啓発的な議論を知りたければ、F. LeRon Shults, *Reforming Theological Anthropology* (Grand Rapids: Eerdmans, 2003), 70-76 を見よ。

11　ヴァイマール版ルター全集 5.163.28。Jürgen Moltmann, *Experiences in Theology*, 23-24〔モルトマン『神学的思考の諸経験』50 頁参照〕で引用。

れらはきわめていかがわしきものとなってしまう。信仰が求める理解は、思弁的な知識ではなく、生と実践を照らすような知恵であるからである。ジャン・カルヴァンが説明するように、まことの神の知識は礼拝と奉仕から切り離すことはできない[12]。信仰は、知性によって知りうることを欲するだけでなく、全人格的に享受され実践されることを欲する神の真理を求める。思慮に充ちた信仰としての神学は、神と隣人とに奉仕することに由来し、そこへと回帰してゆくのである。

　度を超した神学なるものが疑いもなく存在する。より正確に言うなら、重箱の隅をつつくような、アカデミックな迷路にはまり込んでしまった、不毛で抽象的な神学というものが存在する。そのようなものとなる際には、神学は、神の審きのもとに置かれるのである。預言者アモスの言葉を言い換えながら、カール・バルトは、際限なきおしゃべりに堕した的外れの神学に下される同様の審きをユーモラスに次のように表現している。「私は、あなたがたの講義やセミナー、説教や発表、そして説教を憎み、軽蔑する。……あなたがたが、自分たちの解釈学的、教理的、倫理的、牧会学的知識の断片を、互いに、また私の前でひけらかしたところで、私は、それらのものに何の喜びも感じない。……あなたがたの……分厚い書物……や論文、神学雑誌や月刊誌、また季刊誌などはみな私の前から取り去って欲しい」[13]。

　何人の天使がピンの先で踊れるかといったたわいないことを尋ねたり、神の神秘をまるで代数の一問題であるかのように扱う思弁的で無用な神学も存在する。素朴なキリスト教的敬虔に重きを置く人々は、そのような神学に常に否を唱えてきた。そのような神学的営為をまったくもっていかがわしきこととみなすキリスト者が存在するのもきわめて当然だ。フラストレーションを抱きつつ、無用な思弁的神学に対する批判者たちは言う。「神学なんぞは、その賢しらぶった定義や退屈な討論もろとも消えうせてしまえ。我らが必要とするのは、もはや神学などではなく、素朴な信仰であり、洗練された優雅な議論などではなく、造りかえられた心と飾ることのないキリストへの献身、聖書の教えを無条件に受容することと聖霊への断固とした信頼である」。

12　カルヴァン『キリスト教綱要』1.2.1。カルヴァンにとって、福音は「舌に関する教理ではなく命に関する教理である」ことにも留意せよ（3.6.4）。

13　Barth, *Evangelical Theology*, 120〔バルト『福音主義神学入門』加藤常昭訳、新教出版社、2003年、112-13頁参照〕。

素朴な敬虔の名のもとでのこうした批判は重要であり、冷めきって鈍感な、また過度に知性化された神学に対する不断の警告たりうる。しかしながら一方で、そのような態度は、個々のキリスト者やキリスト者共同体の健全な在り様を深刻に損なうとのそしりも免れ得ない。キリスト教信仰は確かに素朴なものではあるが、単に無邪気な性格のものでもない。キリストに対する忠誠や心からの信頼は、根本的かつ必要不可欠なものであることは確かであるが、キリスト者は全人生と全思考をキリストによって捉えられることを命じられている（Ⅱコリ 10:5）。そしてその営みは常に骨の折れる厄介なプロセスなのである。教会は、実際に聖書の証言の権威のもとに立つことを求められているものの、聖書崇拝を避け、特定（個別）の歴史的文脈と多様な文学形式に細心の注意を払いつつ聖書を読んでゆかなければならない。キリスト者は、確かに聖霊の力に頼ることを求められているが、他方、霊のすべてが神から来たものであるかを検証することも命じられている（Ⅰヨハ 4:1）。確かに神の恵みは、解答を求められる知的パズルというよりも、男女を問わず参与するよう招かれている神秘である。しかしながら、神秘（秘義）としての神について語ることは、神秘化や反啓蒙主義のなかに没入することとはきわめて異なる。カール・バルトが書いているように、「神学とは、秘義をめぐって合理的に格闘することである。もし、そのような骨折りを惜しむなら、神の秘義に取り組んでいると言う際、自分たちが何を言おうとしているのかということすら分からなくなってしまうだろう」[14]。聖書や聖霊に訴えかけることは、真摯に省察することの代わりとはならない。キリスト教信仰は、感情の高揚や宗教的な決まり文句に還元されてはならない。キリストは確かに答えであるが、問いは何であったか？　そしてキリストとは誰か？　キリスト教信仰は、人間の窮状に対する権威的、無批判的、非省察的な一連の答えではない。まことの信仰はいかなる問いをも抑圧することはない。むしろ、以前にもまして多くの問いを投げかけるかもしれないのだ。このように素朴な敬虔さが抱く不安は的を射ていない。キリスト教信仰が発動させる類の思考は、神への信仰に取って代わるものではなく、単なる幻想や敬虔を装う逃避と信仰を区別する批判的材料として働くのである。

14　Barth, *Church Dogmatics*, 1/1: 423〔バルト『教会教義学　神の言葉 I/2』吉永正義訳、新教出版社、139 頁参照〕。

神学をいかがわしい企てとみなすような攻撃は、別の方面からもなされる。神学を（少なくとも、しばしばそうされてきたように）役立たずで、致命的なものとみなす実践的信仰の代弁者たちによって発せられる攻撃がそうである。神学は、行為へ導くというよりもその停滞へと導く知的ゲームにすぎないと、彼（女）らは非難する。これらの批判者たちは言う。「キリスト者は、これらすべての不毛な理論的作業と決別し、キリストのために何かをなし続ける。主は、真理を行うことは真理を知ることと同じくらい重要であると教えられなかったであろうか（ヨハ3:21 参照）？　使徒パウロは、神の国はおしゃべりではなく、力であると言ったではないか（Ⅰコリ4:20）？　確かに信仰は正しく考えること以上の営みである（正統主義的異端と言うこともできる考えであろう）。信仰は、個人的、社会的、また世界の変革に関わる事柄である。それはキリストと彼の福音のために進んであなたの人生を危険にさらしてゆくことである」。こうした類の批判にも何らかの真理が含まれている。キリスト教的生と実践から切り離された単なる理論になってしまう際には、神学は実際にいかがわしきものとなってしまう。けれども、こうした批判は一面的でもあるのだ。実践なしの理論が空虚なら、理論なしの実践は無謀である。もし、「キリストとは誰か？」とか「キリストの王国とは何なのか？」といった重要な問いを、いらだたしげに払い落とすなら、どうして、一つひとつの行為が「キリストのため、また神の国のため」の行為であることをキリスト者は知りうるのであろうか？　思慮を欠いた行動への跳躍は、思考のための思考に劣らずキリスト教的ではない。御自身への信仰を求める神の呼びかけは、時に、静かに待てとの呼びかけでもありうる。創造的な行為が存在するのと同じく、創造的な待機ということもありうるのだ。キリスト教信仰は、我々のうちに思考を引き起こし、問いを生じさせる。また行列の先頭に立って煽り立てる宣伝カーや、問いかけることに不寛容なもろもろの運動、更に、右であろうと左であろうと無条件の忠誠を要求し、ただひたすら「前へ進め！」とがなりたてる統率者たちに疑いの目を向ける。

　しかし、神学の批判者たちは、更に踏み込んで次のような非難を浴びせてくることもある。すなわち、神学は、単に思弁的で非実践的であるばかりでなく、しばしば、きわめて陰惨で軽蔑すべき形をもとりうるのだ。往々にして、神学は、権力者の支配や正義に反する状況に宗教的正統性を付与することに仕えてしまう。教会の諸教理は、しばしば現状を肯定（弁護）するた

めに生み出されてきたという事実が存在する。それゆえ、カール・マルクスが社会や経済の不正義を批判する上での第一のステップとして宗教や神学の批判がなされなければならないと結論づけるのも、何ら驚くには当たらない。多くの宗教や神学が有する「神秘化」機能に対する批判はなにもマルクス主義に始まったものではない。旧約聖書の預言者たちの審判預言やイエスの教えの中にも、そうした宗教批判や神学批判を見出すことは可能である。預言者たちやイエスは、人間の生命に対する神の意図に宗教やその公の管理人たちがどれほどまでに対立しうるかということを知り尽くしていた。自らがどの権力に仕えているのか、また誰の利益を助長しているのかを問うことを止める時、神学はまことにいかがわしいものとなる。キリスト教神学のほとんどが、こうした問いを、未だそれにふさわしき真剣さをもって受けとめ得ていないことは明らかである。

　これまで主張してきたように、神学は絶えざる探究のプロセスである。そしてそのプロセスは、神の驚くべき恵みによって、また、神の来るべき支配の約束と、我々が経験する人間の生の破れとの間に広がる距離によって促される。正しく理解するならば、神学の営みは、教会における一連の職業神学者たちに丸投げされるべき営みとみなされてはならない。それは、信仰共同体のすべてのメンバーが、それぞれにふさわしき仕方で参与すべき営みである。信仰生活において「問いを発するという営み、あるいはより困難な、答えを探究し評価してゆくという営みから免除される者は一人もいないのである」[15]。もしも神学が、いかがわしいものとして、更には軽蔑すべきものとして貶められた形で用いられることが起こるとするなら、信仰共同体のすべてのメンバーは、自らが神学的責任を放棄することによりどの程度までこの神学の誤用に貢献してしまったかを自問しなければならない。神学の学位が生ける信仰の保証とはなり得ないように、神学の学位がないからと言って〔信仰〕生活に欠けが生じることはない。そうは言うものの、信仰と神学的探究は密接に関連し合っている。信仰が、神の恵みと審きの言葉を聞いたことへの直接的応答だとするなら、神学は、教会の言語と信仰の実践に関する副次的ではあるが必要不可欠な省察である。そしてこの省察は、いくつもの段階において、またたくさんの異なる生の文脈において生じる。

15　Barth, *Church Dogmatics*, 3/4: 498〔バルト『教会教義学　創造論 IV/3』357 頁参照〕.

神学の諸問題

　キリスト教神学は異なる社会的文脈の中で追求されうるものの、それは教会の生にとって特別な関係を有している。神学は導きと共に批判を提供することによって教会に仕える。教会は自己批判的であらねばならないがゆえに、神学的省察は教会の生において重要な役割を演じる。神学的省察は、教会の生と使命(ミッション)の基礎また基準であるイエス・キリストの福音に忠実であるか決定するために、その宣教と実践を調査することをいとわないに違いない。

　これまで私は、キリスト教神学と呼ばれる探究プロセスをいささか一括りにするような仕方で語ってきた。だが実際には神学はいくつもの分野に枝分かれしており、それらが互いにいかに関連し合っているかを見ることが大切である[16]。聖書神学は、神の業(わざ)と言葉に対する第一の証言として教会に認められている旧約聖書と新約聖書の二つの正典文書を細部にわたって研究する。歴史神学は、キリスト教信仰と生活が、異なる時と場所において生起する多様な在り様を探求する。哲学神学は、哲学探究の様々な試みを援用しながら、理性や経験の光のもとに、キリスト教信仰の意味や真理を検証する。実践神学は、教会の基本的実践の意味や統一性といったことと共に、説教、教育、牧会カウンセリング、貧しき人々へのケア、病床にある人々、臨終を迎える人々、また愛する者を失った人々への訪問といったミニストリーにおける特殊な営みについて探求する。

　この本において我々が取り上げるのは、組織神学（教理神学あるいは構成神学とも呼ばれる）という、信仰共同体が従事するより大きな神学的営みの側面である。他の神学的領域により教えられつつ、またそれらとの関わり合いの中で組織神学が携わる特定の営みとは、真実で、首尾一貫し、時宜にかなった、責任あるキリスト教信仰の表出を企てることである。この営みは、批判的であると同時に創造的な活動であり、そこにおいては勇気と謙虚さの

16　神学の学びの性格や組織化について再考する必要を感じるなら、Edward Farley, *Theologia: The Fragmentation and Unity of Theological Education* (Philadelphia: Fortress, 1983); Charles M. Wood, *Vision and Discernment: An Orientation in Theological Study* (Atlanta: Scholars Press, 1985); David H. Kelsey, *To Understand God Truly: What's Theological about a Theological School?* (Philadelphia: Westminster John Knox, 1992) を見よ。

双方が求められる。組織神学は、教会が最も重要な事柄であると宣言するもの、すなわち、生命を解放し新たにするイエス・キリストの福音の光のもとに、教会の諸教理と実践を不断に再考し、再解釈するという大きな課題を与えられている。すべてのキリスト者、特に、キリスト者共同体において牧師、教師として指導力を発揮する人々は、キリスト者の生とミニストリーのすべての局面に関わる少なくとも次の四つの基本的問いを発することを義務として組織神学の営みに従事する。

1. 信仰の共同体の宣教と実践は、聖書に証しされているイエス・キリストにおける神の啓示に忠実であるだろうか？　神学のすべての問いは、究極的にはこの問いの何らかの局面である。キリスト教の福音、すなわちキリストにおいて知られる神の「良きおとずれ」とは何なのか？　そしてそれは、いかにして多くの誤ったかたちでの表出や歪曲から区別されうるのであろうか？　この問いにこそ、キリスト者共同体のまことのアイデンティティと、その宣教と生命への信頼性はかかっている。

使徒パウロは、ガラテヤ人やローマ人との議論の中で、神の恵みと赦しへの信頼は、根本的に業績や功績に基づく宗教とは異なることを主張しながら神学の批判的追求を行っている。パウロは、このことに関して少しの妥協も許さない。使徒にとって、まことの福音はただ一つしかない（ガラ1:6 以下）。偽りの福音は明るみに出され拒絶されなければならない。後代において、エイレナイオスはグノーシス主義に、アタナシウスはアリウス主義に、アウグスティヌスはペラギウス主義に、ルターは中世後期の行為義認の体系に、バルトはブルジョワ階級の御用宗教であった19世紀自由主義的プロテスタンティズムに対して論争を挑んだ。キリスト教史上、折にふれて、信条や信仰告白――二、三の例を挙げるならば、ニケーア・カルケドン信条、アウグスブルク信仰告白、ハイデルベルク信仰問答、バルメン宣言等――がまとめ上げられていった。それらの諸信条や諸信仰告白には、福音が失われ曖昧にされないために、論争のただ中にあって教会がその信仰を言い表すことを余儀なくされた時と場所が刻印づけられているのである。

我々の時代にあっても、自己実現を謳い文句とする魅惑的なカルト宗教から醜悪かつ傲慢なアパルトヘイト的キリスト教に至るまで、ありとあらゆる擬似的福音（福音の模造品）が存在する。キリスト教の宣教と称しているものが、果たして福音の適切な表出であろうか？　キリスト者共同体の責任あ

るメンバーであるなら、ましてや共同体のリーダーであるなら、この問いを避けて通ることはできない。キリスト教的と称されるすべてのものと、また、宗教的表象を纏うすべてのものと、福音を同一視できないとするならば、神学的警戒は必要である。我々が個人的、社会的生活において慣れ親しんできた多くのものと一緒くたにされることを福音が拒むとするなら、信仰共同体は、聖書が「神の福音」（ロマ 1:1）として証言するところのものを正しく聞き、また適切に理解したかどうかを自問することをやめることはできない。公式的学問としての神学は、この問いを生かし続けるために、また何度も繰り返し問い続けるために存在する。

　2.　信仰の共同体の宣教と実践は、イエス・キリストにおける神の愛が明らかにする真理全体の十分な表現たりえているだろうか？　組織神学の第二の問いは、キリスト者共同体の承認する事柄の全体性と一貫性を検証する。

　多くの人々は、「組織」神学に対し疑念を抱く。しばしばもっともな理由からそうするのである。神学が、単一の原理やそうした諸原理をひとまとまりにしたものからキリスト教教理の全体（体系）を引き出そうと企てる際、そこで生み出された「組織（体系）」は、生ける神の御言葉との接触を喪失してしまう。神の啓示の導きに誠実に従う代わりに、それを支配せんがために合理的スタンスを採用する際には、神学は神の恵みや審きの介入に対して閉ざされた「体系（組織）」となる。自らの構築する建築物が完全かつ永遠ならんと、また神の御言葉のように永続するものたらんと欲する際には、神学は信仰を欠落させた「体系（組織）」となる。こうした意味での思考の「体系（組織）」を構築することは、神学の営みではない。それらの神学的体系がいかに素晴らしく独創性に満ちたものであったとしても、それらの営みは基本的には啓示を支配せんとする営為であり、そのような営みはまことの神学的思考を眠り込ませてしまうことになるのである。

　そうであるにもかかわらず、神の御業のすべてが統一されてあること、またそれらに神の真実の貫かれていることに対する信頼が言い表されている限り、神学の「組織（体系）」たらんとする努力は肯定されるべきである。神は真実な方であるがゆえに、聖書において証言されている神の諸行為にはパターンと連続性が存在する。それらが神学的省察に形と一貫性を与えるのである。我々の生きる「ポスト・モダン」の時代にあっては「全体性」よりも「断片性」こそが、世界、我々自身、そしてとりわけ神に関する知を最もよ

く言い表しうる形式である、とデイヴィッド・トレイシーは論じている。しかしそのような時代にあっても、暫定的にではあれ、知の「諸断片を集成すること」は依然として可能かつ必要不可欠なことである[17]。

　キリスト教信仰が諸信条の寄せ集めでないように、キリスト教神学も、互いに隔絶した諸シンボルや諸教理を思いのままに選択し、好みのパターンに組織化した上でひとまとめにしたものではない。イエスの十字架はその生涯や復活から離れては理解できないし、イエスの生涯と復活はどちらも十字架から切り離されては適切に理解することはできない。神の和解の業(わざ)も、創造の業(わざ)やキリストの再臨と万物の完成の希望から離れては正しく理解することはできない。キリスト教の諸教理は一貫性を持った全体を形づくる。それらは互いに深く絡み合っている。それらは独自の文法を構成している。それらは一貫した物語を語り伝えている。称賛に値するほどに「キリスト集中的」たらんことを目指す信仰の表現でさえ、もしも良きものとしての創造をなおざりにし、この世における悪の現実性を最小限に見積り、あるいは来るべき神の支配におけるキリスト教的希望を周辺に押しやろうとするならば、深刻な欠陥を抱えることになろう。

　このように、「教会を信仰と希望と愛の絆のうちに繋ぎとめる全体的福音とは何なのか？」を問うことは、神学的営みの不可避な一部となっているのである。もしも、人種、性差、また民族的遺産といった事柄が教会の統一性を脅かすとするならば、それは一部には、神、神のかたちに造られた人間、また教会の本質や目的に関する我々の理解が、イエス・キリストの福音によって十分に特徴づけられていないことによるのではないだろうか？　もしも教会が環境問題に対して不確かな証言しかできないとするなら、それは一部には、創造の教理がひどくなおざりにされてきたか、あるいは、他の信仰の教理と十分に統合されてこなかったからではないだろうか？　もしも、教会が個人的な贖いを社会的正義に対する関心と対立するものとみなすなら、それは一部には、教会の救いの理解が全体的なものとなっていないからではなかろうか？　もしも、教会が、貧しき者たち、女性たち、黒人たち、ヒスパニックの人たち、失業者たち、肉体的また精神的試練の中にある者たちの声

17　David Tracy, "Form and Fragment, The Recovery of the Hidden and Incomprehensible God," in *Reflections: Center of Theological Inquiry* 3 (Autumn 2000): 62-88.

に煩わされるとするならば、それは、福音の全体的真理を求める教会の探求が行き詰まっているせいではなかろうか？　聞こえないはずの耳がこれらの煩わしき声たちに向けられる際には、それは我々が既に全体的真理を所有していることが前提になっているのではなかろうか？　いかなる時代にあっても、キリスト教神学は、教会がその宣教と生命においてイエス・キリストの福音の満ち溢れる豊かさ（十全性）と普遍性（公同性）を証しているかどうかを問うほどに十分に強くまた自由でなければならなかった。外から来た者たちや疎外されている者たちを包み込むことを許さない偽りの統一性によって教会は常に脅かされている。神学は、それのみが、豊かな多様性を失うことなく統一性を、個人的あるいは文化的整合性を失うことなく共同体を、正義を妥協させることなく平和をもたらすことのできる福音の全体性の探求を生きたものとし続けるために存在する。神学は、まことの福音とは何か？　を問うのみならず、福音の全体性とは何か？　を問わなければならない。すなわち、キリストにおける神の愛の「広さ、長さ、高さ、深さ」（エフェ 3:18–19）とは何か？　を問うのである。

　3.　信仰の共同体の宣教と実践は、現代の文脈において生きる現実としてのイエス・キリストの神を表し得ているだろうか？　キリスト教のメッセージは、新しい状況において、またそれらの状況にある人々に理解可能な新しい概念とイメージをもって、繰り返し何度も解釈され続けてゆかなければならない。ディートリッヒ・ボンヘッファーが問うたように、今日の我々にとってキリストとは誰か？を問うていかなければならないのである[18]。

　「現代における福音とは何か？」また「今日の我々にとってキリストとは誰か？」という問いは、最初のうちはショッキングに聞こえるかもしれない。かつてと今とでは、また、そことこことでは、異なる福音が存在するのであろうか？　実際には、世界を創造され、キリストにおいてこの世を贖うために行為され、今も聖霊の力において万物を新たにし変革し続けておられる三位一体の神の福音のみが存在するのである。それでも、もしも我々が、その中にあって我々に福音が媒介されたところの文化的形態を無批判に支持することなく、誠実に福音に仕えようとするならば、キリスト教信仰の言語を、

18　Dietrich Bonhoeffer, *Letters and Papers from Prison* (New York: Macmillan, 1972), 279〔ベートゲ編『ボンヘッファー獄中書簡集』村上伸訳、新教出版社、1988 年、321 頁〕。

すなわちその物語や教理や象徴を、我々自身が生きる時と場所にふさわしく再解釈することは必要なことである。

　責任ある神学の務めは、かつての文化を復元することではない。それはまた我々の父祖たち（父や母たち）の信仰を単に反復することではない。確かに、神学の営みには、教会の過去の証言に耳を傾けることが要求される。バルトが言うように、「アウグスティヌス、トマス・アクィナス、ルター、シュライエルマッハー、またその他のすべての神学者たちは、死んではおらず生きているのである。それらの人々はいまだに語り続けており、我々と同じ教会に属する生ける声として傾聴されることを求めている。今日の我々が教会の職務のために要求されているのと同様の貢献を、それらの人々は自らの時代にあってなしてきたのである。我々が自分たちの貢献をなす際、かつての神学者たちも自らの貢献をもってそこに参与しているのであり、それらの人々に役割を担ってもらわずには、我々も自らの役割を担うことはできないのである」[19]。しかしながら、バルトも強調しているように、単にアウグスティヌスやトマス・アクィナスやルターの言葉を反復するだけでは、今日、我々自身に課せられている神学的責任を果たすことはできない。反対に、神学の業には、我々自身が思考することと、我々自身の時と場所において決断することとが含まれているのである。そのことのためには、我々自身の誠実さと創造性と想像力が要求される。神学は建設的（構築的）な営みである。それは、新しい概念と新しい行為においてキリスト教信仰を再提示（re-present）することのリスクを抱えている。そこにおいて求められることとは、新たな経験、新たな問題、新たな可能性との関わりにおいて信仰を考え抜き、信仰を生き抜くことである。聖書それ自体が、新たな時代と状況における共同体の信仰のこのようなダイナミックな再提示のプロセスを示す一つのモデルである。ボンヘッファーの提起した「今日の我々にとってキリストとは誰か？」との問いは避けてはならない。

　4. 信仰の共同体によるイエス・キリストの福音の宣教は、個人の生そして社会的生における実践に対して変革をもたらすであろうか？　組織神学の四番目の基本的問いは、特定の文脈において信仰や献身を具体的かつ責任あ

19　Karl Barth, *Protestant Theology in the Nineteenth Century* (London: SCM, 2001), 17〔「十九世紀のプロテスタント神学 上」、『カール・バルト著作集11』岩波哲男／小樋井滋／佐藤敏夫／高尾利数訳、新教出版社、1971年、5-6頁〕.

る仕方で具現化してゆくとはどういうことかということに関係している。キリスト教信仰は、生の全領域において自由と責任をもって生きるよう人々を召し出す。信仰と服従は不可分である。信仰が求める理解は、それゆえ、概念的明晰さや一貫性以上のものである。信仰は、また福音によって自由にされた者としての信仰者がそれをなすために召し出された事柄を理解することを求める。信仰の求める理解が信仰の具体的実践から切り離される際には、そのような理解はただちに生気を欠いた不毛なものとなってしまうのである。それゆえ、神学の不可避な営みとは、我々自身の生きる時代や状況にあって、いかに福音が具体的な仕方で人間の生を再構築し、変革するかを尋ねることである。長きにわたり我々自身が自明のこととしてきたいかなる行動パターンが、また、いかなる制度的構造が福音によって疑問に付されなければならないのか？ 福音が、現代人の生に対して具体的インパクトを持つとするなら、いかなる悪の構造が名指しされ、挑戦されなければならないのか？ 暴力と恐怖と不正義と無関心によって特色づけられる世界の中で、どこに新しい始まりを認めることができるだろうか？

　これらすべての問いは、神の恵みに対する我々の信頼と神の働きに対する我々の献身との間の切り離すことのできない絆を前提としている。イエス・キリストの福音は、神の賜物としての赦し、和解、自由、新生を宣べ伝える。しかしこの神の賜物は、我々の自由にして、喜ばしき、勇気ある献身を可能にし、またそのような献身に生きることを命じる。神学と倫理はこのように互いに結び合わされている。ジェイムズ・コーンが書いているように、「神学の概念は、神学的実践へと翻訳されることによってのみ、すなわち、教会が自らの宣教したことに基づいて世にあって生きることによってのみ意味を持つ」[20]。まことの信仰は愛を通して働く（ガラ 5:6）。真剣に神が何を命じておられるかを問うことなしには神の賜物としての新生を受けとめることはできない。神学は、我々に神の賜物と命令を思い起こさせるために、また、そのようにして次の問いを生きたものとし続けるために存在する。「今日の我々の世界にあって、十字架につけられ、甦られた方を真実に、また具体的に証してゆくことは、個人的に、また共同体的にいかなる意味を持っている

---

[20] James H. Cone, *God of the Oppressed* (New York: Seabury Press, 1975), 36.〔コーン『抑圧された者の神』梶原壽訳、新教出版社、1976 年、69 頁参照〕

のだろうか？」。

　組織神学のこれら四つの中心的問いかけは、一度限りではなく、不断になされ続けなければならない。神学は、これらの問いに対し、部分的に答えること以上のことは決してできない。過去においてこれらの問いに対して与えられた答えを尊重し、またそこから学ぶことがいかに重要であろうとも、そうした過去の答えの上に単純に神学を構築することができるという保証はどこにも存在しない。それゆえ神学は、常に、過ちを認め、「初めから問い直す」[21] 自由と智恵と勇気を持ち続けなければならない。そうした自由と勇気は神の霊の賜物であるからこそ、祈りは、神学的探究の不可分の道連れと考えられる。「来たれ、創造主なる聖霊よ！」（Veni Creator Spiritus）。真摯な神学的探究は、祈りのうちに、始まり、続けられ、そして終わるのである[22]。

神学的問いを発する方法

　神学は問いを発するだけでなく、それを行う方法についても意識的であらねばならない。つまり神学的方法論が問題となってくるのである。近年、神学的方法論に関して多くのことが論じられてはいるものの、明確な合意に達したとは到底言えない。神学的方法論における様々な相違は、啓示やこの世における神の臨在形態に関する根本的な見解の相違を反映している。それら方法論の相違が教えていることは、一つの方法論によって神学の営みのすべてを遂行することには限界があるということである。

　神学的方法論に影響を与える重要な一つの要因は、特定の神学が追求されるにあたっての主要な社会的な場である。神学の具体的状況が提起される問題形成や優先順位の決定に寄与するのである。デイヴィッド・トレイシーは、今日の神学の多元化は、神学の営まれる場所が、教会や学界や社会において多様化した結果であると主張する。それらそれぞれの場において、異なる目

21　Barth, *Evangelical Theology*, 146〔バルト『福音主義神学入門』138 頁参照〕.
22　「神学作業は、本来、真実には、ひとつの礼拝行為の形態をとり、神への呼びかけ、つまり神への祈りとして生起しなければならない」（Barth, *Evangelical Theology*, 145〔バルト『福音主義神学入門』加藤常昭訳、137 頁〕）。「誠実な神学」のための祈りの意義については、Rowan Williams, *On Christian Theology*, 3-15 も見よ。

的と判断基準が働いている。神学の営まれるそれぞれの社会的な場が、おのおの独自に考えた一連の問いを、真理や十全性に関するおのおの独自に設定した相対的基準を、またおのおのが特に大切と考える強調点を前面に押し出すのである。アカデミックな文脈における神学は、当然のことながら弁証法的な方向に傾くのに対して、教会において営まれる神学は、教会が宣教するメッセージの明確化とその解釈に興味を抱く。より広い社会において営まれる神学は、神の新しき正義と平和の実際的な実現に関心を寄せる[23]。トレイシーの分析を手がかりにすれば、重要な三タイプの神学的方法論を特定することが容易になる。

 1. 影響力を持つ一つの神学として、カール・バルトのキリスト中心的神学、すなわち神の御言葉の神学が挙げられる。バルトは神学を、教会が、自らの規範である聖書に証言されているイエス・キリストによって不断に自己と宣教を検証し続けてゆく学び（訓練）（discipline）として定義づける。神学は教会の訓練であるとバルトが言う時、神学の営みが単に教会の諸教理や諸伝統の反復であると言っているのではない。バルトの『教会教義学』は徹頭徹尾、批判的探究であり、その方法論と規範は、大学において営まれる他の学問（discipline）を支配しているそれらとは異なっている。バルトにとって神学は、イエス・キリストにおける神の生ける御言葉に照らし合わせることによって、教会とその宣教を問題とし検証してゆくプロセスなのである。神学が取り組まなければならない主要な問題とは、我々の経験や状況から生じる問題というよりも、神の御言葉が今ここにあって我々に語りかける問題である。その方法論に関して広く流布する誤解とは異なり、バルトは、聖書研究や一般的な神学探究において我々自身の問いかけを抑圧せよとは語っていない。哲学や社会科学や他の学問から隔絶したところで神学が営まれなければならぬとも言っていない。しかしながら、バルトが圧倒的に強調していることは、神学の諸問題は、またそれらに対する答えと同じように、神学固有の主要な事柄と規範によって鍛錬されなければならないということである。要するに、バルトの神学的方法論が強調しているのは、神の御言葉の優位性、そしてその御言葉が人間の生のすべての領域を揺り動かさんとして、とりわけ言葉と実践においてなされるその証言の真実さをめぐり教会を揺り動かさ

---

23 Tracy, *The Analogical Imagination*, 3-98.

んと突きつける諸々の問いなのである。

　2.　大きな影響力を持つ二番目の神学的方法論は、パウル・ティリッヒの弁証神学にとりわけ深く結びつけられる相関的方法である[24]。この方法論においては、哲学、文学、芸術、科学、社会制度などから知りうるような特定の時代における人間の状況の分析によって実存的問いが形成される。しかるのちに、それらの問いとの相関においてキリスト教の告げるメッセージが「答え」として与えられる。その目的は、人間の文化と啓示の間に楔を打ち込むことにあるのではなく、双方の間にまことの対話を創造することにある。ティリッヒから見て、バルトの神学的方法論は、対話というよりも独白に近いのである。その方法論においては、啓示から文化や経験に一方的に進むのみで、双方の間の相互的で往還的な関連は問われることはない。彼の方法論に対する批判者たちへの反論の中で、相関的方法の意図は、啓示の規範を文化一般や人間経験に従属させることではないとティリッヒは主張する。啓示は、状況によって規定されるのではなく、もしそれが意味あるものとなりうるためには啓示が状況へと語りかけねばならない。そしてこのことが起こりうるのは唯一、神学が特定の状況内において発せられた問いに対して対処すべく向き合う時である。デイヴィッド・トレイシーの修正神学は、ティリッヒの相関的方法の修正版と言ってよい。トレイシーは、相関とは、対話に参与した者たちが互いに修正し合い、互いに豊かにし合うことであることを、ティリッヒよりも十分かつ明解に強調している。このようにしてはじめて、神学を文化の与える重要な貢献に対して開いてゆくことを可能とすると共に、信仰が主張する真理の理解可能性と信頼性に対して真摯に配慮しつつ、文化に接近してゆくことが可能となる、とトレイシーは論じている。

　3.　第三の方法論は、解放の神学の実践的アプローチである。「実践（praxis）」とは、行動と苦難と省察を結びつけるような知にたどり着くための道を指し示す専門用語である。神学の実践的方法論は、アフリカ系アメリカ人の神学、フェミニスト神学、ヒスパニック神学、黒人系南アフリカ人の神学、またその他多くの第三世界の神学、とりわけラテン・アメリカの解放の神学によって代表される。ラテン・アメリカの解放の神学の開拓者である

24　Tillich, *Systematic Theology*, 特に 1: 3-68, 2: 13-16〔ティリッヒ『組織神学　第1巻』3-83頁、『組織神学　第2巻』6-19頁〕を見よ。

グスタボ・グティエレスは、過去の神学は互いに異なる形をとり、異なる道をたどっていったと認識している。最も影響力を持った方法として、霊的知恵（sapientia）を求めてゆく方法論と合理的知識（scientia）を探究してゆく方法論の二つを挙げることができる。前者はアウグスティヌスに発する神学的伝統ととりわけ深く結びつけられ、一方後者はトマス・アクィナスの伝統により代表されている。グティエレスは神学する上でのそのような遂行方法が「すべての神学的思考に見られる恒久かつ不可欠な機能」であると認めている。しかしその一方で、「御言葉の光のもとでのキリスト教的実践（praxis）に関する批判的省察」[25] としての神学の新しい形を生み出してゆくことの重要性を彼は強く主張する。この神学的方法論にあっては、正義へのまことの関与と葛藤が優先される。適切なる神学的問いが提起されるのは、この世において人間的自由や正義を求めるまことの葛藤を通してであるとする。具体的実践（praxis）が批判的な神学的省察の出発点として捉えられることの結果として、聖書の新たな読み方、また解釈の仕方が生み出されてゆく。第一のステップは「まことの慈善、行為、隣人への奉仕である。神学はそれらへの省察や批判的スタンスであり、それらに続くものとしての第二のステップなのである」[26]。このようなものと考えられる神学は、既成の社会あるいは教会秩序を正当化するイデオロギーとして仕えるというよりも、正義を促進するものとして存在する。変革のための闘争に参与することから始まるこの神学は、啓示の源に依拠することによりその闘いを深化させ、方向づけることに寄与するのである。このように「解放の神学が私たちに提供するものは、省察の新しい主題というよりも、神学を行う新しい方法である」[27]。解放の神学者たちは、バルトの『教会教義学』にもティリッヒの『組織神学』にも満足していない。神学と神学の問いかけは「下方から」、すなわち貧しき者たちとの、また彼（女）らの正義と自由を求める闘争との連帯を実践することを通して生じると考えている。

　読者は、以下の章に提示される私の神学的方法論と内容が、カール・バルトの神学へのアプローチに、またバルトによる改革派の神学的伝統の創造的再解釈に大きく影響されていることをはっきりと見て取るであろう。だが、

25　Gutiérrez, *A Theology of Liberation*, 11〔グティエレス『解放の神学』18 頁参照〕.
26　Gutiérrez, *A Theology of Liberation*, 9〔グティエレス『解放の神学』15 頁参照〕.
27　Gutiérrez, *A Theology of Liberation*, 12〔グティエレス『解放の神学』20 頁参照〕.

同時に、相関的神学や実践的神学の寄与も明らかとなるであろう。エキュメニカルな教会は、キリスト中心的神学や相関的神学から学んできたし、これからも間違いなく学び続けるであろう。だが解放の神学の洞察と方法論からは学び始めたばかりである。監獄の独房にあってボンヘッファーは、ナチス政権下の恐怖と苦難の中で10年間ものあいだ生きることを余儀なくされた経験から神学と教会は何を学ぶべきであったかということに関して省察を行った。「［私たちには、］比類なき価値ある経験が与えられ続けているのです。私たちは、世界史の大きな出来事を、卑しめられている者たち、疑われている者たち、虐げられている者たち、力なき者たち、抑圧されてきた者たち、非難されてきた者たち、すなわち苦しめる者の視点から見ることをはっきりと学んだのです」[28]。

　生と福音を下方から見つめることを学ばなければならないことをボンヘッファーは教える。北米の教会に属する我々のほとんどもそうすることを求められるだろう。我々は、比較的裕福な者の立場からと、「下方から」、すなわち弱者や成功者が制定した制度や基準においては軽んじられてしまう者の立場からでは、聖書の読まれ方と福音の理解のされ方が異なるということを少しずつ学び始めている。グティエレスが記しているように、神学的営為の目的を、第一世界の未信者の人々にとって福音宣教とその実践をよりわかりやすく信頼に足るものとすることとするか、それとも、第三世界の忘れられた（なおざりにされてきた）人々の状況において福音を自己検証してゆくこととするかによって、大きな違いが生じてくるのである。

　もちろん、これらの神学的営みの一つだけを取り上げて、他の営みを完全に否定することは誤りであろう。啓蒙主義の後継者たちによって提起されたキリスト教信仰に関する諸問題は、たといそれらの問題の前提としてきた多くの事柄が、近（現）代神学においてそうされてきた以上に活発に挑戦されなければならないとしても、そのことは傾聴され応答されるに値する。けれども、地上の弱者たちや力なき者たちによって提起されてきた問題を神学があまりにも長きにわたりなおざりにしてきたことも同様に事実である。福音とは何か？　福音の全体性とは？　現代における福音とは？　今日、福音の

28　Bonhoeffer, *Letters and Papers from Prison*, 17〔『ボンヘッファー獄中書簡集』19 頁参照〕

どのような具体的実践が求められているのか？　信仰と神学をめぐるこれらの不可避な問いは、「下方から」、すなわちボンヘッファーが苦しめる者たちと連帯することの「比類なき経験」と呼ぶ地点から問われなければならない。このことは、反知性主義、あるいはロマン主義への召喚と考えるべきではない。最終的には、いかなる類の神学を追求しようとしているかに関わってくる。すなわち、「深き淵」（詩 130:1）より叫ぶ者たちに同伴し「十字架につけられたキリスト」（Ⅰコリ 1:23）のメッセージに中心を見出す神学と力を持つ者たちの利害のみに仕える勝利主義的神学のどちらを追求しようとしているかに関わるのである。

　今まで論じてきた序論的省察を要約するなら、問いを発することは人間であることの一部であり、イエス・キリストにおける神の恵みの光のもとで、容易に答えを見出しにくい問いを発してゆくことは、キリスト者であることの一部をなしているということである。神学とは何か？　それは教会の諸教理の単なる反復でも壮大な体系構築でもない。それは問いを発する信仰、理解を求める信仰である。それはまた、福音の神を信ずるキリスト教信仰をめぐる統制の効いた、だが大胆な省察である。それは、聖書に証言されているところのイエス・キリストにおいて啓示された神の「秘義に対して理にかなった仕方で（理性的に）困難を引き受けてゆく」行為である。それは祈りに繋がれた探究である。神学がなおざりにされたり、混乱させられる時、信仰共同体は目的を失って漂流するか、あるいは、自らとは疎遠の異質な霊力に捕らえられてしまう。今日、神学的営みをなすことがいかに困難であろうとも、福音の真理性、全体性、理解可能性、またその具体的実践をめぐる問いを避けることはできない。また、これらすべての神学的問いは、北米のほとんどの人々にとってなじみ深い教会的、学界的、社会的地点からのみではなく、「下方から」、すなわち、傷ついた人類とうめき声を上げる被造物と連帯してゆくという「比類なき経験」から問うてゆくことも避けられない事柄である。

更なる学びのために

Balthasar, Hans Urs von. *Credo: Meditations on the Apostles' Creed,* New York: Crossroad,

1990.

Barth, Karl. *Evangelical Theology*. New York: Holt, Reinhart and Winston, 1963.〔カール・バルト『福音主義神学入門』加藤常昭訳、新教出版社、2003年〕

Cone, James H. *God of the Oppressed*. New York: Seabury, 1975. Pp. 16-38.〔J. H. コーン『抑圧された者の神』梶原壽訳、新教出版社、1976年、19-71頁〕

Ford, David F. *The Future of Christian Theology*. Oxford: Blackwell, 2011. Pp. 1-22.

Frei, Hans. *Types of Christian Theology*, ed. George Hunsinger and William Placher. New Haven: Yale University Press, 1992. Pp. 28-55.

Grenz, Stanley J. *Theology for the Community of God*. Grand Rapids: Eerdmans, 2000. Pp. 1-32.

Gutiérrez, Gustavo. "Task and Content of Liberation Theology." In *The Cambridge Companion to Liberation Theology*, ed. Christopher Rowland. Cambridge: Cambridge University Press, 2007. Pp. 19-38.

Hall, Douglas John. *Waiting for Gospel: An Appeal to Dispirited Remnants of Protestant "Establishment."* Eugene, Ore.: Cascade, 2012. Pp. 3-16.

Jenson, Robert W. *Systematic Theology*, 2 vols. New York: Oxford University Press, 1997. Vol. 1, Pp. 3-22.

Parsons, Susan Frank. "Feminist Theology as Dogmatic Theology." In *The Cambridge Companion to Feminist Theology*, ed. Susan Frank Parsons. Cambridge: Cambridge University Press, 2002. Pp. 114-31.

Placher, William C., ed. *Essentials of Christian Theology*. Louisville: Westminster John Knox, 2003. Pp. 1-10.

Rahner, Karl. *Christian at the Crossroads*. New York: Seabury, 1974. Pp. 21-36.

Tillich, Paul. *Dynamics of Faith*. New York: Harper, 1957.〔パウル・ティリッヒ『信仰の本質と動態』谷口美智雄訳、新教出版社、2000年〕

Williams, Rowan. *Tokens of Trust: An Introduction to Christian Belief*. Norwich: Canterbury, 2007.

第 2 章

啓示の意味
The Meaning of Revelation

　キリスト教神学は、神に関して教会が主張する事柄の基礎となるものについて、何らかの説明を提供しなければならない。そこには、信仰者が有すると主張する神の、また神との関係における全被造物の知識の根拠が含まれている。この種の問いは、通常、賛美歌、祈り、教会の信条において取り上げられることはない。こうした信仰の一義的表明の性格は告白的また頌栄的なものであり、その目的は、信仰者たちが、自らが真理として主張する事柄をいかにして知るようになったかを語ることにはない。キリスト教の信条の中でも、最もなじみ深く、最も広範に用いられている「使徒信条」や「ニケーア信条」は、単純に「私は（あるいは私たちは）信じる、……」との言葉で始まっている。しかしながら、そのように信仰を言い表す信仰の共同体が神に関して自分たちの主張する事柄をいかに知るようになったかを語ることは、神学的省察の担わなければならない責任である。神認識〔神に関する知識〕の根拠は何か？　またそれはいかなる認識〔知識〕であるのか？神認識において、聖書、教会の証言、人間の理性、経験、そして想像力はどのような地位を占めているのだろうか？　そのような問いは、神学において、通常、特に近現代においては「啓示」という主題のもとに論じられてきた[1]。

啓示とは何か？

　啓示という言葉は、文字通りには「覆いをはらうこと」あるいはそれまで隠されていた何かが「明るみに出されること」を意味する。この言葉は、も

---

[1] *Divine Revelation*, ed. Paul Avis (Grand Rapids: Eerdmans, 1997) を見よ。

ちろん、多くの異なる文脈において使われる。新しいモードの衣服が「発表された」といった些細な意味で使われることもあるが、科学的分野あるいは人間関係において、新たな事柄が、努力の末に獲得されたというよりも贈り物が与えられるような仕方で突如として明るみに出される際に、より重大な意味合いで「啓示」という言葉が使われることがある。この種の啓示は我々を謙虚にし、高揚させもするが、困惑やショックを与えることもある。そのような啓示的経験は、我々の世界観や、更には生き方までをも変えうるほどに劇的たりうる[2]。

　フラナリー・オコナーは、「啓示」という言葉の内包する深遠な神学的意味を指し示すような仕方で、一つの「啓示」的出来事を描き出している。オコナーは、勤勉でまっとうで、なおかつ教会生活もきちんと送っているターピン夫人という農家の妻の物語を語る。夫人は、ある医者の診察室で、予期せぬことに、精神的な障害を抱えた一人のティーンエイジの少女に話しかけられる。ターピン夫人の優越感に満ちた態度に、また貧しき白人や黒人に対する侮蔑的発言に耐え兼ねた少女は、突然、持っていた重たい本を夫人に投げつけ、その首を絞め始める。そして「忌々しい地獄の豚女！」と大声で夫人を罵倒したのだ。自分の農場に戻っても夫人は頭から少女のさっきの言葉を拭い去ることができない。豚小屋の傍らに立ちながら、忌々しき豚女と言われたことに憤慨する。夫人は、自分が善良な人間であることを、貧乏白人や黒人にはるかに勝るものであることを自負していた。そして神に向かって、そのような自分を、また自分が教会のためにしてきたすべてのことを思い起こしてくれるようにとせがむ。「どうしてあのような言葉が私に発せられなければならなかったのですか？」と憤激しながら神に訴える。けれども、豚小屋を見つめているうちに、「神の秘義の核心」とでも言うべきものの一端が彼女にあらわにされ、「命を与える底なしの深みを湛えた知識」が夫人の心を浸し始めてゆく。夫人は、貧乏白人や黒人たち、社会的に疎外されてきた者たちを先頭とした人々の列が天国に向かって行進してゆくヴィジョンを見る。夫人のように尊敬を集めている人々は列のしまいのほうにいた。それらの人々の顔に浮かぶショックの色は、自分たちの誇りとしていたもろもろ

---

[2] John Baillie, *The Idea of Revelation in Recent Thought* (New York: Columbia University Press, 1956), 19ff. および John Macquarrie, *Principles of Christian Theology*, 2nd ed. (New York: Scribner's, 1977), 84ff. を見よ。

の美徳がことごとく焼き払われてしまったことを示している。天に向かって行進を続ける聖者たちの「ハレルヤ」と叫ぶ声を耳にしつつ、タービン夫人は家に戻ってゆく[3]。

オコナーの語る物語が示すように、啓示は、我々が既に知っていることに確証を与えてくれる類のものではない。基本的にそれは、驚愕と困惑をもたらすような神と我々に関する知識である。それは、我々の存在の核心を揺り動かすような知識である。「神の秘義の核心」を垣間見させてくれる賜物として到来するものの、はなはだしき脅威と恐怖を与えるがゆえに、抗わずにはいられぬ類のものである。それが運ぶ知識は「命を与える底なしの深みを湛えた知識」であるものの、同時に、それを受け取る人々の生を覆してゆくがゆえに、ある種の死を要求する類の知識である。啓示は、神がいかなる方であるかに関しての、また世界と我々自身をいかに理解するかということに関しての重大な決断を迫る。

驚くべき贈り物であると共に動揺をもたらしながら授けられる使命として人間の生に介入する神の啓示に関する記述に、聖書は満ち満ちている。モーセは、エジプトの軛(くびき)にあえぐイスラエルの人々を導き出せと燃える柴の中から指示を与える神の声を聞く（出3章）。ダビデは、預言者ナタンが貧しき男の飼っていた唯一の小羊を奪って殺した金持ちの男の物語を語った際に、自分の犯した罪に気づく（サム下12章）。イザヤは神が彼を召し出した際にヴィジョンを見る（イザ6:1–8）。パウロは、彼を教会の迫害者から異邦人への福音の使徒に変えるイエス・キリストの啓示を経験する（ガラ1:12）。ペトロは、神は分け隔てをされない方であり、福音のメッセージがユダヤ人と同様に異邦人にも宣教されることをその方が望んでおられると教える夢を見る（使10:9以下）。啓示は神の特質と目的の開示であり、それが受け入れられる際には受け手の生を根本から変革する。

神の啓示は、我々の知識のストックの中に付け加えられるもう一つの情報というだけでもなく、我々が知っている、あるいは知っていると思い込んでいる多くの事柄のうちの一つというものでもない。神が啓示される際には、すべてのことが新しい光のもとで見られるようになる。ウィリアム・エイブ

---

[3] Flannery O'Connor, "Revelation," in *Everything That Rises Must Converge* (New York: Farrar, Straus and Giroux, 1965), 191-218〔「啓示」、『フラナリー・オコナー全短篇　下』横山貞子訳、筑摩書房、2003年、227-59頁〕.

ラハムは有益にも啓示を「敷居」的概念として言い表している。それは、家の敷居をまたぐようなものである。外からでも見ることのできる家の特質というものもあるが、それでは多くは隠されたままである。敷居をまたいでゆくことにおいて「人は別世界に入ってゆく」。これが、キリスト教信仰や神学が啓示と呼ぶ出来事のもたらす効果である。「ひとたび、啓示がなされたことを認めるや、すべてのことは発見されたものの光のもとで再考され、描き直されなければならないであろう」[4]。

隠された神と啓示された神

　啓示という考えは、ほとんどすべての現代神学において中心的な事柄であったものの、その重要性は誇張されすぎてきたと主張する神学者たちもいる[5]。彼（女）らによれば、啓示という概念は、聖書において、実際には、きわめて周辺的なものである。彼（女）らの批判の一つは、啓示という考えは、（「罪の赦しは存在するだろうか？」といった）救済に関する問いよりも、近現代哲学や科学に顕著な（「我々の知識は十分に根拠づけられているだろうか？」といった）認識論的問いに我々の知識や関心を集中させる傾向にあるということである。啓示の主題に集中することにより、そのような傾向は、人間の根本的な悲惨さは、罪よりも無知であることに存すると言っていることにならないだろうか？　聖書において問われているのは、「私は何を知るべきか？」ということよりも「私は誰にならなければならないか？」、また「救われるためには何をしなければならないか？」ということではないかと（マコ 10:17、およびヨハ 3:3 を見よ）、批判者たちは考えているのである。

　こうした批判には何らかの真理が存在する。啓示の教理は、それが神をめぐるキリスト教的主張を含む知の包括的理論を保障し弁護するための営為として提示される際には、信じる者も信じない者も同様に逸脱させてしまうこ

4　William J. Abraham, "The Offense of Revelation," *Harvard Theological Review* 95, no. 3 (July 2002): 259. *Crossing the Threshold of Divine Revelation* (Grand Rapids: Eerdmans, 2006) も見よ。

5　F. Gerald Downing, *Has Christianity a Revelation?* (London: SCM, 1964) を見よ。この議論の要約を知りたければ、George Stroup, *The Promise of Narrative Theology: Recovering the Gospel in the Church* (Richmond: John Knox, 1981), 51-59 を見よ。

とになる。そのような営為は必然的に失敗に帰する。我々が知るというすべてのことにおいて、とりわけイエス・キリストにおいて決定的に明らかにされた神認識においては、我々がいかにそれを知ることが可能とされたかを十分に説明できずとも、我々が知ることのできる諸真理が存在する。啓示の教理は、知識に関する十全たる理論を提供することを装わんとするものではない。この教理がこのように理解される際には、神を知りうるかどうかという問いが、実際に神を知っていることよりも重要になってしまったとしても驚くにはあたらない[6]。

　啓示が現代神学における誇張された概念であるとの批判は、それが無条件の同意を求める一連の諸教理に等しいものとみなされる際には、同様の信憑性を得ることになる。聖書によれば、信仰は、権威を有する教理一式に対する知的同意というよりも、第一には神に対する人格的信頼や忠誠といった事柄である。聖書的伝統において、神を知るということが意味するのは、我々が多かれ少なかれ何気なくその存在を認めているような無数の対象に関する単なる情報を得ることではない。そうではなく、啓示がもたらすのは「救いをもたらす知識」、すなわち、神と他者との関係において、我々の生に意味と全体性と成就を決定的に与える知識である。前章において記したように、カルヴァンは、キリスト教的伝統全体を代弁しながら、福音によって与えられる神認識は、神の存在に同意することや、教会の教説をむやみやたらに承認することに決してとどまらないと主張する。正しく言えば、神は、敬虔というものが存在するところにおいてのみ、すなわち、イエス・キリストにおいて神を知るということが、神の愛と神の御心にかなう行いをしたいとの願いと一つに溶け合うところにおいてのみ知られうるのである[7]。

　しかしながら、神を知ることと単に情報を得ることを等しいとすることが間違いであるように、信仰を、暗闇の中における一か八かの跳躍と考えることも同様に誤りである。信仰者は、自らが神について知っている事柄が真理であると主張する。神が信頼に足る方であることを知らずに、いかに神を信頼できようか？　神の御心が何たるかを知らずに、いかにして神の御心に従い得ようか？　いささかたりとも知ることのない、また知り得ない神を、い

6　William J. Abraham, *Canon and Criterion in Christian Theology: From the Fathers to Feminism* (Oxford: Clarendon Press, 1988), 466-80 を見よ。
7　カルヴァン『キリスト教綱要』1.2.1。

かに正しく礼拝し、その方に祈り、仕えることができようか？　神が絶対的に隠されている方であるなら、その方を宣べ伝えることにいかなる確信や喜びを抱くことができようか？　キリスト教信仰とその生は、神の特質と目的に関する信頼に足る知識と切り離すことはできない。この知識の源泉を啓示と呼びたくないのなら、それに代わる何らかの用語を作り出さねばならぬであろう。

　現代神学において啓示が誇張されすぎてきたことに対する批判には別の理由も存在する。神の自己啓示をめぐる言説は、神について知りうる事柄はすべて知られているということを示しているかのように思われている。全き知識を持ちうるとの主張は、ポストモダンの哲学者や神学者たちによりきっぱりと否定されている。彼（女）らは、知の全体性獲得が可能と考えるそのような主張は本質的に傲慢であり、不可避的に何らかの抑圧に繋がると信じている。人間の持ちうる知識は断片的で不完全なものである。このことが我々自身に関するまた世界に関する我々の知識に当てはまるのなら、当然、我々の抱く神認識についても当てはまる。

　しかしながら、神が啓示されたとの告白は、神に関するすべての知識を持つと主張すること、あるいは神を我々自身の支配下に置くと主張することとは、まるっきり異なる。神が啓示される際にも、神は御自身のままであり続けるのであり、我々の思いのままにできる所有物となることはない。他の知識形態がどうであれ、啓示において与えられる神認識において、神は我々のカテゴリーや概念の囚人とはならない。神は自由、神秘、そして「隠された方」であり続ける。啓示されながらも隠されたままであられる方としての神という逆説的テーマは、聖書の証言に根ざしており、キリスト教の啓示の教理の基礎をなしているのである。

　聖書が明確に宣言していることは、聖にして超越的なるイスラエルの神は、天が地を高く越えているように、我々の仕方や思いを越える方であり（イザ55:9）、沈黙したままではおられない（詩50:3）方であるということである。「お前たちは知ろうとせず聞こうとしないのか？　初めから告げられてはいなかったのか？」（イザ40:21）。神は語られ、大いなる御業を行った。このゆえに、神はもはや知られざる神ではない。旧約聖書において、神はイスラエルの民との恵み深き契約の歴史において、信頼に足る仕方で知られている。神がアブラハムとサラとの間に結ばれた約束（創17章）、モーセに対す

る神の名の開示（出 3:14）、エジプトの軛(くびき)からのイスラエルの解放、律法の授与、そして預言者を通しての神の審きと恵みの教説といったことがそこには含まれる。

　だが、旧約聖書は、啓示の出来事においても、神は、逆説的に、隠された方であられ続けるということも証している。自己開示において神は自らを特定可能なものとされるが、それでも神を十分に理解することは決してできない。啓示においても、否、まさに啓示においてこそ、神は神秘たること、人間の思考と表現を超える方であられることを決してやめない。神は自由であり続けるのであり、この意味において啓示においても隠された方であり続けるのである。このことは、聖書の中に記された多くの物語において生き生きと表現されている。燃える柴において、モーセは神の名を知らされるが、その名は、「わたしはある」あるいは「わたしはあらん」という理解を超える神秘を湛えた名である（出 3:14）[8]。モーセは神を見ることを求めるが、許されたのはその後ろ姿だけである（同 33:12–23）。エリヤも風や地震や火の中にではなく、小さき細き声において神の声を聞くのである（王上 19:11 以下）。イザヤは「まことにあなたは御自分を隠される神、イスラエルの神よ、あなたは救いを与えられる」と宣言する（イザ 45:15）。

　新約聖書の証言によれば、神の啓示はイエス・キリストにおいて決定的に具現化された。イエスは世の闇における神の光である。イエスにおいて、神は信頼に足るかたちで、また確固たる仕方で啓示された。その宣教とミニストリー、またその死と復活において、更には聖霊の新たにする働きにおいて、神と全人類との新しい関係が確立されたのである。キリストにおける神の啓示を異なる形で表現しながらも、新約聖書の著者たちは、この啓示の唯一無比なること、規範たること、また凌駕しがたきことを認める点においては一致している。イエス・キリストにおいて、神が預言者のみならず御子を通して語られたこと（ヘブ 1:1–2）、永遠なる神の御言葉が一人の人間の生の中

---

[8] この翻訳にあたりたければ、Gerhard von Rad, *Old Testament Theology*, vol. 1 (New York: Harper & Row, 1962), 180 を見よ〔フォン・ラート『旧約聖書神学 I』荒井章三訳、日本キリスト教団出版局、1980 年、245 頁参照〕。フォン・ラートはこうも語る。「ヤハウエの効験あらたかな臨在のもたらす約束は、同時に、……惑わしに満ち、人間の理解を超えたものであり続ける。これこそがヤハウエの自由であり、御自身をつまびらかに明らかになさることはされない方なのである」。

に具現化されたこと（ヨハ 1:14）、神の栄光の光がイエス・キリストの顔に輝きわたったこと（Ⅱコリ 4:6）、抑圧されているすべての者たちに霊を注ぎ、自由をもたらす解放者がイエスにおいて現れたこと（ルカ 4:18 以下）を著者たちは告白している。

　それと同時に、旧約の著者たちにとってと同じように新約の著者たちにとっても、神の啓示は、逆説的なる隠された啓示である。イエス・キリストにおいて神が隠されてあることは、単に、他の人間と同じようにイエスが有限で、傷つきやすく、死すべき被造物であるということにとどまらない。むしろ、神の自己開示は、この方の僕（しもべ）のかたちにおいて、とりわけ十字架において深く隠されている。パウロが認めているように、我々のために苦しみを受け十字架につけられた方における、へりくだりの僕（しもべ）のかたちをとった神の啓示と和解の働きを伝えるメッセージは、この世の知者たちや権力者たちにとっては、躓（つまず）き以外の、また愚かしきこと以外の何ものでもないのである（Ⅰコリ 1:22–23）。

　更には、新約聖書の共同体にとって、キリスト者になることは、啓示において神が隠されてあるという事実を取り除くことにはならない。新約聖書において「啓示」（apokalypsis）という言葉がどのように用いられているかを研究することによって明らかにされたことは、その言葉はしばしばキリストの将来的な顕現に言及する際に用いられているということである（例えば、Ⅰコリ 1:7、Ⅰペト 1:13 を参照）。キリスト者は神の栄光を見た（ヨハ 1:14）が、まだ神と顔と顔とを見合わせてはいない（Ⅰコリ 13:12）。神のうちには、今の我々には理解することのできない無尽蔵の豊かさというものが存在する（ロマ 11:33）。我々のまことの命は、キリストと共に神のうちに隠されている（コロ 3:3）。我々は今も神の子であるが、キリストの再臨の際に我々がいかに変えられるかについてはいまだ明らかにされていないのである（Ⅰヨハ 3:2）。要するに、イエス・キリストにおける神の啓示はきわめて信頼に足るものではあるが、それをもってしてもなお、神の存在、神の創造、和解、贖いの賜物を、十分に人間が理解することはできないのである。

　啓示においても神は自由であり、神秘であり、隠されてあると強調するその主張が、人間のすべての知識は断片的であるとするポストモダン的感受性に訴えることを意図してキリスト教弁証家たちによって作り出されたとは考えるべきではない。神の秘義あるいは秘匿性はキリスト教の神学的伝統に

深く根ざすテーマである[9]。もしも啓示されたことを根拠に神学が神に関する主張をあえてなそうとするなら（cataphatic,「肯定」神学）、我々の主張をもってして神の現実性（真理）を十分に理解し、汲み尽くすことはできないのだということは肝に銘じなければならない（apophatic,「否定」神学）。「我々がどれほど成長したにせよ、神は常に我々よりも偉大な方である（Deus semper maior）」[10] とアウグスティヌスは断言する。東方教会の神学者たちは神の闇を強調するが、そのことにおいて彼らが意図していることは、神の本質は隠されてあり、理解を超えているということである[11]。トマス・アクィナスは、人間の有限の理性には、総じて神が隠されてあることを繰り返し我々に思い起こさせている。「被造物の知性には神を丸ごと理解することはできない」[12]。神の秘匿性に関するテーマは、次のように言うルターの神学においてきわめて顕著に見ることができる。「神はキリストにおいて御自身を隠された」[13]。バルトによれば、あらゆる重大な神認識は、神が隠されてあること、すなわち、イエス・キリストによって自己開示された神の奪うことのできない自由と驚くべき恵みを知ることから始まるという。「神の秘匿性と我々が出会うのは、……キリストにおいて、最終的にまた至上のかたちにおいては十字架につけられたキリストにおいてである。というのも、神がかくも隠されてあるところはそこ以外にあるだろうか？　また、かくも攻撃を受ける可能性の大きいところはそこ以外にあるだろうか？」[14]。キリスト教の神学的伝統において神の秘匿性をめぐるテーマは様々な形で変奏されてきたが、明らかな仕方であれ、それとなくであれ、それらにおいて告白されてきたこ

9　Denys Turner, *The Darkness of God: Negativity in Christian Mysticism* (Cambridge: Cambridge University Press, 1995), また *Silence and the Word: Negative Theology and Incarnation*, ed. Oliver Davies and Denys Turner (Cambridge: Cambridge University Press, 2002) を見よ。

10　Augustine, *Expositions on the Psalms* (Psalms 63), in *Nicene-Post Nicene Fathers*, vol. 8, ed. Philip Schaff (Grand Rapids: Eerdmans, 1989), 262.

11　Vladimir Lossky, *The Mystical Theology of the Eastern Church* (Cambridge: James Clarke, 1957)〔ロースキィ『キリスト教東方の神秘思想』宮本久雄訳、勁草書房、1986年〕、特に第2章を見よ。

12　トマス・アクィナス『神学大全』第Ⅰ部第12問第8項。

13　*Luther's Works*, 28:126. Jürgen Moltmann, *The Crucified God*〔モルトマン『十字架につけられた神』喜田川信／土屋清／大橋秀夫訳、新教出版社、1976年〕も見よ。

14　Karl Barth, *The Göttingen Dogmatics* (Grand Rapids: Eerdmans, 1991), 335.

とは、十字架につけられ、甦られたイエス・キリストにおいて、神はまことに啓示されたと同時に、逆説的に隠されてあられるということである。

客観的なものとして、また主観的なものとしての啓示

　どのように我々は啓示の出来事を語ったらよいであろうか？　それを、客観的な出来事として考えたらよいのか、それとも主観的な経験として考えるべきであろうか？　それが言及しているのは、世界において実際に「外側に」起こった何かに関してであろうか、それとも第一には、信仰者の「内側に」起こった出来事、意識の内的な変化や新しい世界観の獲得に関してであろうか？　啓示の教理の中にはその客観的側面を強調するものもあれば、主観的側面を強調するものもある。確かに、啓示の出来事のどちらの側面も重要であり、双方は結び合わされなければならない。啓示は、信仰の民によって証しされ、解釈されるところの特定の出来事を通してなされる神の自由にして恵み深き自己開示である。パウル・ティリッヒの言葉を借りれば、「啓示は、主観的な出来事と客観的出来事が、厳密に相互依存し合うところの出来事である」[15]。啓示は、特定の人物や出来事を通じて語りかけ働きかける神の生ける御言葉と、人々をしてこの働きを見ること、受け入れること、証言することを可能ならしめる神の霊の内的働きの双方を指し示している。神は啓示の出来事における主役であるが、人間もまたその出来事の参与者なのである。

　おそらく、啓示の教理をめぐる近年の省察において最も頻繁に議論されてきた事柄は、啓示のプロセスの中で人間の理性や想像力がいかなる役割を演じているかということである。多くの神学者は、神学において記述されるような啓示の経験は、芸術的創造や科学的探究に見られるような、真新しい洞察の獲得あるいは「パラダイム・シフト」の経験と同等のものとして考えている[16]。これらの神学者たちは、啓示が人間理性の行使や人間の想像力の活

15　Tillich, *Systematic Theology*, 1: 111〔ティリッヒ『組織神学　第 1 巻』谷口美智雄訳、新教出版社、2004 年復刊、140 頁参照〕.

16　科学的探究における「パラダイム・シフト」という概念に関しては、Thomas Kuhn, *The Structure of Scientific Revolutions*, 2nd. ed. (Chicago: University of Chicago Press, 1970)〔ク

動の超自然的代用物とみなされる際には啓示観は歪曲されてしまうと強く訴えている。啓示は人間の諸能力を破壊したり、不能ならしめることはしない。反対に、イエス・キリストにおいて具体化された神の愛は、人間の諸能力を強力に自らへと引き寄せる。それは、強制することなしに、忠誠心を獲得し、人間の想像力に新たなヴィジョンをもたらし、人間理性に新たな方向性を与えるのである。

　ギャレット・グリーンによれば、イスラエルの歴史において、また至高のかたちでイエス・キリストの人格においてなされた神の啓示は、偽りの偶像の軛(くびき)から我々の想像力を解き放つことにおいて、人間の生において効力を発揮する。それは、神はいかなる方か、また神の御心に従って生きるとはどういうことなのかを考える際の新しいパラダイムを提供する。啓示と信仰はこのように、我々に異なる見方と異なる生き方を獲得する手助けをする。現実全体が、キリストの人格において具現化された神的生のまた人間の生のパターンの光のもとで再解釈されるのである[17]。使徒パウロがその手紙の読者に向かって、キリストの心を持ちなさい（フィリ 2:5）、この世の諸力に特有の考え方、生き方に屈するよりも、キリストにおける神の啓示により心を変えてもらいなさい（ロマ 12:2）と訴えるポイントはここにある。ジャン・カルヴァンの印象深いメタファーを用いるなら、啓示を指し示す聖書の証言は、革新的な仕方において、神、世界、我々自身を見つめ直すことを可能とする眼鏡のようなものである[18]。

　もちろん、現実は様々な仕方で見ることも解釈することも可能である。神の啓示は強制的なものではない。それは、神によって創造され和解されたものとして世界を見るべく、我々を自由にする。けれどもこのことは、他の可能な見方を除外するものではない。神のまことの像としてのキリストの光の中で（コロ 1:15）、我々に対する恵み深き意図を持つ聖なる慈悲深き方として神を知り、想像することが可能となるのだが、そのことを通して、「神のかたち」に創造され、神との交わりのうちに入るべく定められている民としての我々自身を理解することも可能となる。信仰者はこのように、現実に対

　　ーン『科学革命の構造』中山茂訳、みすず書房、1971 年〕を見よ。
17　Garrett Green, *Imagining God: Theology and the Religious Imagination* (San Francisco: Harper & Row, 1989) を見よ。
18　カルヴァン『キリスト教綱要』1.6.1。

する別の見方、解釈の仕方を意識し、またそれらの持つ部分的真理を認める。それにもかかわらず、キリストにおいてあらわにされた神の値高き愛の啓示こそが生きるにおいても、死するにあっても頼ることのできる真理である（ロマ 8:38–39）と主張する。信仰者にとって、キリストは、単なる一つの真理であるのみならず、人間を自由にする真理そのものであり（ヨハ 8:32）、単なる一つの光であるのみならず、すべての生を照らす光そのもの（ヨハ 8:12）なのだ。

　啓示の意味に関して最も影響力を持つ分析を行ったのは、H. リチャード・ニーバーである。ニーバーは啓示の出来事を、難解な書物において我々が出会う「参照的文章」、すなわち「書物全体の理解を得るために何度も行ったり来たりすることのできる文章」[19]のようなものであると語る。それは、一人の人間の生あるいは共同体の生において経験されるすべての出来事を解釈する上での中心的な手がかりを与える「特別な出来事」（アルフレッド・ノース・ホワイトヘッド）のようなものである。「キリスト教会にあって、我々が助けを仰ぐことのできる特別な出来事とは、その方にあって神の義と力と知恵を見ることのできるイエス・キリストと呼ばれる出来事である」とニーバーは言う。「だが、この特別な出来事から、我々の歴史の出来事すべてを説明しうるような諸概念をも引き出すことが可能である。啓示とは、他のすべての出来事を理解することを可能ならしめる、それ自体が理解可能なこの出来事を意味するのである」[20]。

　キリスト教神学において用いられてきた「啓示」という言葉の意味に関してこれまで述べてきたことのポイントは以下の諸テーゼにまとめられるだろう。

　第一に、啓示とは神御自身の自己開示のことである。この行為抜きには、神の特質と目的は、憶測する以外にない事柄にとどまる。啓示を語ることは、神とは恵み深い仕方においてイニシアティヴをとりつつ我々と交わられる方であると宣言することである。啓示はこのことからも分かるように、我々の側から神、世界、我々自身を発見することというよりも、我々のもとへと届

19　H. Richard Niebuhr, *The Meaning of Revelation* (New York: Macmillan, 1941), 93〔ニーバー『啓示の意味』佐柳文男訳、教文館、1975 年、97 頁参照〕. Green, *Imagining God*, 61 も見よ。

20　Niebuhr, *The Meaning of Revelation*, 93〔ニーバー『啓示の意味』97 頁参照〕.

けられる贈り物である。

　第二に、「啓示」という用語は、神が御自身のアイデンティティと御心を伝達するに際して用いた特定の出来事や特定の人々を指し示している。聖書においては、啓示は、イスラエルの民との間で、とりわけイエス・キリストの人格と業、受難と復活においてなされた、言葉と行いにおける神の自己伝達を意味する。キリスト者が啓示と呼ぶ現実には、「個別性の躓き」、妥協の余地なき特異性、拭いがたき個別性といったものが存在する。

　第三に、神の啓示は、逆説的に、神が隠されてあることでもある。啓示された神がまことの神であるなら、その方は同時に我々の理解を超えた方であり続け、決して我々の囚われ人となることはない[21]。というのも、啓示された神は、自由にして驚きを与え続ける神であり、神を偶像に変えんとする我々の努力に抗う方である。我々はこのことが真理であることを、おもにイエス・キリストにおける神の啓示から知る。この人において、啓示は、最も予期せぬところにおける、すなわち罪びとたちのただ中や貧しき者たちとの交わり、更には最も深く神が隠されるところの十字架における神の臨在を意味する。根本的他者性、秘匿性、意外性、更には粗雑性といったことまでもが、神の啓示の特色をなしているのである。

　第四に、神の啓示は我々に人格的応答と受容を要求する。我々に対する神の人格的接近として、啓示は全人格的応答を求める。神をまことに知るということは、単に理論的に知るというよりも、実践的に知ってゆくことである。啓示的出来事の目標は、秘義的な教理を所有することではない。その目指すところは、神や我々自身に対する新しい理解、新しい気質や愛情、新しい感受性、世界や隣人に対する新しい見方の獲得を伴う生の変革である。

　第五に、神の啓示は常に困惑をもたらす、ショッキングなまでの出来事である。それは今まで我々が抱いてきた神観や世界観、また我々自身に対する見方に揺さぶりをかける。まさにこのことのゆえに、啓示は抗われ、斥けられもするのである。

　第六に、啓示は、我々が神、我々自身、そして世界を理解する際の新たな解釈的焦点となる。我々のヴィジョンを狭め、理解を求める我々の探求を限

---

[21] Douglas John Hall, *Thinking the Faith: Christian Theology in a North American Context* (Minneapolis: Augsburg, 1989), 404-9 を見よ。

定するどころか、啓示は我々の知性を新たにし、想像力を変革する。イエス・キリストと呼ばれる「特別な出来事」の光のもとで、その新しき光に照らされた神と万物を見、この新たなヴィジョンに沿った形で行為することを求める。啓示は、現実を解釈する際のパラダイム・シフトをもたらす。そしてそのようなものとして、それは創造的想像力、また世界における人間の行動を変革する上での尽きせぬ源泉なのである。

一般啓示と特殊啓示

　啓示の意味を以上のように要約してみたが、強調したかったことは、キリスト教信仰と神学においては、神の啓示は個別性また根本的「他者性」を持つものとして理解されてきたということである。このように強調することは全自然と全歴史における神の臨在と働きを否定することになるのだろうか？神の霊は命の普遍的授与者ではないだろうか（詩 104:30）？　また、イエス・キリストにおいて受肉した神の御言葉（ヨハ 1:14）は全被造物においても現臨し働いているのではないだろうか（ヨハ 1:9）？　それでは、キリストにおいてきわまる神の啓示に対する聖書の証言と、自然的秩序や普遍的歴史において明らかにされてきた神的な事柄との間にはどんな関係が存在するのであろうか？

　キリスト教神学は、伝統的に神を知る際の二つの媒体、すなわち一般啓示と特殊啓示を区別してきた。被造的秩序や人間の良心の中に、またモーセを通して与えられた律法を所有せず、福音のメッセージを聞いたことのない人々の生活の中にも何らかの神の啓示が存在することを聖書は教えているし、経験もそのことを承認してきた。「天は神の栄光を物語り、大空は御手の業を示す」(19:2) と詩編の詩人も歌っている。使徒パウロも、神の永遠の力と神性は被造物において明らかに示されてきたと考えている（ロマ 1:20）。パウロがアレオパゴスにおいてアテネ人たちに語る際、彼は彼らが礼拝してきた未だ知られざる神のアイデンティティを宣べ伝える（使 17:22 以下）。

　すべてのものに神を知る何らかの回路が開かれていると聖書が教えているこの事実を認めることには、明らかな利点が存在するように思える。一つには、その事実は、キリスト者と非キリスト者の間に何らかの共通の基盤を担

保しつつキリスト教のメッセージを提示してゆく根拠を与えるように思われるからである。それはまた、人間科学によって獲得された知識を受容することを、また敬意を払いつつ他の宗教的伝統の教説に開かれてあることを明らかに推奨する。他方で、一般啓示に没頭することは多くの危険をもはらんでいる。そのことは、特殊啓示は余計なものであるとの、あるいは少なくとも、キリスト者たちが常にそこに認めてきたところの批判的意義を特殊啓示は持たないのだとの結論に導きうるからである。

キリスト教神学者たちは、様々な仕方で、一般啓示と特殊啓示を関連づけてきた。スペクトラムの一端には、いわゆる特殊啓示に基づく諸宗教は、普遍的に獲得しうる神認識の別の形での宗教的諸シンボルにすぎないと主張する哲学者や神学者たちがいる。もう一方の端には、キリストにおける神の啓示のみがまことの神に関する知識を提供するのであり、神を知りうるとする他のすべての主張は単純に誤りであるとの議論が存在する。スペクトラムの中間あたりには、一般啓示の基礎の上に知りうるものは不完全であるゆえ、聖書の証しする特殊啓示において与えられる神のより充分な知識が必要であるとしつつ、道徳や宗教の広範な土台を提供するものとしては一般啓示もまた大切であると主張する人々がいる。例えば、特殊啓示に訴えることなしにも神の存在は実証しうるし、人間理性によっても神に関する何らかの知識を得ることは可能であるとする第一ヴァティカン公会議（1870年）の立場がそうである。この見方における一般啓示と特殊啓示の関係は、部分に対する全体、不完全に対する完全のようなものと理解することができよう。

この事柄に関するジャン・カルヴァンの立場が強調するポイントは、多少の曖昧さは残るものの、明確である。カルヴァンは、神に関する自然的知識が存在すると主張しながら、普遍的な「神性への感覚」、そしてあまねく撒かれた「宗教の種子」について語る。神の知恵の奥義に分け入るためには教養（リベラル・アーツ）が手助けとなるが、教養なき者さえも被造世界における神の御手の業を認めている。それゆえ、カルヴァンは、「人間の知性のうちに、また自然的本能による、神性に対する意識が存在する。このことについては議論の余地がない」と結論づけている[22]。

これだけでも十分に明白であろうが、カルヴァンの議論の全体の道筋を更

22　カルヴァン『キリスト教綱要』1.3.1。

にたどってゆくことが重要である。第一に、普遍的な「神性への感覚」というものは罪により弱められており、それゆえ、聖書において示されている特殊啓示に比べれば「不十分」であり「混乱」しており、曖昧でおぼろげなものであるとカルヴァンは考える。被造世界と人間の良心における啓示の相対的曖昧さは、カルヴァンからすれば、危うさの源である。神に関する不明瞭かつ不安定な知識から通常、引き出されるとカルヴァンが考えている事柄は、第一ヴァティカン公会議が、助けを要さずとも人間理性によって神について知りうる事柄として楽観的に結論づけているものとは同じではない。自然世界や普遍的道徳意識あるいは宗教意識の中で人類に与えられる神認識は、ことごとく退落しており、陰惨で破壊的なものへと往々にして転化されてゆくとカルヴァンは強調する。カルヴァンは、パウロの議論（ロマ 1:18–23）に従い、すべての人に責任を付与する普遍的啓示が存在するものの、人間の罪深い習慣はこの神の一般的知識を偶像崇拝へと変えてしまうと考えている。宗教はしばしば邪悪な人間の目的に仕えることになるのである。

　今日のほぼすべてのキリスト者は、被造世界や他宗教を通して与えられる神の知識に真理や価値を見出すことに関しては、カルヴァンよりもはるかに寛大であろう。ルネッサンス期の学者としてカルヴァンは学芸や科学を重んじたが、改革派以外の諸宗教を評価する際には、それらの歪曲のみを強調する傾向があった。これとは対照的に、今日のキリスト教神学者の多くは、開かれた心と敬意を持ってすべての宗教に近づく必要があると強調するだろう。彼（女）らは、他の宗教伝統においても神の恵みに満ちたイニシアティヴと人間の真実な応答を認めることだろう。

　しかしながら、カルヴァンの行きすぎを強調するあまりに彼の指摘する重要なポイントをなおざりにすることは許されない。すなわち、曖昧かつ表面的なる宗教性は、人々を無関心や絶望に導かないまでも、絶えず偶像崇拝的なるものへと陥れてしまう弱点を持つとするその主張である[23]。ここで考えられるのは、「神と祖国」あるいは「神、家族、国家」等のスローガンのもとに訴えられたいかがわしき宗教性と軍国主義的国家主義ないしは民族主義との忌まわしい結びつきである。第三帝国期のドイツ・キリスト者のイデオ

23　この段落において提示した考え方のうちの幾つかは、ハイデルベルク大学のミヒャエル・ヴェルカー教授に負っている。

ロギー、南アフリカにおける宗教とアパルトヘイトの結合、またアメリカ合衆国や他の諸国の好戦的運動に見られる神や宗教的価値への曖昧な言及は、人間が一般啓示のもとに往々にして神認識を支配・操作する傾向にあることを繰り返し警告したカルヴァン（後にはバルト）の本質的正しさをありありと思い起こさせる。

　特殊啓示の批判者たちが行うありふれた非難は、聖書に証しされた、とりわけイエス・キリストに収斂される神の特定のかつ唯一無比なる啓示への集中は、狭量で傲慢な態度へと必然的に導いてゆくというものである。確かに、狭量さや傲慢さは教会においても往々にして認めることのできる態度である。このために教会は悔い改めることが求められている。さりとて、狭量さや傲慢の責任を特殊啓示になすりつけることは誤りである。むしろ、地域主義や排他主義は、キリスト教的なるものにきわめて忠実であることに起因するというよりも、それとの繋がりを失った結果によるのである。そうだとすれば、キリスト教啓示の特異性を強調することに対するおざなりの批判は覆される。曖昧かつ無定形な宗教的コミットメントは神の啓示をめぐる聖書的伝統の具体的証言よりもはるかにイデオロギー的操作に屈しやすい、との主張もなされうるであろう。どっちつかずの宗教性は、自己の利害のみに関心を持つ個人や集団そして国家と容易に結びつく。またそれは自己陶酔や自己正当化が際限なく蔓延する可能性を与える。特定の聖句に訴えて奴隷制や女性の隷属化が正当化されてきたことからも明らかなように、聖書がイデオロギー目的のために利用されてきたことも確かな事実である。そうは言っても、曖昧な宗教性に潜む危険性はきわめて高いものがある。なぜなら、聖書における預言者的伝統の権威を認めている信仰共同体と較べると、それらの宗教性の自己批判力はかなり弱いからである。

　キリスト教的啓示経験は、自己批判を含む新たな批判能力をもたらす。啓示とあらゆるかたちの偶像崇拝に対する批判は不可分な関係にある。それゆえ、特殊啓示を単なる一般啓示の否定と同一視してはならない。同様の単純さをもって、特殊啓示を、神性に関する一般的諸想念の平穏なる継続、あるいは完成と考えるべきではない。むしろ特殊啓示は、我々が持つ既存の神認識のすべてに（たとえそれらがいかなる源から発するにしろ）、それらに存する善と真実を承認しつつ、挑み、それらを訂正し、超越してゆく。イエス・キリストにおける神の啓示は、キリスト教を含むすべての宗教にとって

（とりわけキリスト教にとって）不断に攪乱を引き起こすのである[24]。

　預言者的批判は、必然的に、貧しき者たちや助けを必要とする者たちに配慮することを求め（エレ 22:16)、神の御心を「正義を行い、慈しみを愛し、へりくだって神と共に歩むこと」(ミカ 6:8）と要約する神の啓示に属する。新約聖書においては、神の啓示は、貧しき者たちの大義を取り上げ、罪びとを赦し、神の最も大いなる戒めは何にもまして神を愛し、自分のように隣人を愛することと教えられ（マコ 12:29-31)、最後には二人の犯罪人の間に磔にされた方の活動において至上の形で表された。もし我々が、神の決定的啓示として、十字架につけられ、甦られたキリストに目を向けるなら、その方を通して与えられる神認識は常に我々の生において厄介な混乱を引き起こすような現実であり続けるだろう。我々は、この啓示が、我々にとって既知なこと、また我々の目下の生き方を単に承認するだけのものであるふりをするわけにはいかないだろう。我々の所有物あるいは支配下にあるものとして啓示を有すると主張することはできないであろう。啓示は常に驚きを与え、予想を超える、スキャンダラスな神の活動である。十字架につけられた方を宣教することは、神、世界、自身に関する我々の理解において「永遠の革命」といったものをもたらすのである[25]。

　要約すると、一般啓示と特殊啓示の間には区別が存在するが、その区別は容易に誤用されうる。それは特殊啓示を良いように飼いならすこと、更には別のものに置き換えることへと繋がってゆく。あるいは、啓示と理性、キリストと文化、自然と歴史がそれぞれ全く別の領域に属するものとみなされるような結果をもたらす神認識の区分化を促進する。特殊啓示の到来によって、一般啓示に基づく神認識は変わらずにはおられない。イエスのミニストリーとその十字架においてなされた神の驚くべき自己開示は、我々の人格的な、また人格間の諸関係、自然に対する態度、文化活動、最も基本的には我々が神を想像する仕方、そして神との関わり方において変革がもたらされることを要求する[26]。

24　Niebuhr, *The Meaning of Revelation*〔ニーバー『啓示の意味』〕を見よ。「啓示とはわれわれの宗教的観念の発展ではなく、その改革である」(p.182)〔佐柳訳、179 頁〕。
25　Niebuhr, *The Meaning of Revelation*, 182〔ニーバー『啓示の意味』179 頁〕.
26　H. Richard Niebuhr, *Christ and Culture* (New York: Harper, 1951)〔ニーバー『キリストと文化』赤城泰訳、日本キリスト教団出版局、1967 年〕を見よ。

啓示の諸モデル

　広範に読まれている一つの著作の中で、エイヴリー・ダレスは、啓示の五つのモデルを挙げている[27]。その議論の持つ価値の一つは、それぞれの啓示モデルが強みと共に欠陥を持つことを認識している点にある。その分類は、啓示の教理をめぐる更なる省察に良き土台を与えるであろうがゆえに、ここで要約してみる価値はあろう。

　ダレスの挙げた第一のモデルによれば、啓示は権威的教理のかたちをとる。聖書の不可謬的諸命題あるいは教会の不可謬的諸教理の中に啓示は位置づけられるのである。権威的諸教理あるいは明らかにされた諸命題としての啓示モデルは、第二ヴァティカン公会議以前のローマ・カトリック教会の神学に典型的に見られたものであるが、プロテスタントのファンダメンタリスト神学などでは未だに力を持っている。このモデルは啓示の認識的内容を擁護せんとの賞賛に値する目標は持っているものの、啓示の意味に関してその見方は過度に合理主義的である。神の啓示は一連の権威的諸命題に還元縮小することはできない。

　第二のモデルは、啓示を特定の歴史的出来事と同一視する。このモデルにおいては、啓示は聖書のテキストそれ自体あるいは教会の教説そのものとは同じとはみなされず、聖書において詳説された重大な出来事の中に位置づけられる。この見方によれば、イスラエルの出エジプトやイエスの死人からの復活などの出来事を歴史的研究から学べば学ぶほど、啓示により近づくことができるとされる。神の啓示とは、歴史における「神の大いなる御業(みわざ)」のことである。啓示をめぐるこの考え方には多くの学ぶべきところがあるものの、神の諸行為と、それらが引き起こした聖書の証しに見られる解釈とを、またその証しに対する今日の信仰者の応答とをあまりにも単純に切り離してしまっている、とダレスは考えている。

　ダレスによる第三のモデルによれば、啓示は特殊な内的啓示とみなされる。それは本質的に神との交わりにおいて引き起こされる内的感情である。この見方においては、啓示の場所は聖書でも教会の諸教理でも聖書の証言の背後

27　Avery Dulles, *Models of Revelation*, 2nd ed. (Maryknoll, N.Y.: Orbis, 1992).

に横たわっていると称される歴史的事実でもない。啓示はそういったものではなくて、霊的な覚醒や更新へと導くような現在起こっている人格的経験である。このモデルは正当にも啓示の出来事における人格的で主観的側面に注意を喚起するが、その経験観は往々にして狭く個人主義的である。ここには、神の啓示の担い手としての信徒共同体、聖典、信仰の実践といったものの重要性に対する意識はほとんど存在しない。

　ダレスは四番目のモデルを弁証法的臨在と呼ぶ。このモデルにおいては、聖書や教会の宣教によって媒介される神の御言葉との客観化することのできない遭遇が強調される。神の御言葉は人間の証言の言葉によって媒介されるものの、それらとは同一視することはできない。啓示が起こる時、それは神の自由なる恵みの神秘的行為として起こる。神の超越性や自由を強調することと、また啓示の媒体の持つ有限性や限界を真剣に受け止めているところに、ダレスはこのモデルの持つ利点を認めている。それにもかかわらず、このモデルは受肉の現実性を十分には吟味、考慮していないとダレスは考える。結果として、このモデルは神と被造物との間に理解可能な橋を架けそこなっている。

　第五のモデルは、変革的行動へと導く新しい意識として啓示を理解する。啓示は、創造的想像力や倫理的行動となって現れるであろう人間意識における大躍進とみなされる。この理解においては、啓示は自己や世界の変革を生じさせる類のものである。新しき意識としてのこの啓示モデルは、啓示の受け手を神の前に受け身の姿勢をとらせるだけに限定する他のモデルにありがちな傾向を回避し、啓示の受け手の積極的役割を強調する。しかしながら、新しき意識として啓示を考えるこのモデルは、しばしば聖書の証言や伝統を過小評価したり、あるいは、それらから完璧に自らを切り離す傾向を持つとダレスは指摘する。

　以上の要約からも分かるように、これら五つのモデルのいずれもが完璧に満足のゆくものではないとダレスが考えていることは明らかである。別のモデルを彼は提供してはいない。だが、聖書に証言され、教会の生や実践において働く聖霊の力によって確かめられた、キリスト者がとりわけイエスにおいて見出しているところの啓示をより十分なかたちで描き出すようなモデルに明らかにダレスは好意を示している。彼がまた読者に思い起こさせようとしていることは、啓示は過去の出来事や現在の経験に限定され得ず、それは

また終わりの時のキリストの最終的な出現（再臨〔パルーシア〕）を指し示しているということである（例えば、Ⅰコリ1:7やコロ3:4）。言い換えれば、啓示は未だに終局を迎えていない、その完成をキリスト者が今も待ち望んでいるような出来事なのである。

聖書に物語られた神の自己開示としての啓示

　キリスト教信仰は、聖書に証しされたイエス・キリストのミニストリーと死と復活を神の至高の啓示、また神に関するすべてのことを理解する上での基礎として仰いでいる。神は自然と歴史の全体において臨在し働いておられるが、キリスト教信仰と神学は、十全たる啓示は一つの人格的生において決定的に到来すると考えている。一人の人格を通しての啓示のみが、同様に人格を持つ我々にも十分に理解可能なものとされる。また人格的啓示のみが、最高の人格性を有する神の現実性を十分に明らかにしうるのである[28]。ベージル・ミッチェルも記しているように、「啓示をめぐるすべての議論に込められている基本的アナロジー（類比）とは、人格間の対話としてのそれである」[29]。

　もしも、人格間のコミュニケーションを、神の啓示が意味するところの最も満足のゆくアナロジーであるとみなすならば、ダレスが五つのタイプに分類して見せたそれぞれのモデルに共通の要素が存在するのは事実であったとしても、それぞれの焦点の当てどころは異なってくるであろう。我々の省察は、諸命題（それらもそれらなりの位置を占めるが）にも、歴史的事実（それらは重要であるが）にも、回心や更新の経験（それらも確かに啓示の意味の一部ではあるが）にも、神の前における人間の危機的諸状況（啓示と危機を分けることは不可能であるが）にも、自由や責任に対する高められた意識（啓示にはこれらが含められるが）にも、中心点を置かない。代わりに、神の自己啓示を人格間の知に類比するものとして理解することを試みるつもりである。その際、これは単なるアナロジーであることを強調しなければなら

28　William Temple, *Nature, Man and God* (London: Macmillan, 1956), 319 を見よ。
29　Basil Mitchell, "Does Christianity Need a Revelation?" *Theology* 83 (1980): 105.

ない。神学においてはアナロジーとは、大きな違いを持った類似を意味する。

どのようにして人格は知られうるであろうか？[30] 諸人格を、自らのアイデンティティと意図を言葉と行動において開示する具体的な行為者と考えるならば、他の人格を知ることと神の人格的自己開示の間に存在するアナロジーを以下のように発展させることができるであろう。

第一に、我々が他の人格を知る際には、彼（女）らの真の姿と、心の中にあるものと、まことの性格を顕していると言ってもよい諸行動に見られる持続的パターンに注意を払うことが求められる。我々のするすべてのことが、我々のアイデンティティや心の内奥や気質を明らかにするわけではない。危機的な時にあって、常に最初に試練の中にある者たちの傍らに立ち、援助の手を差し伸べる女性がいるとする。この持続的な行動パターンにより、彼女をまことに細やかで思いやりに満ちた人と呼ぶことは正当化されうるであろう。その持続的行動パターンによって、彼女の「まことの人となり」が我々に「明らかにされた（啓示された）」のである。

アナロジーを用いれば、神の啓示は、特定のパターンを示す人格的行動を通じての神の自己開示として理解することができる。キリスト教信仰者にとって、神の特質や意図が自然や歴史に起こるすべての出来事において直ちに明らかにされるということはない。それらは、ナザレのイエスと名づけられた特定の出来事に、すなわち、この人物に関して言いうるすべての細部（例えば、身長、髪の色、音楽の好みのような）にのみならず、福音書の物語において純化されたかたちで、究極的には受難物語に描かれている彼の持続的行動パターンに集中的にあらわされている。

第二に、人格的アイデンティティは自由に開示される。必ずしも恣意的ではないが、人の行動には自発性や意外性といった要素が存在する。一人の人間は、新たな、また驚くべきことをする自由を持つ。ある人がお決まりの仕方で捉えられたり、あるいはその行動が全くもって想定内のものと考えられる際には、その人の人格に対して不当なことがなされているのである。他者がその行動によって何を意図していたかを知るには、特にその行動が予想外なものである際には、彼（女）らにその意図を教えてもらう他はない。

---

30 以下の諸段落において提示する議論は、Thomas F. Tracy の *God, Action, and Embodiment* (Grand Rapids: Eerdmans, 1984) に負っている。

同様に、聖書は、神の行動を気まぐれとは決して言わぬまでも、想定外のことを行う神の自由を常に重んじてきた。神の真実は信頼しうるものであるが、神の目的は、いまだかつてなかったような驚くべき仕方で成し遂げられる。神のこの自由と汲み尽くしがたさをなおざりにする度合いに従って、我々は神認識を自身の利益のために支配し操作することのできるなにものかに転化してしまうのである。預言者たちにより、過去に神が何をなし何を命じてきたかを想起するよう呼び出されたのと同じくらい頻繁に、イスラエルは神の新しき行為に対しても開かれてあるようにと繰り返し召し出された（イザ 43:18–19 を見よ）。

　第三には、人格的知識は、信頼し、約束に応答しながら生きることへの不断の招きを伴う。このことは人格を知ることにおける自由、知られる対象の側と知る側の双方における自由と結びついている。人格的知識においては、常に新しい、驚くべき、想定外の要素が存在するゆえに、すべての人格的関係において、「約束する」ということは重要な側面である。我々は友人に、また友人も我々に対して、明日も今日と絶対に同じでいることを約束することはできない。けれども、たとえそれが今までとは異なる、驚くべき仕方であるにせよ、思いやりと愛をもって傍らにいることを友人に対して約束することはできる。

　ここにおいても、神の自己開示に関する聖書の記述との関連においてアナロジーが有益であることが証明される。イスラエルの歴史、そして聖霊の力によって導かれたイエス・キリストのミニストリー、死、復活における神の啓示は約束によって、また真実たることへの呼びかけによって特色づけられている[31]。「あなたの罪は赦された」（ルカ 7:48）。「貧しい人々は、幸いである、神の国はあなたがたのものである」（同 6:20）。「（信じなさい。）わたしが与える水を飲む者は決して渇かない」（ヨハ 4:14）。「自分の命を救いたいと思う者は、それを失うが、わたしのために命を失うものは、それを救うのである」（ルカ 9:24）。「勇気を出しなさい。わたしは既に世に勝っている」（ヨハ 16:33）。「わたしは世の終わりまで、いつもあなたがたと共にいる」（マタ 28:20）。

31　Ronald F. Thiemann, *Revelation and Theology: The Gospel as Narrated Promise* (Notre Dame: University of Notre Dame Press, 1985) を見よ。

最後に指摘しておきたいこととして、人格としての我々のアイデンティティは、しばしば物語の形で表現されるということがある。このことが我々人間の相互的自己開示に当てはまるとするなら、アナロジーとして、神の自己開示にも当てはまるであろう。聖書においては、神の啓示されたアイデンティティはおもに、物語によって示されている[32]。F. マイケル・マックレインも書いているように、「もしも、神がこの世においてその神的特質と目的を開示するべく行為する行為者であるとするなら、物語は神が御自身のアイデンティティを明らかにする最も適当な形式である」[33]。

　今日の多くの神学者たちは、神の人格的開示としての啓示の意味を探究してきた[34]。物語は、人格の特質と目的を規定する持続的パターンを効果的に伝えることのできるゆえに、神のアイデンティティを特定するにふさわしい手段とみなされている。物語は、人格的行動を、その自由と意外性、そして約束的特質において描くことができる。そのため、聖書が神のアイデンティティと目的を証しする際に、物語が特別な役割を担ってきたことは驚くに当たらない。『啓示の教理 The Doctrine of Revelation』においてガブリエル・ファックルは、ダレスのタイポロジー（類型論）を越えて、「物語的枠組み」において設定された「包括的啓示観」を発展させる。ファックルによれば、啓示は、創造から完成に至るまでの世界との関わりにおける神のドラマ全体の文脈内において理解されなければならないとされる。啓示は、三位一体の神の自己伝達的行為全体を包み込む。聖書に証しされた神的啓示の偉大なドラマは、創造、和解、そして万物の究極的贖いにおける神の働きを含む多様な仕方での神のアイデンティティを特定する[35]。

　啓示をめぐるキリスト教教理において聖書に描き出された物語は特別に重

32　Richard Bauckham, "Jesus the Revelation of God," in *Divine Revelation*, ed. Paul Avis, 174-200 を見よ。

33　F. Michael McLain, "Narrative Interpretation and the Problem of Double Agency," in *Divine Action*, ed. Brian Hebblethwaite and Edward Henderson (Edinburgh: T&T Clark, 1990), 143 を見よ。

34　Stroup, *The Promise of Narrative Theology*, また Stroup, "Revelation," in *Christian Theology: An Introduction to Its Traditions and Tasks*, rev. ed. (Philadelphia: Fortress, 1985), 114-40 および Thiemann, *Revelation and Theology* を見よ。

35　Gabriel Fackre, *The Doctrine of Revelation: A Narrative Interpretation* (Grand Rapids: Eerdmans, 1997).

要であるという人たちに同意はできるものの、二、三の条件をつける必要があると思われる。第一に、キリスト教信仰にとって、神のアイデンティティを特定する上で決定的に重要なのは聖書の物語だけではないということである。神の自己啓示をめぐるキリスト教的理解の中心に位置するのは、十字架につけられた方としてのイエス・キリストである（ガラ 3:1、Ⅰコリ 1:23）。その方において、神のアイデンティティ、目的、力が、他のどこにも見られないくらいに顕かにされた。H. リチャード・ニーバーは言う、「まことに不思議なことに、我々は、イエス・キリストの光のもとで、この力ひしめき合う世界において真に強いものは何かということに関する我々の持つすべての考えを修正しなければならない。……地上の力ある者を支配する神の力は、神がその者たちを殺戮したという事実においてではなく、殺戮されたイエスの霊を征服し得ぬものとしたという事実において明らかにされる」[36]。

　啓示の教理における物語の強調に対して附すべき第二の条件は、聖書に証しされた神の自己開示は単なる物語ではないということである。イエス・キリストが我々のために死して甦られたという真理は物語のかたちを取るが、イエス・キリストは単なる物語中の登場人物ではない。更に言えば、聖書の物語は、我々に情報を与え、我々を楽しませ、我々を啓発するために語られた単なる興味深い物語ではない。それらの物語の目的は、我々に関わり、我々を解き放ち、回心させ、変革させることである。それらの目的は、我々のために神が何をなしたかを教え、キリストにおいて我々のものとされた新しき自由に迎え入れるべく、我々を招くことにある。それらは、神について、そして神との関わりにおける世界についての真理の主張をなし、我々の人格的応答を要求する。神の働きに関するそれらの物語が、我々自身の生と個人的にも共同体的にも交差し、神との新しい関係に、新しいアイデンティティに、新しい生に、新しい使命に我々を向かわせる時に、それらは神の啓示のまことの媒体となるのである[37]。

　最後の条件は、神の自己開示をめぐる聖書の物語は、未完の物語であるということである。ローワン・ウィリアムズが想起させるように、それは開かれたものであり続ける。「イエスの物語は完成に至っていない。それゆえ、

36　Niebuhr, *The Meaning of Revelation*, 187〔ニーバー『啓示の意味』182-83 頁参照〕.
37　聖書的物語と我々の個人的物語の間に生じる「葛藤」に関する啓発的な議論を知りたければ、Stroup, *The Promise of Narrative Theology*, 171-75 を見よ。

いわゆる『権威ある』物語の語り手によってでさえも、その物語はいかなる意味においても支配されることはない。……イエスは御自身の歴史（物語）の主体であり続ける」[38]。啓示をめぐる聖書の物語が未完であるということは、神は、その物語に光を与え、完成に至らしめるために、今も聖霊において働き続けておられるということを意味する。我々は、自分たちの手で閉じたり、こじんまりとした体系にまとめることによって、その物語を自分たちの支配下に置こうとしてはならない。イエスが御自身の歴史の主体であり続けるということは、イエスは生き、そして聖霊の力において現臨しておられるということであり、彼における神の自己啓示は決して我々が手元に置くことのできる固定の所有物とはならないということである。聖書の物語が未完であるとの認識は、聖書の証言における物語以外の他の文学形式にも関心をはらうようにと我々を促すことになろう。これらの文学形式は、イスラエルとの関わりにおける神の歴史の中での、またイエス・キリストの人格と業における、ともすればなおざりにされ、無視されてしまうような神の自己啓示の諸次元を明らかにしている。物語に加えて、聖書には預言的託宣、箴言、命令、賛歌、叫び、嘆き、黙示的ヴィジョンといったものが含まれており、それぞれが、我々の支配を超えて自由であり続ける神の自己啓示に対する重要な証しとしての在り様を示している[39]。聖書は、神のアイデンティティと真実を、世界の創造から完成に至る神の大いなる行動の物語に、そして決定的にはイエス・キリストにおける神の和解の行為において幅広く描き出しているものの、同時に聖書は、神の不在や沈黙といった経験、信仰者が神の臨在を経験することのできないような、神の大いなる行為を物語る広大な物語の中にいかに自分たちの生が包み込まれているかということが見えない時々の経験にも声を与えている。啓示に対する聖書の証言の形式は多様であり、そのいずれもがなおざりにされるべきではない。

---

38 Rowan Williams, *On Christian Theology* (Oxford: Blackwell, 2000), 193.

39 Paul Ricoeur, "Towards a Hermeneutic of the Idea of Revelation," in *Essays in Biblical Interpretation*, ed. L. S. Mudge (Philadelphia: Fortress, 1980), 73-118〔リクール「啓示の観念の解釈学」、『聖書解釈学』久米博／佐々木啓訳、ヨルダン社、1995年〕.

啓示、聖書、そして教会

　キリスト教神学において、「啓示」という言葉は、まず第一には、聖書や信条、あるいは一連の諸教理や何らかの教会的権威を指し示してはいない。その言葉が指し示しているのは、イエス・キリストにその中心を持つ、世界の創造、贖い、完成における三位一体の神の働き全体である。イエスの生と死と復活は、神の性質と目的の至上の顕れである。イエス・キリストにおける神の恵みはキリスト教のメッセージの核であり、啓示をめぐるキリスト教教理の焦点をなす。

　けれども、聖書の証言や神の霊の働きを離れては、イエス・キリストを通しての神と世界の和解の福音（Ⅱコリ 5:19）について何ら知ることはできないであろう。神の霊は、聖書のメッセージを照明し、我々の知性と心をそれに対して開くことによって、神と我々自身に関する正しい知識へと導く。聖霊によって照らし出された聖書の証言あるいは霊の力において教会によってなされるその継続的宣教がなおざりにされたり軽んじられたりするところでは、キリスト教的意味における啓示の現実は危うくされるのである。

　神の御言葉の三様態をめぐるその教理において、カール・バルトは啓示とそれを伝達する具体的媒体との関係を明らかにしている。バルトは、神の御言葉には三つの様態、すなわち啓示された御言葉、書き記された御言葉、宣教された御言葉の三つの様態が存在することを説き明かす[40]。一つの神の御言葉におけるこれらのそれぞれに固有でありつつ不可分な様態は三つの同心円のように互いに関係し合っている。その最も内側の円は、神の啓示された御言葉、すなわちイエス・キリストにおいて受肉した神の御言葉である。この円には、聖書の預言者的また使徒的証言からなる第二の円を通してのみ近づくことができる。この証言自体は、神の御言葉の第三の、すなわち最も外側の円をなす教会の宣教によって我々に媒介される。

　神の御言葉の三重構造をめぐるこの記述によって明らかにされることは、神は啓示の出来事における重要な部分を人間に任せることをお選びになった

---

[40] Barth, *Church Dogmatics*, 1/1 (2nd ed., 1975): 88-124〔バルト『教会教義学　神の言葉 I/1』吉永正義訳、新教出版社、169-234頁〕.

ということである。もちろん、このことは単独的にはイエス・キリストの人格と業(わざ)における神の受肉にも当てはまる。御言葉は肉となった（ヨハ 1:14）。神は特定の言葉と行為を通して決定的に啓示される。けれども、限界と欠陥にもかかわらず、聖書と教会の宣教もまた神の御言葉の様態であり、神の自己啓示を我々に伝えるにあたり必要不可欠な役割を担っている。キリストにおける世界との神の和解の福音は、直接的にではなく、間接的に、すなわち聖書という第一証言と教会の宣教という第二証言を通して我々のもとに届けられるのである。

　イエス・キリストにおいて輝き出る神の光は、まず第一には、聖書の証言のプリズムを通して伝達される。教会が三位一体の神の自己伝達に誠実であり続ける限りにおいて、その生と宣教(ミッション)において教会は聖書の証言の優位性と権威を認めるであろう。同時に、聖書の証言のまことの人間性も弁明や恥じらいを必要とすることなく認められるであろう。原初における啓示の証言は紛うことなく歴史的に条件づけられており、驚くほどに多様な人間の手によるものである。だが、このことは啓示をめぐるキリスト教的理解の弱みではなく強みである。我々が土の器に宝を納めていること（Ⅱコリ 4:7）、これは聖書に当てはまるのと同様、それに引き続いてなされていった聖書に基づくキリスト者の証言すべてにも当てはまる。それゆえ、聖書において見出されるすべてのことが、我々に対する神の直接的言葉として捉えられるべきではない。聖書のテキストの中には、聖書の大いなる物語によって特定された恵み深き神の特質と目的に対して極度の緊張関係を有している箇所も見受けられよう。例えば、聖書には神を家父長的イメージにおいて、あるいは敵を虐殺せよと命じる方として描いている箇所が存在することを否定することはできない。だが、啓示をめぐる聖書の証言はそれと同一視することはできない。ルターほど大胆でないが、カルヴァンもそのことを認めている[41]。今日、啓示をめぐるキリスト教教理は、イエス・キリストにおける確固たる神の人格的自己開示に対する聖書の証言と、この証言の歴史的偶然性また曖昧さをはっきりと区別することが必要不可欠となっている。

　しかしながら、第二に、イエス・キリストにおける神の啓示に対する聖書

41　カルヴァンは、神を聖書全体の「著者」として語る一方で（『キリスト教綱要』1.3.4）、「キリストを明るみに押し出す」際に限って、聖書は命の言葉を運ぶのだ、とも考えている（1.9.3）。

の原初的証言はそれ自体、教会の証言を通して我々に媒介される。我々は、多くの解釈者の手を借りながら聖書のメッセージを聞き、そして理解する。エチオピア人の宦官のように、聖書を理解するためには導き手を必要とする（使 8:30–31）。聖書のメッセージをその媒体としての教会の宣教と生から切り離してしまっては、神の啓示をめぐる我々の理解は、聖書主義者が間違って想像するようには純度を高めることはないし、むしろ大いに貧しくされてしまうだろう。確かに、神は教会を審きのもとに置き、教会に対して、啓示を様々な仕方で曖昧にし歪めてしまったことへの悔い改めを要求する。それにもかかわらず、信仰者の共同体は、聖書に証しされた神の啓示を理解するにあたっての母体であり、それを解釈する際の不可欠な文脈なのである。

　教会の教説や慣行が誤りやすきことに対して敏感であるがゆえに、また教会内の不断の改革の必要性に対して意識が高いゆえに、プロテスタント神学は、過去と現在における教会の証言から離れて、聖書テキストのみに啓示の場所を求める傾向にあった。しかし、このことは、教会を聖書と同等の、あるいはそれ以上のものとする試みと同じくらいに不毛である。宗教改革者たちが、教会の信仰と生にとって聖書の中心的証言が規範的であると主張したことは正しいものの、その証言は真空内に存在するのではない。真実を言えば、「聖書のみ」という言葉も、「聖書プラス教会の伝統」という言葉も、キリストの福音を効果的に伝えるには不十分である。教会の証言と生の文脈において聖書の証言を自由に用いる神の霊のみが、救い主であって主であられるキリストに対する信仰と服従を創造し、養いうるのである[42]。

　聖書、啓示、そして教会の教説や伝統の間に存在する関係は、プロテスタント神学、ローマ・カトリック神学、東方正教会神学の間で繰り広げられる論争の的であり続けているが、そのいずれの神学も、聖書と教会の教理は啓示を伝達する二つの独立した媒体ではないとの認識において互いに歩み寄りを始めている。教会の諸教理は聖書に証しされている神の啓示を根拠に教会が告白し教えるところのものである[43]。教会の教説は信仰の生において真実

---

[42] George S. Hendry, *The Holy Spirit in Christian Theology* (Philadelphia: Westminster, 1956)〔ヘンドリー『聖霊論』栗田英昭訳、一麦出版社、1996 年〕を見よ。「ルターは、御言葉（聖書）はそこにキリストが横たえられている飼い葉桶であると語るが、それに倣えば、教会はその飼い葉桶が置かれた託児所と言うことができるかもしれない」(p. 95)。

[43] Jaroslav Pelikan, *The Christian Tradition: A History of the Development od Doctrine*, vol. 1:

ではあるが相対的な権威を持つ。常に聖書に従いつつ、教会の公同の信条や今日の信仰告白は、聖書における中心的事柄に関する重要な解釈学的鍵（手がかり）を提供し、神の力強き業(わざ)に関する簡潔な要約を与える。カルヴァンによれば、使徒信条のようなエキュメニカルな信条は、「少ない言葉で我々の贖いにおける主要なポイントを要約している」[44]がゆえに高く評価されるべきである。信条や信仰告白は、独立した啓示の回路としてではなく、聖書の「第一の（根本的）注解書」として、教会の生において重要なる役割を果たしている[45]。

　啓示をめぐるすべての証言には欠陥や歪曲が存在するという認識は、多くのキリスト者にとって厄介なことである。けれども、神の恵みと力は人間の弱さにおいて十分に発揮されるのだ（Ⅱコリ 12:9）ということを思い起こせば、間違いやすき人間が神の啓示に仕えるべく用いられるという事実に働く神の恵みを見るに、何らの困難を感じることはないだろう。間接的に我々とコミュニケーションを持たれることによって、神の啓示は我々の被造的条件に適合されてゆく。神は我々の人間性を重んじ、我々からの自由な応答をお求めになる[46]。啓示の光は、垂直に我々のもとに下るのではなく、責任ある解釈と批判的適応のプロセスに我々を参与させる神の霊の力によるこの世的媒介の力を通して届けられるのである。

　啓示をめぐるすべての人間的証言は曖昧さと歪曲に屈しやすい。そうであるがゆえに、啓示の受容を弁証法的プロセスとして理解することが必要であ

The Emergence of the Catholic Tradition, 100-600 (Chicago: University of Chicago Press, 1971)〔J. ペリカン『キリスト教の伝統1　公同的伝統の出現（100–600年）』鈴木浩訳、教文館、2006年〕. ペリカンは「教会が、神の御言葉（聖書）を根拠に、イエス・キリストについて信じ、教え、告白するところのもの」（p. 1）としてキリスト教教理を定義する。

44　カルヴァン『キリスト教綱要』2.16.18。例えば、Nicholas Lash は「聖書が長きにわたって語っていることを、手短にまとめたものが信条である」と、簡潔に定義している。*Believing Three Ways in One God: A Reading of the Apostoles' Creed* (London: SCM Press, 1992), 8 参照。

45　聖書との関係における教会の諸信条と諸告白の位置づけに関しては、Barth, *Church Dogmatics*, 1/2: 585-660〔バルト『教会教義学　神の言葉II/3』249-395頁〕を見よ。

46　神の啓示の必然的形式としての「間接的コミュニケーション」については、Søren Kierkegaard, *Concluding Unscientific Postscript* (Princeton: Princeton University Press, 1941)〔『哲学的断片への結びとしての非学問的あとがき』〕, 216ff. を見よ。

る。一方で、神の民に属する他の成員たちとの交わりにおいて聖書の証言を注意深く、信頼をもって読み、そして聞くことから離れては、キリストにおける神の啓示を受容することはあり得ない。聖書に証しされているようなキリストの変革をもたらす力が我々のうえに効力をもたらすとするなら、それは、信仰、祈り、宣教、聖礼典的生、教会の奉仕の文脈においてのみ可能となるのである。

　他方で、聖書、そして教会の宣教と生によって我々に媒介されたものとしてのキリストにおける神の啓示を批判的に受容してゆく必要が常に存在する。キリストにおいて与えられる自由は、聖書や教会の教説の特定要素によって支持されている事柄をも含むあらゆる形の軛(くびき)に抗することを可能とするが、そのような新しき自由に入ることによってのみ、我々は神の啓示の生き生きとした責任ある受容者となる。聖書の証言も教会の証言も、生ける自由なる神に仕える僕(しもべ)以上のものではない。それらは、自分自身を超えて、生ける神の御言葉を、我々のただ中に働きつつ決して我々の支配下に置かれることのないような現実性を、審きつつ新たに創りかえることを可能とするような神の現実性を指し示すのである。

　啓示の教理はこのように、我々が人間であることを認めるだろう。すなわち我々の生が、我々が属する特定の共同体、とりわけ信仰共同体によって、また、その共同体が支持する諸価値、物語る物語、教える諸教理、従事する慣行によって形成されることを認めるだろう。神の啓示の受容とその光のもとでの人間の生の変革は、共同体的文脈のもとで生じる。このことは、神の啓示に誠実であることが単にキリスト者共同体の信条や慣行への「社会化」のプロセスであることを意味しない。キリスト者となることは、伝統を受け入れ、繰り返すといったことをはるかに超えてゆく事柄である。聖書や教会の証言を通して媒介された生ける神の啓示に信仰をもって応答することは、受け入れた福音の自由にして喜ばしき証人となり、その福音を解釈しつつ生き抜くという責任を分かち与えられることである。

　これらの省察から引き出されるべき大切な結論は、神の啓示により神に仕えるべく召し出された信仰共同体は、その証しする啓示を決して自らの支配下に置こうとしてはならないということである。そのようなことが起こる場合には、啓示はイデオロギーに、神学は偶像崇拝に置き換えられてしまうだろう。神の自己啓示は真実であり信頼に値するものであるが、決して支配す

ることはできない。また一冊の書物、一連の教理、特定の伝統、あるいは一個人や集団の特殊な経験とそれとを同一視することなど、決してできないのである。それは、聖霊の力により聖書のポリフォニック（多旋律的）な文書や信仰共同体の生ける証しを通して媒介されたイエス・キリストにおける神の自由にして恵み深き自己開示の行為である。啓示を、我々の所有物として、我々が当然のものとして受け取ることのできる何かとして、考えることなど決してあってはならない。神の自己開示としての啓示は、教会が絶えずそのために次のように祈り続けなければならない出来事である。「来たれ、聖霊よ！　あなたの御言葉を通してもう一度あなたの民に語れ」。イエス・キリストにおいて至高の形で与えられた神の自己啓示に我々が依存していることを認めることにおいて、キリスト者共同体は、自らが自らの主人ではないこと、神のみが主であること、この共同体は、自身をではなくイエス・キリストを宣教するために召し出されていること（Ⅱコリ 4:5）、自らが、生ける神の霊の力における生ける神の御言葉によって、何度も、語りかけられ、改革されなければならないものであることを告白しているのである。

更なる学びのために

Abraham, William J. *Crossing the Threshold of Divine Revelation*. Grand Rapids: Eerdmans, 2006.

Barth, Karl. "The Christian Understanding of Revelation." In *Against the Stream: Shorter Post-War Writings*. London: SCM, 1954. Pp.205-40.〔バルト「啓示のキリスト教的理解」、ゴッドシー編『バルトとの対話』古屋安雄訳、新教出版社、1965 年、198-212 頁〕

Barth, Karl, and Emil Brunner. *Natural Theology*, comprising "Nature and Grace" by Emil Brunner and the reply "No!" by Karl Barth. Eugene, Ore.: Wipf and Stock, 2002.〔ブルンナー「自然と恩寵――カール・バルトとの対話のために」吉永正義訳、バルト「ナイン！――エミール・ブルンナーに対する応え」菅円吉訳、『カール・バルト著作集 2』新教出版社、1989 年〕

Brunner, Emil. *Revelation and Reason*. Philadelphia: Westminster, 1946.

Calvin, John. *Institutes of the Christian Religion*, 2 vols. Ed. John McNeill. Philadelphia:

Westminster, 1960. Vol. 1, Pp.35-69.〔ジャン・カルヴァン『キリスト教綱要 改訳版 第1篇・第2篇』渡辺信夫訳、新教出版社、2007年、38-72頁〕

"Dogmatic Constitution on Divine Revelation" (Vatican II). In *Decrees of the Ecumenical Councils*, 2 vols., ed. Norman P. Tanner. Georgetown: Sheed and Ward, 1990. Vol. 2, pp. 971-81.〔「神の啓示に関する教義憲章」、『第二バチカン公会議 公文書全集』南山大学監修、サンパウロ、1986年、201-14頁〕

Dulles, Avery. *Models of Revelation*. Garden City, N.Y.: Doubleday, 1983.

Fackre, Gabriel. *The Doctrine of Revelation: A Narrative Interpretation*. Edinburgh: Edinburgh University Press, 1997.

Grenz, Stanley J. and Noel Leo Erskine. "How Do We Know What to Believe? Revelation and Authority." In *Essentials of Christian Theology*, ed. William C. Placker. Louisville: Westminster John Knox, 2003. Pp. 11-49.

Niebuhr, H. Richard. *The Meaning of Revelation*. New York: Macmillan, 1941.〔H. R. ニーバー『啓示の意味』佐柳文男訳、教文館、1975年〕

Quash, Ben. "Revelation." In *The Oxford Handbook of Systematic Theology*, ed. John Webster, Kathryn Tanner, and Iain Torrance. Oxford: Oxford University Press, 2007. Pp. 325-44.

Ricoeur, Paul. "Towards a Hermeneutic of the Idea of Revelation." In *Essays in Biblical Interpretation*. Philadelphia: Fortress, 1980. Pp. 73-118.〔ポール・リクール「啓示の観念の解釈学」、『聖書解釈学』久米博／佐々木啓訳、ヨルダン社、1995年、132-85頁〕

Thiemann, Ronald F. *Revelation and Theology*. Notre Dame: University of Notre Dame Press, 1985.

Tillich, Paul. "The Reality of Revelation." In *Systematic Theology*, 3 vols. Chicago: University of Chicago Press, 1967. Vol. 1, pp. 106-59.〔パウル・ティリッヒ『組織神学 第1巻』谷口美智雄訳、新教出版社、2004年復刊、133-200頁〕

第 3 章

聖書の権威

The Authority of Scripture

　教会が始まって以来、すべてのキリスト教神学は、暗黙のうちにあるいは明確に、聖書の持つ特別な権威を認めてきた。この間、議論されてきた重大な問いとは、キリスト者の信仰と生活にとって聖書は第一の権威で・あ・る・の・か・ということでは決してなく、い・か・な・る・類・の権威であるかということであった[1]。

　16 世紀の宗教改革者たちにとって、聖書の権威は、それが持つ自由を与えるメッセージに、すなわち、イエス・キリストにおいて罪びとたちに差し出された神の恵み深き受容としての福音に根ざしていた。聖書は、恣意的、あるいは専制君主的な権威としてではなく、新しき生、自由、喜びの源として経験されたのである。

　今日、誰もがこのように聖書的権威の意味を理解しているわけではない。キリスト者の中でさえ、そのように理解しない者もいる。教会の内と外とを問わず、多くの人々が、聖書の権威を、新生よりも排除に、自由よりも強制に、喜びよりも恐怖に等しいものと考えている。彼（女）らは、いかに、聖書の権威が自由な探究を抑圧するために、また奴隷制や家父長制の慣行を正当化するために持ち出されてきたかということを熟知しているのだ。

　そうであるからこそ、今日の神学に求められている主要な営みは、人々に自由をもたらすような聖書の権威に関する理解を発展させてゆくことである。この目的に近づくためには、聖書の権威を、信仰共同体のうちでの、中心的内実との、またその特殊な機能との関連において理解してゆかなければならないだろう。聖書は、イスラエルの歴史において、またイエス・キリスト

---

[1] この章に提示した事柄の幾つかは、かつて *Called to Freedom: Liberation Theology and the Future of Christian Doctrine* (Philadelphia: Westminster, 1980) の第 1 章において聖書の権威をめぐって論じた議論に基づいている。

において至高のかたちで顕かにされた解放と和解をもたらす神の働きに対する唯一無比なるかけがえのない証言である。聖霊の力により、聖書は、イエス・キリストにおける驚くべき神の恵みに関する良きおとずれを媒介するという目的に仕えている。このような聖書の働きを通して、我々は、神と隣人に対するより大きな愛へと促されると共に、キリストがその中へと我々を解き放たれた自由へと召し出されてゆくのである。

近代文化における権威の問題

聖書の権威をめぐる問題は、近代西洋文化において、権威という事柄が直面しなければならなくなった広範囲に及ぶ危機的状況の一部をなしている[2]。啓蒙主義以降、権威をめぐるすべての主張は自律的理性の法廷の前に立ち、自らを正当化しなければならなくなった。こうした批判的検証のプロセスにおいて、それまで権威あるものとされてきた多くの事柄が、恣意的で根拠のないものとして棄却されることになった。

「あえて自分自身で考えよ」とのカントの有名な格言は啓蒙主義的精神のモットーである。自律的理性と個の自由の名のもとに、既成のすべての「権威の家」[3]は、それが国家であれ、教会であれ、社会であれ、疑いのもとに置かれる。啓蒙主義的合理性の後継者として、我々は権威というものに対して根深いアレルギーを抱くようになってしまった。

すべての探求分野に応用されることにより、近代の批判精神は疑うべくもなく人間であることの意味と課題を明らかにした。近代文化のすべての領域にあって、幼児的依存性を捨て、自ら思考し決断する大人たれとの呼びかけは刻印を押し続けていった。例えば、近代啓蒙主義的政治体制の発展は啓蒙主義的哲学に負うところが大きい。キリスト教信仰と神学は、近代的批判精神の持つ衒いは拒絶すべきものの、その精神に付随してきた良き点は重んじるべきである。キリスト教信仰は、批判的精神により混乱させられる以前の世界に対するノスタルジーではない。キリスト教信仰は、ヒトラーやスター

2　Jeffrey Stout, *The Flight from Authority: Religion, Morality, and the Quest for Autonomy* (Notre Dame: University of Notre Dame Press, 1981) を見よ。

3　Edward Farley, *Ecclesial Reflection* (Philadelphia: Fortress, 1982) を見よ。

リン、デュヴァリエやマルコスが強いる類の国家的権威主義の、また既成の教説に異を唱える者たちに非寛容であるような教会的権威主義の、ひそかな同盟者とはなり得ない。自律的理性の名のもとに暴かれるべき抑圧的権威に向けられた近代文化の批判には根深い両義性が存在するものの、啓蒙主義の批判的伝統を単純に拒絶することは神学的には誤りである。福音は、すべての軛〔くびき〕、恣意的支配からの新たな自由を宣言する。

多くのキリスト者は、批判的理性に基づく近代精神を、また聖書研究やその解釈にまで及ぶ伝統的権威に対するその根本的問いかけを、進んで受け入れるだろう。聖書は、広範囲にわたり提起されるところとなった権威に対する文化的批判から免れることはできない。聖書の権威に関する伝統的な考え方や言説を聖書の批判的研究が粉砕するからと言って、そのような仕方で活発になされてゆく追求に背を向けることはできない。それ自体がイデオロギーとなって歪曲をもたらすことはないとは言えぬものの、批判的理性を聖書に適用することにより、神学は、（より消極的になることなく）より批判的であれとの要請を課されることになった。

聖書をめぐる教理が問いかけなければならない基本的問いとは、聖書の権威とは何かということである。聖書の権威とは、自らへの従順を強要しうる強制力に存するのか、それとも、自由にして喜ばしき神に対する信頼へと我々を招く力に存するのか？　聖書の権威は、知性を犠牲にしてひたすら受容されるべき恣意的論拠であるのか、それとも、イエス・キリストにおける神の解放の恵みを告げる聖書の宣教と不可分なものなのか？　言い換えるならば、その問いとは、自らの聖書的伝統の中には恣意的権威に対する強力な批判、また確固たる自由へのメッセージが内包されていることを、教会が忘れてしまったのではないかということである[4]。

聖書の証言の中には、神の究極的権威と自らを同一視してしまうようなあらゆる権威に向けられる容赦のない批判が存在している。イエスは、究極の権威を、宗教的諸教理にも、様々な言い伝えにも（マタ 5:21 以下、マコ 11:28 以下）、あるいは国家主義的な主張にも（マコ 12:13–17）帰すことを

4　聖書の権威をめぐる近年の議論について知りたければ、Terrence E. Fretheim and Karlfried Froehlich, *The Bible as Word of God in a Postmodern World* (Minneapolis: Fortress, 1998); Christopher Bryan, *And God Spoke: The Authority of the Bible for the Church Today* (Cambridge, Mass.: Cowley Publications, 2002) を見よ。

拒絶した。使徒パウロは、殺す文字〔律法〕と命を与える霊を区別した（Ⅱコリ 3:6）。聖書崇拝を含むすべての偶像崇拝からの自由を訴えるこのような聖書的遺産は、マルティン・ルターによって積極的に支持された。ルターは、自由をもたらすキリストのメッセージを明確に表現し得ていないすべての聖書テキストを「藁(わら)」という言葉を用いて言い表した。聖書の教理において、ルターほどには大胆ではないが、ジャン・カルヴァンも、彼なりの仕方において、聖書の権威と「キリストを明るみに押し出すところのもの」とを区別することを拒み、聖書の真理を最終的に我々に納得させるものは「霊の内的（隠れた）証示」であると主張した[5]。要するに、聖書の権威をめぐる宗教改革者たちの考えは、キリストにおける新しき生と自由の宣教に親しく結びつけられているのである。

権威をめぐる近代の危機的状況によって誘発されるかたちで、だが、それにもまして福音の持つ根源的力に突き動かされながら近代の神学者たちが推し進めてきた主要な努力とは、権威主義的な神観、教会観、聖書観を神学から剝ぎ取ってゆくことにあった。ゲアハルト・エーベリンクは、聖書の歴史批評的読解と「信仰を通しての恵みによって義とされる」との教理との間には、偽りの安心というものをことごとく取り去るということにおいて「深い、内的関連」が存在すると論じている[6]。

このようにキリスト教神学は、唯一のまことの権威は独立し孤立した自己のそれであるという啓蒙主義の想定（ポストモダン哲学によって批判されている想定ではあるが）に反対を表明する一方で、ある種の聖書教理を含む抑圧的権威に対して自らも批判的営為に携わるのである。キリスト教信仰は、聖書に証しされた福音の神の中に、強制を強いるような権威よりも、新しき共同体を創造し、自由をもたらす愛の権威を見出す。イエス・キリストにおいて顕わにされた神の恵み深き支配は、権威主義的な支配によってではなく、聖霊の力によるところのキリストにおける新しき生と新しき自由の「創り出し（authoring）」によって特徴づけられる。

5　カルヴァン『キリスト教綱要』1.9.3、1.7.4。
6　Gerhard Ebeling, "The Significance of the Critical Historical Method for Church and Theology in Protestantism," in *Word and Faith* (Philadelphia: Fortress, 1963), 17-61.

聖書の権威に対する不十分なアプローチ

　信仰共同体の生において自由をもたらす聖書のかかる機能に関する理解を更に発展させる前に、聖書的権威に近づく上では不十分なものと考えられる幾つかのアプローチを特定しておくことが有益かもしれない。
　1. 聖書主義者の見方においては、その起源を超自然的なものと考えるがゆえに、またその言葉一つ一つが、それ自体において神の御言葉に等しいものとされるゆえに、聖書は権威あるものとされる。こうした見方は、近代の持つ毒から信仰を守ろうとする教会の努力から生まれた。宗教改革の洞察を守ろうとして、プロテスタント神学者たちはますます防衛的になってゆくと同時に、かまびすしいほどに聖書の超自然的性格を主張するようになっていった。彼らは、聖書の一字一句すべてが神より直接的霊感を受けて書かれたと主張した。聖書を霊感により生まれたものとして語ることは、キリスト教的伝統においては古来より受け継がれてきた一つの教理であった。基本的にその教理は、聖霊なる神が聖書を記した人間に寄り添い導いたことを、すなわち、もろもろの限界を持ち、歴史的、社会的、文化的文脈によって条件づけられた彼らの人間性を尊重しつつ、これらの人間の証言を通して神の御言葉が伝えられたこととして主張してきたのであった。いかにしてこのことが起こったのか、またどんな効果をもたらしたのかをめぐって様々な議論が展開された。しかしながら、霊感に関する考えをきわめて重要なものとみなす人々の間にあっても、合意に達することはほとんどなかった[7]。聖書主義者の見地と結びつけられる霊感説においては、往々にして、秘書である聖書の著者たちに神が聖書の文字を口述筆記させたと考える。この類の霊感説は、問題をはらんだ次のような二つの結論へと導いてゆく。
　第一に、聖書主義者の観点においては、霊感は、霊感を与えられてあることを意味する。それが指し示しているのは、超自然的な由来を持つ聖書固有の特質である。また、それは、我々の前に所与のものとして与えられた事実を指し示している。それゆえ、霊感の教理の務めは聖書の超自然的起源に関

---

[7] William J. Abraham, *The Divine Inspiration of Holy Scripture* (Oxford: Oxford University Press, 1981) に展開されている有益な議論を見よ。

する特定の諸理論を弁護することに限られてしまう。霊感をこのように所与の事実とする解釈に欠如しているのは、神の御言葉に直接的に近づくことは不可能であり、それは我々の支配することのできる所有物ではないという認識である。神の御言葉とは、神の行為であり、これまで語られた神が、聖書の証言と教会の宣教を通して、今ここにおいても語られ、将来にも語られるであろうということを意味する。このように、語られ聞き取られたものが神の御言葉として受け入れられるためには、預言者や使徒たちを導いた同じ神の霊が再びその証人たちの説教や聴取において働かなければならないのである。

　第二に、聖書主義者の見地においては、霊感は不可謬性を要求する。神がまさに文字通りに聖書の著者と考えられているので、聖書には誤りがないとされるのである。プロテスタントの弁護者たちの中には、この主張を極限まで推し進める者もいた。神、また人の救いに関する事柄のみならず、歴史的、科学的なすべての事柄に関しても、聖書の語ることには誤りがないとされた。キリスト教信仰の擁護は、このように聖書の不可謬性の教理の擁護となった。ローマ・カトリックにおける教皇の不可謬性に対応するものとして、また隆盛をきわめつつあった近代的潮流に抗するものとして、プロテスタントの聖書不可謬説は提唱された。信仰と宣教に関して絶対的保証を欲する教会は、聖書と教皇の不可謬性教理にそれを見出したのである。しかしながら、誤りなき教職性、あるいは誤りなき聖書をモットーに掲げる教会は、自由と命を与えるものとしての独自の働きを聖書に与えることがもはやできなくなってしまう。聖書の不可謬性の主張によって、キリスト者が自らの拠り所とすべきまことの基盤がかえって危うくされてしまうのである。

　聖書の権威をめぐる聖書主義者たちの教理は、近代期を特徴づけるところの他律的なものに向けられた批判の格好のターゲットとなる。聖書主義者の見地からすると、聖書を権威として受け入れるべきであるのは、神や人間に関して中心的に語る・・ことによるのでも、そのメッセージが人間の生を変革する効果・・によるのでも、キリスト者共同体の生において果たす形成的役割によるのでもなく、ひとえに無条件にその文字が神の御言葉と等しいとされるからである。この同一視がもたらす結果として、聖書中の諸文書が重要さにおいてすべて同等とみなされる傾向が引き起こされた。その際には、男も女も子どもも幼児も動物もすべてひっくるめてアマレク人を全滅せよとの神の命

令を記した記述も（サム上 15:3）⁸、奴隷は主人に従うべし（エフェ 6:5）、女性は教会においては沈黙すべし（Ⅰテモ 2:12）との使徒の指示も、神はキリストを通して世を御自身と和解させ（Ⅱコリ 5:19）、キリストにある者は新しき創造であり（Ⅱコリ 5:17）、またキリストにおいて万物を包み込むような新しき共同体が生まれた（ガラ 3:28）との宣教の言葉と同等の権威を与えられてしまう。結果として、聖書主義は、聖霊を注ぎ込まれることによって命をもたらす働きをなす聖書の権威を、死をもたらす権威主義へと変えてしまうのである。

2. 近代の歴史意識の高まりと共に、聖書への新しいアプローチの仕方が導入された。そこでは、聖書は単に歴史的資料として読まれることになった。そのことによって、我々の聖書理解は多くのことを得た。それは、聖書のスコラ主義的、教義的読解の鎖を解き放つことに役立った。

けれども、そうした功績と並んで、歴史的方法は、聖書を囚われの身とする新たな危険性をも創り出した。歴史家の興味は、まずは「本当に起こったこと」の確立と、何が「事実」として立証されるかということに集中した。権威を持つのは、継承されたかたちにおけるテキストではなくて、歴史家に再構成されたものとしてのその背後にある「諸事実」である。

こうした歴史主義的諸解釈は、「聖書的物語の衰退」という重大な結果をもたらした⁹。関心がテキストの背後の諸事実に集中される時には、聖書の意味はその文学的形式から切り離されてしまう。その際に事実として認められるものは、不可避的に、近代の聖書学者によって提供された新しい解釈方法の枠内に置かれてしまう。このように、歴史的アプローチにおいては、聖書は、解釈者がテキストに与えた歴史的性格の想定内においてのみ語ることを許されるのである。

3. 聖書の権威に関するもう一つのアプローチは、聖書を宗教的古典と理解するものである。聖書を偉大な（少なくとも重要な）文学とみなす理解がその典型である。その理解において聖書の権威は、文学的伝統や人間文化の他の領域における「古典」のそれに類似したものと考えられる。聖書を文学

---

8 聖書の中の聖戦をめぐるテキストの問題に関しては、John J. Collins, "The Zeal of Phinehas: The Bible and the Legitimation of Violence," *Journal of Biblical Literature* 122 (2003): 3-21 を見よ。

9 Hans Frei, *The Eclipse of Biblical Narrative* (New Haven: Yale University Press, 1974) を見よ。

として捉えるこのアプローチは、大学の宗教分野における諸コースによく見かけられる。聖書を文学として理解することは、それなりに賞賛すべき目標ではあるが、それを信仰の共同体における聖書の独自の機能に取って代えることはできない。信仰共同体にとって聖書は単に偉大な文学であるだけではない。優れた技巧をもっていかに魅力的に語られようとも、神は物語内の一登場人物ではない。イエス・キリストは、印象深き(いささか理解するに苦しむところのある)文学上の一人物というだけの方ではない。ジェイムズ・バーが記しているように、福音書の物語においてイエスが死人のうちより甦られたことを疑う者は誰もいない。ただ信仰の共同体にとって本当に問題となるのは、本当に甦られたイエスが今も生きておられるかということなのだ[10]。信じる共同体は、(偉大な、あるいはそれほど偉大とは言えない)文学としてのみならず、聖書として、すなわち、聖霊の光に照らされつつ、我々の救いのためになされた生ける神の行為を規範的に証言する書物としての聖書に接近する[11]。

4. もう一つのアプローチにおいては、聖書は・個・人・的・な・信・仰・の・養・い・の・た・め・の・テ・キ・ス・トとみなされる。そこにおいて、聖書の権威は、個々人に対して持つ救いの意義にあるとされる。もちろん、この側面を強調するには、それなりの正当な配慮があってのことである。スコラ神学の思弁や近代歴史主義の過去の事実への執着、更には客観的文学的読解における審美主義に抗して、敬虔な宗教性は、個々人の救いにとっての聖書の意義に集中する。聖書は私に語りかけ、イエス・キリストにおける神の赦しと憐れみを保証する。信仰にとって意義があるのは、あからさまな歴史的事実としてのイエスの十字架ではなく、キリストが私のために死んでくださったというメッセージである。

「私のため」に語りかける聖書のメッセージを読み取り、聞き取ることは常に大切ではあるものの、「私のために」の強調が、「我々のために」また「世界のために」聖書が持つ意義から切り離される際には、それは歪曲されたものとなる。信仰の巡礼者としての私自身の経験と葛藤に光を当てるためだけに用いられる時、聖書は矮小化されてゆく。個人主義的な聖書解釈は、

---

10 James Barr. John Barton が *People of the Book? The Authority of the Bible in Christianity* (Louisville: Westminster John Knox, 1988), 49 で引用。

11 Krister Stendahl, "The Bible as a Classic and the Bible as Holy Scripture," *Journal of Biblical Literature* 103 (1984): 3-10 を見よ。

教会と神学の退却を意味する。その際、信仰が攻撃を受けることのないような生の私的領域のために、公的領域が棄却されてしまうのである。

聖霊の力によりイエス・キリストにおいて啓示された生ける神に我々を関係づけることにおける聖書の必要不可欠性

　聖書主義の死んだ文字や歴史主義の無批判的想定、小市民的私主義の狭量さや審美主義の高踏性。こうしたことを超えるような聖書のまことの権威は、信仰の共同体の生に存する。キリスト者は聖書を信じるのではなく、聖書によって証しされた生ける神を信じる。聖霊の力によりキリストを通して生ける神との新たな関係をもたらすことにおいて、またそのことによって他者や全被造物との新しい関係へと我々を導くことにおいて、聖書は必要不可欠である。聖書の権威について正しく語るとは、神の霊によって神と他者との関係における新たな生を創造し、養い、改革する上での助けとなるその力を語ることである。

　聖書は、イスラエルの歴史において、とりわけイエスの生と死と復活において行為される神の主権的恵みを証しする唯一無比なる証言である。そのようなものとして、聖書はそれ自体に注意を向けることを要求しない。「まことの証言は、それが証しするものとは同一ではなく、むしろそれを我々の前に置く」とバルトは主張する[12]。正真正銘の証言は、我々の関心を証言それ自体とは異なる現実性に向けてゆく。このように、聖書はただ派生的意味においてのみ神の御言葉なのである。生ける神の御言葉とはイエス・キリストであり、聖書の証言により関係の中に我々が導き入れられるのはキリストと共にである。このように聖書は、それ自体においてではなく、宗教改革者たちが主張したように、「キリストを明るみに押し出す」際に、すなわち、信仰の共同体の中で、霊の力によってキリストを通して自由と新しさをもたらす神との関係を創造する働きをなす際に、権威を持つ。

　バルトは、画家マティアス・グリューネヴァルトの手になる祭壇画の中の

12　Barth, *Church Dogmatics*, 1/2: 463〔バルト『教会教義学　神の言葉II/3』吉永正義訳、新教出版社、15頁参照〕。

第3章　聖書の権威

バプテスマのヨハネの姿に聖書の機能を好んでなぞらえる[13]。その異様に長く伸びた人差し指で、ヨハネは十字架につけられた主を指し示す。その絵は「彼は栄え、我は衰える」と題されている。

聖書の証言は、単旋律的(ホモフォニック)にではなく、多旋律的(ポリフォニック)にその目的を達成する。その信仰の言説は並外れた豊かさを湛えている。ポール・リクールが論じているように、聖書の証言の文学ジャンルは、そのときどきにふさわしい多様な仕方で神との関係の中へと我々を導き入れる。神を、創造者、和解者、贖罪者として行為する生ける人格的行為者として明らかにしようとする際には、物語の形式が用いられる。過去になされた神の偉大な行為が諳(そら)んじられ、祝われるものの、義に生きることも、憐れみを愛することも、謙虚に神と共に歩むこともしない（ミカ 6:8）、神の民のそのような自己満足や傲慢さに異議を唱えようとする際には、預言者的言説が媒体として採用される。知恵文学は、日常における神の臨在の経験のみならず、神の徹底的なる非在を表現するに適した形式である。聖書の証言の様々なジャンルは、要するに、啓示を伝達するためにはこれ以上縮小することのできない媒体であり、それらは相互に補正し合っている。教会は、聖書に人工的な統一性を持たせようとして、その多様性を無視したり押しつぶしたりしてはならない。聖書の証言内の違い、旧約と新約、パウロとヤコブ、ヨハネ福音書と他の共観福音書の間に存在する神学的違いを無理に調和させようとしてはならない。聖書の証言は、並外れた豊かさと多様性を持っているのである[14]。

だが、聖書の証言のかかる多様性には、その総体的かつ物語的枠組みによって与えられる一貫性が存在する。この主題に関しては、近年、広範囲にわたって文献が著されるようになった。チャールズ・ウッドは次のように記している。「聖書正典を全体として見る際には、物語的要素がその中心をなしていることを見逃すことは困難である。創造から新しい創造に至るまでの

13　Barth, "Biblical Questions, Insights, and Vistas," in *The Word of God and the Word of Man* (New York: Harper, 1957), 65〔「聖書における問いと明察と展望」山本和訳、『カール・バルト著作集 1』新教出版社、1968 年、108 頁〕を見よ。

14　Ricoeur, "Toward a Hermeneutic of the Idea of Revelation," in *Essays in Biblical Interpretation*, ed. L. S. Mudge (Philadelphia: Fortress, 1980), 73-118〔リクール「啓示の観念の解釈学」、『聖書解釈学』久米博／佐々木啓訳、ヨルダン社、1995 年、132-85 頁〕を見よ。

聖書全体の年代的な流れを構成するのみならず、その中の大きな物語をなす各部が相互に織り合いながら存在している。また、物語以外の残りの資料に、それらもまた進行中の物語において場所を持つことができるようにするための文脈を提供するその仕方において、物語は聖書全体の核をなしている。一方で、物語以外の資料（たとえ、賛歌、祈り、要約、神学的釈義といった）も、異なる仕方で、読者たちが物語を把握し、その中へ自らの生をもって入り込んでゆくことを可能とするために仕えているのである」[15]。

　私が言いたいことの中心にあるのは、聖書的権威は、伝統的理論によって描かれてきたのとは異なる基盤を持ち、異なる仕方で働くということである。聖書の証言を通して、特にイエス・キリストにおいて自由をもたらす、神の恵み深き行為を語る物語を通して、我々は神を新たな仕方において示されると共に、神と他者との新たな交わりの生へと導き入れられる。我々の関心が、ナザレのイエスというかけがえのない人物の生と死と復活に極まる聖書の大きな物語のパターンに集中されるなら、聖書がキリスト教信仰と生に対して必要不可欠な書物であることに何らの疑いも抱き得なくなるだろう[16]。

　聖書は一つの証言であり、その中心においてキリストにおいて自由をもたらす神の主権的恵みを証しする。聖書の物語に描かれているように、神は我々が想像するよりも常に偉大である。聖書は、キリストの到来を宣言するのみならず、十字架につけられたキリストの物語を物語る。すなわち、永遠の豊かさのうちにおられる神をたたえるのみならず、この神が貧しき者の一人となられたことを宣べ伝える。神の審きと恵みを語るのみならず、神が貧しき者たち、抑圧されている者たちの側に立ち、身分の高い者、権力者たち

15　Charles Wood, *The Formation of Christian Understanding: An Essay in Theological Hermeneutics* (Philadelphia: Westminster, 1981), 100. *Scriptural Authority and Narrative Interpretation*, ed. Garrett Green (Philadelphia: Fortress, 1987); George Lindbeck, *The Nature of Doctrine: Religion and Theology in a Postliberal Age* (Philadelphia: Westminster, 1984)〔リンドベック『教理の本質――ポストリベラル時代の宗教と神学』田丸徳善監修、星川啓慈／山梨有希子訳、ヨルダン社、2003 年〕も見よ。

16　神との交わりへと我々を導き入れる、恵みの手段としての聖書に関しては、James Barr, *The Scope and Authority of the Bible* (Philadelphia: Westminster, 1980)、特に第 4 章を見よ。福音書の物語に描き出されているイエス・キリストの「代替されざるアイデンティティ」に関しては、Hans Frei, *The Identity of Jesus Christ* (Philadelphia: Westminster, 1975), 136 を見よ。

を審くことを宣言する。このように聖書の証言は、問題を投げかけるだけでなく、革命的なものともなりうるのである。

　聖書は、世界を変革する神の行為を証しする。もちろんイエスにおいて始められた神の来たりつつある支配は、個々人の変革をももたらす。自己中心性や孤立や無感動からの、また罪や死と結びつけられた存在の希望のなさからの個人の解放は、根本的な重要性を持っている。それにもかかわらず、「聖書の奇妙なる新しき世界」（バルト）は、個人や生の私的領域だけに限定されてはいない。それはすべての人へ、すべての被造物へと手を差し伸べている。正義が不正義に、友情が敵意に、相互に仕え合うことが他者支配に、生が死に打ち勝つような新しき世界、新しき関係、新しき政治の始まりを聖書は告知する[17]。

聖書解釈の諸原理

　聖書の権威が、何にもまして、イエス・キリストにおいて自由と和解をもたらす神の主権的愛に対する必要不可欠な証言であるという点に存すると理解されるなら、以下のような解釈の諸原理が提示されうるであろう。
　1．聖書は、歴史的また文学的繊細さをもって解釈されねばならない。だが、聖書の生ける神に対する唯一無比なる証言は、過去に閉じ込められること、あるいは敬虔なフィクションに還元されることに抵抗する。信仰の共同体における聖書解釈は、単に古物収集的あるいは美的興味によって突き動かされることはない。信仰者は、神の御言葉を聞くために、またキリストにおける解放と救いの約束を把握するために聖書に向かう。歴史的批評や文学的批評は、それ自身において目的を達することはないものの、この御言葉をよりよく聞くことのために奉仕しうる。
　聖書の歴史的方法は多くの理由によって重要である。初めに、その方法は神の諸行為の持つ固有性を真摯に取り上げるからである。特定の時と場所に生起する出来事を通して神が知られうるとするなら、聖書の歴史的方法は

---

[17] Barth, "The Strange New World within the Bible," in *The Word of God and the Word of Man*, 28-50〔「聖書における新しき世界」、『バルト・セレクション4　教会と国家Ⅰ』天野有編訳、新教出版社、2011年、112-58頁〕を見よ。

我々が啓示の歴史的特殊性を尊重する一つの仕方である。特定の場所、出来事、人物を名指すことによって、聖書は解放（自由）をもたらす神の行為を宣べ伝える。もちろん、歴史的調査のみをもってしては、かれこれの出来事が神の行為であるかどうかを証明することはできないが、信仰がその中にあって神の諸行為を識別するであろう出来事の特殊な文脈を明るみに出すことは可能かもしれない。

聖書の歴史的研究はまた、聖書の物語がテキスト外部の現実性について言及していることを我々に想起させる。聖書の中心的な物語は、単に信仰共同体の想像の産物と考えることはできない。福音書の指し示しているところのものが、我々のためのキリストにおける神の行為、そして苦難であるとするなら、また福音書の語る物語が単に敬虔な宗教的フィクションでないとするならば、歴史的研究はキリスト教信仰にとって決して無関係なものではない。カルヴァンが記しているように[18]、教会の信仰は、福音書の物語の細部にわたる事細かな正確さによってではなく、キリストのミニストリーそして死と復活という中心的出来事を描く福音書の描写の真実さによって、立ちもし、倒れもするのである。信仰にとって問題となるのは、イエスが本当に罪びとたちの友となり、貧しき者たちを祝し、他者のために喜んで御自身の命を与えられたかどうかということである。

聖書の歴史的研究は、神学的に重要なもう一つの機能を果たしている。その機能とは、歴史の具体性を認識させるのみならず、聖書の著者たちが限界を抱える間違えやすい人間であることを我々に不断に想起させることである。彼らの有限性を否定することは彼らから人間性を奪い去ることである。ある種の聖書の教理によって与えられた印象とは異なり、神の霊は聖書の証人たちを通して働く際に彼らを操り人形やオウムにすることを必要とされなかった。神の恵みは人間の自由を破壊することなく、神との連帯のために、それを新たなものとし、また力づけるのである。

もしも聖書の著者たちの人間性を我々が恥じるのなら、そのことはナザレ

---

18 John Calvin, *Commentary on a Harmony of the Evangelists*, vol. 2 (Grand Rapids: Eerdmans, 1956), 89〔『カルヴァン新約聖書註解1 共観福音書』森川甫訳、新教出版社、1984年、434頁〕を見よ。William C. Placher, "Contemporary Confession and Biblical Authority," in *To Confess the Faith Today*, ed. Jack L. Stotts and Jane Dempsey Douglass (Louisville: Westminster John Knox, 1990), 71 で言及。

出身のイエスの人間性も恥じることになろう。イエスの全き人間性を否定するなら、それは我々がドケティスト（仮現論者）であるということになる。同様に、聖書の証人たちが神の霊に支配される単なる自動筆記人形であると主張するなら、聖書の教理と解釈においても我々は仮現論者であるのである。イエスの全き人間性を肯定するなら、我々はまた聖書の証言の人間性をも尊重するであろう。

　もちろん聖書の歴史的研究に従事することは、それに伴うリスクを受容することでもある。歴史的研究を通して、それまで我々が事実としていたことの中に、疑義を突きつけなければならないものも出てくるであろう。聖書の思想世界と我々のそれとの違いは広がるであろう。こうしたことが、我々にとって厄介なものとなりうる聖書の歴史的研究に伴うリスクである。けれども、あえて有限なる人間の生をとってなされた神の決定的な臨在と行為の出来事の持つ意味を考えれば、そのリスクを回避することはできない。「言は肉となった」（ヨハ 1:14）。このことは、神の御言葉が歴史的現実の曖昧さと相対性の中に入り込んだことを意味する。受肉はリスクと傷つきやすさとを引き受けることであった。このリスクを否定したり最小化したりするような聖書的権威をめぐるいかなる教理をも我々は受け入れることはできない[19]。

　聖書の歴史的解釈の重要性に関して我々が強調することは、歴史的作業の実証的理解を支持することとはほど遠い。聖書は、その中において神が主役を演じる歴史を記録する。原則的に神の行為を排除する歴史解釈は、還元主義的であり、必然的に聖書の証言を切り詰めてしまう。更に、聖書を歴史的に解釈することは、過去の出来事を単に思い起こしたり記録したりすることではなく、むしろこれらの出来事に込められた約束の成就を予期することでもある。聖書の物語は、イスラエルや教会によって何度も繰り返し語られる。なぜなら、彼らの語る神の解放の歴史はまだ完了してはいないからだ。それは未来に向かって開かれている。イエス・キリストによって始められた解放の出来事は、全被造物が解き放たれるであろう将来における究極の解放を指し示す（ロマ 8:21）。

　いかなる出来事もそれが引き起こす未来と切り離しては十分に理解することができない。歴史解釈の一般原理としては、このテーゼは議論の余地があ

19　Walter Kreck, *Grundfragen der Dogmatik* (München: Chr. Kaiser, 1970) 参照。

ろう。だが、このような原理は十字架につけられたイエスの復活と今も生ける彼の主権を信じる者たちが聖書を解釈する際には明らかに必要不可欠である。最も深い意味において聖書を歴史的に読むとは、キリストにおける神の解放の行為をめぐる物語が、我々自身の時代へと、またそれを超えて伸び続けていることを視座に入れながら聖書を読むことである。我々が聖書をめぐって尋ね求めなければならないこととは、聖書がいかなる過去を我々に記憶することを求めているのかということだけではない。今ここにあって何を主張し、将来に向けて何を祈り求め、そのためにどのように働くことを聖書が我々に望んでいるかを尋ね求めることでもある。

つまり、キリストにおいてもたらされる新しき自由の持つ全き意義については、初代教会においては完全には理解されなかったし実現化されなかったことは驚くに当たらない。このことは、例えば、教会の中での女性の地位をめぐるパウロの発言の幾つかを見ても明らかである（Ⅰコリ 14:34）。そうは言っても、解放者キリストの物語の引き起こす興奮と変革をもたらす力は、たとえ不完全なかたちであっても新約聖書の教会の女性に対する態度において疑いようもないかたちで働いている。福音書における諸々のエピソードは、イエスが、それ以前には考えられないような仕方で、女性に対して心を開き、友情を結んだことを示している。パウロ自身も、自由の大憲章とでも言いうるような次の言葉を記している。「ユダヤ人もギリシア人もなく、奴隷も自由な身分の者もなく、男も女もありません。あなたがたは皆、キリスト・イエスにおいて一つだからです」（ガラ 3:28）。クリステル・ステンダールは、正当にもこの章句を「突破口、すなわち初代教会には完璧には実現されてはいないものの、神の霊の導きのもとで未来において実現することを約束されている根本的自由の端緒」であると記している[20]。

聖書を歴史的に読むとは、聖書の時代に対して懐古的になることではなく、聖書が導いてゆく方向性に対し敏感に感受性を働かせて読むことである。聖書自体にも伝承の受け渡しのダイナミックな歴史が存在する。新しい状況が生まれるごとに加えられてできた「読み直しの層の重なり」が存在する[21]。

---

20 Krister Stendahl, *The Bible and the Role of Women: A Case Study in Hermeneutics* (Philadelphia: Fortress-Facet, 1966).

21 Walter Brueggemann, "Biblical Authority: A Personal Reflection," in Walter Brueggemann, William C. Placher, and Brian K. Blount, *Struggling with Scripture* (Louisville: Westminster/John

その際、古い教えの中には問題ありとみなされるものもできてくる。ブライアン・ブラウントが論じているように、「最終的な言葉」ではなく「生ける言葉」を探し求める時、我々は聖書の著者そのものの精神において聖書を解釈することになるのである[22]。それゆえ、我々の聖書解釈は、「信頼の解釈学」（聖書の人間の言葉が神の御言葉を運ぶ）と「疑いの解釈学」（聖書の神の御言葉は人間の言葉において運ばれる）の双方の側面を含む。これは矛盾ではない。聖書が何にもまして、キリストにおける神の自由をもたらす愛に対する証言として、大きな宝を盛った土の器（Ⅱコリ 4:7 参照）とみなされるなら、その解放と変革をもたらすメッセージの伝達は、機械的反復というよりも創造的かつ批判的なプロセスである。近年、解放の神学者たちが強調してきたように、聖書が忠実に解釈されるのは、抑圧の道具として聖書そのものを用いることをも含むすべての軛（くびき）を克服するキリストにおける自由の源として聖書が読まれる時である[23]。

2. 聖書は神中心的に解釈されなければならない。しかしながら、神のアイデンティティは、聖書の物語的広がりにおいて、三位一体の神として、すなわち聖霊の力によってイエス・キリストにおいて我々のもとに到来されるイスラエルの神として、何度も描きなおされている。聖書のドラマの主人公は神である。聖書は、神の現実性、神の諸目的、神の国を証言する。聖書の物語の内容は、イスラエルの民との間に結ばれた契約において、またイエスの歴史（物語）を通して示された審きと憐れみの行為における神の真実である。聖書の物語は多くの側面を持つが、その中心テーマは、罪と悲惨にうめく被造物に代わって正義と自由と平和と大義を主張される真実なる神の業（わざ）である。審きのただ中にあっても、恵みと約束の業（わざ）が開かれうる。「しかし、わたしたちがまだ罪人（つみびと）であったとき、キリストがわたしたちのために死んでくださった」（ロマ 5:8）。十字架につけられたイエスの復活において、神の

Knox, 2002), 15 を見よ。例えば、ブルッゲマンはイザ 56:3–8 による申 23:1–8 のモーセの律法の廃棄について指摘している。

22　Brian K. Blount, "The Last Word on Biblical Authority," in *Struggling with Scripture*, 51-69 を見よ。

23　Mary Ann Tolbert「家父長的権威としての聖書は、解放者としての聖書を用いて打ち負かさなければならない」参照。Letty M. Russell, *Feminist Interpretation of the Bible* (Philadelphia: Westminster, 1985), 140 の引用。

約束のすべてが決定的に批准された。「神の約束は、ことごとくこの方において『然り』となったからです」（Ⅱコリ 1:20）。

聖書において証しされる神とはどなたか？ その答えとはまさしく、神は生きて働いておられる神であり、抽象的なアイデアや敬虔なる想像の産物である作り話ではなく、唯一無比なる創造の主、和解の主、贖いの主であられるということである。だが、大いなる御業をなし、天と地とを創造され、イスラエルを軛（くびき）から救い出される聖書の神は、苦しまれる神でもある。軛（くびき）からのイスラエルの脱出において威風堂々と臨在される方であると同時に、荒れ野の中を辛酸をなめながらさ迷い歩くイスラエルにも、また捕囚の辱めの中で苦しみもだえるイスラエルにも臨まれる神である。

聖書の神にもまして威光に満ち、力強い方はあるだろうか？ 驚くべきことをなし（詩 86:10）、天がその栄光を伝える神にもまして（詩 19:2）？ 神の力と較べうる力はあるだろうか（イザ 40:18, 25）？ 死者に命を与え、存在していないものを存在へと呼び出される方は誰か（ロマ 4:17）？ だが、聖書に描かれている神の力は奇妙な力である。それは強いる力ではなく霊の力である（ゼカ 4:6）。そして何にもまして、イエスの十字架の弱さにおいて知られうる力である（Ⅰコリ 1:18 以下）。

更には、外的な力により制限されることなき方としての聖書の神の自由にまさる自由を持つ者はいようか？ しかしながら神の自由は、他者からの全き独立として考えられる自由よりもはるかに偉大である。自由にあって自己決定される方であられる神は、他者のために自由であられる方である。神は神であることをやめることなく自ら進んで（自由に）僕（しもべ）のかたちになられた方（フィリ 2:5 以下）、他者を富ませるために貧しくなられた方、他者に命を与えるために死の苦しみを味わわれた方（Ⅱコリ 8:9、ヨハ 3:16）である。

このように、解放の物語として聖書の物語を神中心的に読むことは、新たな自己理解へと我々を突き動かし、我々に新たな共同体的アイデンティティを与える以上のことをなす[24]。確かに、そのような読解はそれらのことをなす。けれども、神の働きを証しする聖書の証言が第一に行うことは、神のアイデンティティを新たにすることである。聖書は、神のかたちに造られた

---

[24] David Kelsey, *The Uses of Scripture in Recent Theology* (Philadelphia: Fortress, 1975) を見よ。

被造物たる我々自身のアイデンティティや力や自由に関する理解を革新する。なぜなら、聖書が最初に行うこととは、神のまことのアイデンティティや力や自由に関する我々の理解をひっくり返すことであるからだ。

　神中心的な聖書の読解は、必然的に、キリスト中心的な読みとなるであろう。というのも、神のアイデンティティや目的に関する聖書の証言のすべての流れは、イエス・キリストに収斂してゆくからである。キリストは、インマヌエル（神、我らと共にいます）の君である。ヘブライ人への手紙の著者が記しているように、「神は、かつて預言者たちによって、多くのかたちで、また多くのしかたで先祖に語られたが、この終わりの時代には、御子によってわたしたちに語られました」（ヘブ 1:1–2）。「聖書は幼子キリストの眠る飼い葉おけである」、そして「キリストは王であり聖書の主である」とのルターのよく知られた言葉は、イエス・キリストは聖書の中心であり、彼のミニストリー、死、復活は聖書を解釈する上での鍵であるとのキリスト者の確信をよく言い表している。バルトも同様の指摘を次のように行っている。「聖書は確かにあらゆる類のことを語る。けれども、その複数性、多様性において、ただ一つのことを言っているのである。すなわち、旧約聖書においてはイスラエルの名のもとに隠され、新約聖書において御自身の名のもとに明らかにされたイエス・キリストの御名についてである。新約聖書は、それゆえ、旧約聖書の注解として自らを理解した時のみ、理解されうる。我々が、聖書においてこの主権的な御名を聴き取らないならば、それゆえ、この御名によって決定的に決断された方以外の何らかの関わりにおいて神と人間を了解しようと思うならば、聖書は我々にとって不明瞭なものであり続ける」[25]。

　だが、聖書のキリスト教的で神中心的な読解が必然的にキリスト中心的になるとしても、それはキリスト一元主義的な読みではない。イエス・キリストにおいて御自身を啓示された神は、天と地の創造主、また聖書を読む者たちの目と心を開かせ、変革をもたらすメッセージを受容させる、命を与える神の霊に他ならない。キリスト者は聖書を三位一体の神の働きをめぐる証言として読むのである。聖書の証言する神とは、すべての命の恵み深き源（「御父」）にして、罪と死に囚われた世界に豊饒なる世界を仲立ちするために人となられた永遠の御言葉（「御子」）、そしてその自由を与える霊との

25　Barth, *Church Dogmatics*, 1/2: 720〔バルト『教会教義学　神の言葉 II/3』511 頁参照〕.

交わりにおける新しい生が、神の民と全被造物をして、神がすべてにおいてすべてとなられる完成へと向かわしめるお方（「御霊」）なる神である。三位一体の神の働きへの応答として、男も女も悔い改めと信仰へと召し出される。彼（女）らは、世界において自由と和解をもたらす神の働きのパートナーとされるべく召喚され、力を与えられるのである。彼（女）らは、全被造物が、隷属をもたらす諸々の力より解き放たれ、「神の子供たちの栄光に輝く自由」（ロマ8:21）を享受することができるようになるために、生ける望みへと召し出されたのである。

　一貫した聖書の三位一体論的理解が我々の神理解の絶えざる革新を促すとするなら、それはまた、我々自身の文化的・政治的プロジェクトのために都合よく神を利用しようとする多くの試みに抵抗するものとなるであろう。自由をもたらす神の行為をめぐる聖書の物語は、我々の諸々の解放運動に対するお墨付きであると同時に、それらに対する絶えざる批判でもある。教会が当然のごとくに解放の神学や解放運動に対して警戒心を持って反応するとするなら、それは単に教会がもはや聖書のメッセージを理解していないことを示している。しかし同時に、すべての解放運動は、神を特定の集団やそのアジェンダと同一視する誘惑に、また自由を他者に対して行使する権力の奪取とみなす強い誘惑にさらされている。聖書の物語の神は、かくあるべしと我々が想像し願うところの神とは常に驚くほど異なっている。その解放の仕方は自己贈与的な愛によるのである。

　3．聖書は教会的に、すなわち教会の生と証言の文脈において解釈されなければならない。しかしながら、聖書の教会的読解は、個人的読みばかりでなく、教会の教理やヒエラルキーによる聖書の支配とも異なる。

　聖書のすべての解釈は、解釈者の特定の問い、要求、関心を反映している。これらの問い、要求、関心は、我々の解釈行為のある種の地平や境界を形成している。最初のうちは、我々の地平は我々自身の救いの個人的探求として規定されるかもしれない。我々が最初に聖書に近づくのは、何ものかに我々自身が囚われてしまっていることへの意識、不安感、罪責感、欲求不満、疎外感、孤独感、絶望感といったことゆえ、またはそれらからの自由や新生を希求するゆえであるかもしれない。自由をもたらす言葉としての聖書を理解する際のこのような個人的地平は、なおざりにされたり、貶められたりするようなことが決してあってはならない。キリスト教信仰や聖書の読解や解釈

には、個人的次元が拭いがたく存在している。神の御言葉は、個人的に受容し獲得されなければならない。不幸なことに、キリスト者の中には、自身の生に向けてのメッセージとしての重要性ということを超えて聖書解釈の地平を拡げることのできない人たちがいる。

　教会的に聖書を解釈することは、信仰者の共同体全体の信仰と実践の地平において聖書を読み、聴き、解釈することである。教会の証言、礼拝、またその実践に参与することによって、我々は聖書の証言にふさわしい読み手となるための備えを与えられる。聖書は、たとえそれがいかに好ましい仕方であれ、個人的に受容されるべき宗教的文書の集成ではない。聖書は教会の「書」なのである[26]。聖書の証言は、キリスト者共同体の信仰と生を確立し秩序づける。聖書を教会的に解釈するとは、このように、信仰の共同体全体の中で、またその共同体と共にその証言に耳を傾けることである。この共同体が、これらの文書を正典として（すなわち神の御言葉を特定する際の規則と規範を構成するものとして）承認してきたことを記憶しつつ、聖霊の力により、聖書の証言を通して、神の御言葉が再び我々に語りかけることに確信を持ちつつ、待望の心をもって、その証言に耳を傾けることである。聖書を教会的に解釈するとは、キリスト者共同体の記憶と希望の文脈のもとで聖書を解釈することである。

　聖書を、とりわけイエス・キリストにおいて与えられた神の自己啓示に対する唯一無比なる規範的証言として解釈することは、キリスト者共同体への参与によって習得される技術である。聖書をその中心から解釈すること、そしてその目的を正しく把握する技術は、教会の礼拝、祈り、宣教、洗礼と主の晩餐の祝い〔聖礼典〕、信仰告白、赦しの実践、キリストの平和の分かち合いに定例的に参与することにおいて、また世界における教会の奉仕の業に加わることによって培われてゆく。

　教会は解釈の共同体であり、その聖なるテキストを健全に理解する上での特定の諸ルールを有している。それらのルールは恣意的なものではない。それらは聖書自体に基づいており、命を与える御言葉に我々を方向づける（ヨハ 20:31、Ⅱコリ 3:6）。聖書の教会的読解は、まずは信仰の規則、すなわち

---

[26] Phyllis A. Bird, *The Bible as the Church's Book* (Philadelphia: Westminster, 1982); Darrell Jodock, *The Church's Bible: Its Contemporary Authority* (Philadelphia: Fortress, 1990) を見よ。

聖書の中心的メッセージに関する教会の信条的合意によって道筋をつけられるであろう。信仰の規則の端緒は、新約聖書の中に描かれている教会の最初期の諸告白に既に見て取ることができる（例えば、Ⅰコリ 12:3、マコ 8:29）。2 世紀に至るまでには、エイレナイオスによって三位一体論的でキリスト中心的な信仰の規則というべきものが要約され、それは「世界中に散らされた」教会によって受容されることになった[27]。やがて、古代的信仰の規則というべきものは、使徒信条やニケーア信条の中に、また異なる時と場所における教会の他の諸告白の中に言い表されていった。

信仰の規則に加え、聖書の教会的読解は、聖書の目的は神と隣人に対する我々の愛を引き出し増し加えることにあるとする、アウグスティヌスが愛の規則と呼ぶところのものにより導かれるであろう。その規則によれば、神が初めに我々を愛してくださったがゆえに、我々も愛するものとなるべく召し出されている（Ⅰヨハ 4:19）のだとされる。聖書の解釈にとって、この規則の持つ意義は明確である。すなわち「誰であれ、神と隣人に対する二重の愛を形作らない仕方で聖書を理解できると思う者は、聖書を少しも理解していない」ということである[28]。

信仰の規則と愛の規則に、希望の規則を加えるべきであろう。神は、「希望の神」（ロマ 15:13）であり、「かつて書かれた事柄は、すべてわたしたちを教え導くためのものです。それでわたしたちは、聖書から忍耐と慰めを学んで希望を持ち続けることができるのです」（ロマ 15:4）。希望の規則ということによって私が言おうとしていることは、聖書の健全なる解釈はいかなるものであっても、「わたしたちは、今は、鏡におぼろに映ったものを見ている」（Ⅰコリ 13:12）ということ、神は我々と世界を完成されていないこと、そして全被造物は神の贖いの目的が成就されることを求めうめき続けていることを、進んで承認するであろうということにある。

聖書の成熟した読解と解釈は、このように、信仰の共同体の礼拝と生、またその諸「規則」への参与を前提としている。聖書の解釈者は、過去と現在の、また身近に存在する、またはるか彼方に存在する教会の父母たち、兄弟姉妹たちの知恵に進んで開かれていなければならないだろう。彼（女）らの

27　エイレナイオス『異端駁論』1.10.1.

28　Augustine, *On Christian Doctrine* (New York: Liberal Arts Press, 1958), 30〔「キリスト教の教え」、『アウグスティヌス著作集 6』加藤武訳、教文館、1988 年、71 頁参照〕.

証言は、我々の時代における聖書解釈の重要な導き手となり、罪、救い、隷属、解放等のメッセージに関する特定の地域に限定された我々の不完全な聖書理解を深化・修正するのである。

　教会の古典的諸信条や諸信仰告白は、教会の生における聖書解釈の業（わざ）において特別な働きをなす。このことはとりわけ、使徒信条とニケーア信条に当てはまる。それらの信条は、キリスト教会の信仰告白の伝統にあって核をなしており、礼拝やキリスト教教育において広く用いられている。諸教会の多くの信仰告白やカテキズム（例えば、ルター派における『一致信条書 Book of Concord』、長老派の『信条書 Book of Confessions』、英国国教会の『三十九箇条 Thirty-Nine Articles』、メソジストの『宗教的二十五箇条 Twenty-Five Articles of Religion』、『カトリック教会のカテキズム Catechism of the Catholic Church』等）は、聖書の模範的解釈と呼ばれるべきものを提供しようとの意図から作られたものである。それぞれ微妙に異なる仕方で表されているものの、諸信条や諸信仰告白は、共同体によって試された、また共同体の意図を汲んだ聖書解釈のルールを提供している[29]。それらは聖書にあって中心的かつ重要な事柄を教えるのみならず、聖書のメッセージが、各々の特定の地域において、また教会史における各々の時代にあって、いかに教会に受容されてきたかを示している。以上のことからも分かるように、教会の諸信条や諸告白またカテキズムは、異端者を罰すべく設けられた司法の道具ではなく、教会を正しい聖書理解に導くために作られた解釈的文書である。それらの諸文書が今日において持つ意義は、教会が福音を証ししようとする際に、教会を聖書の証言の中心をなす生ける真理へと方向づけることにある。

　諸信条や諸告白は、聖書に取って代わるものではない。それらは、聖書の証言に従属しており、それにより修正されることもある。聖書の教会的読解は教会の諸告白により教示されながらも、聖霊の導きのもとで新しい読みへと開かれ続ける。改革派の信仰にあっては、それらは、教会の生において真実ではあるものの相対的で暫定的なる権威を有するものとされる。それらの諸文書も、聖書の証言によって規範づけされるのである。聖書の証言が教会の宣教と生において規範的であり続けるためには神の御言葉により「常に改

---

[29] George Lindbeck, *The Nature of Doctrine*〔リンドベック『教理の本質』〕特に第4章、第5章を見よ。

革されねばならない」(semper reformanda) との原理は教会の告白的諸声明にも当てはめられなければならない。

　4. 聖書は文脈的に解釈されなければならない。しかしながら、我々の解釈の文脈は自らの個人的歴史や、自らの属する地域の歴史に限定されてはならない。世界中に拡がるキリスト者共同体の成員として我々は、とりわけ、弱き者たちに、また、来るべき神の国（支配）における正義と自由と平和を渇望する全被造物のうめきに声を与えるような聖書解釈であるなら、自らの属さぬ地域に由来する解釈であったとしても耳を傾けなければならない。

　聖書を文脈的に解釈するとは、我々が属する地域教会の教派的な証しや生や諸告白によって養われる以上のことを意味する。聖書の証言の受容や理解が自らの個人的経験の境界内に限定されないためには、あるいは自らの属する特定の教会的伝統や既成の聖書読解に封じ込められないためには、我々自身とは異なる文脈を生きるキリスト者による聖書解釈に注意深く耳を傾けることを避けては通れない。聖書に新たな光を与える聖霊の自由に開かれ続けていなければならない。神の霊は驚くべき仕方で働かれる。なじみの薄い声たちは、聖書解釈にとって挑戦的であると同時にそれを豊かなものにする。霊の火を消さないためには（Ⅰテサ 5:19）、困惑をもたらすような聖書の新たな読みに対して開かれ続けなければならない。いかなる聖書解釈も、単独では聖書のメッセージを汲み尽くすことはできない。いかなる読みも深化と修正を要するのである。

　とりわけ我々の聖書解釈は、苦悩に打ちのめされながら、貧困と不正義のただ中で生を渇望する諸共同体によって生み出される聖書のメッセージの理解によって、検証され深められる必要がある。その長きにわたる苦難の歴史ゆえに、ユダヤ人は、西洋社会の多くのキリスト者たちからなおざりにされてきた世界の悪と苦難の現実に対して研ぎ澄まされた感覚を有しており、またその感覚をもって聖書に近づいてゆく。多くのアフリカ系アメリカ人やヒスパニック系アメリカ人、また女性たちは、聖書を第三世界の目を通して読む。そのことを通して、聖書から快適な中産階級的ライフスタイルにお墨付きをもらうことに慣れてしまった第一世界の読者たちに対して挑戦状を深く突きつける。このように、聖書を文脈的に豊かに読み取ろうとする訓練に際しては、現在進行中のエキュメニカルな対話、また「長きにわたって沈黙を

強いられてきた人々の声を聴く」[30] ための聖霊によって与えられるしかない勇気が要求される。それらの声に注意深く耳を傾けるならば、預言者たちのメッセージの中核にあった正義を求める叫びの反響を聞き取ることも可能となるであろう（イザ 1:16–17、エレ 5:1、アモ 5:23–24、ミカ 6:8）。

　近年の解放の神学や他の文脈化神学（contexual theologies）が、啓示をめぐる聖書の証言の解釈において、社会的・文化的要因が働いている事実を強く訴えるのはもっともなことである[31]。これらの神学は、解放よりも抑圧に加担する仕方で聖書と教会の教説が用いられてきたことを、古典的な神学的伝統よりもはるかにきっぱりと強調する。このことを理由に、周辺に追いやられた人々や世界の貧しき人々による聖書解釈こそ、特権的に耳を傾けられねばならないとこれらの神学は主張する。いかなる批判が文脈化神学に対してなされようとも、それらの神学の意図が、聖書から離れた啓示を求めることにではなく、聖書の新しい読みを求めることにあるということに注意が向けられねばならない。同様に、それらの神学の目的は、キリスト教神学の養われる環境としての教会を捨て去ろうとすることでは決してなく、貧しき人々や正義を求めて闘う人々のただ中に教会の現実を再発見することにある。

　苦難の経験や抑圧されている人々との連帯こそが責任を持って聖書を解釈するための必要不可欠な文脈であるとの主張は、しばしば「貧しき者たちの解釈学的特権」というフレーズにおいて表現される。このフレーズが、貧しき者たちの道徳的・宗教的優越性を示していると理解するのは正しくない。富める者たちと同様、貧しき者たちも、生きることそれ自体のために、また新たな生を生きるために、またその生を余すところなく味わい尽くすために、神の恵みに依存している。「貧しき者たちの解釈学的特権」という言葉が意味していることは、苦難や貧困の経験こそが、他者の苦しみや、また自身の苦しみからさえも距離をとる者たちにとって、しばしば隠れたものであり続ける聖書のメッセージを理解する機会を提供するということである。キリストにおいてなされた神の新たな驚くべき御業（みわざ）を伝える聖書の物語の中でも、神が最もはっきりと御自身の本質を明らかにされるのは、キリストが、罪び

30　"A Christian Theologies from the Brief Statement of Faith," in *The Book of Confessions* (PCUSA), 10.4, line 70.

31　*Life Every Voice: Constructing Underside*, ed. Susan Brooks Thistlethwaite and Mary Potter Engel (San Francisco: Harper & Row, 1990) を見よ。

とたちや貧しき者たちや不正義の犠牲となっている者たちとの連帯の中へと自発的に踏み込んでゆかれた道行きにおいて、また、囚われの中にあるすべての者たちを贖うために、愛の苦しみをあえて引き受けられたことにおいてである。「あなたがたは、わたしたちの主イエス・キリストの恵みを知っています。すなわち、主は豊かであったのに、あなたがたのために貧しくなられた。それは、主の貧しさによって、あなたがたが豊かになるためだったのです」（Ⅱコリ 8:9）。

　困難な時代と状況にある神の民の声を通して、更にはキリスト者共同体の境界外の人々の声を通して、聖書のメッセージに対する我々の理解を不断に深化し修正する聖霊の驚くべき働きを語ることは、聖書の証言の規範性を危うくし、キリスト教のアイデンティティを喪失する危険を招き、キリストへの服従を損ねてしまうことに繋がるのだろうか？　答えはその逆である。むしろ、その働きを通して、イエス・キリストが生きておられること、我々はいまだに福音の豊かさを汲み尽くしてはいないこと、聖霊は神の御言葉から新たな光を生ぜしめること、そして我々は今ここにてまことの弟子となることを求められていることを教えられるのである。

　この見地に立てば、いまだ贖われていない世界においてキリスト教的な信仰と愛と希望を抱きながら実際に生きてゆくことこそが、聖書を解釈する際の不可欠な文脈である。命を与える神の霊に開かれてゆくことの中にあって、キリストにおける神の恵みに感謝しながら、貧しき人々との絆を結びながら、世界中のキリスト者やすべての善意の人々と共に正義、自由、平和の実現に向けて献身しながら、また、神の国（支配）の到来を希求する全被造物のうめきに対して新たな意識を持ちながら生きること。そのように生きることを通してはじめて、聖書の証言の権威、決して強制することのないその権威を聞き取ることが可能となるのである。

更なる学びのために

Barth, Karl. "The Authority and Significance of the Bible." in *God Here and Now*. New York: Routledge, 2003. Pp. 55-74.〔カール・バルト「聖書の権威と意義」、『バルト・セレクション1　聖書と説教』天野有編訳、新教出版社、2010 年、65-107

頁〕

―――――. "The Strange New World within the Bible." in *The Word of God and the Word of Man*. New York: Harper & Row, 1957. Pp. 28-50.

Bauckham, Richard. "Reading Scripture as a Coherent Story." In *The Art of Reading Scripture*, ed. Ellen F. Davis and Richard Hays. Grand Rapids: Eerdmans, 2003. Pp. 38-53.〔リチャード・ボーカム「一貫した物語として聖書を読む」、E. デイヴィス／R. ヘイズ編『聖書を読む技法――ポストモダンと聖書の復権』芳賀力訳、新教出版社、2007 年、78-102 頁〕

Brown, Michael Joseph. "Black Theology and the Bible." In *The Cambridge Companion to Black Theology*, ed. Dwight N. Hopkins and Edward P. Antonio. Cambridge: Cambridge University Press, 2012. Pp. 169-83.

Calvin, John. *Institutes of the Christian Religion*, 2 vols. Ed. John McNeill. Philadelphia: Westminster, 1960. Vol. 1, Pp. 69-81.〔ジャン・カルヴァン『キリスト教綱要 改訳版 第 1 篇・第 2 篇』渡辺信夫訳、新教出版社、2007 年、73-106 頁〕

Davis, Ellen F., and Richard B. Hays, eds. "Nine Theses in the Interpretation of Scripture." In *The Art of Reading Scripture*. Grand Rapids: Eerdmans, 2003. Pp. 1-5.〔「聖書の解釈をめぐる九つの命題」、デイヴィス／ヘイズ編『聖書を読む技法』22-29 頁〕

Ford, David. "Drama in Bible, Theology, and Life." In *The Future of Theology*. Oxford: Wiley-Blackwell, 2011. Pp. 23-42.

Fowl, Stephen E. "Scripture." In *The Oxford Handbook of Systematic Theology*, ed. John Webster, Kathryn Tanner, and Iain Torrance. Oxford: Oxford University Press, 2007. Pp. 345-61.

Frei, Hans. *The Eclipse of Biblical Narrative*. New Haven: Yale University Press, 1974. Pp. 28-55.

Jenson, Robert W. *Systematic Theology*, 2 vols. New York: Oxford University Press, 1997. Vol. 1, Pp. 23-41.

Kelsey, David H. *The Use of Scripture in Recent Theology*. Philadelphia: Fortress, 1975.

Sakenfeld, Catherine Doob. "Whose Text Is It?" *Journal of Biblical Literature* 127, no. 1 (2008): 5-18.

Smith, Christian. *The Bible Made Impossible: Why Biblicism Is Not a Truly Evangelical Reading of Scripture*. Grand Rapids: Brazos, 2011. Pp. 93-126.

第4章

三位一体の神
The Triune God

　キリスト教神学は、無尽蔵の神の秘義をもって始まり、継続し、そして終わりに至る。しかしながら神学は、神について、曖昧な一般的用語をもって語るのではなく、聖書に証言されている神の特定の行為をもとに語る。それゆえ、キリスト教神学の中心となる営みは、キリスト教信仰にかなった神理解を明確にし、御自身に特有の神の「ロジック」を記述することである。「神とはどなたか？」、「神とはいかなる方か？」、「神は我々といかに関わりを持たれるのか？」との問いに対し、キリスト教神論は、イスラエルの民と共におられる神の歴史、イエス・キリストにおける全人類との神の新しい契約をめぐる聖書の証言の光のもとに応答する。ジャン・カルヴァンが主張したように、我々の神に関する知識と我々の自己に関する知識は常に解きがたいほどに絡み合っているがゆえに[1]、神論において我々のたどる道と我々のたどり着く結論は、我々がキリスト教信仰とキリスト者の生に関して発言するすべてのことに深く影響を与える。

現代神学における神の問題

　神を語ることは、今日の多くの人々にとって、一つの問題となっている。伝統的な神論に対する批判が、様々な源から生じている。非常に異なる形をとるものの、それらの批判が焦点を当てているのは、何らかの強制的な力によって支配される人間の経験であり、自由と成就を求める人間の探求である。
　おそらく、これらの批判のうちでも真っ先に挙げられる批判、とりわけ啓

1　カルヴァン『キリスト教綱要』1.1.1。

蒙主義の原理によって影響を受けた人々の間でなされてきた批判は、神を信仰することと人間の自由を肯定することは両立できないという非難である。宗教的信仰に対する批判者たちは、そのようなことは、ただ無批判的かつ権威的なる精神の習慣によってのみ支えられると論じる。フォイエルバッハによれば、人類は宗教において自らを貧しくする。なぜなら宗教にあっての神は、単に我々自身の潜在的可能性の投影にすぎないからである。同様にフロイトも、神への信仰は我々の必要が全能なる親によって充たされることを望む幼稚な幻想だとした。

伝統的な神学や教会の教説は、社会的秩序の中での不正義や抑圧に抗して語る者たちによっても疑問を呈されている。彼（女）らの考えるところによれば、公のものとして提示された神に関する諸教理は、既存の悲惨や搾取の状況を正当化し是認することに仕えている。古典的マルクス主義理論にあっては、宗教は民衆のアヘンとして説明されている。

更には、歴史における神の現臨をめぐる深刻なる疑問が、邪悪きわまりない数々の出来事によって、今日の多くの人々に提起されている。北米における黒人奴隷の長きにわたる悲惨な歴史を見れば、神は白人種に属する人種差別主義者ではなかろうかとの問いを発する思想家が出てくるのも無理からぬことである[2]。第二次世界大戦中に600万のユダヤ人たちが味わったホロコースト体験は、神は死んだとの叫びにお墨付きを与えている。また世界を包み込む核のホロコーストの可能性をかんがみる時、今日まで引き継がれてきた神の主権と善良さをめぐるあらゆる主張は、言葉を弄するだけの、あるいは冒瀆的な言い分とさえ思われてしまう。また地球規模の暴力の拡大は、神の名をおぞましき恐怖の出来事と結びつけている[3]。

神の問題は、我々の時代にあっては哲学的議論における継続審議中の話題である。重大な批判が、プロセス哲学者や神学者たちによって展開されている。彼（女）らは、伝統的な神論は、神を歴史の出来事によって影響を受けない絶対者と見るがゆえに、救いがたきほどに不十分なものであると論じる。

2　William Jones, *Is God a White Racist?* (Garden City, N.Y.: Doubleday, 1973) を見よ。
3　Mark Juergensmeyer, *Terror in the Mind of God: The Global Rise of Religious Violence* (Berkeley: University of California Press, 2000)〔ユルゲンスマイヤー『グローバル時代の宗教とテロリズム——いま、なぜ神の名で人の命が奪われるのか』立山良司監修、古賀林幸／櫻井元雄訳、明石書店、2003年〕を見よ。

彼（女）らが批判するのは、伝統的キリスト教は、神と世界との関係を、相互に働きかけ合うようなものとしてではなく、一方的で強制的なものとして描いているからである。そのような伝統的な見方は、現実を動的、発展的、また相関的に捉える現代的な経験の質とは全くもって相容れないものとみなされる。そのような見方は、世界における苦難の甚大さに対して無神経だとみなされるのである。

フェミニスト神学は、歯に衣着せぬ批判の最たるものの幾つかを伝統的な神論に対して突きつけている。その代表的な論者たちは、伝統的な神観や神像は、支配的諸関係を支持し、恒常化する家父長的態度や構造と結びついていると告発する。家父長制において意図されているのは、白人が有色人種を、人間が自然を支配する「階層的従属と搾取の男性的ピラミッド」[4]である。抵抗されぬままであり続けるなら、家父長制はキリスト教信仰の信用をも損ないかねない。アリス・ウォーカーのある小説に登場する黒人女性シャグは言う、「あたしは神が白人で、しかも男だとわかったとき、興味をなくしたんだ」[5]。サリー・マクフェイグは、フェミニストたちの家父長制ならびにそれを正当化する神学に対する批判を次のようにまとめている。すなわち、今日に生きる我々にとっての切迫した諸問題の中心にある根本的な問いとは、権力の乱用の問題であれ、自然環境の搾取であれ、政治的、経済的、人種的、文化的、性的抑圧であれ、測り知れぬほどの破壊をもたらす兵器の発展であれ、「権力をめぐる問い、すなわち誰がそれを乱用するのか、どんな類の権力であるのか、……そして権力は常に支配的であるのか？　といった問い」だということである[6]。

伝統的神論に対する上記の一連の告発は、それ自体が完全無欠（exhaustive）たらんと意図されたものではない。それらは単に、神学の最も根本的なる問

4　Elisabeth Schüssler Fiorenza, *Bread Not Stone: The Challenge of Feminist Biblical Interpretation* (Boston: Beacon Press, 1984), xiv〔シュスラー＝フィオレンツァ『石ではなくパンを——フェミニスト視点による聖書解釈』山口里子訳、新教出版社、1992 年、16 頁参照〕.

5　Alice Walker, *The Color Purple* (New York: Washington Square Press, 1982), 177〔ウォーカー『カラーパープル』柳沢由実子訳、集英社文庫、1986 年、231 頁。引用は柳沢訳より〕.

6　Sallie McFague, *Models of God: Theology for an Ecological, Nuclear Age* (Philadelphia: Fortress Press, 1987), 15-16.

いが何であるか、すなわち「キリスト者共同体によって礼拝され宣教される方はどなたか？」、「神は人間の成熟と自然にとって敵対的であるのか、それとも友好的であるのか？」、「神の主権は、粗暴な力において、それとも高価なる愛において行使されるのか？」「神は、和解と平和の源であるのか、それとも暴力と戦争の源であるのか？」といった問いを想起させるために発せられているのである。

　こうした問いに対処するためには、まずはどの道をたどるかを決めなければならない。すべての宗教的確信に適合しうるような神論を展開することから始めようか？　それとも共通の宗教的経験やいわゆる普遍的原理を基に、すなわち神（あるいはその語が指すものが他の何であったとしても）とは確かに、一つの完全、万能、賢明、善良、そして永遠なる存在であるということから論じようか？　このようなアプローチを取るとするならば、しばしの間、聖書の証言に基づき、とりわけイエス・キリストにおいて示された神の啓示に対する証言に基づいて神を考え、語ることを延期しなければならないであろう。神論へのこのようなアプローチとは（キリスト教神学においてもこのようなアプローチが長きにわたり採用されてきた歴史があるのだが）、異なる道をたどったほうがよいであろう。

　神の現実性やアイデンティティを探究するにあたって、誰もが、何らかの予備的観念やいまだ言語化されていない想定から始めることは正当化されるにしても、キリスト教神学は、神に関するこのような一般的かつ未成熟な考えを無批判に採用すべきではないし、それらを規範とするようなことがあってはならない。キリスト教信仰と神学は一般的な、また曖昧な仕方においてではなく、具体的に、かつ特有な仕方において神を語る。キリスト者は、イエス・キリストにおいて新たな恵みの業をなし、聖霊の力を通して世界において働き続ける万物の主なる神への信仰を表明する。この特有の啓示と贖いの歴史に基づき、キリスト者共同体は、神が、新しき命の源であり、媒介者であり、力であることを告白する。神は、荘厳なる天地の造り主であり、僕の形をとることによって破綻した世界を贖う贖い主であり、人間の生の新しき始まりと来るべき新しき天と地の実現に向けて力を与え、変革をもたらす霊である。聖書の、また古典的な神学的伝統よりのなじみ深い用語を用いれば、神は「父、子、聖霊」である。つまり、キリスト者は、神の三位一体的アイデンティティを告白するのである。

第4章　三位一体の神

　三位一体なる神へのキリスト教的告白とは、イエス・キリストにおいて人となられ、聖霊の力により信仰の共同体において今日も働いておられる神の測りがたき愛をめぐって聖書の証言するところを要約的に記述したものである。三位一体の教理は、特定の時代にあって教会が入手可能な中での最もふさわしいイメージや概念を用いてこの証言を解釈しようとした試みであるが、それは常に不十分としか言いようのない試みでもあった。正しく理解するなら、三位一体の教理は、古めかしく思弁的な教理ではない。むしろ、福音のメッセージにかなった、また、それに調和した神理解である。神理解に関して「かなった」また「調和した」という控えめな用語を用いる理由は、三位一体の教理は啓示された教理ではないということである。それは奇跡的に天から降ったものではないし、石の板に神によって書かれたものでもない。それは、数世紀にわたり福音のメッセージをめぐって教会が行ってきた瞑想と省察の産物である。言い換えるなら、三位一体論的信仰のスタート地点あるいは根源は、聖霊によって世界に働き続けるキリストにおける神の愛に関する福音である。三位一体の教理は、福音において告知され、キリスト教信仰において経験された神の自由なる恵みの秘義に一貫した表現を与えようとする教会の努力である。

　だが、今日、キリスト教的神論を構築するにあたって三位一体論に焦点を絞るのは、的を射たものと言えるだろうか？　むしろ、三位一体論的神理解は、神を考え語るにあたっての、問題をはらんだ最たる例と言えないだろうか（神をめぐる問いに対する何らかの信頼に値する応答であるというより）？　三位一体論的言語は、典礼、祈り、神学の教科書においていまだに多く見受けられるものの、それは、多くのキリスト者たちを、非キリスト者たちと同様、見通しのきかない分厚い雲でもって覆ってしまうだけではなかろうか？　この教理は、不毛なる神学的省察の一つのパラダイムではなかろうか？　それは実践的意義を欠くと同時に、理性の犠牲と恣意的な教会の権威への屈辱的服従を要求する数学的ナンセンスによって張りぼてにされたような教理ではないのか？　この教理は、啓発された人々の献身すべき重要な目的を曖昧にし、献身することを妨げる以外の目的に仕えうるであろうか？　これらすべてのことにまして、「父、子、聖霊」の言語は、三位一体の神をめぐるキリスト教教理が、逃れようのないほどに、また取り返しのつかぬほどに性差別主義的であることを単に証明しているのではなかろうか？

109

我々が三位一体論と呼ぶキリスト教特有の神理解において、現代神学における神の問題が、最も切迫し、最も御しがたき形において我々に突きつけていることを、これらの問いは示している。キリスト教的三位一体論を、現代的な言い回しにおいて、またその革新的意義を余すことなく回復しつつ、再提示することは可能だろうか？

三位一体論の聖書的根拠

　三位一体論の聖書的根拠は、単に二、三の「証拠資料」（例えば、マタ 28:19 や II コリ 13:13）において見出すことはできない。その根拠は、聖書の証言にあまねく浸透している三位一体的パターンにある。そのパターンは、キリスト教的な読解によれば旧約聖書にも先取りされているが、イエス・キリストの救いの業(わざ)と聖霊の新たに造りかえる働きにおける唯一なる神の現臨を証しする新約聖書の証しの中により明確に見て取ることができる。

　聖書は初めから終わりまで神が唯一の方であると主張している。旧約聖書と新約聖書は、「あなたの神、主」（申 6:4、マコ 12:29–30）のみが主権を持つとの信仰を共有している。教会の三位一体論的信仰は、明確な聖書の証言に矛盾するどころか、それを支持する。イスラエルの信仰においても、キリスト教会の信仰においても、「わたしをおいてほかに神があってはならない」（出 20:3）との第一戒が、同様の熱意をもって重んじられている。

　しかしながら新約聖書は、唯一の神の現実は、イエス・キリストと命を与えるキリストの霊におけるこの世に対する神の愛と切り離すことはできないと証言する。最初期のキリスト者の告白や経験は、このように神の三位一体的理解を暗に指し示している。被造物を救い、新たに造りかえるために到来する神をめぐる新約聖書の記述においては、切り離すことのできない三つの判断基準が存在する。神の愛は、「父」と呼ばれる方より発するが、「御子」と呼ばれる方のこの世のための犠牲的愛において人のかたちをとって遂行され、「御霊」と呼ばれる方によってキリスト者の生において活ける現在の現実性(リアリティ)となる。ユルゲン・モルトマンは、新約聖書の証言を要約し、次のように語っている。福音の物語は、「父、子、聖霊の偉大な愛の物語、そこに

110

あって我々すべてのものが天と地に包み込まれる神の愛の物語である」と[7]。

このような語り方が、聖書の証言とも、この証言に基づく教会の経験とも一致しているがゆえに、キリスト者は神を三位一体の神と呼ぶのである。キリスト者は、唯一無比なる神の存在を告白するが（エフェ 4:6）、その方はイスラエルと全被造物の主なる神である方に他ならず、「イエスは主である」（Ⅰコリ 12:3）と告白するにせよ、同様に主として認められている聖霊の力において（Ⅱコリ 3:17）そうするのである。聖霊によりイエス・キリストにおいて知られる神は我々の上に、我々のために、我々のうちにおられる方、すなわち愛する神、恵みの主イエス・キリスト、交わりを創造する神の霊（Ⅱコリ 13:13）であられる方である。三つの神がいますのではなく、唯一の永遠なる豊かな愛の神（Ⅰヨハ 4:8）の三つの異なる位格（persons）の表れ（表出）が存在するのである。イエス・キリストを通しての神と世界の和解に関する、そして聖霊の力によってもたらされる神の救いの業の完成に関する聖書の物語は、神の三位一体論的理解を示している（Ⅱコリ 5:18–20、ロマ 5:1–5、エフェ 1:3–14、Ⅰヨハ 4:12–13）。それゆえ、キャサリン・ラクーナが「聖霊の力においてキリストを通して神に救われていることの経験」[8]としるしているようなキリスト者の普遍的な救いの経験も、同様に神の三位一体論的理解を示しているのである。

神学者の中には、諸信仰告白ならびに初代キリスト者たちの祈りや礼拝の実践を研究することにより、三位一体論のルーツに関するより十全なる理解の獲得に寄与した者たちがいる。サラ・コークレイは、ローマ書 8 章 9–30 節やガラテヤ書 4 章 4–7 節等の聖句を省察し、使徒パウロが唱えるような初期のキリスト教徒の祈りの特質を、キリストを通して神の愛の中へと組み込まれてゆく「不可避的に三つの側面を持つ（ineluctably tri-faceted）」経験と言い表している。パウロは、「神」「キリスト」「聖霊」という三つの言葉の間を往還しながら、この経験を表現しようと努めている。「聖霊」によって我々は「キリスト」の中へと組み込まれ、「神」の子として養子縁組される。コークレイによれば、我々がそこで与えられているのは、十分に発展された

7　Elisabeth Moltmann-Wendel and Jürgen Moltmann, *Humanity in God* (New York: Pilgrim Press, 1983), 88.

8　Catherine Mowry LaCugna, *God for Us: The Trinity and the Christian Life* (San Francisco: Harper, 1991), 3.

三位一体論というよりは、「祈りにもとづく三位一体の論理」だという[9]。

　三位一体の神をめぐる言説が粗野な憶測でないとするなら、その根拠とその限界はともにイエス・キリストを通し聖霊の力において世にもたらされる神の愛をめぐる聖書の物語のうちに常に見出されるであろう（ロマ 5:5）。キリスト者の祈りと実践において、聖霊によって我々はキリストに結ばれ、三位一体の神の命の中へと引き入れられる。このことは、まっとうな（責任を担おうとする）三位一体論的思考は、常に、救いの「経綸（economy）」における父、子、霊の一つでありながら三重の働きを説明する、いわゆる経綸的三位一体論（economic Trinity）から始めなければならないことを意味する。神の存在内における永遠の「位格」的区別を示す、いわゆる内在的三位一体論（immanent Trinity）に関するすべての言及はここに根拠を持つ。福音書の物語によれば、神は、「父」「子」「聖霊」として、すなわち自由と和解をもたらす愛の源、媒介、そして実質的力や約束として生き生きと働いておられる。三位一体論的神学とは、聖書の証言を離れて神を知ろうとする営みではない。むしろその営為は、常に、その証言によって根拠づけられ、導かれ、鍛錬されてゆかなければならない。

　しかしどうして経綸的三位一体論と内在的三位一体論は区別されなければならないのだろうか？　基本的には二つの理由による。一つには、その区別によって、イエス・キリストの和解の業と聖霊の新たに造りかえてゆく業において、神は御自身に真実な方であり続けられることが強調されるからである。救いの経綸（働き）における神は、永遠における神と同じ方である。経綸的な三位一体の神と内在的な三位一体の神というような、二つの異なる三位一体の神が存在するのではない。神は永遠に三位一体なる方であるとキリスト者が語る時、それは、イエス・キリストにおいて聖霊によってこの世界へと広げられる神の愛こそが、正真正銘な仕方において、神が真にいかなる方であるかを明らかにすると端的に主張しているにすぎない。世界のために注がれる神の愛は、神御自身の愛の交わりにおける永遠の生の中にその根拠を持つのである。経綸的三位一体論と内在的三位一体論を区別する二つ目の

9　Sarah Coakley, "Why Three? Some Further Reflections on the Origins of the Doctrine of the Trinity," in *The Making and Remarking of Christian Doctrine: Essays in Honour of Maurice Wiles*, ed. Sarah Coakley and David A. Pailin (Oxford: Clarendon Press, 1993), 29-56. Mark McIntosh, *Mysteries of Faith* (Cambridge, Mass.: Cowley, 2000), 24-48 も見よ。

第4章　三位一体の神

理由は、その区別によって、救いの経綸（働き）において、神は、必然性や必要性といったことからではなく、全き自由の恵みから行為されることが強調されるからである。父と子と聖霊のよって永遠のうちに分かち合われている神の愛は、創造と救いの働き（経綸）において、自由に、我々に分かち合われるのである。

　三位一体論が、神性に関する単なる思弁的存在論へと転化される際には、その議論は恣意的でもったいぶったものであると批判されても仕方がない。三位一体の神への信仰は、しかしながら、救いの経綸における神の自己啓示が神の秘義に関する知識を余すことなく我々に与えるとは主張していない。信仰が主張していることは、イエス・キリストの救いの働きにおいて、彼の霊の力によってなされた神の啓示は、真実で信頼すべきものであるということである。神は表裏のある方ではない。すなわち、永遠の御自身の生においてあられる神は、キリストと聖霊において我々のために働かれている神と、全くもって異なっているということはない。たとえ三位一体なる方としての神の秘義を十分には理解することができなくとも、神の働きは神の存在にかなっている（一致している）との確信を抱くことはできるのである。もしも神の聖なる愛が、三つの異なった、しかし互いに不可分な位格的在り様において我々に顕かにされるとするならば、神御自身の内なる永遠の存在の中に、神的愛のそうした構造の根拠は存在する。神の永遠の生命のうちには、愛における交わり、相互的な自己贈与における生、すなわち、アウグスティヌスの言う「愛の社会（交わり）（society of love）」的営みが存在する。そして神の内なるこの営みこそが、聖書に物語られているところのこの世界のためになされた神の愛の歴史の根拠をなしているのである。それゆえ、信頼に足る三位一体論的神学は、初めに永遠における三位一体を思弁的に措定し、しかるのちに啓示とキリスト者の経験にその証拠を求めることはしない。むしろ、三位一体論的神学は、聖書に証言され、キリスト者のささげる礼拝と祈りと奉仕において確かめられてゆく啓示と救いの歴史から具体的にスタートする。この根拠に基づいてのみ、信仰と神学は、三位一体の交わりが、この世界に対する神の関わり方におけるのと同様に、神御自身の永遠なる存在の内にあることを表明する。三位一体論的神学の論理は、救いの働きにおいて父、子、聖霊として差異化された愛（経綸的三位一体論）より、神御自身の存在の深みにおけるこの三重の愛の究極的根拠（内在的三位一体論）に進む

113

のである[10]。

古典的三位一体論

　数世紀にわたる作業を経て教会は明確な三位一体論を定式化していった。三位一体論の発展における画期的とも言える指標は、ニケーア公会議（AD 325年）とコンスタンティノープル公会議（AD 381年）であった。ニケーア・コンスタンティノープルの両会議で定められた古典的教説における難点は、父、子、霊は「本質において一人の神であり、位格において区別される」（*mia ousia, treis hypostaseis*）という箇所である。4世紀の形而上学にて用いられていたこの言い回しは、我々にはなじみにくいものであるが、その意図は生ける神の現実性を、キリストの受肉、ミニストリー、十字架、復活、そして聖霊において継続されてゆくその働きをめぐって記されている福音書の物語に従う仕方において、描き出すことにあった。神の現実性、また三重の自己差異化を主張することの意味合いは、従属説、様態論、三神論といった三位一体論的信仰を歪曲するような諸理解をきっぱりと否定することにあったのだ。

　従属説によれば、「父、子、霊」という呼び名は、神格内における地位の違いと序列を示している。そこでは、偉大なる唯一の神である永遠の父と、二つの高められた被造物、あるいは劣った神が存在すると考えられているのである。従属説は、突きつめて考えれば、真に神的なるものを、物質、苦難、可変性、死といったことと結びつけることから守るための一つの戦略と解することもできる。しかしながら、そのような戦略は、十字架につけられたキリストを通してなされた神の業（わざ）に関する福音のメッセージと矛盾する（Ⅰコリ1:23–24、Ⅱコリ5:18–19）。もしも、キリストや聖霊が「正真正銘の神」ではなく、単に高められた被造物、あるいは亜流の神にすぎないとするならば、今ここにおいて、いかにして、キリストは救い主、また聖霊は命を与える力たりうるであろうか？

10　Karl Barth, *Church Dogmatics*, 1/1 (2nd ed., 1975): 384-489〔バルト『教会教義学　神の言葉 I/2』吉永正義訳、新教出版社、131-323頁〕を見よ。

様態論によれば、「父、子、霊」のそれぞれの呼び名は、一つにして差異化されることなき神の存在の働きにおける三つの様態を言及するものとされる。ここにおいて留意されていることは、明らかに、神の存在の統一性を守るということであるが、それと同時に、従属説におけるのと同じように、真の神性を苦難や死に接触させることから防御することでもある。様態論にとって、貧しき者たちや病む者たちのただ中におけるイエスのミニストリー、十字架と復活の出来事、そして聖霊の注ぎといったことは、単に神の働きの様態にすぎず、信頼を寄せるまでには至らぬ程度において神性の真の本質が開示された出来事と言うべきものであった。しかし、神について自分たちの知っているすべてのことは神の働きの外的な様態にすぎず、それらによって神のまことの本性は御自身の内に深く秘められたままであり続けるとするならば、信仰者たちは、神がどのような方であられるのかということに関していかなる確信を持つことができるのであろうか？

　三神論によれば、「父、子、霊」の名は、集合的にキリスト教信仰の対象を構成するものの、それぞれは、分離・独立した三つの神を指し示していると言う。このような見地は、唯一の主なる神を全身全霊をもって愛せよとの旧約聖書やイエスの教え（マコ 12:30）に明らかに矛盾している。キリスト者の信頼、忠誠、礼拝の対象が、いかにして三つの異なる神でありえようか？

　「本質においては一つであり、三つの位格において区別されている」との古典的三位一体論の言い回しは、注意深く考えられたものであるにもかかわらず、今となっては困惑をもたらすばかりのものとなっている。だが、その表現をもって意図されていたことは、いかなる形であろうとも、従属説、様態論、三神論を拒絶することにあった。一方で神の「本質」の統一性を、他方で三つの同等の神的「位格」間の区別を主張することにより、ニケーア＝コンスタンティノポリス信条は、御父なる神は永遠において本質的には御自身と一つであられる御子なる神を生み（ここで用いられる「生むこと」は、性的な意味での生殖あるいは従属的な〔劣位の〕存在を創造することとはまるっきり異なる唯一無比なる行為として理解されるべきである）、聖霊は永遠において御父と御子より発出しつつ（ここで用いられる「発出すること」もまた、発出の源とその主体との間に何らの違いをも示し得ない、唯一無比なる行為として理解すべきである）、御父と御子と本質的に一つであること

を、明言している。本質において一つでありつつ、御父なる神と、御子なる神、そして御霊（聖霊）は、異なる別個の「位格（人格）」である。なぜというに、三位は、「生む方」、「生まれる方」、「発出する方」として、相互に差異化された関係性のうちにおられるからである。その関係性は、アウグスティヌスに倣い、より分かりやすい仕方において、「愛するもの」と「愛されるもの」、そして両者より発出すると共に両者を結びつける「愛」として語ることができるであろう。

　これに加えて、キリスト教神学者たちは、救いの経綸における三位一体の神の働きを考え、語る上での規範となるべき諸規則を提案した。神の存在の統一性を擁護する際に支配すべき規則は「この世界における三位一体の神のすべての行為は分かちがたい」というものである。それゆえ、創造の御業（みわざ）において行為なさるのは御父のみではなく、贖いの御業（みわざ）において行為なさるのは御子のみではなく、聖化の業において行為なさるのは御霊のみではないということである。神のすべての御業（みわざ）は、三つにして一つなるこの神の御業（みわざ）なのである。この規則の均衡を保っているのは、三位一体の位格の区別を守る「充当（appropriations）」の規則である。創造も贖いも聖化もすべて三位一体の神の行為であるが、聖書的慣例は、創造の御業を第一に（排他的ではないものの）御父の御業（みわざ）に、贖いの御業（みわざ）を第一に（排他的にではないものの）御子の御業（みわざ）に、聖化の御業を第一に（排他的にではないものの）御霊の御業（みわざ）に、「充当」あるいは起因させることにお墨付きを与えている。

　けれども、これらすべての当惑をもたらすような専門的な三位一体論概念を作り出すことの、またこれらに付随する複雑きわまりなき諸規則を設けることのまことの意義はどこにあるのだろうか？　こうした複雑きわまりなきすべてのことを抱え持つ古典的三位一体論に我々は積極的な意味での、また福音の深みを湛えた目的を識別することができるだろうか？　答えは端的に言って然りである。三位一体論は、イエス・キリストの出来事の、そして変革をもたらす神の霊の注ぎの光のもとに、神を新たに描き直す。三位一体論の意図は以下の事柄を明言することにある。すなわち、神は、自由をもたらし生を更新する、主にして値高き愛なる方であること。聖霊の力によって、今もキリストにおいて世界のために働く神の愛は、偶然的なものでも、気まぐれなものでも、一時的なものでもないということ。イエスの救いの業（わざ）や聖霊の到来において我々に知らされていることとは異なるような、陰惨で悪魔

第4章 三位一体の神

的な神の側面、すなわち「神の背後におられるもう一人の神」などといったものは存在しないこと。永遠において、また世界との関係において、三位一体の神は、御自身を惜しみなく与え、他者を肯定し、共同体を建設される愛なる方であること。神の内なる永遠の生命を構成するところの愛の交換は、外に向かっては、解放と和解をもたらす値高き愛の歴史において表現されること。永遠においても、この世界との関係においても、「自由において愛する」（バルト）この神のみが、究極的なる力として、十分なる確信と全き信頼をもって、礼拝され、奉仕されうるのだということ。これらの事柄を示すことが三位一体論の意図することである。

このように神が三位一体なることを語ることは、神が何たるかについて我々が抱いていたすべての先入観を疑問に付すことである。神は孤立した単子（モナド）ではなく、御自身を伝達される愛である。神は、他者を支配せんとの権力を求める至高の意志ではなく、そこにおいて力と生命が分かち合われる交わりへの至高の意志である。その存在の本質を、愛の授受と交換に持つ究極的力として、また他者に生命を与え、交わりのうちに生きることを欲する究極的力として、神を語ることは、神の力と人の力の双方に関する我々の理解を覆すことでもある。三位一体の神の国（支配）とは、力による支配というよりも、主権的な愛による支配である。このように神が三位一体なる方として描かれる際、そこでは神のまことの力と人間の実りある力に関する我々の理解において革命的なことの起こることが意図されているのである。神は絶対的権力をもって支配する方でもなく、無限に自己を中心とされる方でもなく、崇高なる孤立の中におられる方でもない。三位一体の神の力は、強制を強いるものではなく、創造的かつ犠牲的な力を与える愛である。また三位一体の神の栄光は、他者を支配することにではなく、他者と生命を分かち合うことに存する。この意味において、三位一体の神に対する告白は、神は愛である（Ⅰヨハ4:8）との新約聖書の宣言に適い、整合する唯一の神理解である。

古典的三位一体論をこのように解釈することにおいて我々が目指しているのは、なじみ薄き専門用語に満ちた古代的概念の深みにはまり込むというよりも、いわゆる「表層文法」と呼ばれているものの下に潜り込み、その最深奥に隠されている意図、いわゆる「深層文法」に浸透してゆくことである。訓練されたオウムのように、教会の諸教理を単純に繰り返すだけでは、それ

117

らを真に重んじているということにはならない。知性を欠いたそのような反復は、実際には、教会の教説の持つ真の意図をねじ曲げる結果をもたらすだけである。それゆえ、我々にとって重要となる問いは、神が三位一体であると主張することにおいて、また聖霊によりイエス・キリストにおいて神が御自身を我々に啓示されたそのなされ様は、永遠における神の存在の在り様に照応（一致）すると主張することにおいて、かの時に、また今、何が問題とされた（されている）のか？　ということである。この問いに対しては、少なくとも二つの決定的な答えが存在する。第一に、三位一体論は十字架の光のもとで神を描き出す。神を三位一体なる方として語ることは、キリストの十字架と復活、そしてキリストの霊の注ぎの出来事を、我々の神理解の深みに至るまで、浸透させてゆく結果として可能とされるものである。第二に、三位一体論は、絶対的な力により有無を言わせぬ仕方において支配する方としてではなく、生命と愛を分かち合われる方として神を語る議論である。神は自由において愛される方、交わりの中に生きておられる方、そして相互愛の共同体であるその生を御自身の被造物と分かち合うことを望んでおられる方である。永遠において、また世界との関係において、神は御自身を分かち与え、他者に配慮し、共同体を形成する愛である。これがすべての「表層文法」の下に存在する、すなわち我々が神や福音について語る際に用いるすべての個別的な、そして常に不十分な名称やイメージの下に存在する三位一体論の「深層文法」である。

神論における諸歪曲

　三位一体論への関心が衰退する際には、キリスト教的神理解の歪曲が現れる。生き生きとした三位一体の神への信仰の崩壊の後に現れてくるのは、様々な形でのユニテリアン主義である[11]。

　1．第一の歪曲形として挙げられるのは、創造主のみ、すなわち三位一体の第一位格のみを認める類のユニテリアン主義である。そこにおいて神は、宇宙の第一原理、万物の起源、またしばしば特定の民族的集団あるいは国家

11　H. Richard Niebuhr, "Theological Unitarianisms," *Theology Today* 40 (July 1983): 150-57参照。

的集団の「父なる創造者」とみなされる。アメリカ的市民宗教も、おおむね創造主を奉じるユニテリアン主義である。神は、生命の、奪うべからざるある種の権利の、またアメリカ的宿命の摂理的導きの源泉として認識される。我々と神との関係に関して、この理解においては罪の意識はほとんど存在しない。その結果、赦しや悔い改め、あるいは生の根本的変革の必要性に対する意識の入る余地もほとんどない。もっともアメリカ的市民宗教が、創造主のユニテリアン主義の唯一の形ではない。他の国家的・部族的宗教や、多くの教養人が信奉している類の曖昧な有神論の形をとってそれが表出されることもある。それらの教養人にあっては、神論は、啓蒙主義的理性の枠内において宗教を詳説するにとどめられている。

　2．もう一つの歪曲は、贖い主の、すなわち三位一体の第二位格のユニテリアン主義の形をとる。この種の信仰にあって唯一の関心事はイエスのみである。英雄的人格と見られようが、宗教的団体の中心的人物と目されようが、ユニテリアン的イエスは、福音書において宣教されているイエスとはほとんど関連を持たない。「私の救い主イエス」への忠誠が、全自然と全歴史を統べる神の主権に関する聖書の主張から切り離される際には、救いは私や私の属する小さな集団にとっての幸福という点に狭く限定されてしまう。その他のものは、何ら真の関心とはなってはこないのである。「イエスを愛することを仲間うちで確かめ合うこと（Honk if you love Jesus）」だけが肝心なことだとするなら、我々の環境が汚染されたとしても、自らの人種や宗教や性別によって人が虐待されたとしても、それらは取るに足らぬこととして片づけられてしまうのではないか？　第二位格のユニテリアン主義は、その心地良い感傷的イエス崇拝と、すべての人々に関わるものとしての正義の到来や荒廃した大地の再生のための情熱的関心の間に存在する必然的関連性を識別することができないでいる。

　3．キリスト教的神理解における第三の歪曲は、霊の、すなわち三位一体の第三位格のユニテリアン主義として表れる。ここでは霊的経験や霊的賜物がすべてである。霊と言われる際、それらが神のキリストの霊、すなわち共同体〔教会〕を建設し、神と他者とに仕えるために教会に使命をあたえる霊であるかどうかを検証する努力はほとんどなされない。「カリスマ」的集団の中には、危うい形で霊のユニテリアン主義に接近する者たちもいる。このように言うことで、今日の教会において見られる霊的復興運動をそしるつも

りも、その重要性をおとしめるつもりもさらさらない。霊的経験を以前にまして強調する近年の傾向、また神学における聖霊論に対する新たな関心は、疑いようもなく、生気を欠き過去の遺物的様相を呈してしまっているキリスト教、あるいは我々の思考や行動のみならず、我々の感情や愛情や情熱を搔き立てることも新たに方向づけることもできなくなってしまっている官僚的キリスト教に対する正当な抗議であると言えよう。けれども、こうした問題は、激烈な宗教的経験における熱狂だけでは解決しない。ここで私が指摘したいことは、キリスト教における霊的経験は、三位一体の神の霊を経験することであるのか、それとも分裂どころか破壊をももたらす類の経験であるかということに尽きる。和解と自由へと力を与える霊は、キリストの、またキリストが「アッバ、父よ」と呼ぶ方の霊である。

三位一体論の意味に関する言い直し

　これまで、三位一体論がキリスト教特有の神理解を表現するものであることを論じてきた。このような神理解が周辺に追いやられたり、失われてしまう際には、キリスト教は自らのアイデンティティ喪失の危機に陥っているのである。三位一体論的信仰の表層文法のぬかるみにはまらないように私はその深層文法を見出さんと努めてきた。
　その最初の数世紀以来、キリスト教の神学者たちは、神の三位一体的な現実性が我々人間にとって十分には理解することのできない神秘（秘義）であることを認めてきた。教会の歴史にあって、おそらく他のいかなる神学者にもまして三位一体の神の神秘（秘義）と格闘したであろうアウグスティヌスは「我々が理解するような何かは神ではない」と語った。数世紀にわたり、すぐれた神学者たちは、神を知る知識の限界と神をめぐる我々のすべての言語（そこには三位一体論的象徴も含まれる）の不十分さを強調してきた。今日にあっては、神をめぐるすべての言語がいかに不完全であるか、またそれらすべてがいかに歴史的刻印を帯びているかということについて、以前にも増して意識されるようになっている。キリスト教的伝統において、排他的なまでに男性的な仕方で描かれてきた神のイメージを補足、修正し、新しいより包括的な神のイメージを探求しようとする営みは、近年の神学における重

要な展開である。疑いようもなく、そうした探求は、聖書的伝統においてひどく抑圧されてきた神のイメージを回復する助けとなることだろう。教会の賛美歌や祈りの中に、包括的な神のイメージが取り入れられてゆけばゆくほど、教会内の男性、女性双方の霊的生活、また神学的感受性はより豊かなものとなってゆくであろう。

ただ、目下のところ、教会の伝統において排他的なかたちで受け継がれてきた男性的なる神のイメージをいかに拡張してゆくかということに関しては、いかなる合意にも達していない。我々が用いる神学的言語を非人格的メタファーに限定することによって、性別を特定する神のイメージをすべて廃棄することを促す人々もいれば、聖霊を女性として語ろうと提案する人々もいる。また三位一体の各位格に対し男性的、女性的イメージを用いることは適切で必要不可欠と考える人々もいる[12]。

最初の意見に対する反論の根拠となるのは、聖書において神はきわめて頻繁に人格的イメージを用いて描かれているという事実である。もちろん聖書の中の神のイメージの中には、岩や火や水などの非人格的メタファーによるものも含まれており、これらのイメージぬきには我々の神理解や礼拝は貧困なものとなってしまうだろう。それにもかかわらず、神を第一に人格として、何かと言うよりも誰かとして言い表す聖書の慣用から離れてしまっては、多くのものが失われてしまうだろう。第二の意見に関しては、それは単に問題を隠蔽するどころか悪化させるかもしれない対症療法的処置にすぎぬとして反論される。女性的イメージが、単に聖霊だけに限定されるなら、三位一体論的言語は、依然として男性的イメージによって支配されている感を拭い去ることはできないであろう。

最後の意見を支持する根拠として挙げられるのは、聖書において神は、自らが選んだ民を配慮し、守る父として（代上 22:10、詩 103:13、マタ 6:6–9）のみならず、子を産み、食べ物を与え、慰めを与える母として（イザ 49:15、66:12–13）描かれているという事実である。イエスも、雛を翼の下に集める母鶏のように、神の民を集めんとする方として御自身を言い表している（マタ 23:37）。またイエスは、神の国（支配）に入るためには聖霊により新たに

12　Elizabeth A. Johnson, *She Who Is: The Mystery of God in Feminist Theological Discourse* (New York: Crossroad, 1992), 47-57 参照。

生まれなければならないことを説き、その際の霊の働きを女性の産みの苦しみにたとえている（ヨハ 3:3-6）。これらのイメージは聖書の中で広範囲にわたって描かれている神のイメージのほんの一握りにすぎないが、聖書の証言の家父長制的背景をかんがみれば、なおさら驚くべきことであろう。これらの豊かなイメージの数々を視野に置けば、父・子・聖霊の三位一体論的言語が教会にとって聖書的通奏低音をなしていることは確かである。だが、そのことを神学や典礼において絶対化してはならないであろう。三位一体の神を言い表す上での他のイメージを探求することは肯定されるべきである[13]。同時にそうして得られる神の新たなイメージは、伝統的イメージに取って代わられるものというよりも、補完するものとして考えられるべきである。我々が神に対して抱くすべてのイメージは、古いものであれ、新しいものであれ、男性的なものであれ、女性的なものであれ、非人格的なものであれ、通常それらが用いられる文脈の中で持つ意味を超えて、新たなより深い意味を福音の物語から受け取る。我々が神について父としてまた母として語る際に、そうした呼称の意味を最終的に決定するのは我々の文化的歴史や家族の歴史ではなく、聖書の証言の中心に位置するこの世界に向けられる神の確かな愛の歴史である。

　神学者や特定の地域に根差す教会（local congregations）が神の新しいイメージを探求するには、多くのフェミニスト神学者たちが同意するように、三位一体論的な深層文法を失わないことが決定的に重要である[14]。私は、三位一体論的信仰のこの深層文法を、自由に（強制されることなく、自発的に）御自身を他者に与え、共同体、そして相互性と分かち合いの生を創造するくすしき神の愛の文法として定義した。御自身の創造、和解、贖罪の業（わざ）におい

13　Brian Wren, *What Language Shall I Borrow? God-Talk in Worship: A Male Response to Feminist Theology* (New York: Crossroad, 1989) を見よ。きわめて三位一体論的な「信仰小声明 Brief Statement of Faith」（PCUSA）は神を「はぐくむわが子を見捨てることのない母のような、また放蕩息子を駆け寄り迎える父のような」（10.49-50）方として描き出している。

14　Patricia Wilson-Kastner, *Faith, Feminist and the Christ* (Philadelphia: Fortress Press, 1983), 121-37; Catherine Mowry LaCugna, "The Baptismal Formula, Feminist Objections, and Trinitarian Theology," *Journal of Ecumenical Studies* 26 (Spring 1989): 235-50 を見よ。LaCugna は「三位一体なる神は明らかに私たちのための神であるのに対し、ユニテリアン的一つなる神は明らかに彼自身にとっての神である」と考えている (p.243)。

て、神は御自身に真実な（ふさわしい）方である。神は「御自身の特質から外れた」仕方で行為されることはない。反対に、自由において愛することこそが、神が永遠において神であられる在り様なのである。三位一体論に関する三つの解釈上の表明を以下に提供することによってこのテーゼを拡大してみたい[15]。

1. 神を三位一体の方として告白するとは、神の永遠における生は、関係性における人格的生であると主張することである。聖書は、神を「生ける神」として描き出す（マタ 16:16）。死せる偶像とは異なる仕方で、生ける神は語られ、また働かれる。聖書の証言において神は、非人格的ではなく、人格的な現実性を持った方として、創造、贖罪、変革をもたらす仕方において、被造物との関係の中へと自由に入られる。更に、三位一体論的信仰によれば、生ける神は、世界との関わりにおいて、はじめて命を宿し、愛することを始め、人格性を獲得されたのではない。永遠の昔より、神は父・子・聖霊として命を持ち、愛の交わりの中に在られる方である。神御自身の永遠の在り様の中には、運動と命、人格的交わりと愛の受け渡しが存在する。

神は一つの神であられるが、生ける神の統一の様は、絶対的な一者の抽象的な統一ではない。神の統一は、比較しようもないほどに豊かでダイナミックな統一、差異性と関係性をはらんだ豊饒なる統一である。新約聖書の証言においては、一つなる神が、真実なる御父、僕（しもべ）なる御子、命を与える御霊として描かれているが、世界におけるそのような神の現臨、我々のための救済の行為における神の個別的在り様は、神の永遠における存在に基づいて

15　Jan Milič Lochman, "The Trinity and Human Life," *Theology* 78 (April 1975): 173-83 を見よ。三位一体論に関する文献は、近年では、多岐にわたり膨大に存在する。その中において注目に値するものとしては、Jürgen Moltmann, *The Trinity and the Kingdom* (San Francisco: Harper & Row, 1981)〔モルトマン『三位一体と神の国』土屋清訳、新教出版社、1990 年〕; LaCugna, *God for Us*; Johnson, *She Who Is*; T. F. Torrance, *The Trinitarian Faith* (Edinburgh: T&T Clark, 1993); *Trinitarian Theology Today*, ed. Christoph Schwöbel (Edinburgh: T&T Clark, 1995); Robert W. Jenson, *Systematic Theology*, vol. 1: *The Triune God* (New York: Oxford University Press, 1997); David S. Cunningham, *These Three Are One: The Practice of Trinitarian Theology* (Malden, Mass.: Blackwell, 1998); *The Trinity*, ed. Stephen T. Davis, Daniel Kendall, and Gerald O'Collins (New York: Oxford University Press, 1999); Kathryn Tanner, *Jesus, Humanity and the Trinity: A Brief Systematic Theology* (Minneapolis: Fortress, 2001); Roger E. Olson and Christopher A. Hall, *The Trinity* (Grand Rapids: Eerdmans, 2002).

いると三位一体論は説明する。統一に関するいかなる観念も神を定義し得ない。ただ神、すなわち三位一体の神のみが、神のまことにして豊かな統一を定義するのである。三位一体の神における統一性とは、本質的に言うなら、愛の絆のうちなる「位格」間の統一である。

20世紀の神学者たちの中には（とりわけカール・バルトとカール・ラーナーがそうであるが）、自律的存在性と個別的自己意識によって構成されるところの近代哲学における「人格 (persons)」概念を想起させるとの理由から、神の三つの「位格 (persons)」について語ることに乗り気でない者たちもいたが、そのことも理解できないことではない。それらの神学者たちは、代わりに、「一つの存在である神の三つの様態 (three modes of the one being of God)」あるいは神の「三つの個別的（別個の）存在様式 (three distinct ways of subsisting)」について語ることを推奨する[16]。しかしながら、他の神学者たちは、父・子・聖霊に言及するにあたり、人格（位格）概念を安易に放棄することをむしろためらう。三位一体論的神学は、三位一体における三つなることに言及する際に用いられる「位格」の特殊な意味を明らかにする責任を負うだけでなく、人間の人格性の意味を考えるにあたり支配的な力を有しているような諸理解に挑戦してゆく責任をも有していると、彼（女）らは考えているのである。換言するなら、父・子・聖霊の三位一体論的各「位格 (persons)」は、独立（孤立）した自律的自己として、あるいは自立的な核を持った自己意識として理解されるべきではなく、相互の関係性においてのみ人格的（位格的）(personal) アイデンティティを持つということを明らかにする点において、人格（位格）概念を維持することには積極的な意義がある。神にあって「人格（位格）」とは、自らを他者との区別において定義する自閉的主体では決してない。そうではなく、父・子・聖霊は、共通の本質を分かち合いつつ、相互の関係性によって差異化され、相互的な愛の受け渡しにおいて存在するのである[17]。位格間の「相互内在」（ペリコレーシス

---

[16] Barth, *Church Dogmatics*, 1/1 (2nd ed., 1975): 348ff.〔バルト『教会教義学　神の言葉 I/2』67頁以下〕; Rahner, *The Trinity* (London: Herder, 1970), 103-15 を見よ。Paul Tillich, *Systematic Theology*, 3: 286-94〔ティリッヒ『組織神学　第3巻』土居真俊訳、新教出版社、2004年、356-71頁〕参照。

[17] John J. O'Donnell, *The Mystery of the Triune God* (London: Sheed & Ward, 1988), 100-111 を見よ。

pereichoresis）は、被造物において知られているいかなる関係をもはるかに超える親密性をなしている。だが、神的位格と人間の人格の間に存在する根本的な違いを否定することなしに、神における人格性（位格性）の三位一体論的理解は、人格的な生を絶対的自律性と等しいものとするような、また人格性というものの構成要素としての他者との関係性への言及を欠落させているような個人主義的人間観の不十分さを明るみに出すことになるだろう。

　永遠のうちなる三位一体の生の多産性やダイナミズムにおいては、単なる数学的な単一性というより、差異性や他者性が存在している。差異性を欠く統一性は、愛の統一性とはなり得ないだろう。恐れや憎しみゆえに他者を排除し征服しようとする罪深い人間の態度や習慣とは対照的に、三位一体なる神は、御自身の神的生の内なるダイナミズムにおいて、他者を産み出し、包み込む。神御自身の存在が、このような位格的差異化そして関係性における存在であることは、御自身の外に向かっては、互いに異なる被造物に満ち溢れた世界の創造において表現されてゆく。自然世界、異なる国、異なる文化、異なる人種、異なる性に属する人々との関係において顕著となるような、他者を支配下に置こうとする精神は、三位一体論的神観からというよりも、専制君主的な神観を究極的に特徴づける他者への恐れから生じるのである[18]。

　2.　神を三位一体なる方として告白するとは、我々が自身の人間経験において知っている諸関係やパートナーシップよりも、はるかに深い意味において、神が交わりの中に存在しておられることを主張することである。被造物間に包括的共同体を作ろうとする上での源泉となり力となるような三位一体の生を、その豊かさとその自己差異化の在り様において、我々は十分に理解することも満足のゆく仕方で描き出すこともできない。「神のかたち」にかたどって人間が造られているがゆえに（創 1:27）、神学者たちは、神の三位一体的存在の「痕跡」あるいはアナロジー（類比）を、被造物の中にとりわけ人間の生の中に探し続けてきた。特に以下の二種類のアナロジーが、しばしば三位一体論的神学において用いられてきた。その一つは、いわゆる心理学的アナロジーであり、差異化されつつも不可分であるところの自己の諸活動によって構成されるものとして人格を捉える見方に基づいている。一つの

18　Susan Thistlethwaite は「多様性に対する抵抗は……現代神学における三位一体に含意される考慮の欠如の中にも見て取ることができる」と正しく見て取っている（*Sex, Race and God: Christian Feminism in Black and White* [New York: Crossroad, 1989], 122）。

人格であることは、記憶、理解力（悟性）、意志といった互いに絡み合う諸機能を備えた自意識を持つ主体であるということである。三位一体論的アナロジーのもう一つのタイプは、いわゆる社会的アナロジーであり、人間経験における生の関係性を、神の三位一体的生を理解する上での最良の手がかりとみなす（その際に好んで用いられるのは、愛する者、愛される者、そして両者間の相互的愛、の三つを一組とするアナロジーである）。西方の三位一体論的神学の伝統においては、心理学的アナロジーがとりわけ強調されてきたが[19]、現代の神学者たちの多くは社会的アナロジーを好み、東方正教会の伝統がこのアナロジーの使用に対し大いに支持を与えていると考えている[20]。

　心理学的アナロジーも社会的アナロジーも、共に長所と短所を抱えている。確かに、双方とも神の秘義を十分に捉えきっていると主張することはできない。心理学的アナロジーが極端に拡張される際には、神は孤立した個に還元され、神の内なる人格（位格）的関係性の現実がなおざりにされてしまう危険性が生じる（様態論的異端）。逆に、社会的アナロジーが許容範囲を超えて強調される際には、互いに協働することを決意した、あるいは階層的（序列的）秩序において関連を持つ三つの区別された個として神を考えてしまう危険が生じる（三神論的異端）。幸いなことに、心理学的および社会的アナロジーのうちのどちらか一つを選ばなければならないということはない。教会は、どちらかの一方を極端に推し進めることによって陥る危険は斥け続けてきた。どちらか一方が正しくて、もう一方が誤りだと宣言したことは一度

19　西方の三位一体論の古典的表明とされているのが、アウグスティヌスの『三位一体論』である。アウグスティヌスの三位一体論における心理学的アナロジーの優位に対する批判を知りたければ、Colin Gunton, "Augustine, the Trinity, and the Theological Crisis of the West," *Scottish Journal of Theology* 43 (1990): 33-58 を見よ。アウグスティヌスを擁護するものとしては、Michel René Barnes, "The use of Augustine in Contemporary Trinitarian Theology," *Theological Studies* 56 (1995): 51-79 を見よ。

20　最も影響力のある東方の三位一体論的神学者として挙げられるのは、カッパドキアの三教父、特にニュッサのグレゴリオスである。彼の仕事の一つに「アブラビウスへの回答——三つの神がいるという言説を考えるべきではない」という論文がある。Cornelius Plantinga, Jr., "Gregory of Nyssa and the Social Analogy of the Trinity," *The Thomist* 50 (1986): 325-52 を見よ。ニュッサのグレゴリオスは「社会的三位一体論者」ではないとの反論を知りたければ、Sarah Coakley, " 'Persons' in the 'Social' Doctrine of the Trinity: A Critique of Current Analytic Discussion," in *The Trinity*, ed. Stephen T. Davis, Daniel Kendall, and Gerald O'Collins, 123-44 を見よ。

たりともなかったのである。これら二つのアナロジーは、それらの持つ限界が認識された際には、互いに補い合い、修正し合ってはならないという理由は存在しない。すべての三位一体論的神学は、ナジアンゾスのグレゴリオスの賢明な次の言葉に留意すべきである。「私には、『三つにいますこと』の壮麗さに瞬く間に虜にされることなしには『一つなること』について考えることはできないし、たちどころに『一つなること』へと導き戻されることのないような『三つにいますこと』を識別することはできない」[21]。

現代の神学者たちの多くは、社会的アナロジーを改めて見直すことにより、多くのことを学べると考えている[22]。三位一体論的信仰は、神の「社会性」を証しする。聖書の神は、交わりにおける生を確立し維持される。神は、永遠の孤立の中に存在する至高のモナドなどではない。神は契約を結ばれる神である。神が、被造物と共なる、また被造物のただ中における生を望んでおられるということは、交わりにおける生をその本質とされる神御自身の永遠なる生の誠実（真実）なる表現（表出）である。古典的な三位一体論的神学によれば、三位一体の三つの位格は、深い絆で結ばれた不可分なる相互の関係においてのみ、それぞれの固有のアイデンティティを持つ。畏敬の対象とされてきた東方正教会のダマスコのヨアンネス以来、いわく言いがたき三位一体の生の交わりは、「相互内在」すなわち「互いに内在し合うことにおける存在」を意味するペリコレーシス（*pereichoresis*）というギリシア語において表現されてきた。三位一体の三位格は互いに「内在し」合い、浸透し合う。三つの位格は、喜びに満ち溢れる舞踏のうちに結ばれながら、互いに「包み」合う。更に別のメタファーを用いるならば、互いに「相手のために場所をゆずり」合い、他に較べようもない仕方で歓待し（もてなし）合うのである[23]。

---

21 ナジアンゾスのグレゴリオス『聖なる洗礼について』（*On Holy Baptism*, oration XL.41）。カルヴァン『キリスト教綱要』1.13.17 で引用。

22 Jürgen Moltmann, *The Trinity and the Kingdom*〔モルトマン『三位一体と神の国』〕; David Brown, *The Divine Trinity* (London: Duckworth, 1985); Cornelius Plantinga, Jr., "Social Trinity and Trintheism," in *Trinity, Incarnation and Atonement: Philosophical and Theological Essays*, ed. Plantinga and Ronald Feenstra (Notre Dame: University of Notre Dame Press, 1989); John Zizioulas, *Being as Communion* (Crestwood, N.Y.: St. Vladimir's Seminary Press, 1985) 参照。

23 三位一体論的歓待のメタファーに関しては、私は Cornelius Plantinga, Jr. に負っている。

神の三位一体の生は、このように、福音の光のもとに、歓待や愛の舞踏といった美しいメタファーを用いて描き出されてきたが、そのことの持つ意義は更なる広がりを有している。そのようなものとして三位一体の生が主張されることにより、友情的経験、いたわりに満ちた家族関係、自由で平等の人格からなる包括的共同体といった事柄を、イエスの宣べ伝えた神の永遠の生命や神の国（支配）に含意されているものとして、あるいは指標として指し示すことが可能になるからである[24]。地球資源の正しき分配が行われるような、また支配・被支配の関係が名誉と敬意に溢れた同等な者同士の関係に取って代わられるような新しい共同体の形成に心を砕いてゆくことは、神の生の在り様の中にその根拠を持つことが、愛の三位一体として神の生を描くことにより可能となるのである。レオナルド・ボフは言う、「人間的用語において人格間の交わりとして理解される三位一体は、世界にあっても教会にあっても、対話と合意が共に生きることの基本的構成要素であるような、同等な兄弟姉妹からなる社会の土台を据える」と[25]。

人間の生をめぐるキリスト教的理解、またキリスト教社会倫理は、イエス・キリストの人格と業、そしてそれに対応するものとしての三位一体論的神理解の中に基礎づけられる。このことは、三位一体論が、神学的人間観のための精緻な青写真であるということを、また人間社会の変革のための詳細な綱領をそれが我々に提供するということを意味してはいない[26]。神は神であり、我々は被造物であることを忘れてはならない。我々が理想とする共同体の理念を神に投影することも、我々が抱く三位一体的生のヴィジョンを人間の諸共同体に完全に反映させようとすることも誤りであろう。神の秘義と他者性は常に重んじられなければならない。キリスト教信仰とキリスト教神学は、我々の手によるものであれ、想像力によるものであれ、言葉によるものであれ、あらゆる類の偶像を斥けなければならない。そうは言うものの、たとえ、交わりの深みにおける神の存在が我々の理解を超えているとしても、神のかたちに創造された人間の生は、神と隣人との間に結ばれる愛に満ちた関係性においてのみ成就されるということは、聖書の証言と教会の教

24　Elizabeth A. Johnson, *She Who Is*, 220-23 を見よ。

25　Leonardo Boff, *Trinity and Society* (Maryknoll, N.Y.: Orbis Books, 1988), 118-20.

26　三位一体論をこのように用いることに対する強い警告を知りたければ Kathryn Tanner, *Jesus, Humanity and the Trinity*, 81-83 を見よ。

理に沿ったものなのである。文化的、人種的、ジェンダー的に多様なバックグラウンドを持つ人々からなる共同体にあって正義と自由を伴うかたちでの平和を作り出さんとのキリスト教的希望は、神の三位一体的論理に一致する。三位一体なる神への告白は、正しく理解されるなら、人間の（それがいかなる人間であれ）自由と尊厳を否定するようなあらゆる全体主義に対して根本から疑義を呈することに、また公共の福祉を損ねるようなあらゆる類の偶像的個人崇拝に抵抗することに結びつく。三位一体論は、神の「愛における存在」を、また、助けの御手を差し伸べ、はじかれし者たちを拾い集める「忘我的」なその愛を、あらゆる性差別主義、人種差別主義、階級主義を超えるまことの共同体の源として描くことを求める[27]。三位一体論的神学は、自らの深層文法を正しく理解する際には、神を、そして神により創造され贖われた生の双方を、深い次元において人格的に相関的（関係的）に見る視点を提供するのである。

アン・カーは、三位一体論的な交わりの神学と、フェミニスト神学における最大関心事である諸理想と諸徳が一致することを指摘する。彼女によれば、「究極かつ完全なる社会性（交わり）としての三位一体なる神の神秘は、まことに多様なものたちの間における相互性、互恵性、協働、一致、平和といった諸々の特質を具現化している。それらの特質こそ、福音のメッセージの包括性から導き出されたフェミニストの理想であり目的なのである」[28]。

3. 三位一体の神を告白することは、神の生は、その強さが弱さ（傷つきやすさ）(vulnerability) を抱え込むような自己贈与的な愛であると主張することである。三位一体の神は生ける神であり、神の生とは、ただならぬ愛の行為である。自己贈与的愛からなる神の永遠における行為は「主イエス・キリストの恵み、神の愛、聖霊の交わり」において世界に伝えられる（Ⅱコリ 13:13）。そう考えることがいかに躓きを与えるものであるとしても、福音の物語は、神を、罪や死よりも強い憐れみ深き神の力と同一視する[29]。憐

27　Anthony Kelly, *The Trinity of Love: A Theology of the Christian God* (Wilmington, Del.: Michael Glazier, 1989), 147-49, 157-59 を見よ。

28　Anne Carr, *Transforming Grace: Christian Tradition and Women's Experience* (San Francisco: Harper & Row, 1988), 156-57.

29　Eberhard Jüngel, *God as the Mystery of the World* (Grand Rapids: Eerdmans, 1983), 299-396 を見よ。憐

れみ深くあることは、他者と共に苦しむことを意味する。聖書の証言によれば、神は被造物への愛ゆえに、被造物と共に、また被造物のために苦しまれる。とりわけイエス・キリストにおいて、神はこの世を救うために苦しまれ、疎んじられ、そして死への道を歩まれた。遠き異国へと、すなわち人間の破れや悲惨さのただ中へと向かう、神のこの憐れみ深き道行きこそが――完全に十分というわけでは決してないが――三位一体論的神理解の革新を促すのである。神は、自由において（強制されることなく）、我々との関係においてのみならず、御自身の永遠の存在においても愛する方である。神は、その本質上、父・子・聖霊として、相互に自己譲渡的愛の汲めど尽きせぬ歴史である。そうであるがゆえに、御自身が傷を受けるほどに深く世界との関わりの中へ（時間性、喪失、苦難、死の深みを味わうまでに）と入られた。そしてまさにそのことにおいて神は御自身にふさわしい方であるのだ[30]。三位一体の神のこの測り知れぬ愛は、キリストの十字架の中に決定的に啓示された。そしてその愛こそが、人間の友情、憐れみ、犠牲的愛、包括的共同体といったことの永遠の源泉であり力なのである。

　三位一体論的神理解は、このように、旧約聖書や新約聖書の証言と、すなわち預言者により告知された（ホセ 11:8–9 を見よ）苦難において示される神の愛や、主イエスの病人に対する憐れみ、貧しき者たちとの連帯、善きサマリア人や放蕩息子のたとえ、とりわけ、自らの命を捧げる受難や栄光の復活において示される福音の物語のあらゆる側面と合致する。更に、三位一体論的信仰は、救済の意味を新たに定義する。三位一体の神が、生を解放し、新たに包括的共同体を創造する自己贈与的愛であるなら、全被造物と連帯される、またそれらの被造物の望みのために低きにくだられる神の生の在り様に与ることから離れては（ロマ 8:18–39 参照）、被造物にとっての救済は存在しない。このような神の救済に関する三位一体論的理解は、生命の相互依存性に対して目覚めつつあるもののいまだ脆弱な我々の意識に、また、全人類の正義と自由を求めて闘いつつも十分に熱きものとは言いがたい運動に、新たな深みと方向性を与える。

　三位一体の神の生が、父・子・霊の間の相互的・自己贈与的愛だとするな

---

[30] Hans Urs von Balthasar, *Credo: Meditations on the Apostles' Creed* (New York: Crossroad, 1990) を見よ。

ら、また三位一体の神が被造物への愛ゆえに歴史において働く神であるなら、回顧的にのみ、すなわち神の世界に対する対処の仕方から創造以前の三位一体へと遡行するという仕方でのみ三位一体の神を考えることは（それはしばしば神学の伝統においてなされてきたことである）、当然のことながらやめなければならない。何よりもまずは、今ここに我々と共に、また我々のためにいてくださる神の生として三位一体を考えなければならない。我々は、信仰によってその生を受けとめ、御言葉と聖霊に聞き従いながら、礼拝と奉仕においてその生に参与するのである[31]。我々は三位一体を、将来、すなわち神がそのために創造し、和解を成し遂げられた、世界の栄えある完成を見据えながら考えなければならない。三位一体の神の歴史は、過去と現在と将来を包み込む。そこには苦難と死が、だが同時に新生と復活が含まれている。そしてそれは、神の支配、あるいは神の国として象徴されるところのものの完成へと向かって前進してゆく[32]。三位一体の神の栄光は、被造物がすべての軛(くびき)から解放され、神が「すべてにおいてすべて」（Ⅰコリ 15:28）として崇められる時にはじめて成就されるのである。三位一体論的信仰はこのように、唇をもってのみではなく、キリスト者の生の日々の実践の中で表現されてゆく。そしてそれは教理的な定義においてではなく、頌栄、讃美、礼拝、奉仕の中で完成されるのである[33]。

神の属性

　神の三位一体的現実をめぐる省察は、神の属性に関する教理を徹底的に再考する必要へと我々の目を向けさせる。神の属性に関する教理は、往々にして、イエスの生と死と復活への、あるいは、福音の神を要約的に描き直したものに他ならない三位一体の教理への言及なしに、提示され論じられてきた。

31　これが LaCugna の著書 *God for Us* において強調されていることの中心的事柄である。

32　Jürgen Moltmann, *The Church in the Power of the Spirit* (New York: Harper & Row, 1977), 56-65〔モルトマン『聖霊の力における教会』喜田川信／藤井政男／頓所正訳、新教出版社、1981 年、82-103 頁〕を見よ。

33　Moltmann, *The Trinity and the Kingdom*, 151-54〔モルトマン『三位一体と神の国』土屋清訳、新教出版社、2001 年、249-54 頁〕を見よ。

キリスト教の神学的伝統は、神の属性を語るに際して、曖昧かつ混沌とした様相を呈することもしばしばだった。神は、イエス・キリストにおいて決定的に啓示されたような、憐れみ深く、苦しみを負われる、勝利に満ちた愛であるとの告白を、神学的伝統は、不可変性、不可受苦性、無感動といった、まことの神性を構成するものと考えられる数々の思弁的観念と結びつけようと試みてきた。例えば、アウグスティヌスは、神は世界の苦しみを真に悲しむことはないと考えたし、アンセルムスは、神は憐れみの気持ちを抱かないと考えた。またカルヴァンは、聖書が神の憐れみについて語る際には、我々有限存在が理解できるようにそうしているにすぎないと考えた。十字架上のキリストの苦しみに対する福音書の証言でさえ、その神学的省察から、神的不可変性や不可受苦性等の古代の哲学的諸前提を取り外すことができなかった。カルヴァンを含めて、多くの神学者たちは、キリストにおける神の臨在と神の不可受苦性との間に折り合いをつけようと試みた。古典的な両性論的キリスト論に助けを求めつつ、イエスの人間性は苦しんだものの、神性は苦しみを受けなかったと、神学者たちは主張した[34]。

　プロテスタント、カトリック双方のスコラ神学は、神の属性を実質上切り離された二組のセットにおいて別々に取り扱う傾向にあった。一組目に入るのは、素朴、無限性、不可変性、不可受苦性、永遠性、自存性等の、いわゆる絶対的、すなわち通約不能的属性である。もう一つの組には、聖性、愛、憐れみ、正義、忍耐、知恵等の、いわゆる相対的、すなわち通約可能的属性が入る。第一の組の属性は、被造物存在において不完全であると考えられるすべてのものを神から除外することにより神が何でないかを言い表す、神の否定的認識（*via negativa*）により到達される（例えば、神は有限［finite］ではないゆえに無限［infinite］である、神は可変［mutable］ではないゆえに不可変［immutable］である、といった具合にである）。第二の組の属性は、万物の、またそれらすべてにおける諸徳の原因（源）を神として示す因果の方法（*via causalitatis*）により、また被造物の諸徳を起点にそこからそれらの徳を完全かつ顕著に具現化しておられる方としての神を推論してゆく仕方での神認識（*via eminentiae*）により到達される[35]。

34　カルヴァン『キリスト教綱要』2.14.2。Paul S. Fiddes, *The Creative Suffering of God* (New York: Oxford University Press, 1988), 25ff. の議論を見よ。
35　神の属性に関する改革派のスコラ神学的扱いを知りたければ、Heinrich Heppe,

第 4 章　三位一体の神

　神の属性をめぐる教理のこのようなスコラ的発展は、聖書的見地からは多くの問題を引き起こし、神学と倫理の双方において、深刻な結果をもたらした。不可受苦性、不可変性、全能といった神観を、福音の光のもとで再考、変革することなしにすませようとするなら、キリスト教の掲げる神論は、十字架につけられたキリストを宣べ伝える宣教にそぐわないものとなる。改革されることなきそのような神論は、他者の苦しみに対して無神経な、あるいは必要不可欠な変化に抗うような、更には力（権力）を憐れみや責任といった事柄から切り離した仕方において求めてゆくような思考様式や行動パターンに、意図せずとも加担してしまうことになるのである。

　パスカルが、「アブラハム、イサク、ヤコブの神……イエス・キリストの神であり、哲学者や学者たちの神にあらず」という表現を好んだのも無理はない。「独り子をお与えになったほどに世を愛された」（ヨハ 3:16）と証しされる神の不可受苦性などというものをキリスト者は語りうるだろうか？　問い求められている神が、行為し、苦しみを受け、祝福と審きを与え、祈りに耳を傾けると共に、困窮の中にある者たちの叫びに応える方として聖書に証言されている生ける神であるとするなら、キリスト教神学は、神の「不可変性」という言葉によって何が意味され何が意味されないかなどということの定義にかかずらわるべきであろうか？　この世の権力者たちをうろたえさせるであろうキリストの十字架における神の弱さを宣べ伝える福音のメッセージに意を注ぐキリスト教神学が、いかにして神の「全能」を専制君主的権力と同等なものとみなしうるであろうか？　だが、キリスト教のスコラ神学的伝統、とりわけ継承した形而上学的諸前提に依存しながら記された古き教義学の教科書においては、神の属性をめぐってなされる説明は、「アブラハム、イサク、ヤコブの神……イエス・キリストの神」に関してというより、「哲学者たちの神」に関するものとして受け止めることができるように思われる。

　このようなスコラ的伝統とは対照的な仕方において、多くの現代神学者たちは、神の属性をめぐる教理の再構築に取り組んでいる[36]。彼（女）らは、

Reformed Dogmatics (London: George Allen & Unwin, 1950), 57-104 を見よ。
36　例えば、Karl Barth, *Church Dogmatics*, 2/1〔バルト『教会教義学　神論 I/1』『同　神論 I/2』〕; Jürgen Moltmann, *The Crucified God* (New York: Harper, 1974)〔モルトマン『十字架につけられた神』喜田川信／土屋清／大橋秀夫訳、新教出版社、1976 年〕; Daniel

神の属性を三位一体論から切り離して論じることはしない。むしろ、三位一体論とその根拠をなすキリストにおける啓示こそがキリスト者が神に関して語るすべてのことにふさわしき文脈であると彼（女）らは主張する。現代において最も影響力を持つ三位一体論的神学者であるカール・バルトは、イエス・キリストの業と人格に集中する神の三位一体論的理解に、神の属性に関するキリスト教教理の鍵——あるいは彼の言うところの神的「諸完全」——を見出している。三位一体の神は、バルトにとって、自由において愛し、自由に愛する方である。それゆえ、バルトは、神の諸完全ということについては、それだけを切り離すことによってではなく、他の属性との弁証法的組み合わせ（pairs）において、ふさわしい仕方で理解されると考える。例えば、神的愛における完全とは、その各々が、神の自由の光のもとで理解されるべきであり、神的自由における完全とは、その各々が、神の愛の光のもとで理解されるべきなのである。バルトによれば、恵みと聖性、憐れみと義、忍耐と知恵は神的愛の諸完全であり、統一と遍在、持続と万能、永遠と栄光は神的自由の諸完全である。神的諸完全をこのように理解するバルトの解釈は、基本的には、属性の教理を、その和解の業がイエス・キリストに集中し、聖霊により完成へと導かれるところの聖書の証言する生ける三位一体の神に向け直そうとする努力である。バルトは次のように記す。「神御自身を知ることなしに、すなわち、自由において愛する三位一体の神を知ることなしには、神的完全について知ることは不可能である」[37]。

　神の属性をめぐる議論をこの場において十分に展開することはできない。それでも、聖書の導きのもとに、イエス・キリストの福音にふさわしき三位一体の神の属性論のとるべき方向性を示すことは十分に可能であろう。これから少しく、次のように主張するバルトに私が同意していることを明らかにしてゆこう。その主張とは、神の属性は、自由において愛する方としての神の存在と行為を一組のものとして指し示すことにおいて最もよく解釈しうるというものである。

L. Migliore, *The Power of God and the Gods of Power* (Philadelphia: Westminster John Knox, 2008); Wolfhart Pannenberg, *Systematic Theology*, vol. 1 (Grand Rapids: Eerdmans, 1991); Johnson, *She Who Is*; Colin E. Gunton, *Act and Being: Towards a Theology of the Divine Attributes* (Grand Rapids: Eerdmans, 2003) を見よ。

37　*Church Dogmatics*, 2/1: 323〔バルト『教会教義学　神論 I/2』132頁参照〕．

第4章 三位一体の神

　三位一体の神の恵みと聖性は不可分である。神の恵みは、創造の初めにおける被造物への神の命の贈与において、またイエス・キリストにおける神の救済の業(わざ)においてなされる堕罪した人類への更に大いなる新しき命の贈与において、そして神の民を新たに造りかえる聖霊の注ぎにおいて表現される。聖書の証言を通して、三位一体の神の恵みは、安価ではない値高き聖なる恵みであることを我々は知る。同様に、三位一体の神の聖性が、我々を審きのもとに置くだけの純潔、あるいは咎(とが)なきことではなく、恵みに満ちた聖性であることを知る。聖なる神との出会いは、我々を贖い浄め、新たな命、使命(ミッション)、奉仕へと召し出す神（出 3:1–10、イザ 6:1–8）との出会いである。
　三位一体の神は、不変の目的を持つ方であると同時に、その目的を成就するためにたえず新たに変化しながら行為なさる方である。神学者たちがしばしばそうしてきたように、神を不可変なる方として言い表すのは果たして適当なことであろうか？　「不可変」との言葉よりもはるかに正確さを伴う主張は、三位一体の神は、御自身の目的を成就するために御自身の本質と一致した形において予期せぬ新たなことをなすとしても、その目的と本質においては不変であり、不動であり、真実な方であると言い表すことである。このことこそがまさに、聖書が、主なる神は変化せず（マラ 3:6）、イエス・キリストは「きのうも今日も、また永遠に変わることがない」（ヘブ 13:8）と主張する際に意図していることなのである。絶対的に不可変であり、全くもって変化しない神であるなら、その神は聖書の証言するところの三位一体の生ける神ではなく、死せる神であろう。聖霊の力においてイエス・キリストを通して明らかにされた神の恵みは、変わることのない信頼に足るものでありながらも来る朝ごとに新たなものとして与えられる。神の真実不変の愛は、不断に変化する驚くべき仕方において明らかにされることをキリスト者は認めるのである。
　三位一体の神の愛は、傷つきやすきものであると同時に、不撓不屈の強さをもたたえている。このような言い回しのほうが、「不可受苦」という言葉をもってするよりも聖書の証言する神を言い表すにはふさわしい言い方である。言い換えるならば、神の不可受苦の教理は、擬人的神観をきっぱりと否定することにある。神の生は、人間の生を神や他者から切り離すかたちで支配したり破壊したりする類の熱情により駆り立てられたり、支配されてはいない。しかしながら、「不可受苦」という語は、預言者の語る神の情熱的な

嘆き（ホセ 11:8–9）や受難や死における神の子の苦悶（マコ 15:34）、あるいは言葉にならぬほどの深みにおいて我々に代わってうめく聖霊のうめき（ロマ 8:26）を言い表そうとする際には、ことごとく破綻する。神の豊饒きわまりない愛は、あらゆる内的欠乏や外的抑制から自由である。だが、その一方で神のこの世に対する愛は、情熱的であって痛みを自らに負うものでもある。貧しき者や苦しむ者たちに対する神の憐れみはまことに深い。イエス・キリストは神の愛に満ち溢れた方である。このことから、神の愛が傷を負うことをいとわず、リスクを遠ざけることがないことを我々は知っている。拒絶、苦悩、喪失といったことに対して自らをさらすことのない愛など存在しない。この世界からかけ離れてあることを良しとしない三位一体の神を信じることとは、神たることをやめることなく、我々に対して憐れみ深くなるために、我々のためにあえて傷を負われた神を進んで信じることである。我々と共にあり、我々のためにあられる神が苦しみを受けられることは、失われた者たちに救いをもたらすことを目的とされた神の自由な行為である。三位一体の神の苦しみは、無力さのしるしではなく、憐れみ深き愛の究極的勝利の約束なのである（ロマ 8:35–39）。

　三位一体の神の力と愛は不可分である。確かに神は全能な方と呼ばれるにふさわしい。だが、いかにして三位一体の神の全能を語りうるであろうか？ 神は円を四角にできるか、あるいは神は御自身が持ち上げることのできぬほどの重たい石を造り上げることができるかといった類の議論においては、神の全能については語り得ないことが明白である。また神の全能かつ決定的な力は、人間である皇帝や君主の力（たとえ最高度に高められたとしても）と較べることによってでは、ふさわしくは定義され得ない。三位一体の神における全能は、他者を操作し支配する人間の力の行使とはまるで異なる。三位一体の神の力は全能の愛である。十字架につけられたキリストは救いをもたらす神の力である（Ⅰコリ 1:23–24）。キリストの十字架において至上のかたちで知られる神の愛は、世界を創造し、贖い、約束された完成（目的）へともたらすために必要なすべての力を有する。神の全能の愛は神御自身であられる。それゆえ、支配や強制によって働くことはないが、神の被造物を排除したり脅かしたりすることなく、主権を保ち、力を発揮される。

　三位一体の神における全知とは、恵み深き忍耐をもって行使される無限に深き知恵のことを言う。三位一体の神の属性としての全知は、単に「すべて

を知っている」ということではない。それは、SF 小説の中に出てくるマスター・コンピューターの特質がそうであるように、単に入手可能なすべての情報を完璧に所有しているということではない。聖書の証言する神の全知はそれよりもはるかに深い。聖書のたたえるのは神の知恵であり、その神の知恵は、隠れたかたちにおいて、更には、この世の知恵ある者たちにとってはとてつもなく愚かな仕方において働くのである（Ⅰコリ 1:23–24）。神の知恵において、被造物は自らの存在を発展させる、また、神の愛に自由に応答する時間と空間を与えられる。神の知恵は、義なる審きにおいて、それと同時に、忍耐強き愛において行使される。

　神が遍在の方であると言う時、それは単に、神がいつでも、どこでも、またあらゆる事物において臨在される方であることを意味しない。神の遍在に関するそのような理解は汎神論と区別しがたいものとなる。神の遍在の真意は、神はいずこにも臨在するが、いずこにも自由に臨在されるということである。神は御自身の良しとする時と場所において、また良しとする仕方において臨在される。神はあらゆる被造物に対し、またあらゆる出来事において臨在されるが、その現れ方は一様ではない。「風は思いのままに吹く。あなたはその音を聞いても、それがどこから来て、どこへ行くかを知らない。霊から生まれた者も皆そのとおりである」（ヨハ 3:8）。

　三位一体の神における統一とは、単なる数学的な単一性、あるいは孤立における統一ではない。三位一体の神における統一は、交わり（communion）における統一である。交わりということで意図されていることは、それが差異や関係性を含んだ生ける統一であるということである。三位一体の神の統一（あるいは愛における交わりと言ったほうがよいだろう）においては、分割なき差異、自己喪失なき自己贈与、そして絶え間なき調和と平和における永遠の生が存在する。

　三位一体の神の永遠性は栄光に満ちている。神の永遠性は無時間性とはまるで異なる。神の永遠性は時間とは対立しない。時間に対立するとするなら、神は永遠の中に閉じ込められ、我々と時間の中で関わりを持つことができなくなる。「時が満ちると、神は、その御子を女から生まれた者として……」（ガラ 4:4）という聖書の言葉は意味を持たなくなるのである。三位一体の神が永遠であるということの真意は、神が昔も今もいましたもう（everlasting）ということである。神のかかる永遠なる生は、時間的世界に関係することに

も参与することにも開かれている。福音が告げる喜ばしき知らせとは、我々のために永遠なる神が時間を持ちたもうた、ということである。キリストのミニストリー、死、そして復活において我々のもとに到来し、聖霊の交わりにおいて我々に新しき生を与えたもうことにより、永遠なる神の栄光と美は明らかにされたのである(ヨハ1:14)。

　神学の教科書においては、とりわけプロテスタント的伝統の中では、神の属性をめぐるリストの中には、神の美という事柄はそれほど取り挙げられることはない。こうした削除は、喜ばしきことや魅惑的なことに対する世間一般の諸理解に聖書の証言や教会における生を適合させることにより、それらをより受け入れやすいものにしようとする試みとしての神学的、また教会論的美的主義への抵抗のしるしとしては、弁護しうるかもしれない。それにもかかわらず、永遠なる三位一体の在り様、そして創造、和解、贖罪における三位一体の神の業こそがまことの美の源泉であり形式であると定義することが許されるのなら、神を、唯一無比なる美にして大いなる喜びの源として描き出すことは、神にふさわしきことである[38]。

　神の属性をめぐる多くの伝統的解釈における致命的欠陥は、聖書の証言やそれらをめぐる教会の三位一体論的解釈による決定とは無縁の仕方で神に述語を与えてしまったことにある。神の属性をめぐるキリスト教的思考の再構築をバルトが次のように要求するのももっともなことである。「神が誰であるか、また神が何であるかという事柄は、神が御自身を明らかにされたところで学ばねばならない。……私たちはこう信じがちである。神はすべての相対的なものとは対照的に絶対的でのみありうるし、そうでなければならない。同じように、すべての低次元のものとは対照的に高みにいます方であり、すべての苦しむものとは対照的に活力に満ちており、試みにあっているすべてのものとは対照的に侵すべからざる方であり、すべての内在的なるものとは対照的に超越しており、それゆえ、すべての人間的なるものとは対照的に神的であると。要するに、神は『全くの他者』でのみありうるし、そうあらねばならない、と。しかしながら、そのような信念は、神が実際にイエス・キリストにおいて人となられ、人として行為なさったという事実を見れば、い

---

[38]　「神は美しくあり給う……神的な仕方で、神に、ただ神にとってだけ、固有な仕方で」Barth, *Church Dogmatics*, 2/1: 650〔バルト『教会教義学　神論I/3』吉永正義訳、398頁〕。

ささかたりとも支持しうるものではなく、退廃的で異教的なものであることが示されるのである」[39]。

神の恵みとしての選び

キリスト教的神理解が三位一体の論理に従っているとするならば、我々は、神の属性の教理のみならず、選び、あるいは予定の教理をも三位一体論的に再考しなければならないであろう。

キリスト教神学の歴史にあって、永遠の昔に前もって決定された神の定めに関する教理、すなわち、二重予定説ほど誤解され、歪曲され、多くの議論と苦痛を引き起こしてきた教理はないであろう。アウグスティヌス、アクィナス、ルター、カルヴァン等の多くの古典的神学者たちにより何らかのかたちで説かれてきたこの教理は、しばしば改革派の神学的伝統を顕著に特徴づけるものとみなされてきた。例えばウェストミンスター信条には、神の密かな定めにより、そして神の栄光が明らかにされるために、永遠の昔より「永遠の生命に入るよう前もって定められている人と天使もおれば、永遠に死へと定められている者たちもいる」[40]と記されている。この言葉を聞けば、選びの教理は、神を人間の自由に敵対する恣意的な暴君としてしまったようにも思える。一見、この教説の導く結論は、実質的には宿命論と見分けがつかなく思える。永遠の昔より神はある者を救いへと、ある者を滅びへと定めたとするこの教理は、良きおとずれ（福音）というよりかは、カルヴァン自身も記しているように「戦慄すべき」ものである[41]。

聖書の証言によれば、神の恵みの選びは驚くべきものであっても戦慄すべきものではない。聖書における選びとは、イスラエルを契約のパートナーとして自由のうちに選び、イエス・キリストにおいてユダヤ人と異邦人との間に新しき契約を自由のうちに打ち立てられた神は、自由における恵みの神であるということを意味する。旧約聖書においてイスラエルが、その力や徳の

39　Barth, *Church Dogmatics*, 4/1: 186〔バルト『教会教義学　和解論 I/2』54-55 頁参照〕．
40　ウェストミンスター信条、*The Book of Confessions* (PCUSA), 6.016.〔邦訳：日本基督改革派教会大会出版委員会編『ウェストミンスター信仰基準』新教出版社、1994 年〕
41　カルヴァン『キリスト教綱要』3.23.7．

ゆえにではなく、ひとえに神の自由な愛により神の民となるべく選ばれた（申 7:7–8）のと同様に、新約聖書においても神の好意は驚くべきことに罪びとたち、貧しき者たち、虐げられている者たちに向けられている。神の御心の内なる神秘とは、イエス・キリストにおいて、神はユダヤ人、異邦人双方に恵み深くあることを自由のうちに選ばれたことである（ロマ 11:25–36）。その恵みを受け止める信仰でさえも、神の自由のうちに与えられた恵みとして考えられている（エフェ 2:8）。このことからも分かるように、聖書的主題としての選びは、頌栄的なものである。すなわち選びを語ることにより、聖書は、神の自由なる恵みを創造、和解、贖いの唯一の根拠として讃えているのである。「天地創造の前に、神はわたしたちを愛して、御自分の前で聖なる者、汚れのない者にしようと、キリストにおいてお選びになりました」（エフェ 1:4）。

　キリスト教神学において、選びの教理は、決して仕えるべきでない目的に仕えることになった際に、歪められた形で発展していったのである。アウグスティヌスは、福音のメッセージを受け入れる者と拒む者が存在することの理由を、この教理を用いて説明しようと願った。アクィナスは、この教理のもとに、神の全能とこの世における神の摂理的支配の論理性を厳密に追究しようとした。ウェストミンスター信条は、神の憐れみは、選ばれた者たちの救いにおいて示されるのと同様に、神の義は、堕落した者たちの滅びにおいて明らかにされていることを、この教理を用いて主張した。けれども、選びの教理が本来持っていた頌栄的意図は、これらの動機により曖昧にされてしまったのである。

　三位一体論的文脈において、しかしながら、選びの教理は一つの中心的目的を持つ。選びの教理は、すなわち、イエス・キリストにおいて至高の形で知らされる創造、和解、贖いを含む神のすべての業は、神の自由な恵みにその初めと終わりを持つことを宣言するのである。恵みに満ちた永遠の交わりの中に生きておられる三位一体の神は、その交わりの中に他者を招き入れることを望んでおられると主張する。すなわち、三位一体論的選びの教理は、以下のことを主張する。

　1.　**選びの主体は三位一体の神である**。選びの神は、あからさまな形で力を行使したり、変更不可能な仕方で人間の運命を永遠の昔より決定してしまうような恣意的な神ではない。神の属性は、神はかくあらねばならぬと人間

が思いのままに思い浮かべた観念ではなく、イエス・キリストにおいて決定的な形で啓示された三位一体の神によって断定されるのである。同様に、契約のパートナーとして人間を選ぶ神の選びは、永遠の内なる三位一体の自由な愛に一致する。それは、御自身の存在においてのみならず、世界にとっての神たらんとする決意、被造物との関係においても神たらんとする決意である。選びが意味することは、神が交わりにおいて御自身の生を他者と分かち合うことを選ばれたということである。我々のためなる神、我々と共なる神たらんとする神の決意、すなわちイエス・キリストにおける満ち溢れんばかりの恵み（ロマ 5:20）と新たに造りかえる聖霊の力において我々のもとに来たらんとする神の決意は、神の気まぐれ、あるいは我々の状況を見た後に思いついたものでは決してない。それは、永遠の昔における、初めよりの神の御心であり、神のあらゆる業(わざ)の土台そのものであり、出発点である。選びは、世界の神たらんとする永遠における神の決意であるゆえに、選びの教理が神の教理のうちに含まれることは適切なことである。

2. イエス・キリストにおいて示されたこの世界への測りも知られぬ神の愛以外に（それを我々は聖霊の交わりにおいて分かち合うのであるが）、我々は神の選びについて知る根拠を持たない。この根拠に繋がれることによって知らされる選びの内実とは、以下の事柄である。すなわち、「世界の創造以前に」キリストにおいて我々は選ばれたがゆえに、神に当然のこととして要求する権利を持たないこと。我々の救いはひとえに神の恵みによるものであること。何ものもイエス・キリストにおける神の愛から我々を引き離すことができないとの確信を持ちうること（ロマ 8:39）。更に、選びの主体が自由において愛する三位一体の神であるがゆえに、また、キリストにおいて我々は自由へと召し出され（ガラ 5:13）、自由の霊を与えられている（Ⅱコリ 3:17）がゆえに、神の選びの意図とは、人間の自由を否定することでは到底なく、我々が自由に神に仕え、神と他者との交わりにおける新しい生へと喜んで参与することにあるということ。更には、神はすべての者が救われることを望んでおられ（Ⅰテモ 2:4）、すべての民に福音を宣べ伝えることを教会に委託されているがゆえに（マタ 28:19）、神の恵みの選びに前もって如何なる制限も付け加えてはならぬということ。これらのことを、イエス・キリストにおいて明らかにされた神の愛を根拠に、我々は知らされるのである。

第4章　三位一体の神

　3．選びの最終目的は、神の民を創造することであり、単に、個別的に個々人を救済したり、特定の国家や民族を特権化することではない。選びの教理の意図することは、自己中心的な目的を過度に満たすことでもなく、不遜とも言うべき国家的、人種的、民族的野心を刺激することでもない。むしろ神の恵みの選びの目的は、御自身が創造された新しい共同体における祝福や生きる上での諸々の責任に対して人間を開いてゆくことである。選びは、神に仕え、神に栄光を帰してゆく共同体を創造せんとの神の御心の表現である。旧約聖書においては、イスラエルの民が選びの対象であり（レビ 26:12）、新約聖書においては、イエス・キリストと彼に結ばれたすべての者が選びの対象である。神の目的は、個々の人間、またすべての人間が自らのことのみに執着することから解き放ち、自由のうちに（自ら進んで）感謝をもって神に仕え、他者と絆を結ぶようなキリストにおける新たな人間を創造することである。このことからも分かるように、選びの教理は、神の教理においてのみならず、キリスト者の生活やキリスト者共同体の務めをめぐる教理においても相応の地位を占めなければならない。

　4．神の恵みの選びは神の義なる審きに伴うかたちでなされるが、これら二つの神の行為は、二重予定の多くの伝統的教理において主張されてきたように二つの平行線のような仕方で関係しているのではない。聖書の証言するところによれば、選びと棄却（拒絶）は、無時間的な神の決定ではないし、神の目的における二つの独立した道筋でもない。むしろ、神の審きは、神の恵み深き御心に仕えることにおいて働く。そうであるならば、我々は神の恵みと義とを切り離してはならないし、いわんや永遠の棄却の定めを神の恵みの選びの傍らに置くこともしてはならない。イエス・キリストにおいて世界に向けられた神の御言葉に曖昧なところなど存在しない。イエスにおいて神の約束のすべては然りとされるのである（Ⅱコリ 1:20）。しかしながら、イエス・キリストがすべてのもののために生き、そして死なれたとのメッセージを抽象的な普遍的救済の保証へと還元することは許されない。恵みは安価なものではない。また信仰はキリストに従うことと切り離すことは決してできない。このことはローマ書 9–11 章においてパウロがはっきりと教えている。恵みと審き、選びと棄却の関係をめぐる聖書の古典的理解を示すこの部分において、使徒パウロは、人間の中のある者たち（ユダヤ人）は永遠の昔に棄却され、他の者たち（キリスト者）が神により永遠の昔から選ばれて

142

いるとは教えていない。同時に、最終的にすべての人間が救われるがゆえに、神の自由なる恵みに対する人間の側からの喜ばしき真実なる応答はどうでもよい事柄であるとも使徒は考えていない。パウロの論点は、神の憐れみは自由の賜物（ロマ 9:18）であり、神は人間の罪や不実を審きたもうということにある。同時に、神の審きは、常に切迫したものでありつつも、必ずしも最終的なものではない。神の御心はすべての者の上に憐れみを注ぐことにあるからである（ロマ 11:32）。最終的に言えることは、恵みの共同体から洩れる者がいたとするならば、それは彼（女）らが自ら進んで（望んで）神の恵みに逆らったがゆえに滅びたのであり、世界創造以前より除外されていたからではない（マタ 25:34, 41 参照）。

　カルヴァンの立場は様々に解釈されてきた。だが、選びの教理を神の決定をめぐる抽象的考察の中にではなく、信仰的生をめぐる議論の文脈の中に置いたことにおいて、彼がキリストを選びの「鏡」として見ていることが分かる[42]。カルヴァンが、選びの教理を、上から目線で、あるいは恐怖心をもって、あるいは単なる興味本位から見ることに対して警告を発していることは正しい。むしろ、安心と確信をもって神と人とに仕えるための教理として、カルヴァンは選びの教理を提示している。カルヴァンよりも更に大胆に踏み出しながら、バルトはより根本的にキリスト中心的なる選びの教理を発展させた。バルトによると、キリストは選ばれし者であると同時に棄却されし者であり、他のすべての者は、厳密には、自らの選びと棄却をキリストにおいてのみリアルなものとして理解しうるのだという。バルトが選びの教理を「福音の総計」と呼び、口にし耳にしうるすべての言葉のうちで最高のものと言うことができるのはこのためである。自由なる恵みの神は、いかなる必要や強制からも離れて、キリストにあって人類（人間）を契約のパートナーとして選び、人類（人間）の神たることを選ばれるからである[43]。

　選びの教理が三位一体論の文脈において再考される時、選びの意味や目的が明らかにされる。この教理の目的は、永遠の昔より、特定数の選ばれし者を救い、特定数の堕落した者を滅びへと定めることが神の目的であるとすることではない。選びの秘義は、神が、世の初めより御心のうちに決意された

42　カルヴァン『キリスト教綱要』3.24.5。
43　Barth, *Church Dogmatics*, 2/2: 3-194〔バルト『教会教義学　神論 II/1』3-353 頁〕.

ところの秘義である。その御心とは、神の栄えに満ちたる恵みを讃美せしめんとして、交わりにおける神御自身の生を他者と分かち合うことである。

　三位一体、神的属性、神の恵みの選びをめぐる教理は、一般的用語においてではなく、キリスト教の特殊性において神を特定することを目指す。本章の冒頭に提示されたように、我々が神を知る知識（神認識）と、我々自身に関する知識とは、分かちがたく結びついている。まことの人間とは何たるかに関するすべての見解は、神がいかなる方であるかに関するそれぞれの理解をも暗に示している。三位一体論がキリスト教特有の神理解であるとするなら、そしてこの理解がこの世におけるキリスト者の在り様に対して方向性と形態を与えるとするなら、今日の教会が向かい合うべき問いは明らかである。すなわち、キリスト者がその方へと献身し、その方のために実践するところの神は、一人一人の人間が互いに関係を結ぶ際の基礎であり、豊かなまでに多様な人間共同体を作る上での土台であり、憐れみ深き愛の力により世界を変革する際の希望である方としての神であろうか？　要するに、そこで問われていることは、キリスト者の個々人の生や共同体としての生は、イエス・キリストにおいてこの世へと到来し、聖霊の力によって新たな創造と変革の業（わざ）を続けられる恵み深き主なる神であられる三位一体の神に対する献身の証となっているだろうか？　ということである。

更なる学びのために

Barth, Karl. *Church Dogmatics*, 2/1: 257-321; 2/2: 3-194. Edinburgh: T&T Clark, 1957.〔カール・バルト『教会教義学　神論 I/2』3-127 頁、『同　神論 II/1』3-353 頁、以上すべて吉永正義訳、新教出版社〕

Coakley, Sarah. *God, Sexuality, and the Self: An Essay 'On the Trinity.'* Cambridge: Cambridge University Press, 2013. Pp. 100-151, 190-265.

Cobb, John B., Jr. *God and the World*. Philadelphia: Westminster, 1969.

Dempsey, Michael T., ed. *Trinity and Election in Contemporary Theology*. Grand Rapids: Eerdmans, 2011. Pp. 91-137.

Gunton, Colin. *Act and Being: Towards a Theology of the Divine Attributes*. London: SCM, 2002.

Jenson, Robert W. *The Unbaptized God: A Basic Flaw in Ecumenical Theology*. Minneapolis: Fortress, 1992.

Johnson, Elizabeth A. *She Who Is: The Mystery of God in Feminist Theological Discourse*. New York: Crossroad, 1992.

Kasper, Walter. *The God of Jesus Christ*. London: Continuum, 2012.

LaCugna, Catherine Mowry. *God for Us: The Trinity and the Christian Life*. San Francisco: Harper, 1991.

Lash, Nicholas. *Believing in God in Three Ways: A Reading of the Apostles' Creed*. London: SCM, 1992.

Levering, Matthew. *Predestination: Biblical and Theological Paths*. Oxford: Oxford University Press, 2011. Pp. 135-201.

McCormack, Bruce, ed. *Engaging the Doctrine of God: Contemporary Protestant Perspectives*. Grand Rapids: Baker Academic, 2008.

Moltmann, Jürgen. *The Crucified God: The Cross of Christ as the Foundation and Criticism of Christian Theology*. New York: Harper & Row, 1974.〔ユルゲン・モルトマン『十字架につけられた神』喜田川信／土屋清／大橋秀夫訳、新教出版社、1976年〕

Pinnock, Clark H., Richard Rice, John Sanders, William Hasker, and David Passinger, eds. *The Openness of God: A Biblical Challenge to the Traditional Understanding of God*. Downers Grove, Ill.: InterVarsity, 1994. Pp. 101-54.

Torrance, Thomas F. *The Christian Doctrine of God: One Being in Three Persons*. Edinburgh: T&T Clark, 1996.

Weber, Otto. "God's Essence and Attributes." In *Foundations of Dogmatics*, 2 vols. Grand Rapids: Eerdmans, 1981. Vol.1, Pp. 397-460.

Weinandy, Thomas. *Does God Suffer?* Edinburgh: T&T Clark, 2000.

第 5 章

神の良き創造
The Good Creation

聖書は冒頭より福音を宣言する。「初めに、神は天地を創造された」(創1:1)。世界の創造は、三位一体の神がなされた厳かで恵み深き業(わざ)の中での最初のものである。それは「存在しないものを有らしめる」(ロマ4:17)神の呼び出しである。神の自由にして恵み深き福音の中心に位置するのは、イエス・キリストの解放と和解をもたらす業であり、その業(わざ)は、神が「万物を新たにされる」(黙21:5)時に、最終的に実現するであろう。しかしながら、神のこのうえなき善性は、創造の業(わざ)においても既に働いているのである。永遠なる愛の交わりに生きておられる三位一体の神は、御自身とは異なる被造世界を喜んで存在せしめた。世界の創造、イエス・キリストにおけるその和解、その回復と完成の約束は、すべて三位一体であられる神おひとかたの業(わざ)であり、それらはすべてこの神の驚くほどの寛大さと善意を示している。

キリスト教信仰と環境危機

「使徒信条」の第一項において、キリスト者は「天と地の造り主」としての創造者なる神への信仰を告白する。「信条」のすべての項目と同じように、この第一項は豊かな意味をはらみ、探究へと誘う。創造主なる神への信仰に関する正しい理解を得ることは、今日、おそらく以前にもまして重要となるであろう。この時代にあって、創造主なる神、また神の良き創造としての世界に関する教理解釈のすべてが、環境危機により深刻な挑戦を受けているからである。ほとんど毎日のように、この危機の深刻さを示す証拠が目の前に積み上げられている。地球、そしてそれが維持する生態系は、危機に瀕している。専門家の中には、環境破壊は既に深刻な状態にあり、幾つかのケース

にあっては回復不可能なものとみなす者もいる。スリーマイル島、チェルノブイリ、福島における原子力発電所の事故、頻繁に報告される石油流出や化学物質廃棄場からの漏出、地球温暖化のきざし、増大する酸性雨、オゾン層破壊、大気、河川、大地の深刻な汚染、熱帯雨林の大規模破壊、化学兵器、生物兵器、核兵器の開発と使用。これらは、今となっては耳慣れたものとなってしまった地球破壊、そしてそこに住む者たちを日増しに脅かし続ける無数の脅威のうちのほんの数例にすぎない。

環境危機の深刻さと広がりは、いまだかつてないほどの緊急さをもってキリスト教的創造の教理の再考を促している。我々の時代にあってこの教理をなおざりにしたり、周辺に押しやったり、歪めたりすることは、差し迫った災難を更に引き寄せることを加速させるだけであろう。使徒信条の第一項に関する強力で包括的な神学を発展させることこそが、今日のすべてのキリスト教神学がなさなければならない主要な務めの一部である。

キリスト教的伝統に対する批判者たちは、しかしながら、そのようには考えてはいない。彼（女）らによれば、キリスト教こそが環境危機の元凶なのである。彼（女）らにとって、キリスト教は問題を解決する際の可能性というよりも、問題そのものと言ってよいのである。これら批判者たちによれば、近代に特有なものとしての自然環境に対する貪欲な態度は、まさにキリスト教の伝統と聖書にその萌芽を見出すことができるという。告発者の指は、人間のみが特別に神のかたちに造られているとの教説（創 1:26a）や、人間は神により他の被造物全体を支配せよとの命令を受けているとの教説（創 1:26b）に向けられている。これらの教説は、西洋文明が自然環境をぞんざいに扱うことに対して宗教的正当性を与えてきた。我々が行う無謀な自然破壊は神の命令を成就するとの名目のもとで是認されているのである。こうした理由から、自然に対するキリスト教の伝統的スタンスを告発する上での古典的書物を著したとされる歴史家リン・ホワイト Jr. は、我々が今日直面している環境危機に対してキリスト教は「多大な罪責を負っている」と結論づけている[1]。

ホワイトの告発は、聖書の教えや古典的キリスト教教理に関する単純かつ一方的な読解に基づくものであると今日では広く認められているものの、キ

1　Lynn White, Jr., "The Historical Roots of Our Ecologic Crisis," *Science* 155 (1967): 1203-7.

リスト教神学に対して挑まれる挑戦は脇に押しやればよいだけのものではない。キリスト教の神学的伝統が自然環境に優しくはないとの批判に対し、弁明に終始するばかりであってはならない。多数の研究が示してきたように、肉体や物質界に対する否定的かつ支配的態度は、キリスト教神学の多くの潮流の中に、更には聖書の中にも存在している[2]。フェミニスト神学者たちは、女性に対する男性優位のヒエラルキーと自然に対する人間優位のヒエラルキーの間に存在する関連を強調してきた[3]。こうした男性や人間を優位とする態度は、西洋の歴史において自然環境への人類の環境を特質づけてきた支配的精神に対して、何らの神学的異議を申し立てずにきたのである。大地を支配せよとの人類に対する神の命令は、聖書の文脈から切り離され、支配のイデオロギーへとねじ曲げられてきたのだった。それゆえに、環境を乱用することにおいて共謀してきたことをキリスト者は悔い改めなければならないし、キリスト教神学が真剣に自己批判に取り組まなければならない理由もふんだんに存在する。

　このプロセスにおける最初の重要なステップは、環境危機のもととなる根深い態度と慣習の幾つかを特定しながら、それらがキリスト教神学や教会に負わせる問題を考察してゆくことである。

　1. 人間中心主義。自然はなによりも人類の必要や願望に仕えるために存在するとの立場である。「人間は万物の尺度である」と古代の哲学者プロタゴラスは言った。この教えは、環境に壊滅的結果をもたらすことになる近代的自然観の一種のモットーになった。この見地にキリスト教神学は寄与したのであろうか？　答えは、悲しいことに部分的には然りである。創造論をめぐる多くの標準的議論は、排他的とは言わないまでも、人間の創造のみに主要な関心を向けてきた。神によって造られた他のものが存在することは確かであるが、それらはしばしば創造と救済のドラマの中の登場人物というよりも、舞台上の単なる小道具として取り扱われてきた[4]。ルートヴィッヒ・フォ

2　H. Paul Santmire, *The Travail of Nature: The Ambiguous Ecological Promise of Christian Theology* (Philadelphia: Fortress, 1985) を見よ。

3　Rosemary Radford Ruether, *Sexism and God-Talk: Toward a Feminist Theology* (Boston: Beacon Press, 1983)〔リューサー『性差別と神の語りかけ——フェミニスト神学の試み』小檜山ルイ訳、新教出版社、1996 年〕を見よ。

4　Alan Lewis, *Theatre of the Gospel* (Edinburgh: Handsel Press, 1984).

イエルバッハは更にそっけなく言う、「自然や世界はキリスト者にとって何の価値もないし何らの関心事たり得ない。キリスト者は自分のこと、そして自分の魂の救いのことしか考えない」[5]。神学的伝統に顕著な人間中心的見方の一つに挙げられるのは、後半にわたって支持されている効用主義的動物観である。トマス・アクィナスは、被造物の多様性において神の善性が明らかにされているとの主張にかけては誰にも引けを取らない神学者であるが、それにもかかわらず次のように断言した、「動植物の生は、それ自体のためではなく、人間のために保たれている」。アウグスティヌスの『神の国』を引き合いに出しながら、トマスは動物について次のように言う、「創造主の最も正当なる定めにより、それらの生と死は、双方とも我々が自由に用いてもよいものとなっている」[6]。キリスト教神学が、考えなしに、そのような人間中心主義的表現を自らの伝統において永続させているとするなら、なすべきは、聖書の証言の核に存在する根源的なる神中心主義的意義を取り戻し、引き出してゆくことではなかろうか？

2. 支配としての力。環境危機の中心にあるのは力の誤用である。近代科学と技術は自然の力における巨大な力を獲得し、この力を善用することも悪用することも可能にした。世界を知ろうとする願望とその知識を建設的に用いることは人類の使命である。何らかの前近代的状況を理想とするあまりに、近代科学や技術を根本から否定するのは愚かであり、無益である。しかしながら、近代の科学プロジェクトがしばしば力への陶酔に屈してきたことも事実である。科学の目的は、人類と他の被造物が共に豊かにされるために自然と協働することというよりも、人間の意志へと自然を従わせることと、過度に目されてきた。フランシス・ベーコンによれば、科学の仕事は自らの秘密を明らかにするよう自然に強いることである。ベーコンの見地からすれば、自然と人間の関係は奴隷と主人のそれである。主人と奴隷の関係を用いたベーコンの比喩は、支配するものとして力を考える見方が、西洋科学や技術の

---

5 Ludwig Feuerbach, *The Essence of Christianity* (New York: Harper & Row, 1957), 287〔フォイエルバッハ『キリスト教の本質 下』フォイエルバッハ全集10、船山信一訳、福村出版、1975年、168頁〕.

6 『神学大全』第Ⅱ部2、第64問第1項。Andrew Linzey, *Animal Theology* (London: SCM Press, 1994)〔リンゼイ『神は何のために動物を造ったのか——動物の権利の神学』宇都宮秀和訳、教文館、2001年〕を見よ。

形成要因であったことを示している。キリスト教神学は、人間の力と環境の関係をこのように位置づける理解に加担してきたのであろうか？　部分的には然りと言わざるを得ない。神が圧倒的な力とみなされ、人間がその神のかたちとして神から与えられた大地を支配する権利を行使すべく召し出されているとされる際には、神学は近代的自然支配（征服）に与(くみ)することもありうるのである。だが、神の力をこのように見ることにより、キリスト教信仰における神を正しく理解していると言えようか？　また、自然の守護者あるいは保護者というよりもその主人として人間をみなす際、その理解は正しいと言えようか？

　3.　・相・互・関・連・性・の・否・定。人間中心主義や支配するものとして力を見る見方は、理論的にも実践的にも、あらゆる生命形態に見られる相互関連性や相互依存性を否定することを助長する。また逆に、それらの否定は人間中心主義や支配するものとしての力観を増長することになる。環境に対する意識は、生命がデリケートなネットワークを形成していることに対する意識であり、他の被造物の存在や価値に対する畏敬の念である。人類の進歩の名のもとに、人間以外の生命形態が無闇に破壊される時には、そこに他の存在を尊敬し重んじる意識が欠如していることは明らかである。人間以外の生命形態への畏敬の念を抱くことには、必ずしも人格性がそれらに付与されることが求められているのではない。むしろ問題となるのは、人間とは異なる生命形態が、人間の目的に依拠することの全くない、それ自体の価値を持っているかどうかということである。この問題に対して、キリスト教神学の証言は、正直に言えば、断片的ないしは曖昧なものであった。伝統的キリスト教に対する批判者の中には、更に容赦ない批判を浴びせる者もいる。伝統的キリスト教は自然世界に何ら本質的な道徳的意義や宗教的意義を見ず、自然世界の価値は人間にとっての価値とみなすのみと彼（女）らは告発する。生命の関連性を否定することや、人間以外の生命形態の価値を人間にとっての有用性に縮小することは、責任感を有するキリスト教的創造論と本当に折り合いをつけることができるのだろうか？

　4.　・資・源・を・無・限・の・も・の・と・す・る・思・い・込・み。人間の目的のために大地を搾取することの背後には、清浄な空気、純粋な水、肥沃な草地といった天然資源は無限であるとの、あるいは少なくともいつでも新たに再生しうるとの思い込みが存在する。大地によって無尽蔵に供給されるがゆえに、すべての生物に

とって不可欠な資源は不足することはない。あるいは、たとえ我々の自然環境においてこれらの資源が不足する事態が生じるようなことがあっても、近代科学と技術は常に代替資源を供給し続けるであろう。しかしながら、こうした思い込みこそが現代の環境危機をもたらした論理の一端なのである。我々はこれからも大量のガソリンを消費する乗り物を生産し、使用し続けるであろう。また冬は暖房、夏は冷房のため、今よりも更にエネルギーを必要とするような大きな家を建て続けるであろう。資源は無限であるかのように我々は行動し続けるであろう。けれども、そうすることにおいてあらわにされるのは、未来の世代に対する、そして世界の中の限りある資源へのアクセスを一度たりとも与えられてこなかった地上の貧しき者たちに対する無神経と言ってもよい我々の驕りである。天然資源は無限であり、人類のためにのみ存在する。それらの資源を僅かしか、あるいはほとんど手にすることができない者たちがいたとして、それらを浪費する者たちがいても一向にかまわないではないか。子孫の未来を無視するような仕方で現世代が生きたとしてもよいではないか。キリスト教的創造論は、果たして、こうした傲慢な考え方に対抗しうるような仕方で提示されてきただろうか？

5. 際限なき消費主義。市場経済は、消費と所有への欲望によって駆り立てられている。そしてこのことこそが環境危機を引き起こす主要な要因となっているのである。与えることではなく消費することが市場経済を支配する倫理である。「我思うゆえに我有り」ではなく「我消費するゆえに我有り」が近代後期の論理である。こうした消費者心理にとって、最終目的は所有すること、そして世界内の物資（資源）を最大限に利用することである。そこでは、事物のみならず人間や人間関係さえも商品化される。ジャック・デリダは、商品交換の原理によって決定される世界にあっては贈り物をするということさえ可能であろうかと問題提起を行っている。贈り物と呼ばれるものも、そこでは実は見返りに何かを受け取る契約にすぎないのである[7]。

際限なき消費は、ある社会においては広範な他者搾取と並行して現れる。地球上の再生不可能な資源をむやみやたらに消費する住民のいる国が存在する一方で、その他の国では数百万もの住民が最も基本的な生活必需品でさえ

7　Jacques Derrida, *Given Time*: 1, *Counterfeit Money* (Chicago: University of Chicago Press, 1992) を見よ。

手にすることができない事態が生じている。際限なき消費主義は、聖書の教えやキリスト教神学やキリスト教倫理に何らの根拠を持っているだろうか？それは、神の創造や救済の働きやすべてのものに欠乏ではなくて豊饒をもたらすことになるその並外れた贈与の働きと、鋭く対立するのではなかろうか[8]？

環境危機の原因となっている根本的態度を、このように手短に、またほんの部分的に挙げてみるだけでも、この危機が実際には技術的危機ではなく、何にもまして神学的・霊的危機であることが明らかになるであろう。創造主なる神への信仰、そしてその神の造った全被造物に対する畏敬の念を回復することこそが緊急の課題である。誕生した後、数世紀にわたり、教会は、物質世界の善性と調和のとれた全体性を否定するマニ教という宗教と対決しなければならなかった。マニ教は、人間の身体性を殊更に軽視し、もっぱら精神の領域のみに重きを置いた。今日、身体を備えた人間の生のみならず地球自体そしてその上に住むすべての被造物が危機に瀕している。神が良きものとして創造された世界の調和のとれた全体性が攻撃にさらされており、教会は、この挑戦に対して具体的のみならず神学的・霊的にも対処するための手助けを提供しなければならない。

創造に関する聖書の証言の読み直し

環境危機に対する意識を持った創造論は、伝統を単に繰り返すことよりも、その読み直しに従事しなければならないであろう。その際、要求されることは、何にもまして聖書の読み直しである。聖書の証言は、時に、環境危機に抵抗する仕方ではなく、むしろそれにお墨付きを与えるような仕方で読まれてきたが、そのような読みとは対照的なエコロジカルな創造論を強く押し出してゆく聖書の証言を指摘することも可能である。

聖書は、人間以外の被造物を、創造、和解、贖いにおける人類の不可分のパートナーとして提示する。創世記における第一の創造物語によれば、神は

---

[8] M. Douglas Meeks, *God the Economist: The Doctrine of God and Political Economy* (Minneapolis: Fortress, 1989) を見よ。

第 5 章　神の良き創造

被造物における各々のまとまりを「良し」とすると共に、それらすべてをひっくるめた総体をも「きわめて良し」と宣言された（創 1:12, 18, 21, 25, 31）。神が被造物全体を重んじ、それらすべてを喜びとされていることが、人間のみならず、全被造物が何らかの仕方で創造主なる神に栄光を帰すことができるとの主張により強調されている。「天は神の栄光を物語り、大空は御手の業(わざ)を示す」（詩 19:2）。星々も、木々も、動物たちも、人間と同じようには神の栄光を物語ったり、歌ったりはしないが、それら独自の仕方で神に讃美を捧げているのである。おそらく、それらのものたちのほうが、我々人間よりもはるかに、自発的、持続的にそうしていると言うこともできるであろう。ヨブ記には、神の実り多き恵みを示す以外には何の目的を有していない奇妙で不思議な生き物が描かれている（ヨブ 39–41 章）。神がすべての被造物を喜びとしてくださるのであるなら、またそれらすべてが独自の仕方で神を讃美し崇めるために召し出されているのであるなら、人間以外の被造物も、キリスト教の創造論にあっては単なる補助的存在ではあり得ない。

　大地は、人のものではなく、神のものである（詩 24:1）。イエスは野の百合を喜びとされ（マタ 6:28–29）、神が空の鳥を養ってくださると言われる（マタ 6:26）。創造物語は、人間が神のかたちに創造され、大地を支配するように命じられていると語るが、このことは、この聖句のみならず聖書全体にわたって観ることのできる特有な神観、すなわち恣意的権力を持つのではなく、自由なる恵みを施し契約を結ばれる愛なる方として神を考えるような文脈において理解されなければならない。人間には、神御自身がそうであるように被造物全体を配慮する責任が与えられている。それは、支配と乱用による統治というよりも、配慮と保護による「統治」である。人間との間に結んだ神の契約が明らかにしているように、大地の耕作と動物の利用を管理する法が存在する。動物と大地は、定期的に休息を取り、ヨベルの年を楽しむようにと定められている。そしてその年には、すべての奴隷が解放され、土地は休閑される（レビ 25:8–12）。

　諸国と自然に対して強大な宗主権を行使し、イスラエルのカナン征服にあたっては復讐を求め（例えば、サム上 15:3）、無実な者たちの虐殺を求める神を描く聖句が存在することは否定できない。けれども、キリスト教信仰においては、そのような聖句が神の力と目的を理解する上での中心な手がかりとなるとは考えられていない。イエスにより宣教され、その生と死によ

って打ち建てられた神の支配（国）は、他者に対する支配として主権を捉えるすべての見方を覆す。「あなたがたも知っているように、異邦人の間では、支配者とみなされている人々が民を支配し、偉い人たちが権力を振るっている。しかし、あなたがたの間では、そうではない。あなたがたの中で偉くなりたい者は、皆に仕える者になり、いちばん上になりたい者は、すべての人の僕（しもべ）になりなさい」（マコ 10:42–44）。キリスト者が聖書の中心的メッセージと考えるものの光のもとで見る時、人間に与えられた「統治せよ」との神の命令は、良き被造世界に対する尊敬、愛、配慮を要求していることが分かるのである。それは、利己的なむさぼりというよりも賢明なる保護、搾取の許可というよりも被造物の共存共栄に向けての呼びかけである。人間に向けての神の命令を以下のように言い換えることができるかもしれない。すなわち「恵み深き神が統治なさる仕方を思い浮かべながら、誠実に世界を秩序づけなさい」。聖書の証言によるならば、それゆえ、人間は自然に対して絶対的な権利を有していない。逆に、人間は自然に対し、配慮し、保護することを求められているのである [9]。

　聖書は、人間以外の世界を、神の良き創造の一部として提示しているが、そればかりではなく、罪と贖いのくすしきドラマの中に巻き込まれ、来るべき神の国の望みの中へ移し入れられてゆくものとして全被造物を見ている。人類と他の被造物は、苦難と希望において一つに結ばれている。全被造物は、人間の罪に下される神の審きの結果を経験するが（創 3 章）、それらは神の約束の受け取り手でもある（創 9 章）。目下の生の条件下においては、人類と自然は互いに疎外と乱用の網の目に絡めとられている。神からの人間の疎外は、人間と自然の関係を含めて、他のすべての関係へと波及してゆく。自然的環境に対して、人間の手による容赦ない搾取や破壊が行われる一方で、ガン、地震、ハリケーン、旱魃等の現象が想起させるように、予測不能で破壊的な自然界の諸力によって引き起こされる人間の悲劇的な苦悩が存在する。それゆえ、人類が苦難と死からの解放を求めてうめくのと同様に、出産時の女性の陣痛のように自然世界がうめいているとパウロは語る（ロマ 8:22–23）。聖書の証言によれば、我々人類は、贖われることをうめきながら

---

[9] 「信仰小声明 Brief Statement of Faith」は創造主なる神により「我々の配慮へと委託された」ものとしての大地について語る（*The Book of Confessions*, PCUSA, 10.3, line 38）。

待望する全被造物と生死を共にする形で存在している。

　聖書的見地からすれば、人類と自然はその究極的運命に至るまで分かたれることがない。聖書は、自然世界をも贖いの希望のうちに含めて考えている。このことの証拠として捉えることができるのは洪水後の虹に象徴されるノアとの間に結んだ契約であり、そこには明らかにすべての被造物が含まれる。「神は言われた。『あなたたちならびにあなたたちと共にいるすべての生き物と、代々とこしえにわたしが立てる契約のしるしはこれである。すなわち、わたしは雲の中にわたしの虹を置く。これはわたしと大地の間に立てた契約のしるしとなる』」(創 9:12–13)。聖書には将来の贖いに関する数多くのヴィジョンが存在するが、それらは驚くほどに包括的な性格を示している。そこには、新しく造りかえられ、復活させられたからだ（Ⅰコリ 15 章）、新しい天と地（黙 21 章）、小羊と平和のうちに共存する狼やさそりと戯れる子どもたち（イザ 11 章）、また全被造物が調和と喜びあふれる交わりのうちに共に生きるであろう普遍的平和の時が語られる。

　聖書の証言と共に、我々自身を自然世界に住まうすべてのものと連帯する被造物の一つとみなすなら、また大地の支配者というよりも委託を受けた者とみなすなら、また自然を罪と贖いのドラマにおいて我々と命運を共にするものとみなすなら、また正義と自由と平和を求める我々の希望の中に自然を含めて考えるなら、我々以外の被造物を支配するのは神から与えられた権利だと申し立て、自然を濫用することなど思いもしなくなるであろう。

　被造物の環境保護に対する細やかな意識をもって聖書を読み解くことは、聖書学が大きな責任を持ってなさねばならぬ重要な課題である。だが、このことは我々の時代にあって創造論に要求されることのほんの一端にすぎない。創造論の主要テーマのすべてを再考することこそが、組織神学に課せられた課題である。

創造論における諸主題の再考

　聖書が証言し、イエス・キリストに中心を持つ神の啓示の光のもとに展開され、時代の環境危機に関心を寄せるキリスト教的創造論は、以下のような、密接に関連し合う諸主題を担うことになるであろう。

1. 世界を神の創造によるものとして語ることは、第一に神を承認することである。神を「創造主」と、また世界を構成するすべてのものを「被造物」と呼ぶことによって、キリスト教信仰は、神の根本的な他者性、超越性、主権性を主張しているのである。言い換えるなら、神と世界、創造者と被造物の間には、存在論的差異が存在する。古典的なキリスト教教理によれば、神は「無から」(ex nihilo) 創造された。「無」は、そこから世界がこねくり回して造られるような原初的素材ではない。「無から」の創造は、神のみが存在するすべてのものの源であることを意味している。世界の創造は主権的なる自由な行為である。神はプラトンの『ティマイオス』に描かれている職人のように既存の物質に形と秩序を与える存在ではない。被造世界は、神的現実の流出として部分的に神であるのでもない。キリスト教信仰にとって、神は世界の一部でもなく、また世界が部分的にまた隠れた形で神であるのでもない。神は、万物の（「天地の」）、すなわちラングドン・ジルキーの言うように、「星雲、アメーバー、恐竜、初期のピクト人とスコット人、中国人、クレムリン、あなた、私、我々の二匹の犬、そして猫」[10]の造り主である。神は、存在するすべてのものが、根本的に、そして全面的に依存するところの神秘的他者である。

しかしながら、神を「造り主」と告白することは、これまで述べてきたこと以上のことを意味する。そのように告白することは、自由にして超越なる神は、恵みと慈しみに満ちた方であると言い表すことである。神は強いられて世界を創造されたのではない。創造は、自由のうちになされた恵み深き行為である。創造は賜物であり恩恵である。神を造り主と告白することは、神の特性について何事かを語ることである。神を造り主と告白する際、我々は神の特性について言及している。他者に命を与えてくださる方、御自身の傍らに、また御自身との交わりのうちに他者が生きるための場を創造される良き方として神を告白しているのである。神は、何らかの外的必然性により創造を強いられたのではない。また御自身の生における内的欠如を埋めるために世界を創造されたのでもない。もしも、世界の創造がこのいずれかの意味において必然性においてなされたのであるなら、それは恵みとは言えない。

---

[10] Langdon Gilkey, *Message and Existence: An Introduction to Theology* (New York: Seabury, 1979), 87.

第 5 章　神の良き創造

　このように創造の業を「必然なるもの」として語ることは不適切ではあるものの、それにもかかわらず、神は御自身の本性に全くもって合致される（ふさわしい）仕方で世界を創造される。創造の行為は、神に「ふさわしい（かなった）」行為である。それは愛であられる神の本性をふさわしく顕し示している。創造の業は、気まぐれな決定による恣意的な行為ではない。反対に、神は創造の行為において御自身の本性に真実かつ誠実であられるのである。創造主なる神を語ることは、恵み深く寛大なる神を語ることである。御自身から注ぎ出る愛、そして御自身の生を交わりのうちに分かち与えんとの神の目的は、創造の行為において、自由にして一貫性を持つ、適切な仕方で、顕し示されている。神の恵みは、アブラハムの召命やイエスをこの世に送られることにおいてはじめて働きだしたのではない。神は御自身の永遠の三位一体的現実を規定し、イエス・キリストのミニストリーと犠牲的死において決定的に明らかにされたところの自己を伝え、他者を肯定し、交わりを形成する愛は、創造の行為において既に顕し示されている。神は愛であり、三位一体の神のこの永遠の愛は、ジョナサン・エドワーズの言葉を用いれば「豊饒なる交わりへと向かう性質」[11] を内在させている。御自身の三位一体的生における愛の分かち合いにおいて、神は既に、被造物の中に共同体を存在せしめることを意図しておられる[12]。創造し、与え、他者と生を分かち合わんとする永遠の性質を神は持っておられる。他者に対して開かれてゆく性質は神御自身の三位一体の生に根ざしており、それは創造の行為において溢れ出すのである。

　神の創造の御業は、単なる恵みとしてではなく、ある意味において「高価なる恵み」として描かれることが適当である。それは神のケノーシス（謙卑 kenosis）の行為である。神的ケノーシスのメタファーは、通常、神の子が我々の救いのために自ら「空しくされた」（自分を無にされた）ことに限定して用いられるが（フィリ 2:5–6）、他者に命を与え、御自身の傍らに相対的に独立した形で存在することを許される創造の行為においても、（自己謙遜あるいは自己限定といった意味での）一種の神的ケノーシスが存在する。エミール・ブルンナーは、次のように記している。「キリストの十字架にお

11　Jonathan Edwards, *The End for Which God Created the World*, chap. 1, sec. 3.
12　Eberhard Jüngel, *God as the Mystery of the World* (Grand Rapids: Eerdmans, 1983), 384.

いて［最高の］形で表された自己謙卑(ケノーシス)は、既に世界の創造において始められていた」[13]。

2. 創造論は、神に関する主張であると同時に、世界と我々に関する主張である。それゆえ、この教理の第二の主題は、世界全体と個々の万物は、根源的に神に依存しているということである。そのような根源的依存は、我々の経験領域において起こるような、あるいは我々の人生において、とりわけ困難な時期に感じるような神への部分的な依存をはるかに超えるものである。神は造り主であり、我々がその被造物であると告白することにおいて、我々は、自らが有限で偶然的な、根本的には依存的存在であることを承認しているのである。すなわち、そう告白することにおいて、我々は存在しなかったかもしれなかったこと、また、我々の存在そのもの、そして我々の経験するすべての瞬間は、我々自身を超える源から受け取る賜物であることを言い表しているのである。

このような我々自身の根源的偶有性、また、我々自身の生の受動性の認識は、哲学者や神学者たちが「非存在の衝撃」と呼んでいるところのものである。あなたも私も必然的なものではない。我々は、我々の造り主の御心によって存在する被造物である。偶有的存在として我々の存在は不安定である。我々は、病い、挫折、愛する者の喪失、また我々自身が死すべき存在であることの意識によって、あるいは喜びや幸せや充足感に満たされるような（刹那的な）積極的経験においても、我々自身のはかなさを想起する。永遠に所有したいと思うほどの凝縮された美的瞬間の体験、不正義を前にしての無力さの感覚、子どもの誕生に立ち会うこと、子どもの葬式に参列すること——これらすべてのことは、我々自身が被造物であることの告白でもある。我々を生へと結びつけているものははかなく脆いものである。我々は有限である。我々の共同体や国家資源も有限である。枯れる草、しぼむ花のように（イザ40:6）、被造物全体、また地球そのものも非存在すれすれのところで生きている。我々が我々自身を存在せしめたのでもないし、我々自身がこれからも存在し続けるという保証はない。フリードリッヒ・シュライエルマッハー

---

[13] Emil Brunner, *The Christian Doctrine of Creation and Redemption* (Philadelphia: Westminster, 1952), 20〔『教義学Ⅱ　創造と救贖についての教説』ブルンナー著作集3、佐藤敏夫訳、教文館、1997年、32頁参照〕. John Polkinghorne, *Science and Creation: The Search for Understanding* (Boston: New Science Library, 1988), 62-63 も見よ。

は、神への「絶対依存」の普遍的感情について記し、ルドルフ・オットーは、我々の「被造的感情」を語った。これらは単に世界の創造と呼ばれるはるか彼方の出来事に関する感情ではない。それらは、今ここで、また、常にどこにおいても感じる神の創造的力に対する依存の感覚である。「知れ、主こそ神であると。主はわたしたちを造られた」（詩 100:3）。

　我々の存在そのものが持つ神へのこの根源的依存の感覚は、キリストにおける恵みのみによるキリスト教的救いの意識に密接に関連している。我々は、ただ恵みによってのみ、創造され、義とされる。被造物として、また赦された罪びととして、我々は恵みの受け取り手である。いずれの場合も、我々自身の行いによって獲得した身分ではない。ルターは、この信仰的意識を「我々は皆、乞食である」との言葉において要約する。カルヴァンも、同様の確信を「我々は、我々自身のものではなく、……神のものである」[14] との言葉によって言い表している。それゆえ、使徒パウロが、死者を甦らせ（我々の未来の生に対する神への依存）、罪びとを義とし（我々の現在の生に対する神への依存）、存在しなかったものを存在せしめる（生の創造と保持に関する神への依存）、神への信仰をひとまとめにしているのも偶然ではない（ロマ 4:17、5:1 参照）。我々はこのように、生の賜物、新しき生、そして究極的な生の成就に関して、神に完全に依存している。神を造り主と我々が呼ぶ際に告白しているのは、このことなのである。

　創造論の一主題としての、神への根源的依存は、キリスト教信仰が往々にして受動的精神や奴隷的依存を植えつけてきたとの非難がなされる今日においては、とりわけ適切に解釈されなければならない。我々が根源的に依存する神は、我々に自由を与え、責任ある生へと召し出すことを欲しておられる神である。福音の神に依存することは、すべての奴隷的依存からの根源的解放をもたらす。このように創造論は、それに向けられた神学的中傷の意図するところとは異なり、人間の尊厳と自由の根拠なのである。しかしその際、神が望んでおられる自由とは、他者との交わりの生のための、そして他者に愛をもって仕えるための自由である。我々の造り主なる神、三位一体の神は、そのような共同体のうちなる自由を望み、そのために、我々をそのような自由へと解き放たれる、恵み深き神である。

14　カルヴァン『キリスト教綱要』3.7.1。

3. 創造論の第三の主題は、被造世界は、偶有性、有限性、限界を抱えているにもかかわらず、(不完全ながらも) 良きものであるということである。神が良き方であられるのだから、神が与えたもう賜物としての生は、限界、移ろいやすさ、脆さを抱えていたとしても、良きものである。このことは、創世記の創造物語において繰り返される次のフレーズにより強調されている。「神はこれを見て良しとされた」(創 1:10, 18, 21, 25, 31)。

だが、被造世界が良きものであるとの聖書の主張は、生の破れや悪の現実性を曖昧にするイデオロギーにも容易に転化されうる。そのような転化は、この信仰箇条が、神の造られた世界の実際の堕落をめぐるその他の信仰的主張、すなわち、罪、和解の業(わざ)、良き被造世界を変形し、歪めてしまうようなこの世のあらゆる諸力に対する神の最終的勝利への希望に関する主張等から切り離される際に生じる。神の創造が良きものであるとの主張は、なれなれしく、また慎重さを欠いた形で語られる際には、あらゆる現状を肯定し、生起するすべてのことを良しとする、極端で、冒瀆的とも言えるような主張にもなりうるのである。それゆえ、キリスト教神学が、被造世界の良きことを主張する際に、何を言い得、何を言い得ないのかということについて、以下に、手短に記しておく必要があろう。

a. 被造世界が良きものであると主張することは、あらゆる形而上学的二元論を拒絶すること。すなわち、被造世界のうちのある側面や領域を本質的に悪とみなす主張を否定することである。神学において、また教会的生において、その初めから今日に至るまで、二元論は何らかの形で紛れ込んでしまっている。今まで二元論のとってきた形態、また今もなおとり続けている形態について考えてみてほしい。そのような二元論的思考は、例えば、霊的なものは善で物質的なものは悪、知的なものは善で性的なものは悪、男性的なものは善で女性的なものは悪、白人的なものは善で黒人的なものは悪、人類は善で自然的環境は悪、とするような主張の中に見て取ることができる。そうした諸々の二元論に抗し、キリスト教信仰は、神が造られたすべてのものは良きものであると宣言する。被造世界におけるある部分を、それがどこであれ、本質的に悪とみなすことは (マニ教的異端)、中傷的であると同時に破壊的である。

b. 被造世界が良きものであるということは、我々の周囲の世界が、我々の念頭にあるすべての目的を (それが何の目的であれ) 成就するのに役立つ

と主張することとは違う。それが言わんとしていることは、我々が有効と認めようが認めまいが、神はすべての被造物を値高きものと認めておられるということである。被造世界が良きものであるとの主張は、万物に対する畏敬の念の根拠となる。人間のみならず動物も——奇態で恐ろしい動物も含めて（ヨブ 39–41 章参照）——神の被造物であり、我々の尊敬を受けるに値する。生物世界と同様、生物以外の世界も神が造られたものであり、神の目的のうちに置かれているものとして重んじられなければならない。被造世界を搾取したり、汚したり、破壊したりする天与の権利など、人間は何ら有していない。技術偏重の近代的生活様式が持つ傲慢な思い込み、すなわち、神は人類のみを（しかもほんの一握りの人類のみを）愛するという思い込みは、キリスト教的創造論の人間中心主義的歪曲である。

　c．神に造られた世界は良きものであるということは、きわめて楽観的な意味において世界が「完璧」であるということではない。聖書は、争いや苦難や死がいささかたりとも存在しないとされる過去の黄金時代には何ら関心を持っていない。すべての被造物が、有限で傷つきやすいものであり、また試練や危険や成長が神に意図された被造物的存在の在り様の一部であるとするならば、苦難のすべてが本質的に悪であると考える理由はない。カール・バルトの言うように、良き創造には「影の側面」が存在するのである。

　d．被造世界が良きものであるということは、我々が認識し経験する世界が、贖いを必要とするほどに「堕落」しているということを否定することではない。世界にはあってはならない側面が多々存在する。被造的存在には、有限性や種々の限界が必然的に伴うものの、病気、破壊、抑圧といった事柄が、創造主の意図したものの一部であると言うことはできない。神は、個的に、また集合的に噴出する悪の諸力の原因ではなく、それらに対しては敵対者である。神の良き被造世界における悪の不可解さについては、次章以降に語るつもりであるが、目下の文脈において、信仰的に被造世界の良きことについて語る際に言及されるべきは、単に、最初に存在へともたらされた現実の価値についてではなく、絶え間なく注がれる神の値高き愛の徳によってその現実に与えられる付加価値についてである。被造物の生の価値は、創造主によって初めに付与された尊厳によってのみならず、被造物のために神の愛のなしうることによって、また、その意図によっても決定される。「良き創造」に関するキリスト教的主張は、その初めより究極的完成に至るまで、神

が世界に関わる歴史全体を網羅する。

　4．創造論の第四の主題は、全被造物的存在の共存と相互依存性に関してである。天地の創造主なる神について語ることの一つの意味は、「神が私をお造りになられた」ことであると言うルターは確かに正しい。けれども、明らかに神は私以外のものをもお造りになられた。それゆえ、ルターが以下の言葉を付け加えたのは正しい、「神は、私と存在するすべてのものをお造りになった」[15]。言い換えるならば、被造物性とは、孤立的あるいは君主的な存在の在り様ではなく、根源的共存、また相互的依存を特質とする存在の在り様を意味する。他者ならびに他の被造物と共にある人間の創造こそが、創世記の二つの創造物語の紛れもない主題である。創世記の二つの創造物語は、その違いにもかかわらず、どちらも、他者との、また自然世界との有機的関係のうちにあるものとして人間を描いている[16]。神は、人間を園の中に置き、「人(アダム)が独りでいるのは良くない」（創 2:18）と宣言される。

　カール・バルトは、共存在性こそが人間の「基本形態」であると語る。そう語ることにより、我々は神と他者との関係においてのみ人間でありうることをバルトは言おうとしているのである。バルトによれば、我々の本質的関係性、すなわち共存在性は人間の生の範囲を超えて拡がってゆく。人間は、動物と共に、また土や陽光、そしてそれらが生み出す生のすべての形態と共に存在する[17]。神はそこに住むものが互いに深く依存し合う世界を創造された。世界は、神により、孤立した個々の生の寄せ集め（集合）としてではなく、生命が共に生きる共同体として創造された。そしてその共同体の内的な存在構造は、三位一体の神御自身の交わりにおける永遠の生を反映しているのである。関係性は、神により創造された宇宙の特徴である。これは、きわめて重要な主題であり、この章の次のセクションにおいて再び強調されると共に、以下の章において論じられる「神のかたち」における人間論との関わりにおいて更に発展されるであろう。

　5．創造論の第五の主題は、創造主なる神は目的を持たれる方であり、その方の造られた世界はダイナミックなものであり、目的に向かってゆく性格

15　ルター「小教理問答」2.2。

16　George S. Hendry, "On Being a Creature," *Theology Today* 33 (April 1981): 64 を見よ。

17　Barth, *Church Dogmatics*, 3/1: 168-228〔バルト『教会教義学　創造論 I/1』吉永正義訳、新教出版社、306-416 頁〕を見よ。

を持つということである。神は創造主、また保持者として働き続けておられる。創造主なる神の働きを過去の一点だけに限定することは、カルヴァンの言うように、「冷淡であり、不毛である」[18]。神の創造的活動は、終着点を持ち、そこに向かって継続されてゆく。もちろん、創造主の目的を持った働きと世界の目的性は、我々が知覚し経験するものからは「直接」読み取ることはできない。それは信仰的主張であって、経験的観察ではない。近代科学において認められたように、世界には、秩序と無秩序、合理性と不確定性、調和と混沌の双方の要素が存在する。科学的探究によって記述された世界は、信仰的に解釈することに対して開かれている。一方でそれが提供する証拠は、次のように解釈することを求めてはいない。科学者の中には、宇宙は灼熱あるいは冷凍のうちに最終的に終焉を迎えるべく運命づけられており、そのようなものとして、それは意味を持たないと結論づける者もいる[19]。

　しかしながら、イスラエルの民との神の関わり方を、またイエス・キリストにおいて決定的に確かなものとされたその関わりを、我々の中心的な手がかりとするならば、我々は、創造された世界は目的を持つと告白することへと導かれてゆく。神は、偶然によって、あるいは気まぐれからでもなく、神の御言葉によって、また御言葉のために、世界を創造されたのである。聖書によれば、イエス・キリストは初めに神と共におられ、御自身を通して万物を創造したところの御言葉である（ヨハ 1:1–3、ヘブ 11:3）。彼は、全被造物が向かうところの終着点である。それは、世界を混沌に陥らせることなく、秩序ある世界へと導く終着点である。キリストにおいて「万物は保持される」（コロ 1:17）。神が世界を創造された目的は、イエス・キリストの生と死、そして復活において決定的に開示される。父なる神、聖霊と共に、神の御言葉は、世界の創造、贖い、完成において現臨し、働かれる。

　三位一体論的神学において、被造世界は開かれており、閉じられていない。神の霊は、永遠の御言葉と同様、初めから、世界において働いている。それは、原初の淵を覆い（創 1:2）、被造物に生命の息を与える（詩 104:30）。創造と、新たな創造に携わる神の霊は、世界のいずこにおいても働き続ける。正義を拡げ、共同体を建設し、再興し、万物を新たにする。聖霊は、風のよ

18　カルヴァン『キリスト教綱要』1.16.1。
19　Stephen Weinberg, *The First Three Minutes* (New York: Basic, 1977), 144 を見よ。

うに自由に働く（ヨハ 3:8）。しかしながら、信仰者は、もっぱら聖霊を、神の再創造の働きに参与させるために、人々を解き放ち変革する御父と御子からの力として認識する。信仰者は、聖霊の導きのもと、被造世界を定められた目標である神の国（支配）へと導くことにおける神のパートナー、あるいは協働者となるべく、召し出されているのである（Ⅰコリ 3:9 参照）。

贖われた被造世界の約束の終着点は、新約聖書においては自由、平和、祝祭の時として描き出されている。平和と祝祭に彩られたこのメシア的時間は、創造の業を完成された神の安息日における休息のうちに予表されている。創世記の第一の創造物語が、安息日の休息と創造主の喜びを目的として語られているのと同じように、新しい創造の歴史は、新しい天と地において全きかたちで実現し、大いなる喜びのうちに寿がれる神と被造物の祝祭的交わりにおいてその目標点に到達する。ユルゲン・モルトマンは言う、「イスラエルは、解放という事柄をめぐって諸国に二つの原型的イメージを与えた。すなわち出エジプトと安息日というイメージである」[20]。解き放たれた被造世界が向かう目的地とは、軛からの「外的」自由であると同時に、神と被造物の間に実現する平和と喜びを基調とした交わりの生を目標に持つ「内的」自由である。

神による世界創造が、三位一体の神の全体的働きの文脈のうちに置かれる時には、過去の時点で既に完結されたものとしてではなく、未来に向かって開かれたものとして創造を描くことが可能になる。そして、被造世界がそこに向かって導かれてゆく開かれたものとしての未来は、被造世界を新たにするキリストの再臨としてのみならず、神の終末的栄光への被造世界の参与として考えられる。モルトマンは、このことを明らかにするために、中世の神学的公理（axiom）を効果的に改訂する。スコラ神学者たちによれば「恵みは自然を破壊することなく、自らを前提としながら自然を完成する」のであるが、モルトマンはその公理を「恵みは自然を破壊することも完成することもせずに、自然を永遠の栄光へと備える」と読み替えるのである[21]。

20　Jürgen Moltmann, *God in Creation: A New Theology of Creation and the Spirit of God* (San Francisco: Harper & Row, 1985), 287〔モルトマン『創造における神——生態学的創造論』沖野政弘訳、新教出版社、1991 年、415 頁参照〕.
21　Moltmann, *God in Creation*, 8〔モルトマン『創造における神』28 頁参照〕.

第 5 章　神の良き創造

三位一体、創造、エコロジー

　キリスト教神学、そしてエコロジーに関する研究は、多岐にわたって急速に発展している[22]。このトピックに関して、以下のアプローチがとりわけ注目に値する[23]。第一に、キリスト教神学の自然に対する伝統的な態度を環境危機の元凶とする告発に対して、もっぱらそれを弁護することに心を砕く弁証論的アプローチが存在する。このアプローチは、キリスト教神学に対する根拠薄弱な告発に対抗するには有効であるものの、伝統を新たに改革する必要性を強調することなしに済ませてしまっている。第二に目を引くのは、キリスト教信仰と神学が信頼に足る効果的な仕方で今日の環境危機に発言するためには、伝統的概念の徹底的な再構築が必要であるとするプロセス神学の学派によるアプローチである。テイヤール・ド・シャルダンやアルフレッド・ホワイトヘッドのようなプロセス哲学の思想家たちは、その他のことと並んで、環境問題に対して発言する仕方において、キリスト教神学を再概念化する上でのパイオニアとなってきた。フェミニスト神学の神学者たちの中には、フェミニズムの論点とエコロジカルな論点をプロセス神学的展望のうちに結び合わせた自分たちの神学的企てをエコロフェミニズムと呼ぶ者たちもいる[24]。三番目に、改革的な三位一体論的アプローチが存在する。そのアプローチは、弁証家たちのそれとは異なり、聖書と神学伝統のうちに人間

---

[22]　有益な紹介文献として、Moltmann, *God in Creation*〔モルトマン『創造における神』〕; James A. Nash, *Loving Nature: Ecological Integrity and Christian Responsibility* (Nashville: Abingdon, 1991); *Christianity and Ecology; Seeking the Well-Being of Earth and Humans*, ed. Dieter T. Hessel and Rosemary Radford Ruether (Cambridge: Harvard University Press, 2000); *All Creation Is Groaning: An Interdisciplinary Vision for Life in a Sacred Universe*, ed. Carol J. Dempsey and Russell A. Butkus (Collegeville, Minn.: Liturgical, 1999); Larry Rasmussen, *Earth Community, Earth Ethics* (Maryknoll, N.Y.: Orbis, 1966) を見よ。

[23]　私の分析は H. Paul Santmire, "In God's Ecology: A Revisionist Theology of Nature," *Christian Century*, Dec. 13, 2000, 1300-1305 に負っている。

[24]　John B. Cobb, Jr., *Is It Too Late? A Theology of Ecology*, rev. ed. (Denton, Tex.: Environmental Ethics Books, 1995)〔カブ『今からではもう遅すぎるか？――環境問題とキリスト教』郷義孝訳、ヨルダン社、1999 年〕; Rosemary Radford Ruether, *Gaia and God: An Ecofeminist Theology of Earth Healing* (San Francisco: HarperSanFrancisco, 1992).

中心主義的な要素の存在すること、また、単に伝統を弁護するだけではなく、神学的再解釈と改革の必要性を認めている。けれども、プロセス神学のアプローチとは異なり、三位一体論的アプローチは、神学的な改訂と革新の主要な根拠を、聖書の中心的証言とそれに基づく三位一体論的「交わりの存在論」のうちに求めている。以下の省察は、エコロジカルな問題に対する信仰の重要性を考える上で、この三位一体論的アプローチに最も近い立場から論じている。

　過去数十年間というもの、ローマ・カトリック教会、東方正教会、プロテスタント教会の諸教派を含む多くの教会は、環境危機の深刻さ、またそれに対するキリスト教神学の強力な証言の必要性を訴える声明を発表してきた。「来たれ聖霊！　全被造物を新たにし給え！」との主題のもとに正義と平和に対する関心を被造世界の保持と結びつけた世界教会協議会（WCC）キャンベラ文書（1990年）を含むこれらの声明の多くは、明らかに三位一体論的な性格を有している。このような三位一体論的な強調がなされるのには、しかるべき理由が存在する。20世紀において、エコロジカルな関心を新たにする上での開拓者の一人であるジョセフ・シットラーは、三位一体論がなおざりにされてきた結果、神の救済の働きに対する理解が狭められてきたと論じている。シットラーによれば、恵みの理解が罪の赦しに限られる際には、賜物として与えられた生においても既に存在している神の恵みがなおざりにされてしまうという。シットラーは、教会が神の恵みを理解するにあたり、「三位一体論的豊かさ」を回復するよう求めると共に、被造世界全体を「恵みの場」として見るよう主張している[25]。

　三位一体論的創造論は、幾つかの理由により、環境に対する責任を意識した創造論を構築するにあたっての生ける源となっている。第一の理由は、三位一体論的神学は、被造世界に対する神の超越性と、被造世界における神の内在性の双方を主張しつつ、それらを結びつけるからである。キリスト教的創造論は、これらを二つとも主張しなければならない。すなわち、被造世界が超越にして自由なる神の働きであることを主張すると同時に、創造主なる神は、本来的に、被造世界と疎遠な方ではないし、被造世界も神に対してそうではないことを主張する。もしも、これらの主張のうちの一つでもなおざ

25　Joseph Sittler, *Essays on Nature and Grace* (Philadelphia: Fortress, 1972), 2, 82.

166

りにされたり、欠落させられる際には、神と世界が区別されることなく結びつくと主張する一元論、あるいは神と世界が本質的に対立し、互いに疎遠であるとする二元論が結果的に生じてしまう。三位一体論的創造論は、神と世界を対立関係に置かない。すなわち、神と世界は本質的に競合的な関係にあるとは考えていないのである[26]。三位一体論は、創造の行為における神の超越性と内在性を、「神は、霊において、御子を通して、創造される創造主」であると主張することによって一つに結びつける。神の恵み深き業における三位一体的豊かさは、強靭なエコロジカル神学を構築する上での必然的前提である。唯一なる三位一体の神の恵みは、歴史のみならず自然においても、赦しのみならず創造と完成の賜物の中にも存在するのである。

　神学者たちの多くは、以上のことを指摘しながら、「宇宙的キリスト論」の必要性を論じている。ユルゲン・モルトマンはこの事柄に聖霊論を手がかりにして近づく。創造は、単に「御言葉による創造」であるのみならず「霊による創造」である[27]。モルトマンは、カルヴァンに支持を求めながらこのことを強調する。カルヴァンによれば、「遍きにわたって存在しながら万物を支え、生育せしめ、天地において生命を付与する方こそが聖霊なのである」[28]。「霊による創造」の三位一体論的理解こそが、神の働きと目的における宇宙的広がりを取り込むエコロジカル神学のために求められているのである。霊を人間精神に還元することができないのと同様に、機械論的世界観の立場からその働きを排除することはできない。聖霊は生ける三位一体の神の霊である。神は被造世界を超越し、イエス・キリストにおいて受肉するのみならず、被造物を通して現臨し、働かれる方である。エイレナイオスは、神の御言葉と聖霊を象徴的に「神の二つの手」として語っているが、その表現に示されているのは、キリスト教的創造論の歴史においてしばしば分け隔てられてしまったものを一つにするような、神の三位一体論的理解なのである。

　三位一体論的な神理解がエコロジカルな創造論に材料を提供する第二の仕方は、三位一体の神の生に根づくと共に、それに一致するもの（かなったも

26　Kathryn Tanner, *Jesus, Humanity and the Trinity, A Brief Systematic Theology* (Minneapolis: Fortress, 2001), 2-5 を見よ。

27　Moltmann, *God in Creation*, 9ff.〔モルトマン『創造における神』30頁以下〕および *The Way of Christ* (San Francisco: HarperCollins, 1990), 274-305.

28　カルヴァン『キリスト教綱要』1.13.14。

の）として、被造物の秩序の中に一貫性と豊かな多様性を見ることを可能とすることにおいてである。被造世界は、秩序を持った世界（コスモス）であって、混沌をきわめた世界（カオス）ではない。現代の宇宙論が教えているように、我々の宇宙における混沌とした要素であってさえ、その統一性と一貫性に寄与している。同時に世界は、とてつもない多様性を内にはらんでいる。現実世界に見られる統一性と多様性をいかに一つに結びつけたらよいのかということが哲学と神学における永遠のテーマであった。統一と差異の関係は、共同体の意味、政治の目的、あるいは環境倫理の理論的根拠を問う際に避けて通ることのできない、理論的のみならず実践的な課題である。ポール・サントマイヤーが考えているように、問題はどこに世界の統一性を見出すかということである。人間中心主義的な考えは、人類の中にその統一性を見出す。すなわち、そこにおいてはすべてのものが人間の企ての中に収斂すると想定されているのである。この見地が環境に優しくないものであることは明らかである。有神論は、被造世界における統一性を超越的現実の内に答えを見出そうとしている。超越的現実が、単に人間の想像力の必然的産物にすぎないと考えられるのなら、間接的であり観念論的用語においてであるが、万物の統一は人類に見出されるということになるであろう。三位一体論的創造の神学は、統一と差異を、また両者の調和の源を三位一体の創造主のうちに見る。三つにまして一つなる方として、神は、差異を肯定すると共に、自分とは異なる他者が存在するための余地をもうけるような愛の交わりのうちにとどまり続ける方である。三位一体の創造主における統一と差異の調和は、豊かな差異をはらむ世界の創造に反映されている。「エコロジカルな世界共同体」の根拠とヴィジョンを提供される方は、御言葉と聖霊において世界に臨在なさる方、創造し、贖い、完成をもたらす主としての三位一体の神である[29]。

　エコロジカルな創造論に三位一体論が本質的な材料を提供する第三の仕方は、世界が神に良きものとして創造されたこと、けれども今その世界がうめきの中にあること、そしてその世界は、新たにされ、完成されることを待望していることを強調することによってである。十全たる創造論は、十全たらんとするならこれらの主張をすべて含まなければならない。創造は賜物で

29　Moltmann, *God in Creation*, 12〔モルトマン『創造における神』36頁以下〕.

ある。しかし、被造世界は傷つき、未完のままにとどまっている。創造論は単に宇宙（世界）の始まりについて論じたものではない。創造は歴史を持つ。それは神の愛に始まりを持ち、神の恵みにより継続され、そして生命を与える神の霊により完成へともたらされるであろう。ダイナミックな未完の現実として被造世界を理解するための唯一十分なる地平とは、三位一体の神とそれとの関わり合いの歴史、復活の約束のみならず十字架の徴をも帯びた歴史の地平である。人類のみならず、被造世界のすべては、世界と関わりを持たれる三位一体の神の歴史のうちに立つ。人類のみならず、自然界全体は、神の目的のうちに自らを全うし、その中に自らの価値を見出してゆく。ポール・サントマイヤーが記しているように「神は、万物との関わりにおいて、普遍へと向かって進化を続ける歴史を持つ」。歴史は「神の創造的なる御言葉の働きにより、生命を与える神の霊が活性化させる母体（マトリックス）のうちに実現してゆく」のである。人類は、神と世界との関わりのうちに、自らの特別な召命を有するとするサントマイヤーの主張は正しく、なおざりにされるべきではない。神の手からなる全被造物は、それらを特定することが困難であったとしても、「神により割り当てられ、守られている地位と使命を有している」のである[30]。

創造の諸モデル

神と世界の関係を理解する上で主要な立場は、有神論、汎神論、万有内在神論（panentheism）である。有神論は、神は超越的な創造主であると考え、汎神論は、世界を神の存在の様態とみなす。万有内在神論とは、世界と神が互いに依存し合っていると信じる信条である。これらの立場は、三位一体論的神論および創造論から見れば、きわめて不十分なものである。それゆえ、神と世界の関係を理解する際には、それらとは異なるモデルやメタファーを考え出す必要がある。世界の創造は、神の唯一無比なる行為ではあるものの、この出来事に対するアナロジー（類比）を我々の経験のうちに求めることを禁じる理由は何ら存在しない。もちろん、すべてのアナロジー、メタファー、

---

30 Santmire, "In God's Ecology," 1303-1305.

モデルは、それらが神の生命や働きに言及するにあたって用いられる場合には、不完全なものであることは覚えておくべきである。それらによっては、我々が理解しようとすることを描き尽くすことはできない。サリー・マクフェイグが指摘するように、我々が神を語る際に用いる言語は、隠喩的(メタフォリカル)であることを免れ得ないのである[31]。

ジョージ・ヘンドリーは、神の創造行為を語る際にキリスト教神学において用いられる幾つかのモデルを特定している。それぞれのアナロジーは、何らかの聖書的根拠を持つと同時に人間の共通経験に根付いている[32]。

1. 一つの明白なアナロジーとして挙げられるのは生殖のそれである。我々が生殖という言葉を用いる時、それは、他の生命を生み出す人間の行為について言及している。このアナロジーを示唆するような幾つかの聖書箇所が存在するが、神はそこにおいてイスラエルにとって「父」あるいは「母」のような方として描かれている。しかしながら、生殖のメタファーが聖書に存在するとしても、古代中近東の他の宗教に較べれば、はるかに控え目に用いられている。イスラエルの預言者が、そして後にはイエスが神を「父」あるいは「母」として語ったとしても、そのメタファーが指し示していることは、神の創造的な愛、あるいは子に対して親が抱く配慮であって、性的生殖行為ではない。

2. 創造になぞらえることのできる別のアナロジーは、建築あるいは製作のそれである。創造を建築とみなす考え方においては、神は、建築士として（詩 127:1）、製作になぞらえる考え方においては、粘土をこねて器を造る陶工（エレ 18 章、ロマ 9:21）や人間を土の塵から造る方（創 2:7）としてはっきりと描かれている。建築や製作といったこれらのアナロジーにおいては、創造主としての神の意図や目的が強調される。けれども、それらのアナロジーには、明らかな欠点が二つばかり存在する。一つ目の欠点は、それらのアナロジーは、双方とも、神が手をかける所与の物質を前提としているために、「無から」の神の世界創造のラディカルな性格を曖昧なものとしてしまうことにある。二つ目の欠点は、それらのアナロジーのいずれもが、神が存在せしめたものに対し、超人格的地位を割り当ててしまうことにある。

31　Sallie McFague, *Metaphorical Theology* (Philadelphia: Fortress, 1982), 13.
32　George S. Hendry, *Theology of Nature* (Philadelphia: Westminster, 1980), 147-62; Ian Barbour, *Religion in an Age of Science*, vol. 1 (San Francisco: Harper & Row, 1990), 176ff. を見よ。

3. 創造をなぞらえるにあたっての第三のアナロジーは、流出のそれである。それは、文字通りに、泉からの水の流出、あるいは太陽や火からの光や熱の放出といった意味での「流れ出す」ことを指し示している。このアナロジーによれば、世界の創造は、神の満ち溢れんばかりの豊かさから溢れ出ることである。つまり創造は、その起源を神御自身の豊饒さに持つことになる。既にこの章において、このイメージを何度か用いてみたりもした。しかしながら、この流出のメタファーは、非人格的な、更には非自発的なプロセスをも指し示してしまうという欠点を持つ。ヘンドリーが指摘するように、流出のアナロジーは、三位一体の位格相互の関係を指し示すものとして古典的神学においても用いられている（例えば、ニケーア信条中の「光よりの光」等の表現において）ものの、神の世界創造のアナロジーとして広く受け入れられているとは言えない。

　4. ヘンドリーによって取り上げられてはいないものの、今日、広く論じられているのが、心と身体の関係において神と世界の関係をなぞらえるアナロジーである。神学者の中には、抑圧的、階層的な諸モデルにとって替わるものとして、世界を神の身体として理解するよう提唱し続けてきた者たちがいる。彼（女）らによれば、このアナロジーによってこそ、神と世界の間に存在する親密性と相互性は最も良く表現しうるのだという[33]。しかしながら、このアナロジーにも問題がある。それは、このアナロジーによっては、聖書に描かれているような、対称的でも必然的でもない、恵みに満ちた神と世界との関係を表現できないということである。

　5. 最後に、ヘンドリーが芸術表現と呼び、あるいは我々が遊戯と呼ぶこともできるであろう世界創造のアナロジーが存在する。我々はしばしば、創造を神の「働き」と呼ぶ。それにはそれなりの理由が存在する。けれども、「働き」として神の創造を語る際に、そこには、人間の生において労働というものの持つ、陳腐であると共に、きわめて不快なニュアンスがどうしてもつきまとってしまう。それゆえ、神の「遊戯」として、すなわち、その源泉を神の喜悦に持つような神の自由な芸術表現として世界創造を考えることのほうがはるかに有益であろう。

33　Sallie McFague, *The Body of God: An Ecological Theology* (Philadelphia: Fortress, 1993), 131-57 を見よ。

聖書によれば、被造物は、神の御言葉と聖霊によって存在させられた。神が語ることによって、世界は存在へともたらされた（創 1 章）。神の聖霊は原初の混沌を覆い（創 1:2）、全被造物に命を与える（詩 104:30）。神の創造的行為は、自由に、また自発的になされることにおいて、遊戯あるいは芸術表現としての特質を示している。

それらの特質とは何か？　第一に、まことの遊戯は、自由であり、強制されることのない活動である。すべての芸術表現は、それが音楽であれ、演劇であれ、舞踏であれ、絵画であれ、はたまた彫刻であれ、創造的で、自由自在で、豊かな表現性と、遊戯性に満ちている。そのような遊戯的活動は、それ自体の規則を持つものの、恣意的なものとしてではなく、自由の領域を特定するようなものとして経験される。第二に、すべての芸術活動には、自由（自発的）なる自己限定といったものを見受けることができる。芸術家は、自らが取り組むことになる素材そのものが備えている本来的性質を尊重しなければならない。このためには、何らかの自発的な自己限定が要求されるのである[34]。第三に、芸術家が自己表現をなす際には、自らとはまるで異なるものの、自らの像が刻印されてあるような何かを表出する。また、そのようにして創造された芸術作品は、しばしば、それ自体の生を獲得する。古典となるような音楽作品や文芸作品のテクストは「それ自身が語りだすのである」。小説やドラマにおける登場人物は、その際、自らの人格や個性を持つようになり、作者が暴力的かつ人工的な作為を加えた印象を与えるような場合は別にして、それらの人物たちをして何事も無理に語らせたり、やらせたりすることはできない。芸術的創造は自由のうちに生まれ、創造者から何らかの独立性を獲得する。最後に、芸術家は特定の素材を必要とするのであるが、芸術活動の結果生じるものは、使用された素材とは異なる秩序を有するようになる。モーツァルトの協奏曲、あるいはレンブラントの絵画は、与えられた素材を単に組み直したものではなく、「新しき創造」である。

世界創造のモデルを芸術表現として考える見地は、とりわけ三位一体論的神学にはふさわしく思える。神を、物事に関与せず、遠く離れたところにいる創造主とする、伝統的西洋哲学における典型的神観は、聖書的見地からす

34　David Brown, *Divine Humanity: Kenosis and the Construction of a Christian Theology* (Waco, Tex.: Baylor University Press, 2011), 193-200 を見よ。

れば全くもって不十分である。他方、新たに息を吹き返しているかに見える、世界を神の身体とする万有内在神論的神観は、神と世界との親密的関係を強調するも、そこにおける神の自由、そして世界の真の他者性や自由といった事柄を適切に描いているとは言えない。芸術表現モデルは、創造的自由の要素と、芸術家と芸術表現の間に存在する親密なる関係という要素を結び合わせるがゆえに、魅力的である。神の愛が、三位一体の位格間の交わりにおいて自由に表現され、分かち合われているのと同様に、神は愛においてなされる御自身の創造行為において、神的創造性の徴を帯びた自由なる被造物の世界をあらしめる。

創造論において、芸術活動や遊戯のメタファーを探究せずにすませてきたのは、一部には、近代における神学と芸術の間に生じてしまった不幸な断絶に由来するかもしれない。また一部には、モルトマンが示唆しているように、創世記の最初の創造物語に記された安息日の意義を、惜しむらくは、神学がなおざりにしてきたことにもよるのであろう。神の創造性は、その物語においては、人間の創造をもってではなく、休息、祝福、そして安息日の祝祭において完結される。創造の完成、また冠として、安息日は、神的創造性の遊戯的次元を想起させるものであり、そのために世界が創られた目的である、交わりの内なる、喜び、自由、平和の前味としての意味を持っているのである[35]。

創造論と現代科学

これまでの議論によって、キリスト教的創造論が、どのようにして世界が生じてきたかに関する擬似科学的理論ではないことが明らかにされたはずである。創造論は、御自身の威光と恵みとが聖霊の力によりイエス・キリストにおいて決定的に啓示された方であられる創造主なる神に対する信仰の主張である。三位一体の創造主であられる方への信仰は、我々は、その存在そのものが神からの賜物であるような偶有的で有限なる存在であるということを

---

35 Moltmann, *God in Creation*, 5-7, 276-96, 310-12〔モルトマン『創造における神』25-27, 399-428, 448-451 頁〕.

承認する。創世記1章と2章において記されている物語は、現代の宇宙理論と競合するような科学的記述ではなく、世界や我々一人一人を創造し、和解へと導き給う神に対する信仰の頌栄的宣言である。

創造主なる神への信仰と現代科学の関係をめぐる探究は、その領域を広げつつある[36]。イアン・バーバーは、宗教と科学の関係に関して標準となるべき以下の諸類型を提示した。片方の見方が単純に他方の主張を拒絶するような「対立」的関係。双方が独自の路線をたどる「独立」的関係。話し合いが可能であるとの認識が存在する「対話」的関係。ある程度の調和あるいは総合を試行する「統合」的関係[37]。キリスト教神学と現代科学の相互的関わりに関する議論は複雑な様相を呈するものの、幾つかの原理をそこに認める必要があろう。

第一に、科学と神学は、それぞれがきわめて独自の言語を用いてなされる、二つの異なる「言語ゲーム」（ウィトゲンシュタイン）であることを心に留めるべきである。一方は、データ、経験的根拠、因果関係、蓋然的理論の言語を用い、他方は、神の創造による世界を豊かなシンボルやイメージ、また詩的抑揚を駆使しながら記述する。世界の起源に関する科学的記述と、象徴や比喩に富む聖書の創造物語に見られる主張を同一線上に論じようとすることは、カール・バルトがかつて言ったように、真空掃除機の音とオルガンの音とを較べようとするようなものである。信仰の言語と科学の言語は、それぞれの独自性において認められなければならない。一方が他方に吸収されるようであってはならない。また、これら二つの言語のうちの一つのみが、真理へと近づく唯一の道であるとする主張は、根拠なき傲慢なものと言う他はない。

だが、この点をもって議論を終わらせることなく、二番目の原理へと向か

---

36 このことに関する文献は広範囲にわたり、また急速に数を増やしつつある。A. R. Peacocke, *Creation and the World of Science* (Oxford: Clarendon, 1979)〔ピーコック『神の創造と科学の世界』塚田理／関正勝訳、新教出版社、1983年〕; John Polkinghorne, *Science and Creation*; Polkinghorne, *The Faith of a Physicist* (Princeton: Princeton University Press, 1994); Ian Barbour, *Issues in Science and Religion* (New York: Harper & Row, 1966); Barbour, *Religion in an Age of Science* (San Francisco: Harper & Row, 1990); Wentzel van Huyssteen, *Duet or Duel? Theology and Science in a Postmodern World* (London: SCM, 1998), Elizabeth A. Johnson, *Ask the Beasts: Darwin and the God of Love* (London: Bloomsbury, 2014) を見よ。

37 Barbour, *Religion in an Age of Science*, 3-30 を見よ。

う必要があるであろう。すなわち、科学と神学は、それぞれに独自性を持ちつつも、完全に異なるものとして相互に排除し合うものでもないとの原理へと[38]。近代の大半がそうであったようには、科学と神学は反目し合う必要はないのである。もちろん、聖書が自然科学の誤りなき教科書であると主張されるならば、それは信仰によって近代科学に突きつけられた宣戦布告に等しい。逆に進化論が、必ずと言ってよいほどに、無神論や現実世界の排他的なまでに自然主義的な解釈とセットで主張されるなら、そのことは翻って、近代科学による信仰に対する宣戦布告とみなされるであろう。近代科学と神学の闘争においては、幾つもの劇的な瞬間が存在した。ガリレオが、地球が動いているとする自らの科学的判断を放棄することを余儀なくされた出来事は、科学と信仰の間に存在する敵意のシンボルとされた。19世紀および20世紀の初頭においては、両者の対立は、以前にもまして進化論をめぐる争いへと収斂されていった。ウィルバーフォースとハクスレーの間の論争、スコープス裁判、そして近年の「創造科学」をめぐる議論は、いずれの陣営においても、科学と信仰の関係づけに関して、いかに混乱が広がっており、またこれからもそうあり続けるであろうことかを我々に思い起こさせるのである。

　そのような混乱が存在するにもかかわらず、進化論と創造主なる神への信仰の双方を真実なものと認めたとしても、そこには本質的には何らの矛盾も存在しない。神の創造行為のタイムスパンやその諸段階、またその過程に関して我々が従来、抱いてきた思い込み（想定）が、広範囲にわたって改められなければならなくなったとしても、そのことは、創造主なる神への信仰主張に対してそれほど大きな影響を与えるものではない。進化論の擁護者の中には、神への信仰は近代科学により根拠なきものと証明されたと主張する者たちがいるかもしれない。だが、彼（女）らの結論は、「創造科学」こそが、世界の創造主なる神への信仰主張から引き出すことのできる、あるいは引き出さねばならないものであると結論づけるのと同じくらいに根拠なきことである。科学においては還元主義と神学的帝国主義の双方が回避されなければならないのである。我々の経験する世界は――物理的、化学的、生物的、人格的、社会的、宗教的といった――多岐にわたるレベルが存在する。そ

38　イアン・バーバーは、「我々は、互いに没交渉な言語の複数性ということに（それらの言語が同じ世界に関する言語であるなら）満足し続けていることはできない」と主張する。*Religion in an Age of Science*, 16.

れら各々のレベルは、それ自体のレベルにおいて解明可能なものであると同様、より高次のレベルの理解へと開かれている[39]。このことは、世界に関して、一方によって他方の証明、あるいは非証明をなすことなく、科学的理解と神学的理解の間に「相補的調和」あるいは「調和的一致」といったものを探究することが可能であることを意味している[40]。

　第三に、多くの神学者と科学者たちの間に合意が育まれつつある。科学と信仰は互いに反目する必要はなく、むしろ互いに影響を与え合い、豊かさを分かち合うべきである。科学者たちは、科学的探究における人格的参与や創造的想像力の次元を、これまでにないほど明確に認識するに至っている[41]。彼（女）らはまた、科学的営為それ自体が厳密には証明することのできない諸々の想定や根源的メタファーに依存していることを強調する。スタンレー・L. ジャッキは、現代科学を可能とする諸想定——観察された諸実態は客観的現実であって固有の合理性を持ち、偶有的であること、また宇宙は一貫性を持った全体でありつつも、なおも開かれた現実性であること等——が、キリスト教的創造論とことごとく合致していることを説得力ある仕方で論じている[42]。ある科学哲学者によれば、今日においては信仰が理解を求めているのみならず、科学的理解も、少なくとも広義においては、信仰を求めているという[43]。

　キリスト教信仰と神学は、現代の生物学的研究や科学の宇宙論から多くを学ぶことができる。例えば、神は、実際には閉じられた静的な世界ではなく、開かれたダイナミックな世界を創造されたということ、また、神が創造されたのは、一枚岩的な世界ではなく、高度に差異化され、連続性、秩序、一貫性を有すると同時に、変化、新しさ、不確実性の存在する世界であることを、

39　認知行為の諸レベルに関しては Bernard Lonergan, *Insight: A Study of Human Understanding* (London: Longmans, Green, 1957), 271-78 を見よ。

40　John Polkinghorne, "The Hidden Spirit and the Cosmos," in *The Work of the Spirit: Pneumatology and Pentecostalism*, ed. Michael Welker (Grand Rapids: Eerdmans, 2006) を見よ。

41　Michael Polanyi, *Personal Knowledge* (Chicago: University of Chicago Press, 1958)〔ポランニー『個人的知識——脱批判哲学をめざして』長尾史郎訳、ハーベスト社、1986年〕を見よ。

42　Stanley L. Jaki, *Cosmos and Creator* (Edinburgh: Scottish Academic Press, 1980).

43　Polkinghorne, *Science and Creation*, 32.

現代の生物学や宇宙論から学ぶことができる[44]。振り子は反対方向に強く振れ始めているのである。少なくとも、信仰と神学がそれとなく直観している事柄を科学が明確にするであろうとの期待が生まれ始めているのかもしれない。量子論やビッグバン宇宙論のほうが、神に至る道筋を提示しうると論じる著作が人気を博しているが、この種の慎重さを欠いた主張によっては、現代科学と神学の対話を促進させることはできないであろう。

現代科学と神学の対話の前進を助長するのは、両陣営における、開かれた新しき姿勢であろう。すなわち、科学にあっては、それ自身の働きを有する神秘の次元に対しての開かれた姿勢、信仰と神学にあっては、人間中心主義の狭い枠組みを超える、目的を持った神の働きのヴィジョンに対しての開かれた姿勢。神学的人間中心主義は、新しき神中心主義、より具体的には、新たな生命を吹き込まれた（再活性化された）三位一体論的神理解によって、更には、過去の出来事に固着することなく、むしろ全被造物を包み込む将来における神の完成に向けて方向づけられた創造論によって克服されてゆかなければならない。ここで意図されているのは、人間の生の価値を切り下げることではなく、全被造物の有する価値を再評価することである。ユルゲン・モルトマンは次のように言う、「人間存在の恒久的意義は、神の被造物の歌う喜ばしき賛歌に参与することである。この賛歌は、人類の出現以前に歌われていたと共に、人類の領域外において今、歌われており、そして恐らく、人類がこの惑星から消失してしまうようなことがあった後にも歌われるであろう賛歌である」[45]。

とりわけ、我々が直面している環境危機を視座に置く時、旧来のキリスト教信仰と現代科学の間に存在する確執を捨て去ることが緊急に求められている。自然神学（*natural theology*）は、少なくとも伝統的な形においては、必要とされていないし、有益でさえない。けれども、自然の神学（*theology of nature*）は決定的に重要である[46]。科学者とその発見を神学者と信仰のヴィジョンから完全に切り離そうとする、あるいは、双方を互いに没交渉のもとに

---

[44] A. R. Peacocke, *Creation and the World of Science*〔ピーコック『神の創造と科学の世界』〕を見よ。

[45] Moltmann, *God in Creation*, 197〔モルトマン『創造における神』291-292頁参照〕．

[46] Hendry, *Theology of Nature*, 13-14; Barbour, *Religion in an Age of Science*, 183; Polkinghorne, *The Faith of a Physicist*, 41-46 を見よ。

置こうとするような方針は完全に打ち捨てなければならない。科学者と神学者が互いに開かれた対話を持つことが緊急の課題である。一方の見地が他方の見地を吸収してしまうようなことが起こらなければ、その中に存するものが互いに有機的な関連性を有する神の創造された世界の美しさとはかなさを、科学者も神学者も、各々に特有な仕方で指し示すことができるかもしれない。

更なる学びのために

Barbour, Ian G. *Issues in Religion and Science*. Englewood Cliffs, N.J.: Prentice-Hall, 1966.

Barth, Karl. *Church Dogmatics*, 3/1: 3-41. Edinburgh: T&T Clark, 1958.〔カール・バルト『教会教義学　創造論 I/1』吉永正義訳、新教出版社、3-73 頁〕

Birch, Charles, and Lukas Vischer. *Living with Animals: The Community of God's Creatures*. Geneva: World Council of Churches, 1997.〔チャールズ・バーチ／ルーカス・フィッシャー『動物と共に生きる』岸本和世訳、日本キリスト教団出版局、2004 年〕

Cobb, John. *Is It Too Late? A Theology of Ecology*. Denton, Tex.: Environmental Ethics Books, 1995.〔J. B. カブ Jr.『今からではもう遅すぎるか？——環境問題とキリスト教』郷義孝訳、ヨルダン社、1999 年〕

Fergusson, David. *The Cosmos and the Creator*. London: SPCK, 1998.

Haught, John F. *God After Darwin*. Boulder, Colo.: Westview, 2000.

Hendry, George S. *Theology of Nature*. Philadelphia: Westminster, 1980.

Johnson, Elizabeth A. *Ask the Beasts: Darwin and the God of Love*. London: Bloomsbury, 2014.

May, Gerhard. *Creatio ex Nihilo*. Edinburgh: T&T Clark, 1994.

Miller, Daniel K. *Animal Ethics and Theology: The Lens of the Good Samaritan*. New York: Routledge, 2012.

Moltmann, Jürgen. *God in Creation*. London: SCM, 1985.〔ユルゲン・モルトマン『創造における神——生態学的創造論』J. モルトマン組織神学論叢 2、沖野政弘訳、新教出版社、1991 年〕

Peacocke, A. R. *Creation and the World of Science*. Oxford: Clarendon, 1979.〔A. R. ピーコ

ック『神の創造と科学の世界』塚田理／関正勝訳、新教出版社、1983年〕

Polkinghorne, John. *Science and Creation*. London: SPCK, 1988.

―――. *The Work of Love: Creation as Kenosis*. Grand Rapids: Eerdmans, 2001.

Schwöbel, Christoph. "God, Creation and the Christian Community: The Dogmatic Basis of a Christian Ethic of Createdness." In *The Doctrine of Creation*, ed. Colin Gunton. Edinburgh: T&T Clark, 1997. Pp. 149-76.

Soskice, Janet. *Creation "Ex Nihilo" and Modern Theology*. Oxford: Wiley-Blackwell, 2013.

Tanner, Kathryn. *God and Creation in Christian Theology: Tyranny or Empowerment?* Oxford: Blackwell, 1988.

第6章

神の摂理と悪の不可解さ
The Providence of God and the Mystery of Evil

第1章において、神学を理解を求める信仰として定義し、その営みの一側面は、神、人間である我々自身、また世界を考えるに際し、イエス・キリストにおける啓示の光のもとにそれらの全体性と一貫性を探求することにあるとした。けれども、その一貫性を探求する際、我々が知る以上のことを知っているかのように振る舞い、その結果、信仰と生ける現実の接触点を喪失させてしまうような観念の体系を構築せんとする誘惑には抗わなければならない。キリストにおいて明らかにされる神の真理に信頼を置くことはできるものの、我々が持つことの許される神に関する知識は、完全であるとは言えない。信仰においておぼろげに見ることが許されているだけであるように（Ⅰコリ 13:12）、すべての神学は、カール・バルトが言い表しているように、必然的に「破れを抱えた思想」である。この事実をどこよりも強く実感するのは、世界における圧倒的な悪（根源悪）の現実を前にして、神の摂理を主張しようとする時である。神の摂理が「悪の問題」に対してどのような関係に立つかということについての信仰主張を明らかにしようとする神学的努力は、憐れなまでに弱く、不十分であるように思われる。すべての問いに対して答えを有すると主張する壮大な神学の体系は、世界に存在する悪と苦難の圧倒的現実を前にして幻想にすぎぬことが暴かれてしまうのである。根源悪の存在は、神の、とりわけその摂理的支配に関する神学的思考や言説にとってやっかいな「妨げ」（アーサー・コーエン）となっている。

摂理信仰と悪の現実

キリスト者は、世界に対する神の主権とその摂理的配慮を信じ、告白す

る。神は、理神論が説くのとは異なり、被造物を見放したり、それ自身の歩みに任せるようなことはなさらない。まことの神は、不在の主人のような方では決してない。御自身が定められた目標に進むべく、被造物を支え、祝福し、導かれる真実な方である。全被造物に対する神の絶えざる配慮は、聖書の所々に証言されている（例えば、創 9:8–17、詩 104 編）。その中で、おそらく最もなじみある箇所は、正しき者にもそうでない者にも雨を降らせ（マタ 5:45）、空の鳥を養うと共に野の百合を装わせ（同 6:26–30）、我々の頭の髪の毛の数をもことごとく知り給う（同 10:30）方である神に関するイエスの教えであろう。

　摂理に関する短くも的を射た定義は、1563 年に記された「ハイデルベルク信仰問答」の中に与えられている。その定義によれば、摂理とは「常に働き続ける神の全能の力である。実際、すべてを支配なさる御手により、神は天地における被造物をことごとく支えられる。葉も草も、雨も旱魃も、豊作も飢饉も、食べ物も飲み物も、健康も病も、富も貧しさも、その他すべてのことも、偶然によるのではなく、御父の御手によって我々のもとに届けられるのである」[1]。

　神の摂理的活動に関するこのような主張は、悪の現実とその力により、容赦なく試練にさらされることになる。神の御心に敵対し、良き創造を歪めるものとして、悪は幻想でも単なる見せかけでも、また世界から次第に消失してゆく力でもない。悪の現実を否定し、その力を最小に見積もるいかなる理論も、近代後期に起こった数々の恐るべき出来事によって、空想的で評価に値しないものであることが明白となった。近代初期においては、悪は、文化的遅れ、あるいは不十分な教育、もしくは社会計画の結果として考えられていた。また宇宙と人類は、すべての苦しみと悪が取り除かれるであろう楽園に向かって、漸進的にではあるが不可避な進歩を遂げつつあると信じられていた。しかしながら、21 世紀の初頭に起こったおぞましき破滅的戦争や大量虐殺行為を経験したあとでは、また生物兵器による戦闘や壊滅的核戦争の身の毛もよだつ可能性を前にして、そのような安易な進歩信仰は信用を失ってしまっている。

　悪が説明によっては片づけられず、むしろ新聞紙面において、またガン病

---

[1] 『ハイデルベルク信仰問答』答 27。*The Book of Confessions* (PCUSA), 4.027.

第6章 神の摂理と悪の不可解さ

棟の中や「近現代の歴史的生における途方もなく大きな事実」[2]として我々の前に立ちはだかっている以上、神学は、おぞましき悪を前にしていかに神の主権を主張できるかという神義論的問いを避けては通れない。しばしばその問いは、次のような形で定式化される。すなわち、神が全能かつ善良な方であるのなら、どうしてこの世に悪が存在するのか？　信仰者は、神の力を限定的に捉え、また、その善良さを否定しなければならないのだろうか？　それとも悪の現実を否定すべきなのだろうか？　神義論的問いは、時に、自然の手において人間が経験する苦難や悪といった自然悪と呼ばれるものと、罪深い人間が互いに、また自らの住む世界に与える苦難や悪といった道徳悪と呼ばれるものとの双方の観点から我々に突きつけられる。双方の経験領域において、神への我々の信仰を人生の過酷な事実に関連づけようとの努力は、拷問のような問いの迷宮へとはまり込んでゆく。

1.「自然悪」とは、病気、事故、地震、火事、洪水等によって引き起こされる痛みや苦難のことを指す。ガンにより断末魔の苦しみにあえぐ若い母親、エイズを負って生まれてきた赤ん坊、ひき逃げによって殺された幼子、濃霧の中で墜落した飛行機事故において命を落とした数百人もの人々、ハリケーンによって失われた多くの命とことごとく壊滅させられた共同体の数々、火山の噴火によって引き起こされた土石流に生き埋めにされた数千もの人々、津波にのみ込まれ、流れ去っていった数十万もの人々のことを考えてみてほしい[3]。愛する者を失って悲しむ者の弔問に訪れた牧師であれば、そのような出来事の引き起こす悲痛さや悲惨さは壊滅的なまでに深刻であることが理解できよう。

自然悪の経験と折り合いをつけるために、我々は、傷つきやすさ、有限性、死の不可避性それ自体を悪とみなそうとする誘惑に駆られる。だが、それは間違いであろう。前章に記したように、有限性や傷つきやすさは、神により造られた良きものの一部をなすところのものである。人間は、神により打ち立てられた自然的秩序の一部であり、他の被造物と同様、その法則に服している。有限な被造物であることのうちには、痛み、病、悲嘆、失敗、無力さ、

---

[2] Arthur A. Cohen, *The Tremendum: A Theological Interpretation of the Holocaust* (New York: Crossroad, 1981), 81.

[3] David Bentley Hart, *Doors of the Sea: Where Was God in the Tsunami?* (Grand Rapids: Eerdmans, 2005) を見よ。

第6章　神の摂理と悪の不可解さ

また老いてやがては死を迎えることなどが含まれている。被造物的生は、移ろいゆくものであり、初めと終わりを持つものである（詩 90:10）。神が造られた世界は、誕生と死、合理性と偶然性、秩序と自由、危険と傷つきやすさといった対照的な双側面を併せ持つ世界である。そのような世界においては、挑戦や葛藤、また何らかの形での苦難は、生を構成する要素である。あらゆる葛藤やあらゆる苦難から解き放たれた世界を望むことは、世界が創造されなかった方がよいと望むことに等しい[4]。被造存在のすべてが有している限界やリスクから信仰者は自由であるべきと主張することは、狭量で身勝手なことと言ってよい。このように有限性や死の不可避性といったことは、神により造られた生の「影の側面」となってはいるものの、それ自体は本質的に悪なるものと呼ぶことはできない。

しかしながら、たとえどんなに慎重に有限性と悪を区別したとしても、それでも我々は、自然界の秩序において底なしと言ってよいほどの苦しみに、愚かしいまでに過剰で、たとえそこから生じる良きものをもってしても釣り合いがとれないほどの苦しみに直面させられることがある。ある人物が「長寿を全うして満ち足りて」（創 25:8）死んだ場合、その死は悲しみをもたらすものの、通常は我々の信仰を脅かすまでには至らない。けれども白血病や他の何らかの病による一人子、あるいは若者の死は、神義論的問いへと人々を駆り立てるに十分なものである。

更に、自然的秩序内における神の摂理的導きに対する疑問へと人々を駆り立てる衝動は、個々の悲劇的経験に限定されない。それは我々をして、個人的経験の際と同様、宇宙的プロセスの解釈を我々に強いるようになる。暴力的な仕方でもたらされた死や空しく浪費された生は、果たして、自然秩序全体の構成要素であるのだろうか？　ジョン・マッコーリーは、進化のプロセスに存在する「徒労」について次のように言及する。「地表における進化のプロセスは、あらかじめ考えられていた計画の遂行というよりも、手探り状態で進められる無駄を伴う試行錯誤のプロセスである」[5]。

自然の持つ暗黒的側面によって神を否定するように、あるいは神を破滅や悪に等しいものにみなすようになった者もいる。テネシー・ウィリアムズの

4　Douglas John Hall, *God and Human Suffering* (Minneapolis: Augsburg, 1986), 49-71 を見よ。
5　John Macquarrie, *Principles of Christian Theology*, 2nd ed. (New York: Scribner's, 1977), 257.

戯曲『去年の夏 突然に Suddenly, Last Summer』の中において、神を求めるセバスチャンは、エンカンタダス島の上空を舞う鳥たちが、懸命に海にたどり着こうとする海亀の子をほんの数匹を除いて、すべてむさぼり食らうのを目の当たりにし、取り乱さずにはいられなくなる。その殺戮を目撃したセバスチャンは母親に言う。「『ああ、僕はとうとう彼を見た！』神（God）のことさ！」と[6]。自然界において多様な形で生じる悪のすさまじいまでの残忍さ、おぞましいまでの命の蕩尽、あるいは気まぐれとしか思われないような側面は、神の摂理的配慮やその善良さに対する疑念、あるいは絶望にさえ導きうるのである。

　2．悪の不可解さは、我々がその働きの自然的側面から歴史的側面に視線を移す際にも、同様に、我々に不可解な思いを抱かせる。18世紀の人々にとって神義論的問いの象徴はリスボン大地震であったが、21世紀にあっては、それは、伝統的神学の省察をことごとく断ち切ってしまうであろう、アウシュヴィッツのような数々の場所の記憶である。ヨーロッパに住むユダヤ人に対して第二次大戦中、ナチス・ドイツによって引き起こされたホロコーストの出来事は、いまだ贖われることなき世界における根源悪の最初の象徴となった。

　思考を麻痺させてしまうほどのそうした経験を神学的に省察することへと導いてくれたユダヤ人の作家たちがいるが、我々はそれらの作家たちに負うところが大きい。600万人のユダヤ人の虐殺は、精神と魂と麻痺させてしまうほどのスケールを持った悪が歴史上で起こることを示している。ナチスは、ただユダヤ系の祖先を持っているというだけで死の収容所において、機関銃やガス炉によって数百万の無辜の人々を滅ぼした。この徹底的なる大量虐殺行為の背後にある唯一の動機は、憎悪以外の何ものでもない。このことがこの出来事に全くと言ってよいほどの悪魔的性格を与えているのである。この虐殺が、近代西洋文化のまさに頂点に位置した社会によって遂行されたという事実は、その恐怖をなおさら増幅させる。ナチスは、自らの悪魔的所業がドイツの戦争努力にとって有益だったと主張することさえできない。なぜなら、事実がまさに反対であったことを示す例証があまりにもたくさん存在す

6　Tennessee Williams. Gordon D. Kaufman, *Systematic Theology: A Historicist Perspective* (New York: Scribner's, 1968), 310-11 で引用。

るからである。ユダヤ人の男女や子どもたちは、契約の神への不真実ゆえにではなく、契約の民の一員であったというまさにそのことによって無分別かつ残酷に消滅させられたのであった。

　ホロコーストの恐怖の瞬間は、エリ・ヴィーゼルという作家の『夜』という小説中のアウシュヴィッツにおける一つのエピソードによって、描き出されている。ある時、一人の少年が、キャンプルールを破ったささやかな違反行為のために全囚人の目の前で絞首刑に処せられた。少年の体が縄に吊る下げられる時、ヴィーゼルは誰かに尋ねられた、「神は今どこにおられるのだろう？」その時、彼の内なる声はこう答えていた、「あの方はどこにおられるだって？　ここにおられるじゃないか。ここに絞首台にぶら下がっておられるのがあの方だ。……」[7]。ヴィーゼルの物語の力は、恐怖の経験をした際に直面する深刻な信仰の危機に焦点をあてることから生じている。無辜の者たちの味わわざるを得ない苦しみの経験は、いずれの経験であっても、不可避的に神学的な次元を有している。シモーヌ・ヴェーユが注目すべきエッセイの中で教えているように、不幸は多くの次元を持つ。そこには肉体的苦痛のみならず、社会的拒絶や自己憎悪が含まれている。しかしながら、なににもまして「不幸はしばしのあいだ神の不在を思わせる」[8]のである。神の不在、あるいは神の死の経験は、根源悪の体験と密接に結びついている。

　ホロコーストの出来事は、独自の、また唯一無比なる性格を持っているが、それをめぐってなされる証言は、あらゆる場所で起きている無実の者たちの苦しみに関する証言と結びつく。すなわち、合衆国における黒人奴隷、南アフリカのアパルトヘイトの犠牲者たち、スターリンの強制収容所の囚人たち、広島と長崎で焼き尽くされた数十万の人々、カンボジアのキリング・フィールドで失われた無数の生命、バルカン半島の「民族浄化」の犠牲者たち、ルワンダの部族抗争で虐殺された数百万の人々、様々な軍事作戦における副次的被害としての犠牲者たちの苦しみの証言と繋がれているのである。そのリストは無限に続く。アーサー・コーエンは次のように書いている。「ユダヤ人たちが死の収容所のおぞましさ（*tremendum*）が唯一無比なるものであ

7　Elie Wiesel, *Night* (New York: Bantam Books, 1982), 62〔ヴィーゼル『夜』村上光彦訳、みすず書房、1995 年、109-110 頁参照〕.

8　Simone Weil, *Waiting for God* (New York: Harper & Row, 1976), 120〔ヴェーユ『神を待ちのぞむ』渡辺秀訳、春秋社、2009 年〕.

ると主張する際、彼らの主張は正しい。だが、地上において虐殺された他の人々、その存在をユダヤ人に劣らぬ仕方で、それゆえ、非合理性と絶対性において遜色のない仕方で虐殺された人々の恐怖も唯一無比なものである」[9]。

　それがどんな名前で呼ばれようとも、おぞましきこと（*tremendum*）が明らかにするのは、悪が現実に存在し、力を持っていること、そしてそれは抗われねばならないこと、また、その重圧のもとで苦しむ人々は、遅かれ早かれ、詩編の詩人たちのように「いつまでですか？　おお主よ！」（詩 13:2）と、あるいはイエスのように更におののきつつ「わが神、わが神、なぜわたしをお見捨てになったのですか？」（マコ 15:34）との問いを発するようになるということである。

神学的伝統における摂理と悪

　古典的摂理論は、世界における悪の現実性に対する感覚を欠如した神学者たちによって構築されてきたのではなかった。神が世界を保持しておられること、すべての出来事を支配しておられること、究極の目標に向かって世界を管理しておられることとして神学者たちが摂理を語る際、彼らは、個々人、社会、国家において猛威を振るう神の御心を拒絶するような力を無視したのではない。このことは、アウグスティヌスやカルヴァンによって展開された、印象深い摂理論において明らかである[10]。

　アウグスティヌスによれば、神の摂理は、ほとんど隠されていると言ってもよい形においてではあるが、個々人の生と歴史の双方において働いている。『告白』という著作において、アウグスティヌスは、神が密かに、けれども確かに、多くの紆余曲折を通してであるが、彼の生をキリストへの信仰へと導き、教会へと招き入れていったことを回顧している。神の目的は、強制的に、あるいは現実に存在する外部の力によってではなく、まさにアウグスティヌス自身の自由における決断と行為の中で、またそれらを通して達成されたのである。後に、『神の国』という著作において、アウグスティヌスは、

9　Cohen, *The Tremendum*, 36.
10　Langdon Gilkey, *Reaping the Whirlwind: A Christian Interpretation of History* (New York: Seabury Press, 1976), 159-87 を見よ。

ローマ帝国が瓦解してゆくさなかにあっても、いかに神の摂理の御手が働いているのかということを、読者が理解できるような仕方で説明を試みている。暴政、不正義、社会的崩壊、戦争、その他の悪の出来事は、神によってではなく、被造物が与えられた自由を誤用したことにその端緒を持っている。それにもかかわらず、神はこれらの出来事を起こるに任せ、それらを御自身の目的の成就のために用いるのである。神は、悪に対する御自身の主権を、それ自体はネガティヴかつ破壊的でしかあり得ないようなことから善をもたらすような仕方で、行使されるのである[11]。

カルヴァンの摂理論は、あらゆる出来事に対する神の統治を更に明確に主張する。カルヴァンの中心的目的の一つは、いかなる出来事も運や偶然や気まぐれによって起こるとする考えに異を唱えることである。「万事は神のひそかな計画によって支配されている」とカルヴァンは言う。「神の知識と御心によって決定されているもの以外は何事も起こらない」[12]。神の「単なる予知力」を主張するだけでは不十分と考えるカルヴァンは、神はその細部のきわみに至るまで自然と歴史の道行きを統治されると断言する。神は「万事を御自身の測りがたき知恵により方向づけ、御自身の目的のために取り扱われる」[13]。

神の主権的支配を強調するものの、カルヴァンは摂理を宿命と同じものとは見ていない。逆に、我々は神を万物の「第一要因」として見るべきではあるものの、万物のそれぞれのしかるべき場において働く「第二要因」にも注意を払うようにカルヴァンは教えている[14]。神は、危険を予知し、慎重に行動すべく、人間に理性をお与えになった。危険が明らかである際には、そこに頭から飛び込まないようにすべきであり、苦しみを癒す方法が手に入るのなら、それらを無視すべきではない。神の摂理を説く古典的神学者たちと同様、カルヴァンは、被造物の自由と責任を犠牲にしてすべてを神に帰すことと、被造物の活動に何らかの自治を与えることにより神の全能を妥協させることとの間を綱渡りのようにバランスを取りながら、議論を展開している。

---

11 アウグスティヌス『神の国』13.4 を見よ。「筆舌に尽くしがたき神の憐れみによって、人の罪に対する罰でさえも、美徳への道具と変えられてゆく」。
12 『キリスト教綱要』1.16.3。
13 『キリスト教綱要』1.16.4。
14 『キリスト教綱要』1.17.6。

第6章　神の摂理と悪の不可解さ

　アウグスティヌスにとっても、カルヴァンにとっても、神の摂理は、思弁的教理というよりも、実践的真理なのである。神が統治されること、また悪は神の確たる支配のもとに置かれていることを我々は確信しうる。カルヴァンによれば、このことは、信仰生活にとって重要な「恩恵」をもたらす教えである。第一に、それはたとえその理由が分からずとも、謙遜になって神の御手より逆境を受け取ることを教える。第二に、摂理論によって、我々は、順境にある時に感謝することを教えられる。最後に、神の摂理に対する信頼は、行きすぎたあらゆる不安や思い煩いから我々を解き放つ。カルヴァンは、これらの点を次のように要約している。「物事の結果が良い方向に与えられた時の感謝の精神、逆境にある時の忍耐、そして将来に対する不安からの信じられぬほどの自由、これらは［摂理を］知ることによって必然的に与えられているのである」[15]。

　伝統的摂理論の枠組みにおいては、神義論的問いに対して、少なくとも、三つの顕著な答えが与えられている。

　1.　我々にとってなじみ深い神義論的議論は、神の究めがたさ（*incomprehensibility*）を強調する。世界にはどうしてこんなにたくさんの悪や不公平が存在するのかわからない。だが、それにもかかわらず、我々は神を信頼し、忍耐することを求められている。これが、確かな聖書的根拠に基づく悪への答えである。つむじ風の中より、神はヨブの問いかけに対し一連の反論をもって答えている。神は、自らの有限さ、そして神が世界を扱われるその仕方を知ることの不可能性をヨブに想起させる（ヨブ38–41章を見よ）。カルヴァンは次のように記す。「ヨブの物語は、神の知恵、力、清らかさを描くことにおいて、人間が自らの愚かさ、無能さ、堕落を圧倒的に悟らざるを得なくさせるような力強い議論を常に表出している」[16]。

　神の在り様、また神が世界を扱うその仕方に関する我々の知識が限られていること、また、なぜとの問いに弱々しく答えることを試みるよりも、甚大なる苦しみに対しては沈黙することのほうがはるかにふさわしい応答であることを、我々も確かに同意せざるを得ない。しかしながら、そのような応答を問題としなければならないのは、そのような受け身の応答が、すべての問

15　『キリスト教綱要』1.17.7。
16　『キリスト教綱要』1.1.3。

第 6 章　神の摂理と悪の不可解さ

いを抑圧し、あらゆる苦しみを無条件に受容してしまう傾向を持つからである。このような仕方で用いられる際には、神の究めがたさという主題は、無条件には聖書からの根拠づけは与えられない。事実、「ヨブ記」それ自体が、そのような受け身的な苦しみの忍容に抗することを教える、最も明白なる聖書的実例である。むしろ神に抗議し、神の統治に異議を唱えることに「ヨブ記」はお墨付きを与えるのである。プロローグとエピローグにおける敬虔で忍耐強きヨブのイメージは、キリスト教的良心に深く刻み込まれているものの、それらに挟まれた中間部の韻文において表現されている反抗的態度をもって神を糾弾するヨブに関しては、敬虔なキリスト教的良心の見地からは、違和感を覚えざるを得ないところがあるだろう。それでも記憶さるべきは、この書の終わりにおいて、正しく語った者として神よりほめられているのは、正論をふりかざしてヨブを批判した友人たちではなく、ヨブのほうだということである（42:7）。とてつもない苦しみや悪に直面した際、神の義を問い質すことが許されているということには、神学的であると同時に牧会的な意義も存在するのである[17]。

　2.　他の伝統的な神義論においては、不幸の体験は（悪人に対する）神の罰、あるいは（神の民に対する）懲らしめと解釈される。この見地からすれば、善人であっても悪人であっても、自らにふさわしい報いを（たとえこの世においてではなく、来生においてであっても）受けるような仕方で神は世界を統治される[18]。カルヴァンは、「聖書は疫病、戦争、またこの種の他の災いは、我々の罪に対して神が与えたもう懲らしめであることを教えている」と考えている[19]。

　このような応報的な確信を支持する系譜が聖書に存在することは確かであるものの（例えば、申命記学派やヨブ記における神の擁護者たち）、イエスはそのような考えにきっぱりと疑問を投げかけている。目の不自由な人がそのように生まれついたのは自分の罪によってでもなく、両親の罪によってでもないことをイエスは教えているし（ヨハ 9:1–13）、シロアムの人々が塔の

17　Kathleen D. Billman and Daniel L. Migliore, *Rachel's Cry: Prayer of Lament and Rebirth of Hope* (Cleveland: Pilgrim, 1999) を見よ。

18　『キリスト教綱要』1.5.10。

19　カルヴァン。Dorothee Sölle, *Suffering* (Philadelphia: Fortress, 1975)〔ゼレ『苦しみ』西山健路訳、新教出版社、1975 年〕, 24 で引用。

下敷きになって死んだのは、とりわけ彼らが悪かったからではないと主張する（ルカ 13:4）。神の罰を唱える神義論は、安易に犠牲者を責め、犯罪者を無視することになるのだが、更に不治の病にかかった人々やホロコーストの歴史において数百万単位で殺されていった人々を神は罰しているのだと言い始める際には、この種の議論はとりわけ反動的かつ破壊的な性格を帯びる。人間の行為は結果をもたらす。時に一人の人の向こう見ずで罪深き振る舞いが、結果的に苦しみをもたらすこともある。しかしながら、神の罰を唱える神義論は、罪と苦しみの関係をあまりにも単純視している。すべての苦しみが因果的に罪に、またはっきりとした形で苦しめる者の罪に関連しているのではないのである。自然悪や不正義による犠牲者たちが抱えている苦難の重荷に罪責感を加えることは良心的であるとは言えない。

3. 更に伝統的神義論の中には、神の教育ということに焦点を絞る別の議論が存在する。そこにおいては、神は地上の苦しみを用いて我々を御自身へと向かわせると共に、永遠の生命に対する希望を我々のうちに養うと考えられている。この議論によれば、すべての苦しみは霊的成長のための機会とされる。現在の生を軽んじ、将来の生に想いを馳せることを学ぶべきとされるのである。神が貧困や死別、病気や他の厄災を我々に与えるのは、この地上への執着から我々を引き離し、我々の目を現世の富よりも天国に向けさせるためである[20]。使徒パウロの次の言葉をこうした見地を支持するものとして挙げることができよう。「現在の苦しみは、将来わたしたちに現されるはずの栄光に比べると、取るに足りないとわたしは思います」（ロマ 8:18）。

しかしながらここで使徒が第一に考えているのは、キリストと福音のためにキリスト者に喜んで受け入れられている苦しみのことだということを心に留めるべきである。使徒の発言は、神の支配のために喜んで受容される苦しみと、変えうるし、変えるべきである状況から生じた苦しみの間の違いを覆い隠すために用いられてはならない。悪に対する神の究極的勝利が無辜の者たちの苦しみに意味を与えるであろうという使徒の主旨に異論を唱えたく思う者はおおよそ存在しないであろう。だが、倫理的静寂主義あるいはこの世の生を軽視することに繋がるような仕方でパウロの教えを解釈することに対しては、当然のことながら疑いの目を向けるべきである。イエス同様、我々

---

20 『キリスト教綱要』3.9.1。

は苦しみから学びうる（ヘブ5:8）。使徒パウロのように、また神の恵みにのみ信頼することを教える、癒しがたき「肉体のとげ」（Ⅱコリ12:7-9）ゆえに、信仰における成長を経験するかもしれない。けれども、このことはただちに、苦しみが善であるとの一般的真理へと転化されるべきではない。犠牲者の叫びは、そのように抑圧されてはならない。犠牲者の叫びに耳を傾けない神義論はごまかしを行っているのである。

　伝統的神義論を以上のように要約してきたが、それらは疑いようもなく特殊な状況にいる無数の信者たちに慰めを与えてきた。それらの神義論には、それぞれ、真理の一面が存在する。けれども、それらすべてを特徴づけていることは、神の主権を考えるにあたって、また悪の現実に応答するにあたって、福音の物語に持続的に注意を払い続けることが欠落していることである。21世紀を始めるにあたって、すべての神義論は、「現代という歴史を生きなければならない者たちの直面する過酷なる事実」と十字架につけられたイエスにおいて示された神の愛に関する聖書の証言の双方によって試されなければならない。このような状況は、しばしば伝統的摂理論の前提であり続けてきたあらゆる既存の考え方、とりわけ神の全能観、また神を万事の原因とみなす考え方（omnicausality）を信仰的に再考することを迫るのである。

摂理と悪の再考

　現代の神学者たちは、神の力と被造物の自由の双方を尊重する仕方で摂理論の再考を試みている。神の働きと人間のそれとは相互に排他的のものとしてあるのではない。神は、通常、御自身の目的を達成するために、被造物を媒介として、またそれを通して働かれる。（ロマ8:28）。

　自らの属する古典的改革派の神学的伝統に深い敬意を抱いているカール・バルトのような神学者であっても、その伝統的摂理論は神を万事の原因とみなすその考え方において悲劇的とも言える欠陥を抱え込んでしまっていると指摘している。バルトも、神の働きが「カルヴァン主義者たちが描いている通りに主権的」[21]であることは認めている。けれどもバルトは、神の主権

21　*Church Dogmatics*, 3/3: 131〔『教会教義学　創造論 III/1』吉永正義訳、新教出版社、249

は常にキリストにおける神の啓示の光において理解されなければならないと主張する。実際には、正統的改革派神学の摂理信仰は、生起することはなんであれ、すべて神の定め給うものとして受容すべしとするストア派の諦念と見分けがつかなくなっているとバルトは考える。近代文化の内部にあっては、そのような教えは不可避的に「気まぐれな主権的支配に対する反逆」[22]へと帰結していった。摂理論に、キリスト教的神認識の適切なる規範、すなわちイエス・キリストにおける啓示を当てはめることができなかったがゆえに、伝統的神学は「陰惨なる神」の伝令となってしまったのである。それゆえ、バルトは「事柄全体の根本的な再考」[23]を要求する。キリスト教的摂理論は、神の全能と善良さに関する抽象的主張の単なる論理的帰結ではない。それは、キリスト教的な（キリスト中心的かつ三位一体的なる）まことの神理解のもとで、すなわち自由のうちに愛し、交わりの中に生きることを願い、永遠の昔よりイエス・キリストを、また彼において神の民と全被造物を選ばれる方の光のもとで成り立たせてゆかなければならないのである。

バルト自身、自身の摂理論において、神的保持（*conservatio*）、神的同伴（*concursus*）、神的統治（*gubernatio*）といった伝統的改革派神学のカテゴリーを用いながら、この方向へと重要な一歩を踏み出していった。バルトは、神的摂理におけるこれらの各側面をイエス・キリストにおける神の世界との関わり方の光のもとで再定義する。世界を創造し、摂理の御手をもって導かれる神は、イスラエルならびに全被造物と契約を結ぶ神、イエス・キリストの人格においてその真実と審きと恵みが至上の形で顕かにされた神と同じ神である。

したがって、神は全被造物を保持し、その存在を維持される。この保持の行為は、全能の恣意的行使ではなく、世界がそのために造られた目的に対する神の真実の表現である。全被造物は、永遠の昔よりイエス・キリストにより神の契約のパートナーとして選ばれ、イエス・キリストに向けて方向づけられている。被造物を保持する神の働きは、恵みの契約へと参与せしめるために被造物に力を与え、それを支えんと身をかがめる行為、自由な恵みの行為なのである。神は、生起するすべてのことの非人格的で機械的な「第一要

頁参照〕．

22　*Church Dogmatics*, 3/3: 116〔『教会教義学　創造論 III/1』220頁参照〕．
23　*Church Dogmatics*, 3/3: 118〔『教会教義学　創造論 III/1』224頁参照〕．

因」といったものではなく、イエスが天の父として啓示された方である。

　更に、神は、被造物が自らの生命力と自由を行使する際には伴いたもう方である。神が被造物に伴われるということは、神は専制君主のように振る舞うことなく、むしろ被造物の自由な活動を認め、また重んじてくださるということを意味する。被造物は、創造主の掌中に置かれた単なる操り人形や道具ではない。神の働きと被造物の活動は、二つの異なる秩序に属している。「神は被造物の働きの中に現臨される、しかも、御自身の働きが被造物の働きの中に、それらと共に、またそれらの上に生起するべく、かかる主権と全能の御力をもって現臨される」[24]。そのように被造物に伴われることにおいて、イエス・キリストにおける神と人との特異な結合に対応する仕方で、神は、被造物の有限なる自律性を常に尊重してくださるのである。

　最後に、神は被造世界をその目標へと導くことによって万物を統治もしくは支配なさる方である。神の支配は、(しばしばそれは深く秘められた仕方で行われるのだが)、一方的な仕方や強制力によってではなく、神の御言葉と聖霊の力によって、進められてゆく。「神は、自由な世界のただ中において、また、その上方から、支配を行う」[25]とバルトは主張する。神の御心は、自由に(自発的に)、全被造物に現臨すること、また全被造物に代わって働かれることであるが、神が唯一の働き手であるということではない。被造物との交わりを持つことを望まれる神は、御自身の注がれる愛に対して愛をもって応答すべく、被造物に自由を与えられる。創造や贖いの業(わざ)に劣らぬほどに、摂理においても神は恵み深き主なる方である。これらの主張において明らかに見て取れることは、「統制の論理」、あるいは支配の論理に基づく摂理論からは、バルトが一線を画すことを望んでいたということである(エドワード・ファーリー)。

　神や全能に関するアプリオリ(先験的)な定義を援用することを拒み、代わりにイエス・キリストにおいて啓示された神の恵みに集中することによって、バルトは、キリスト教的摂理論に新しい方向性を提示した。その一方で、悪の現実、また悪との戦いにおける我々の参与をめぐるバルトの扱いには、多くの未解決の問題が残されている。バルトにとって、悪とは、神により斥

24　*Church Dogmatics*, 3/3: 132〔『教会教義学　創造論 III/1』250 頁参照〕.
25　*Church Dogmatics*, 3/3: 93〔『教会教義学　創造論 III/1』179 頁参照〕.

けられたところの「虚無的なるもの」(*das Nichtige*) であり、神が創造の行為において欲しなかったものの中から謎めいた仕方で生じてくるものである。バルトも説明しているように、「虚無的なるもの」は無ではない。神によって望まれたものでもなく、神と等しいものでもないが、それ自体は、強靭で脅威的な力を有している。それは、イエス・キリストにおいて明らかにされた神の御心とは矛盾する。神のみが、その「虚無的なるもの」の力を制圧することができる。「虚無的なるものの力には、神との関係においてはきわめて小さなものと、我々との関係においてはきわめて大きなものとみなされるべきである」[26]。

バルトの批判者たちの多くは、彼の「虚無的なるもの」の教理を形而上的思弁への逸脱とみなす[27]。バルトにおいては、悪の現実と神によるその征圧とが、我々の頭上で起こる超越的葛藤として扱われているかのように思えることがしばしばある。彼の批判者たちは、その葛藤のただ中にあって、単なる傍観者ではなく、積極的主体として、人間をどのように理解したらよいのかということについてはバルトは不明瞭であると非難する。悪を、神のみが克服可能であるような被造世界内にあって疎外された力の領域とみなされるならば、人間の苦難や抑圧の直接的原因を暴いたり、それらに抗して戦うための気力がそがれてしまうのではないだろうか？

だが、「虚無的なるもの」に対する神の戦いをめぐるバルトの考えを、単に受動的態度への招きとして理解することは誤りであろう。信仰者たちを力づけ、一見勝ち目のないこの世の悪や苦悩との戦いへと向かわせるのは、まさしく神の恵みの優越に対する信頼なのである。バルト自身、ナチス時代のドイツにおける教会闘争に積極的に関与した。また、彼の神学は、南アフリカにおけるアパルトヘイト（人種隔離政策）のような構造的諸悪と戦う人々に励ましを与えてきた[28]。更には、歴史自体が、神のみが根源悪の力を克服

26　*Church Dogmatics*, 3/3: 295〔バルト『教会教義学　創造論 III/2』14 頁参照〕.
27　例えば G. C. Berkouwer, *The Triumph of Grace in the Theology of Karl Barth* (Grand Rapids: Eerdmans, 1956) を見よ。
28　折に触れて著した文章においてのみならず、*Church Dogmatics* においても、彼の生きた社会的文脈と政治的文脈に対する応答がなされているのだというふうに、バルトは理解されなければならないとの議論を知りたければ、Timothy J. Gorringe, *Karl Barth Against Hegemony* (New York: Oxford University Press, 1999) を見よ。

することができるというバルトの主張の正しさを証明している。個人であれ、集団であれ、国家であれ、自らが絶対に無実であり（善に属し）、敵のみが正真正銘の悪であると固く信じ、自らに悪の世界を除去する権利と力があると主張する際には、しばしば、自らが悪の執行者へと化してしまう。

そうは言うものの、バルトに対する批判にも何らかの妥当性を認めることはできる。バルトは摂理論を現代に再構築するにあたっての先駆けとなったものの、バルト以後の神学は、悪との戦いにおいて、神の働きと人の働きがどのように関わるかということを明らかにする作業を続けなければならない。加えて、キリスト教的摂理論において、苦難や悪の現実に具体的にキリスト者が向き合い関わってゆく中で、忍耐することと抵抗してゆくことをどのように関連づけるべきかに関して更なる探究を進めてゆく必要がある。こうしたことが、今日の神学的議論において、議論の余地ある問いとして存在し続けているのである。

最近の神義論の諸説

バルト後の神学者たちの中には、伝統的な摂理や悪の教理に対するバルトの批判と意見を同じくするものの、これらのテーマを再考するにあたって、バルトとはかなり異なるアプローチを提示している者たちも多くいる。

近年、提示された神義論の諸説、またそれに対応するかたちで展開されている摂理論の諸説を論評するつもりであるならば、以下の諸説はその中に含めておく必要があろう。

1. 抗議の神義論。これは、ジョン・ロスが自らの立場に与えた名前である。この立場に根拠と刺激を与えているのは、ホロコーストを生き残った作家であるエリ・ヴィーゼルの証言と省察である[29]。ユダヤ教の神学者、リチャード・ルーベンスタインやアーサー・コーエンも抗議の神義論の代表とみなすことができるだろう。神の主権に関する聖書の堅固な見方を当然のもの

---

29 John Roth, "A Theodicy of Protest," in *Encountering Evil: Live Options in Theodicy*, ed. Stephen T. Davis (Atlanta: John Knox, 1981), 7-22〔ロス「抗議の神義論」、デイヴィス編『神は悪の問題に答えられるか――神義論をめぐる五つの答え』本多峰子訳、教文館、2002 年、21-59 頁〕を見よ。

として受け入れつつも、この神義論の特徴的傾向は、非の打ち所のないほどに善なる方と神をみなすことに対して疑問を呈していることである。歴史には、あまりにもたくさんの悲劇と不正義と殺人が存在する。我々は、我々の経験と神とに対して正直であらねばならない。それゆえ、神は愛なりとするおなじみかつお決まりの文句に対して抵抗しなければならない。夜通し、神と目される敵対者と格闘し、イスラエル、すなわち「神と闘う者」と新たに命名されたヤコブのように（創 32:23–33）、「主よ、いつまでですか？」（詩 13、35、74、82、89、90、94 編）と訴えかける詩編の詩人たちのように、自らの無実を激しく弁明するヨブのように、十字架上で神に向かって叫びを上げるイエスのように（マコ 15:34）、我々は、沈黙したままで何もしてくれない神に抗議し、神が自分たちとの間に結んだ契約を忘れているかのように見えたとしたなら、その約束を想起させなければならない。信仰が直面する現実は、「神に逆らうことによって神のための存在になる」ために「神を審きの場に立たせる」[30]ことを強いるのである。

　これは、安易な答えを持つことを拒絶する神義論である。だが、以前の信仰者たちが冒瀆とみなすであろう問いをあえて投げかける誠実さと、神の側からは真実であることをやめてしまったかのように見えたとしても、神に対して自らは真実たらんとする決意を持った神義論である。だが、神への真実な応答の一端として抗議の正当性を認めつつも、自然と歴史における悪の執拗さから抗議の神義論が引き出してくるその神学的な結論に対しては異議を唱える者がいても当然である。

　2.　プロセス神義論。ジョン・カブ、デイヴィッド・グリフィン、マージョリー・スチョッキといった人たちが、プロセス神義論における高名な代表者として挙げられる[31]。彼（女）らは、プロセス形而上学の見地より悪の問題に近づいてゆく。神の善良さに関しての妥協を拒むプロセス思想は、悪の

30　Roth, "A Theodicy of Protest," 19, 11〔ロス「抗議の神義論」、『神は悪の問題に答えられるか』51, 31 頁参照〕.

31　John B. Cobb, Jr., *God and the World* (Philadelphia: Westminster, 1969), 87-102; David Griffin, "Creation out of Chaos and the Problem of Evil," in *Encountering Evil*, 101-19〔グリフィン「無からの創造・混沌からの創造と、悪の問題」、『神は悪の問題に答えられるか』229-58 頁〕, Marjorie Suchocki, *The End of Evil: Process Eschatology in Historical Perspective* (Albany: State University of New York Press, 1988).

問題を解決に導くためには、神の力を根本的には有限なものとみなす必要があると論じている。

プロセス神学者たちにとり、神の力は本質的に限定されており、その関わりようは強制的というよりも説得的である。説得は、他者の自由を損ねることなく、一つの力が別のものに影響を与えうる唯一の関わり方である。神は無から（ex nihilo）ではなく、むしろプラトン哲学におけるデミウルゴスのように、手に負えない物質をできうる限り手なずけようとする仕方で創造される。世界は存在の複数性より成り立っており、そこに存在するもののすべては、何らかの自由と自らの力を持っている。神は力を占有してはいない。また一度たりともそうであったことはない。神にはできないこともあるのである。例えば、ホロコーストを防いだり、子どもをひき逃げした車を止めたり、あるいは人間の体内でガンの増殖を除去したりすることなどは、神にもできないことなのである。

この見地からすると、神は間接的な意味においてのみ、悪に対して責任を負っている。なぜなら、神が世界を説得することによって、大いなる善に向かう可能性のみならず、被造物が自由を与えられているがゆえに大いなる悪に向かうこともありうる生の諸体系を生じさせたからである。間接的には責任を有するものの、悪の責任のすべてを神に負わせることはできない。神は、常に善を志すと共に、美と悲劇が織り合わされてゆく世界のただ中にあって被造物の苦しみを常に分かち合ってくださる方である。

プロセス神義論は、おそらく現代の神義論の中で最も包括的で首尾一貫した主張である。だが、それは同時に最も聖書の証言とかけ離れた議論であるかもしれない。無からの創造の教理、また苦難や悪に対する断固とした終末における勝利をめぐる聖書的希望の教理に対してプロセス神義論がほとんどと言ってよいほどに理解を示さないという事実に、このことはおそらく最もよく窺い知ることができよう。

3. **人間形成的神義論**。これは現代の神義論の中で最も影響力を持つ神義論であり、ジョン・ヒックがその最も有能な代表的論客である[32]。ヒックは、神義論をアウグスティヌス型とエイレナイオス型に区別する。前者において

---

32 John Hick, *Evil and the God of Love* (New York: Harper & Row, 1966) および "An Irenaean Theodicy," in *Encountering Evil*, 39-52〔ヒック「エイレナイオス型神義論」、『神は悪の問題に答えられるか』98-123頁〕を見よ。

は、悪は罪の結果とみなされるが、後者においては、それが持つ可能性と経験は、自由で成熟した、神のかたちにおける人間へと成長してゆく可能性の条件と考えられる。人間の生に付与されている成長へと向かう自由と可能性は誤用されることもありうるが、善と悪のどちらをとるかの真の選択なしには、また苛酷な経験を通じての学習の可能性ぬきには、人間の形成は考えられない。ヒックによれば、神は、操り人形としてではなく、自発的に礼拝を捧げ、神を崇める人間となることを望んでおられる。人間は不完全なものとして創られている。そうであるがゆえに、その中において神が我々を御心にかなったものとされようとしておられるプロセスへと自発的に参与しなければならないのである。

　ヒックは、プロセス論者たちとは異なり、神の力は愛において働く力と認めることを拒絶する。ヒックは、この世を超えた世界の存在を前提とし、その世界において、かくあれかしと神が全被造物に意図したところの愛における全き生へと向かう運動を人間は継続すると考えている。ヒックの神義論のこの仮想的特徴を批判する者もいれば、死を超えて前進する魂を考える点において、ローマ・カトリック教会における煉獄の教理との類似性を指摘する者もいる。

　人間形成的神義論には、社会的・倫理的次元が全く欠如しているとは言えない。だが、この領域において弱点の存在することは明らかである。除去することのできる、また除去すべき苦難に対する抵抗よりも、苦難の受容を通しての成長の可能性ということにはるかに多くの関心が払われているのである。確かに、苦しみを通しての学び、また苦しみにおける成長という考え方は、聖書の中に深く染みとおっている。イエスは「苦しみを通して従順を学んだ」（ヘブ 5:8）のである。更には、他宗教の成員と同様、数えきれぬほど多くのキリスト者は、最も過酷な経験の中にさえ働いている恵みの業を力強く証言してきた。しかしながら、そうであっても、犠牲者たちを、その甚大さにおいてのみ尽くしてしまうような苦しみや悪の出来事が存在することも看過することはできないのである。これらの出来事とは、あらゆる形の苦難は霊的成長のための機会であるとする主張をもってしても、折り合いをつけることはできない。マリリン・マッコード・アダムスは、そのような出来事を「とてつもなき悪」と呼び、そうした存在がヒックの人間形成的神義論

を根底から覆してしまうと論じている[33]。長所を有するにもかかわらず、ヒックの神義論は、おぞましきこと（*tremendum*）を経験するという試練にあった者たちにとっては、十分なものと言えないことは明白である。

4. 解́放́の́神́義́論́。解放の神学は、様々な仕方で、神義論的問いとの間に折り合いをつけてゆかなければならない。貧しき者たちや抑圧された者たちが今もなお味わい続けている苦難の現実は、貧しき者たちを解放することにおいて神は働いておられるとのこの神学の主張と矛盾しているかのように思われる。

ジェイムズ・コーンは、この問題について言及している。コーンは、ジレンマに対して知的に満足のゆく解決を見出すために、神の力と神の善良さのいずれをも軽んじることを斥ける。彼は、聖書において悪の不可解さに対する様々な応答が存在することを認めている。コーンは、イエス・キリストの歴史（物語）において最も十全たるかたちで表されることになる贖罪的苦難の主題（イザヤの僕の歌）の中に、悪の問題に対する最も深化された答えを見出す。しかしながら、敬虔に苦難を忍従することの中にではなく、苦難に対する神の戦いに勇気をもって参与するようにと促す人間に対する神の召し出しの中にこそ、悪に対する聖書の伝統的応答があるとコーンは解釈する。アフリカ系アメリカ人の宗教的伝統の関心の焦点は、悪の根源あるいは不正義の犠牲者たちが彼（女）らの主人たちに隷従することにあるのではない。彼らの宗教的伝統とは、悪に対する神の戦いを十字架の中に、また悪に対する神の最終的勝利の約束を復活に見てゆく信仰的伝統である。神は「力なき者たちに、イエスの十字架と復活において自分たちの正当なる取り分と知らされた自由を求めて、今ここで戦う力を」与えるのである[34]。

悪に受動的に相対する傾向のある伝統的神義論の多くと並べる際に、解放の神義論の唱える真理の重要性はより明らかにされるように思われる。しかしながら、その危険性も、同様に明白である。正義を求める戦いは、赦しの実践や和解の希望から切り離されてはならない。だが、解放の神義論の強調する点が一面的であるとするなら、伝統的神義論もそれに劣らず一面的であ

---

33 Marilyn McCord Adams, *Horrendous Evils and the Goodness of God* (Ithaca: Cornell University Press, 1999) を見よ。

34 James Cone, *God of the Oppressed* (New York: Seabury Press, 1975), 183〔コーン『抑圧された者の神』梶原壽訳、新教出版社、1976年、266頁参照〕。

る。

三位一体の神と人間の苦難

　我々は、この世界における悪の執拗さとその力を素直に認めつつも、同時に、神の摂理に関して責任を持って語りうるのだろうか？　キリスト者はこの問いに対して、肯定的に答えうる。イエス・キリストのミニストリー、十字架、復活に中心を持つ福音書の物語の見地から神の主権が一貫して描き直されるならば、それは可能であると言うことができる。苦難との関連において神の主権を扱うキリスト教的アプローチは、それゆえ、明確にキリスト中心的、また三位一体論的でなければならない。

　キリストにおいて明らかにされた神の啓示に根拠を持つ三位一体論的神理解は、父・子・聖霊として豊かに差異化されて表される神と世界との関係に表現を与える。神は被造物に対して、御自身にふさわしい仕方において関わりを持たれる。岩石、植物、動物、また人間に対するに際して、それぞれに対するに最もふさわしい仕方で関わられる。神は、被造物にとって、働きを共にする方（co-agent）であると同時に苦しみを共にする方（co-sufferer）として現臨される。

　先の章において記したように、従属主義と機能主義は、双方共に、神は葛藤、苦難、死を味わわれるという考えに対してしり込みする。しかしながら、三位一体論的神信仰は、永遠の昔より愛における存在であられる神が、世界に向かって御手を差し伸べる方であることを知る。超然、無感動、不可変であるどころか、神は、この世界に対する真実な愛ゆえに、自由な御心によってあえて傷つきやすきものとなられた。被造世界における悪の破壊性は、この世界からかけ離れたところでなされる神の決定によってではなく、神の愛の値高き歴史によってのみ、すなわち神御自身がその中において実際に世界の苦しみを経験し、克服することによってのみ、打ち勝つことができるのである。

　ディートリッヒ・ボンヘッファーはしばしば引用される文章のなかでこう記している、「聖書は我々を神の無力さと苦しみに向き合わせる。苦しむ神

のみが助けうるのである」³⁵。無思慮に繰り返されるスローガンと化してしまう際には、この声明の持つ深遠なる意義は曖昧にされてしまう。苦しむ神のみが助けうるのであるが、その苦しむ神とは、聖にして、自らを与え尽くす勝利に満ちたその愛において、世界の創造からその完成に至るまで働いておられる三位一体の神なのである。

ユルゲン・モルトマンは、おそらくどの現代神学者以上に十字架の出来事と神の三位一体論的理解の関係性を強調した。この出来事において生起していることは、三位一体論的用語においてのみ神学的に把握されうる。モルトマンによれば、その受難と死において、神の子はこの世界に対する愛ゆえに、苦しみと死とを経験する。しかしながら、その救済の使命へと御子を送り出された御父もまた御子を喪うという悲しみを味わわれる。そしてこの分かたれた苦しみの愛の出来事から、新しき生と世界の変容をもたらす聖霊が到来する。この世界の苦しみのすべては、御子の苦しみと御父の悲嘆、そして万物を新たに造りかえるべく、祈り、働くために、勇気と希望に生気を吹き込むところの聖霊の慰めのうちに包まれてゆくのである³⁶。モルトマンの批判者たちの中には、モルトマンが神における苦しみを永遠化することに近づくがゆえに、神義論をイデオロギーに転化してしまう危険性をはらんでいると非難する者もいる³⁷。しかしながら、モルトマンが三位一体の神の苦しみを強調することによって意図していることとは、あらゆる悪に対する神の愛の終末論的勝利、そして神の永遠の喜びの中へと被造世界が参与してゆくことの希望をそれと結びつけることにある。

決定的に大事な点は、神の摂理と悪の現実に関する三位一体論的理解は、一方的に神を全能者とみなすような異教的考えによってではなく、イエスのミニストリー、十字架、復活において働く愛の力によって特徴づけられてい

35　Bonhoeffer, *Letters and Papers from Prison* (New York: Macmillan, 1972), 361〔ベートゲ編『ボンヘッファー獄中書簡集』村上伸訳、新教出版社、1988年、418頁参照〕.

36　Moltmann, *The Crucified God* (New York: Harper, 1974), 特に235-49〔モルトマン『十字架につけられた神』喜田川信／土屋清／大橋秀夫訳、新教出版社、1976年、特に322-341頁〕. Hans Urs von Balthasar, *Theo-Drama*, vol. 4: The Action (San Francisco: Ignatius, 1994), 319-28 参照。

37　この批判はまた、ハンス・ウルス・フォン・バルタザール Hans Urs von Balthasar の神学に、とりわけ、神の三位一体の生における永遠のケノーシス（謙卑）をめぐるフォン・バルタザールの考えに向けられている。

るということである。かかる神学は、勝利主義的な「支配の論理」にではなく、「三位一体論的な愛の論理」、すなわち、この世界の創造者にして、贖罪者、そして完成者であられる神の自己贈与的な愛の中にこそ、その中心を持っている。三位一体の神の力は、あからさまな仕方において誇示される全能といったものではなく、苦悩し、解き放ち、和解をもたらす愛の力である。三位一体としての神を強調することは、摂理というものに異なる顔を与える。世界を創造し、保持される神は、専制君主的支配者ではなく、「天にまします我らの父」、すなわち、かけ離れたところにおられる方ではなく、受肉し、十字架につけられ、甦られた方として我々の一人となり、我々と歩みを共にされる方、万物を強制の力によってではなく、御言葉と聖霊とによって支配なさる無力ならざる神である。

1. 創造し、贈与する方としての神の愛は、生が支えられ、高められるところにおいてのみならず、生とその成就を危うくするようなすべてものが抗われ、審きのもとに置かれるところにおいても働いている。

聖書の証言によれば、天地を創造された神は、生を脅かすすべてのものとの戦いへと真っ先に赴かれる方である。出エジプトの物語において、律法の授与において、また不正義と暴力に対する神の審きを宣告するために預言者たちを派遣することからも、このことは明らかである。

福音書において、神の支配の到来を告げるイエスのメッセージと解放をもたらすそのミニストリーは、その初めより、人間の生を隷属させ破壊する諸力との戦いを必然的に伴うものとして提示されている。イエスは、彼を遣わされた方の業(わざ)として、病人を癒し、貧しき者たちを祝福し、社会的に疎外されている者たちと食事を共にされる。滅びに向かう道より命の道に立ち返るようにとすべての人に悔い改めを呼びかける。このように、イエスの十字架への道行きは、逃れようもない運命に対する諦めではなく、悪に対しては最後まで抗わねばならぬとする御父の義なる御心に対する愛による同意なのである。それは、キリスト教的マゾヒズムの根拠となるようなものでは決してない。J. B. メッツも言うように、受難の物語は、神の御心に敵対し、人間の生を軛(くびき)に繋ぐ悪の諸力に対する神の熱き戦いをめぐる「危険な記憶」なのである[38]。

38　J. B. Metz, *Faith in History and Society: Towards a Practical Fundamental Theology* (New

伝統的神学は、一方的に摂理信仰を忍従と結びつけてきた。そして、しばしば貧しき者たちに神によって定められた自らの運命を受け入れるようにと勧めてきた[39]。神学は、病める者たちや、彼（女）らの傍らにあって仕える者たちが、単なる諦めと、病に対する信仰的抵抗を区別することができるように手助けすることを怠ってきた。三位一体の神の摂理は、宿命論を涵養することはない。神的保持（conservatio）は我々の忍耐を通してのみならず、悪に対する我々の苛立ちや勇気ある抵抗を通しても働くのである。キリスト者にとって、悪は悪をもって抗されるべきものではないが、それでも悪は抗われるべきものなのである（ロマ 12:21 参照）。

2. 贖い主なる神の愛は、被造物が経験するであろう高揚期と低迷期の双方において働く。すなわち、被造物が強く活動的である時、反対に、弱く受動的である時のいずれの時においても働く。「すべてのことにおいて神は善へと働く」（ロマ 8:28）と告白することは、神が常に変わることなく真実な方であると主張することである。健やかであるにせよ、病んでいるにせよ、苦しんでいるにせよ、苦しめる者たちとの連帯に入るにせよ、我々は孤立することはない。

キリスト教的摂理論によれば、神は、生を保持するために働く以上の、また生を脅かすすべてのものに抗して働く以上のことをなさる方である。すなわち、神は、被造物が活動するに際し、また苦しむに際して、親身になって寄り添われる方である。御自身のみで活動することも、被造物が孤立のうちに苦しむことも、自由にして恵み深き神の御心ではない。伝統的神学においてはしばしば見逃されてきたことであるが、神的同伴（concursus）ということの中には、神が被造物の仲間となって苦しみを共にされるということも含まれているのである。

聖書は、イスラエルの民が苦しむに際して、民と悲嘆を共にされる方として神を描く。詩編の詩人によれば、神は陰府の深みにさえも臨まれる方である（詩 139:8）。キリストが我々のために陰府に下ったとする「使徒信条」の声明の中にも、同様のことが主張されている。福音書においては、途方にくれる群衆を見て、イエスが深く憐れみの心を抱かれたことが描かれてい

York: Seabury Press, 1980), 65-67, 88ff.
39　カルヴァン『キリスト教綱要』1.16.6 を見よ。

る（マタ 9:36）。イエスは、病人を癒し、罪びとと食卓を共にされた。また、蔑まれた女性たちや、御自身と同時代に生きる疎外されていた多くの人々と、自ら進んで交わりを持たれた。このように、それがガン病棟であろうと、強制収容所であろうと、神は、悲惨な境遇にある地上のすべての人々と苦しみを共にする方として臨在なさるのだとの主張は、聖書の証言と完全に一致するのである。イスラエルとの契約の歴史において、そして至高の形においてはイエス・キリストの歴史（物語）において明らかにされているように、神は命を与えるその働きのみならず、苦悶と死においても我々と共にいてくださる方である。

　被造物の苦しみに際して神が伴ってくださるということは、全くの恵み、苦難の深みにおいて与えられる予期せぬ連帯とでも言うべきことである。苦しみを経験する際、そのただ中に他者が共にいてくれることは賜物である。苦しみの経験のさなかにあって、憐れみ深き神の臨在を経験することは、筆舌に尽くしがたき賜物なのである。神が共にいてくださることにより、たとえ病魔に襲われていたとしても、また、他の者たちの手によって虐げられていたとしても、苦しみにある者たちは、自分たちの尊厳や価値が肯定されていることを感じることができる。

　苦難の中にいる者たちとは、肉体的苦痛や社会的抑圧にさらされている者たちだけではなく、自らを取るに足らぬ者、見棄てられたと感じている者たちのことでもある。虐げられた者たちと連帯する神について語ることは、単に修辞的に神の慰めを語ることではなく、生命を新たにする方として神を言い表してゆくことである。神の子イエスが、罪びとたちや社会的に疎外されている者たちと交わりを持たれたとの、また病気の者たちや貧しき者たちに憐れみを注ぎ、最後には二人の犯罪者たちに挟まれながら城門の外で十字架につけられたとのメッセージは救いの力を持つ。なぜなら、そのメッセージは、自然の手によって、あるいは我々と同じ被造物らによって与えられた苦しみが、知らず知らずのうちに心に植えつけてしまう希望のなさや自己嫌悪を乗り越えてゆく力を与えるからである。過酷な悪の現実を前に虐げられた者たちとの間に神が結ぶ連帯の絆は、審きであると同時に恵みである。すなわち、すべての鈍感さと非人間性に対する審きであると同時に、虐げられているすべての者たちに対する恵みである。苦しめる者たちとの結びつきを神が持たれたという事実は、キリストの弟子になる（キリストに従う）という

ことの意味を明確に示すと共に、キリスト教的摂理論にとっての試金石となっているのである。

3. 聖化する方としての神の愛は、ところを選ばずに働き、神の国（支配）の到来に向けて希望の種を撒くと共に、万物を変容させてゆく。個々人の生においてであれ、一民族の経験においてであれ、隷属の鎖を断ち切る形で新しき自由が与えられ、愛と自由における新しき共同体が形成され、また困難に抗うかたちで希望の種が撒かれるところには、どこであれ、万物を造りかえる神の霊が臨在し、働いている。死のただ中における新しき生の出現は、それがどこで起ころうとも、またそれがどんなに脆弱に見えようとも、神の霊が今も働き、うめきのただ中にある被造物をキリストにおける神の目的の完成に向けて変容せしめていることのしるしとなる。

神は、事実、各々の人間の生に起こる出来事、また歴史全体を、今も、またこれからも支配し続け、また、覆し続けられる。けれども、神が、自由と隷属、罪と苦難の世界を支配し、覆すその仕方は、御言葉と聖霊の力、死よりも強い犠牲的愛の力によるのである。これが、キリストのミニストリー、十字架、復活の光のもとで見られた、神的統治（*gubernatio*）の仕方である。

キリストのもとにあり、聖霊と共に歩むことは、自由をもたらす神の犠牲的愛のエネルギーに参与することであり、その愛により新しい勇気と希望を与えられることである。イエス・キリストにおいて我々に差し伸べられた神の霊によって我々のうちに働く（Ⅰコリ13章）この神の聖なる愛のみが、破綻した世界を変容させ、癒しをもたらし、新たにすることができる。そのような愛のみが、病気や荒廃との戦いにおいて、耐え忍ぶ力を与えると共に、それらが引き起こす悲惨さに抗することを可能にする。我々の罪に対する神の赦し、また我々に対してなされた他者の罪に対する我々の赦しがなければ、生が現実に変容されることはあり得ない。新しき命を与えると共に、すべてのものが自由とされ、肯定されるであろう新しき共同体をめざす神の愛のみが、憎しみと復讐の精神に絡み取られることから我々を守り、癒しと正義と平和を求める戦いを遂行し続ける力を与えるのである。十字架の苦しみを味わいつつ、キリストの復活によって確かなものとされたところの新しき生の約束へと歩みを導いてゆくような愛のみが、個々人や共同体が幻滅や死に直面するに際しても絶望へと追いやることのない、希望の根拠となりうる。死と分裂と絶望のさなかにあっても、新しき生、新しい共同体、新しい希望が

芽生えるなら、それがどこであれ、それらは神の霊が働いていることのしるしとなる。

摂理、祈り、実践

　この章を終えるにあたって我々は、初めに指摘した地点に戻らなければならない。摂理や悪をめぐる我々の考察は、破れを抱えた不完全なものであり続ける。「悪の問題」に対して確固たる理論的「解決」を与えることはできないことを、それらの省察は明らかにする。それらの目的は、はるかに控えめでなければならない。ポール・ヘルムが記しているように「摂理信仰によってキリスト者は、自分たちの痛みを異なる文脈の中に置くことができるようになる」[40]のである。私が提案してきたことは、教会のキリスト中心的、三位一体論的信仰の枠組み、すなわち「文脈（setting）」において、神の摂理と悪の現実を理解してゆくための序論にすぎない。

　おぞましき悪の出来事は、信仰を根底から揺るがすこともありうる。そうした出来事は、神の不在、我々に対する無関心、あるいは我々に対する敵意の表れとして経験されうる。我々の個人的、共同体的、あるいは国民的生活において、暴力的な諸力が、長きにわたって当然のこととして受け入れられてきた神のイメージを粉々に打ち砕くこともありうる。世界的規模で起こるテロリズムや、テロに対する世界的闘争を前にして、神の摂理に対して信頼を抱くことはとりわけ困難なことである。暴力とそれに対する暴力の連鎖が手に負えぬ様相を呈しつつある世界において、私に対して、私の家族に対して、私の国に対して、また世界に対して、神が摂理的な計画を持っていると言いうるだろうか？　この問いに込められた不安は、器用にこしらえられた理論的神義論によっては取り除くことはできない。

　沈黙、苦難における仲間意識、憐れみの行為のほうが、言葉よりも雄弁に語る時がある。世界貿易センタービルの襲撃によって数千人の命が失われた2001年9月11日、神はいったいどこにおられたのかと問う者たちに対して、救助隊員や彼（女）らと共に救出作業にあたった人たちの勇気と自己犠牲の

40　Paul Helm, *The Providence of God* (Downers Grove, Ill.: InterVarsity Press, 1994).

行為こそが、混沌のただ中における神の霊の臨在と働きのしるしであると指摘する者たちもいる[41]。そのような出来事との関連でいかに神について語りうるのかという問いに対して、ローワン・ウィリアムズは、自爆テロを行った者たちが自らのおぞましき暴力行為を正当化する際に用いる「宗教」的言語と、建物の中に閉じ込められた者たちが親しき者たちと交わした最後の交信を特徴づける素朴な愛と思いやりに満ちた「世俗」的な言葉との間に浮かび上がる、アイロニカルとも言うべき対照に注意を喚起させる[42]。

恐怖の出来事のただ中にあって、幾つかのことが以前よりも明らかにされたであろう[43]。第一に明らかにされたのは、十字架につけられた主の福音に根差すことのない、また検証されることのない神のかたち（イメージ）や摂理論は、いかなるものであっても、説得力を持ち得ないということ。自分たちが神に選ばれた民であるという理由から、自分たちや自分たちの国には何らの危害も加えられることがないと教える類の摂理論は、聖書のメッセージを歪めている。十字架の神学を、9・11のような出来事を解釈する上での鍵として持つなら、我々が傷つけられることはないとの信念、あるいは功績、あるいは特別意識（例外性）に基づく摂理論、我々の個人的、国家的罪責を免じさせることにお墨付きを与えるような摂理論は、いずれも眉唾なものであることが分かるであろう。W. ステーシー・ジョンソンは賢明にも次のようにコメントしている。「神の約束に信頼することは、あたかも特定の結果が我々に当然のことのように与えられると期待して、約束の成就に関する一つの特定のヴィジョンにしがみつくこととは同じではない」[44]。

第二に、キリスト者の生と神学の営みにおいて、とりわけ今もなお存続する根源的な悪の力に立ち向かうにあたっては、祈りが必要不可欠な地位を占めるということである。悪は我々の外のみならず内にも存在すること。それ

41　James Martin, *Searching for God at Ground Zero* (New York: Sheed & Ward, 2002) を見よ。

42　Rowan Williams, *Writing in the Dust: After September 11* (Grand Rapids: Eerdmans, 2002), 3-12 を見よ。

43　9・11の出来事に対するより詳細にわたる私の応答については、事件の直後に記された "September 11 and the Theology of the Cross," in *The Princeton Seminary Bulletin* 23, no.1 (February 2002): 54-58 を見よ。

44　W. Stacy Johnson, "Probing the 'Meaning' of September 11, 2002," in *The Princeton Seminary Bulletin* 23, no.1 (February 2002): 43.

らの力と闘うための我々自身の力は、きわめて限られているのみならず、それ自体がかなりの曖昧さによって特質づけられていること。悪をもって悪に抗することを企てても、それが単に悪を増幅させるだけであること。そして我々が抱くことが許される深い希望は、我々自身のうちにではなく、神の内にのみあること。こうしたことを、誠実に祈り、誠実に神学することによって、我々は知らされるのである。おぞましき悪の出来事は、思慮を欠いた憤りを暴発させること、誰かにこの悲惨さの代償を払わせようとの思いを抱くこと、罪ありとみなす者たちに対して手段を選ばずに行動することの正当化へと心を傾けさせてゆく。そうであるがゆえに、キリストは弟子たちに次のように祈ることを教えたのである。「御国が来ますように、御心の天にあるごとく地にもなさせたまえ……我らの罪をゆるし……悪より救い出したまえ」。

　第三に明らかにされたことは、理解を求める信仰の探求はこの世の生において十分な理解に至ることは決してないものの、信仰、希望、愛において主に従いなさいとの召しは、それでもはっきりしているということ。キリスト者は、苦しみからの解放を求めて叫ぶすべての者たちと連帯し、義と平和の神の新しき世界を求めて、見張り台に立ち、祈り、闘うべく、自分たちが召し出されていることを知っている。聖書の証言は、悪の起源をめぐって思いをめぐらすことよりも、イエス・キリストにおける神の愛が悪にまさっていること、またその究極の勝利を確信しながら悪に抗することのほうにはるかに関心を示している。悪の現実に対するキリスト者の対応には、常に実践が伴っていなければならない。犠牲者たちとの連帯、また傷を負った者たちや死にゆく者たちに対する献身的なミニストリーは、壊滅的な出来事のただ中においてキリスト者がなしうる証しの主要な形である。いかなる時と場所にあっても、神学の主要な営みは、信仰の伝統をイエス・キリストにおける中心から解釈し直し、それをもう一度、人間の生にあって変革（容）をもたらす力たらしめることである。イエス・キリストにおける神の愛の力の中で、新約聖書の信仰は、傲慢になることも、無関心でいることも許さない。「すべてにおいて神は良き方へと働かれる」（ロマ 8:28）との、また「何ものもイエス・キリストにおける神の愛から、わたしたちを引き離すことはできない」（ロマ 8:38–39）との使徒パウロの確信は、抽象的理論においてではなく、うめきのただ中にある被造物との連帯の中で、主に従うキリスト者の具体的

実践において、最もよくその意味が明らかにされてゆく。

とてつもなき悪に直面し、「どうしてこのことは起こったのか？」あるいは「神はどこにおられたのか？」といった問いを信仰者は突きつけられる。そのような問いに対して、ただちに答えは与えられない。だが、偽りの敬虔によってそれらの問いを抑圧すべきでもない。それらの問いに対する答えを求めて、長きにわたり忍耐し続けなければならないかもしれない。しかし、次のような問いをも、最終的には問うていかなければならない。神は癒す方であると同時に、苦しまれる方であるのだろうか？　我々が祈りを捧げる神とはどなたなのだろうか？　と[45]。

更なる学びのために

Barth, Karl. *Church Dogmatics*, 3/3: 3-288. Edinburgh: T&T Clark, 1960.〔カール・バルト『教会教義学　創造論 III/1』吉永正義訳、新教出版社〕

Billman, Kathleen, and Daniel L. Migliore. *Rachel's Cry: Prayer of Lament and Rebirth of Hope*. Cleveland: United Church Press, 1999.

Calvin, John, *Institutes of the Christian Religion*, 2 vols., ed. John McNeill. Philadelphia: Westminster 1960. Vol. 1, Pp. 197-237.〔ジャン・カルヴァン『キリスト教綱要 改訳版 第1篇・第2篇』渡辺信夫訳、新教出版社、2007 年、218-62 頁〕

Cone, James. "Divine Liberation and Black Suffering." In *God of the Oppressed*. New York: Seabury, 1995. Pp. 163-94.〔J. H. コーン「神の解放と黒人の苦難」、『抑圧された者の神』梶原壽訳、新教出版社、1976 年、239-81 頁〕

Davis, Stephen, ed. *Encountering Evil: Live Options in Theodicy*, rev. ed. Louisville: Westminster John Knox, 2001.〔スティーヴン・T. デイヴィス編『神は悪の問題に答えられるか——神義論をめぐる五つの答え』本多峰子訳、教文館、2002 年〕

Gilkey, Langdon. *Reaping the Whirlwind: A Christian Interpretation of History*. New York: Seabury, 1976. Pp. 159-299.

Hall, Douglas John. *God and Human Suffering: An Exercise in the Theology of the Cross*.

45　Gerhard Sauter, "'A City upon a Hill'? Die Religiöse Dimension des amerikanischen Selbstverständnisses und seine gegenwärtige Krise," in *Der 11. September 2001: Fragen, Folgen, Hintergrunde*, hrsg. Sabine Sielke (Frankfurt: Peter Lang, 2002), 80 を見よ。

Minneapolis: Augusburg, 1986.

Hart, David Bentley. *Doors of the Sea: Where Was God in the Tsunami?* Grand Rapids: Eerdmans, 2005.

Lochman, Jan Milič. "Reconsidering the Doctrine of Providence." In *Reformed Theology: Identity and Ecumenicity*, ed. Wallace M. Alston and Michael Welker. Grand Rapids: Eerdmans, 2003. Pp.281-93.

Long, Thomas G. *What Shall We Say? Evil, Suffering and the Crisis of Faith*. Grand Rapids: Eerdmans, 2011.

Sanders, John. *The God Who Risks: A Theology of Providence*. Downers Grove, Ill.: InterVarsity, 2007.

Tiessen, Terrance. *Providence and Prayer: How Does God Work in the World?* Downers Grove, Ill.: InterVarsity, 2000. Pp. 91-118, 206-70.

Wiesel, Ellie. *Night*. New York: Hill and Wang, 2006.〔エリ・ヴィーゼル『夜』村上光彦訳、みすず書房、1995年〕

Wood, Charles, *The Question of Providence*. Louisville: Westminster John Knox, 2008.

第7章

被造物、罪びと、そして
キリストにおける新しい存在としての人間

Humanity as Creature, Sinner, and New Being in Christ

我々人間は自分自身にとって神秘である。我々は理性的であって非理性的であり、文明化されておりながら野蛮である。親密な友情を結ぶことができると同時に、人を殺すほどの敵意を抱くこともある。自由でありながら軛(くびき)に繋がれており、被造世界の頂点でありながらそれに対する最大の脅威でもある。我々はレンブラントであってヒトラーであり、モーツァルトであってスターリンである。またアンティゴネーであってマクベス夫人であり、ルツであってイゼベルである。「何という芸術作品だろう」とシェイクスピアは人間について言う。「我々はとても危険な存在である」と『堕罪ののちに After the Fall』の中でアーサー・ミラーは言う、「我々は……ろうの果実が実り、描かれた葉の茂るエデンの東のなかではなく、堕罪の後、多くの者が死んだ後に出会うのだ」。聖書とキリスト教神学は人間の尊厳と危険性をめぐるこの神秘に対して互いに関連する三つの言明により表現を与えている。すなわち、我々は「神のかたち」にかたどって創造されるも、自分たちの被造物性を否定し歪めた罪びとであり、しかも神の恵みによって信仰のうちに新しく生き、愛においてキリストの弟子として仕え、希望のうちに神の来るべき支配における約束された生の成就に向かって進むことを可能とされている赦された罪びとである。カルヴァンの声明により、神を知ることと自分自身を知ることは不可分に結びついていることを我々は知らされている。新たな自己認識に目覚めることなしには神を真実に知ることはできないし、神の荘厳なる恵みを新たに意識することなしには、我々の真の人間性を知ることはできないのである。

「神のかたち」の諸解釈

　創世記の最初の創造物語によれば、神は次のように言った、「『我々にかたどり、我々に似せて、（神のかたちに）人を造ろう。そして海の魚、空の鳥、家畜、地の獣、地を這うものすべてを支配させよう』。神は御自分にかたどって人を創造された。神にかたどって創造された。男と女に創造された」（創 1:26–27）。

　キリスト教神学の歴史において、この「神のかたち」という喚起力を持つフレーズは幾通りもの異なる仕方で解釈されてきた。直立姿勢をとる人間は神との肉体的類似性を持つと解釈する者もいる。驚くほどに人間的に神を描いている箇所も確かに聖書の中には存在する（創 3:8 以下のように）。しかしながら神の超越性と秘匿性を強調することを特質として持つ旧約聖書は、神と人との肉体的類似という考えに対しては何らの支持も与えておらず、実際、神の（偶）像をつくることをはっきりと禁じている（出 20:4）。同様に、新約聖書に描かれた共同体（教会）は、キリストの顔に神の栄光を見ると語ってはいるものの（Ⅱコリ 4:6、ヨハ 1:14）、そこで意図されているのは、神とイエスの肉体的照合ではなく、彼の意図と行為が神のそれらと一つになっているということである。ジャン・カルヴァンは、神のかたちを身体的類似と解釈することをきっぱりと否定してはいないが、過度の擬人観に関しては明らかな憂慮を示している[1]。

　恐らく、「神のかたち」をめぐる西洋における支配的解釈は、それを人間の理性的性格のうちに見る解釈であった。トマス・アクィナスも含めて多くの古典的神学者たちは、人間理性の行使は、それによって世界が創られたところの神的ロゴスすなわち理性の働きに与ってゆくこと、あるいはそれを映し出してゆくことと考えた[2]。人間理性に与えられているこのような高い評価は、一面の真理をそこに含んでいるが、一方でキリスト教的人間観の知性化を促進した。人間であることが、第一に、それによって生の肉体的側面を超越する抽象的理性化のプロセスと見られるならば、その結果生じることは、

---

[1] カルヴァン『キリスト教綱要』1.15.3。
[2] トマス・アクィナス『神学大全』第Ⅰ部第93問第4項。

人間存在の感情的・肉体的次元が貶められてゆくことである。

　このことに関連しつつもこれとは異なる解釈は、人間は大地を支配するものとされたとする創世記のテキストに焦点を当てる。そこでは人間は、他の被造物への力と支配の行使において神に似ているものとされる。「神のかたち」のこのような解釈は、しばしばヒエラルキー的パターンによってすべての関係を捉える世界観と繋がりを持つ。そのような見方によると、神は世界を支配し魂は肉体をコントロールする。また男は女の主人であって、人間は他の被造物を支配するとされるのである。創造論の議論のところで見たように、近代における「神のかたち」の解釈は、あからさまで容赦なき自然搾取を正当化するためにしばしば用いられてきた。家父長制、人種差別、植民地主義は他者支配のこの精神が形を変えたものである。こうした見方に抗し、それが正しく理解されるならば、人間に委ねられた支配には、神御自身の支配の行使同様、支配や操作というより他者に対する尊敬や保護そして配慮の側面が含まれていると私は考える。

　更には、人間の自由を「神のかたち」の意味として強調してきた解釈者たちもいる。多くの近代的哲学者や神学者は、人間を本質的に自由な自己決定力と自己超越性を有するものとして描いてきた[3]。人間は、自己創造者であると同時に、自然秩序の上位に位置する文化世界の創造者である。この自由な創造的活動において人間は神の自由な創造性を映し出してゆく。そのことにおいて、人間はこの世における「神のかたち」なのである。この解釈に関しては、確かに多くのことに言及しうる。けれども、近代文化が、自由の概念を、「孤立した主体」、単なる他者からの独立、あるいは単なる自己満足と同一視する際に、そのような解釈の持つ深刻な限界が露呈される[4]。

　多くの現代神学者たちと同じように、「神のかたち」という象徴は、神のそして他の被造物との関連性における人間の生を表すものと私は考える。創世記の第一の創造物語において、「神は人間を御自身のかたちにかたどって

---

[3] Reinhold Niebuhr, *The Nature and Destiny of Man* (New York: Charles Scribner's Sons, 1955)〔ニーバー『キリスト教人間観　第1部　人間の本性』武田清子訳、新教出版社、1951年〕を見よ。

[4] Charles Taylor, *Sources of the Self: The Making of the Modern Identity* (Cambridge: Harvard University Press, 1989)〔テイラー『自我の源泉——近代的アイデンティティの形成』下川潔／桜井徹／田中智彦訳、名古屋大学出版会、2010年〕を見よ。

創造された」との声明に引き続き、「男と女に創造された」と語られている（創 1:27)。人間であることは相互の尊敬と愛の関係において自由に喜びを持って生きることである。関係性における被造的人間存在は——男と女の共同存在こそがその範型的かたちである——、孤立においてではなく、交わりの内に永遠に生きておられる神の生を反映している。このように「神のかたち」は、本来的に見て、一連の人間的能力や資質、あるいは才能として考えられるべきではない。それが表しているのは、他者との関係における自己超越的生、我々が神と呼ぶ「絶対的他者」、そして我々の助けを必要とし、また我々が神の意図した人となるために、我々がその助けを必要とするすべての異なる「他者」との関係における生なのである[5]。

「神のかたち」は、コインの上に永久に刻印されたような像ではない。それはむしろ鏡に映された像のようなものである。すなわち人間は、神御自身の関係性における生の在り様を映し出し、それに照応する関係性における生を生きるために創造されている。イエス・キリストの歴史の光のもとで、キリスト教信仰と神学は、イマゴ・デイ（*imago Dei*）を「キリストのかたち」（*imago Christi*）そして「三位一体のかたち」（*imago trinitatis*）として解釈するよう導かれる。ちょうど、受肉の主が罪びとや貧しき者たちとの究極の連帯のうちに、また彼（女）らのために生きたように、ちょうど、神の永遠なる生が交わりのうちにあり、世界に開かれた三位一体なる「愛の社会」であるように、他者と共にあることにおいて、人間もまた、イエス・キリストにおいて我々に明らかにされ、聖霊により我々の内に働く生ける三一神の被造的反映となるようにとの意図のもとに創造されているのである[6]。

近年発表された、きわめて独創的な神学的人間論に関する論文の中で、デイヴィッド・ケルジーは、三位一体論的、またキリスト中心主義的見地において、人間であることは何を意味するかについての包括的な説明を提供している。ケルジーは、人間存在を、自らの外部に自らの存在の根拠を持つ点において、「奇異なる（eccentric)」ものとして描き出している。神が、具体的でありつつ独自性を持った三つの仕方において、すなわち、我々に命を与

---

5 Douglas John Hall, *Imaging God: Domination as Stewardship* (Grand Rapids: Eerdmans, 1986) を見よ。

6 Stanley J. Grenz, *The Social God and the Relational Self: A Trinitarian Theology of the Imago Dei* (Louisville: Westminster/John Knox, 2001) を見よ。

える「創造者」として、幾重にも疎外されてある我々に和解をもたらす「救済者」として、我々に究極の完成を約束し、それへと導く「完成者」として、御自身とは異なるすべてのものとの関係を結ばれるということの中に、人間は、自らの存在の根拠を持つというのである。キリストは、「その方により、神が御自身を、また神ならぬすべてのものとの御自身との関係の仕方を定義されるところの」[7]、三位一体の神の生ける「かたち」すなわち「似像 (eikon)」である。ケルジーの説明にあっては、神学的人間論とキリストに中心を持つ三位一体論的神理解とは切っても切れない関係にある。

　これらの短いコメントからして、「神のかたち」に創造された人間に関する神学的理解は、過去においてしばしばそうであったように、創世記の第1章の釈義に限定すべきではないことは明らかであろう。聖書テキストの証言は、福音の物語の光のもとで新たな意味の深みを獲得する。キリスト教信仰にとって、イエス・キリストは、神の意図した人間の在り様の最も十全なる現れである。この人は「神のかたち」（Ⅱコリ 4:4、コロ 1:15）であられ、この人における我々人間の運命は、「神のかたち」に一致されるべきである。それゆえ、我々がイエス・キリストにおいて出会う人間の生のかたちは、疑うべくもなく、「真の人間とは何を意味するか」をめぐるすべてのキリスト教的言説の決定的要因となるであろう[8]。このことは、もちろん人間の生をめぐるキリスト教的理解が他の諸経験や人間存在に関する諸理解を無視して良いということを意味しない。神学的人間論は、文化人類学、心理学、社会学またその他の学問の発見をなおざりにしたり、斥けたりすることはできない。このことが端的に意味していることとは、キリスト教信仰と神学にとって、イエスの生と死と復活は、まことの神であることとまことに人であることの双方にとっての決定的規範となるであろうということである。

7　David H. Kelsey, *Eccentric Existence: A Theological Anthropology*, 2 vols. (Louisville: Westminster John Knox, 2009), pp. 1008, 966.

8　「ある意味において、キリスト教が人間理解に関してなした貢献のすべては、イエス・キリストという一点に存する」。José Comblin, *Retrieving the Human: A Christian Anthropology* (Maryknoll, N.Y.: Orbis Books, 1990), 223. 厳密なキリスト中心的人間論を形成しようとのバルトの試みに関しては、*Church Dogmatics* 3/2〔『教会教義学　創造論 II/1–3』吉永正義訳、新教出版社〕を見よ。

創造された人間

　今から、「創造された人間」、「堕落した人間」、「キリストにおける新しき人間」の見出しのもとに、神そして他者との関係における人間の本質的諸次元に関する記述を試みてゆこう[9]。いずれの場合もキリスト教信仰の見地から人間の生の諸現象を観察することになろう。まずは三位一体の神により創造された人間の生に関する三つのテーゼを提示することから始めよう。

　1.「神のかたち」に創造された人間は、神により自由に語りかけられ、そして自由に神に応答する。近代的人間論は、それが哲学的であっても科学的であっても伝統的キリスト教教理から切り離されてしまったが、それでも、人間の独自性とは何かという問題と格闘してきたのであった。人間の生をめぐる理解はしばしば、天使論（angelism）と自然主義（naturalism）の間を、一方から他方へと、揺れ動いてきた。天使論とは、人間存在を肉体から遊離した精神（mind）とみなす傾向を指し、自然主義とは、人間存在をその行動がことごとく予期可能であり、自由意志、魂、あるいは他者との関係性といった非具体的な事柄への言及を必要としない被造物と考える傾向を指す。

　近代において哲学的人類学者も文化人類学者も人間的であることの唯一無比なる性格を天使論にも自然主義にも陥ることなく、定義づけ、記述しようとしてきた。人間の「自己超越性」あるいは「世界開放性」あるいはその独自の言語的・文化的・宗教的能力や活動について語ってきたのである。他の動物にはるかに優って、人間は「脱自的に（exocentrically）」存在する。すなわち、経験する諸対象により、特に他の人間との関係によって、自らの外に引き出されるのである。ヴォルフハルト・パネンベルクによれば、「人間の自己超越性という考え」は、それとほぼ等しいものと考えることのできる「世界に対する開放性」という観念と同様、人間の特質を定義しようと試みる今日の人類学者たちの間で広く同意を得ているものである[10]。

9　Peter C. Hodgson, *New Birth of Freedom: A Theology of Bondage and Liberation* (Philadelphia: Fortress, 1976) 参照。

10　Wolfhart Pannenberg, *Anthropology in Theological Perspective* (Philadelphia: Westminster, 1985), 63〔パネンベルク『人間学――神学的考察』佐々木勝彦訳、教文館、2008 年、67-68 頁〕．

人間を特徴づける自己超越的自由あるいは世界への開放性という考えは、絶対的なものではなく、限定的であり、条件つきのものである。人間存在は具体的（体を具えた）存在である。我々は心理（精神）的－肉体的統一体であり、体から切り離された精神ではない。我々は単に肉体を持つのではなく、我々は我々の肉体なのである。我々は我々の具体化された行動を通して我々を表現し、他者とコミュニケーションをとる。人間の繁栄は身体が必要とするものの充足と不可分である。

　更に、人間の生は社会的、歴史的な刻印を身に帯びている。我々は特定の社会、文化、歴史的時代に属し、それらが我々の人間としてのアイデンティティを規定することに大いに関与している。しかしながら、認めなければならない最も大切なことは、我々の持つ特定的具体性や歴史的刻印は、人間の生を否定的に限界づけるばかりのものではない。それらは我々の有限性を条件づけるものであると同時に、我々のまことの自由の条件でもあるのだ。遺伝や歴史や文化が、我々をきわめて独自な仕方において形作ることは疑うべくもない。我々は自分から選んで男や女に、黒人や白人に、ロシア人やアメリカ人に生まれてくるのではない。それにもかかわらず、我々はこれらの偶有性を生を豊かにするための契機に転化することにより、それらを善用することができるのである。決して絶対的なものでも無限なものでもないが、人間の自由は、経験として与えられたものを再形成し新たに方向づけてゆく可能性を内に含んでいる。

　キリスト教的見地から言えば、私が今まで描いてきたことは神により創造されたものとしての人間の生の徴候あるいはしるしである。我々の具体化された（体を具えたものとしての）存在は神との交わりを結ぶことの障壁にはなり得ない。反対に、神により創造されたものとしての具体化された生の良さを認めることにおいて、またイエス・キリストにおいて肉となった主の教えにおいて、また体の甦りの希望において、キリスト教信仰は「すべての偉大な宗教のうちで最も明白なる物質主義者」であることを明らかにしている[11]。

　キリスト教信仰によれば、我々の「脱中心性」や、我々の有限であるがま

11　William Temple, *Nature, Man and God* (London: Macmillan, 1956), 478. Comblin, *Retrieving the Human* 第2章参照。

ことの自由は、具体的で歴史的条件を持つ存在として、神との交わりのために我々は創られているという事実から生じる。我々は神により語りかけられるものとして人間なのである。我々の創造主は自由のうちに我々に生を与え、我々を呼び出し、我々と契約を結び、そして我々の応答を求めるのである。神は精神的－肉体的統一を持ち個別的歴史的状況に生きる人間存在に語りかける。神は全人格からの自由な応答を欲するのである。

聖書の証言全体は、人間を、神が語りかけ、そこからの応答を待つ被造物として描いているものの、神との関係性における人間の生のこの対話的性質は、福音書の物語の中で最もはっきりと示されている。イエスは神の意志と他者の要求に対して全きかたちで応答される。イエスの存在と愛のミニストリー全体は、彼がアッバ（父）と呼ぶ方と、彼にミニストリーを委任し、そのために力を与える聖霊に対する全き信頼と自由なる服従によって定義づけられる。イエスの人間性の光のもとでまことに人間であることは、神の恵みに対する純真なる応答の中に生きることを意味する。神は孤立の中から人間を呼び出し、関係性よりなる生の中へと導き入れる。神が人間に欲するのは単なる反響や機械的反射ではなく、自由で喜び溢れる応答である。神は、人間を、彼（女）をパートナーシップと奉仕における生へと呼び出される。そのような生ける神により語りかけられることを通して、人間は、自由な行為者、そして歴史的主体となるのである。

2.「神のかたち」に創造されてあるということは、人間は自らの真のアイデンティティを互いのまた他のすべての被造物との共存のうちに見出すことを意味する。ここでもまた現代哲学的人間（人類）学、心理学における諸発見は神学的人間論に助けを提供しうる。それらの発見が強調することは、人間存在は共同体的存在であって、個人主義的存在ではないということである。我々は個人的・人格的アイデンティティと共同体への参与の間で生じる緊張の中で人間となり、そして人間であり続ける。我々は全き孤立においてではなく、他者との不断の交渉において自らの自由を行使する。

人間の生は環境体系と相互関係の構造に依存する。手短に言えば、我々は対話のうちに生きる[12]。我々ははるか昔よりその事実に気づいていた。我々

---

12 対話的人格主義の近代における古典的な声明として挙げられるのは Martin Buber, *I and Thou* (Edinburgh: T&T Clark, 1958)〔ブーバー「我と汝」、『我と汝・対話』田口義弘訳、みすず書房、1978年〕である。

第 7 章　被造物、罪びと、そしてキリストにおける新しい存在としての人間

は他者の応答そして他者との交渉において存在する。最初の一歩を自分自身の足で踏み出すのでさえ、他者を信頼することを学ばずにはなすことはできない。個々の発達に当てはまることは、政治秩序の中の生においても当てはまる。アリストテレスが人間を「政治的（political）」動物として定義づける際、彼が意図していることは、人間は、ポリスすなわち都市における複雑な関係性においてまた相互依存性において生きねばならないし、その中において自らの能力を開発してゆく存在であるということである。真の人間たることと共同体において生きることは不可分である。この知恵は、アフリカの以下のことわざにおいて美しく言い表されている、「あなたが人であるゆえに私は人である」[13]。

注意深く聖書の創造記事を読む際に驚かされることは、全体としての被造世界と個別的なものとしての人間の間の相互依存の重要性が描き出されていることである。第一の創造記事においては（創 1 章）、人間は神により確立された宇宙秩序の部分であるが、第二の創造物語においては（創 2 章）、人間は土の塵より創られ、他の多くの被造物の住む園の中に置かれたとある。

聖書の証言において最も驚くべきことは、人間が「神のかたち」に、すなわち、孤立した存在としてではなく男と女の二元性（創 1:27）において創られていることである。神により創造されたものとしての我々は、本質的に関係性に生きる社会的存在である。そしてこの本質的社会性と共同人間性（co-humanity）は、我々の共同存在性によって表されている。我々は、他者との共同的生に向けて、すなわち、交わりのうちに、相互に信頼し、相互に自由な関係において存在するために創造されている。これこそが人間の性をめぐるキリスト教的理解の神学的文脈である。人間の性は、相互に関与し合い、喜び合う他者との永続的関係として示され、表現されることがふさわしい[14]。

20 世紀においてカール・バルトほど人間の関係性の神学を発展させることに影響を与えた神学者はいない。バルトにとって人間存在は共同存在であり、この事実は、範例的には男と女の共同存在において具現化されている。我々が共同人間性（co-humanity）との特定の表現をなおざりにし、男と女

13　Allan Boesak, *Black and Reformed* (Maryknoll, N.Y.: Orbis Books, 1984), 51.
14　「共に存在すること抜きの性的行為は悪魔的である」との記憶に残る言い回しをバルトは用いている（*Church Dogmatics*, 3/4: 133〔『教会教義学　創造論 IV/2』37 頁参照〕）。

の相互的・互恵的関係における存在の意義を曖昧にするなら、生のあらゆる局面において我々は非人間的なる「孤立的人間 (homo solitarius)」のヴィジョンによって誘惑される (ゆさぶりをかけられる) ことになろうとバルトは考える。

　バルトは次の三つの根本的主張を掲げながらこのテーマを更に念入りに論じている。第一の主張は、人間は男か女かのいずれかであり、神により自らの特定の性別を承認するよう求められているというものである。第二の主張は、人間は男であり女であって、自らの人間としてのアイデンティティを、同様でありつつもまたこれ以上ないほどに異なる性的カウンターパート (相方) との相互的調和のうちに見出すよう求められているということである。最後に、人間は男と女として確固とした不可逆的な秩序のうちに共存しているとバルトは主張する[15]。

　これらのバルトの主張はそれぞれに疑問を引き起こす。すべての人間は自らの性別を否定したり恥じたりすべきではなくむしろ喜ぶべきとの考えには心から同意する人もいるだろうが、その第一の主張は、ステレオタイプな男女観へのバルトよりも更に徹底した警告によって条件づけられねばならない、との異議がただちに申し立てられるであろう。男を「知的で」「客観的な」存在として、女を「感情的で」「主観的な」存在として、またポップカルチャーが表現するように、男を「火星的」存在、女を「金星的」存在として描くことは神話にすぎず、真剣な神学的人間論においては何らの位置を占め得ないのである。

　バルトの第二の主張も同様、慎重に制限を与えられなければならない。非婚の人々は既婚の人々に比べて他者との関係性における生を生きていないとされたり、持続的友情や同性間の人格的で献身的な関係はその特異性ゆえに人間の生は他者と共にまた他者のために生きられるべきとの神の意図を反映していないとされることを避けるためである。ポール・レーマンが考えたように、聖書は男女の関係を互恵的愛と誠実さをもって生きること、また他なる者や異なる者への全き尊敬を抱きながら共に生きることの範型的 (paradigmatic)、根本的例として見ていることには疑いの余地はない。だが、これは規定的な、あるいは排他的な例として理解されるべきではない。神の

15　Barth, *Church Dogmatics*, 3/4: 149-81〔バルト『教会教義学　創造論 IV/2』65-127 頁〕.

真実なる契約的愛、神と他者と共に歩む共同体における新しき生への呼び出しをその解釈の中心に据える聖書の読みは、視野狭窄へと導くことなく、むしろ神の恵みによって可能とされた交わりの深みにおける生のしるし、あるいは譬えの多様性に対して目を開いてゆく[16]。

だが、バルトの主張において最も問題視されるのは、男と女の関係における不可逆的順序を措定する第三の主張である。バルトもこの順序を描くのに用いられるすべての言葉は、ステレオタイプやイデオロギーに堕する可能性を持つゆえに、危険をはらんでいることを認めている[17]。それにもかかわらず、バルトはこの関係において男を「Ａ」「リーダー」「君臨するもの」「上位なるもの」として、そして女を「Ｂ」「追随者」「従属するもの」「下位なるもの」として語る。多くの条件を付してはいるものの、男女関係の不可逆順序を描くバルトの描写は、多方面から、正当に拒絶されてきた[18]。今日的感性にとって、その主張は、受け入れがたきものであるばかりか、イエス・キリストと彼に根拠を持つ相互的愛と相互的奉仕に生きる新しき共同体の光のもとにすべてのキリスト教教理を再考すべしとする、バルト自身の基本的方法論的原理と根本から相容れない。

バルトの考えとは異なり、第一の創造物語においては、男女の関係における優劣、あるいはどちらが上位でどちらが下位か、どちらが一番目でどちらが二番目かといった序列については言及されていないことに注意が払われるべきである。我々がそのテキストから教えられるのは、単に男と女は共に「神のかたち」を構成しているということだけである。そこで意図されているのは、レティ・ラッセルが言うように、語るにおいても、聞くにおいても、生きるにおいても、働くにおいても、人間は「パートナーシップ」において

16　Paul Lehmann, *The Dialogue and a Human Future: The Meaning of the Commandments for Making and Keeping Human Life Human* (Grand Rapids: Eerdmans, 1995), 174 を見よ。

17　Barth, *Church Dogmatics*, 3/4: 169〔バルト『教会教義学　創造論 IV/2』104 頁〕。

18　Paul Jewett, *Man as Male ad Female* (Grand Rapids: Eerdmans, 1975); Jürgen Moltmann, *God in Creation* (San Francisco: Harper & Row, 1985)〔モルトマン『創造における神——生態学的創造論』沖野政弘訳、新教出版社、1991 年〕; Rosemary Radford Ruether, *Sexism and God-Talk: Toward a Feminist Theology* (Boston: Beacon Press, 1983)〔リューサー『性差別と神の語りかけ——フェミニスト神学の試み』小檜山ルイ訳、新教出版社、1996 年〕を見よ。

生きるのだということである[19]。福音の神の光のもとなる男女関係のふさわしい秩序は、硬直したヒエラルキーではなく相互的な愛の奉仕である（ガラ 3:28、エフェ 5:21）。三位一体論的アナロジーを用いるなら、男と女の関係は、「相互内在的」関係、相互に内住し、相互に愛し合う生である[20]。三位一体の位格間の相互内在的統一においても男女の関係においても、静的で非互恵的なる「上」「下」関係、あるいは固定的かつ一方的なる「支配」「従属」関係といったものは存在しないのである。

共同体における生が我々の人間としてのアイデンティティを解く手がかりであるとする旧約聖書の教えは、福音書の物語において継承され、深化されている。イエスは、他者のための存在として、他の男女との、とりわけ当時の社会的宗教的慣習にあって、神と神に選ばれし民との交わりから疎外された者たちとのこのうえなき連帯のうちに生きる方として描かれている。かく存在することこそが、交わりにある存在としての「神のかたち」であるとキリスト教信仰は言う。永遠における三位一体の愛が、（他者と共にあるために）他者に存在する余地を与えてゆくように、「神のかたち」における人間は、他者との関係においてまことの人格を見出すよう（まことの人間となるよう）召し出されているのである。

3. 「神のかたち」に作られてあることは、状態や身分ではなく、最終目的地を持つ運動である。すなわち、人間はいまだ実現されていない生の成就に向かってとどまることのない存在なのである。人間の生はダイナミックである。それは前方に向けて駆り立てられている。男と女は、不断に求め、尋ね、予期しつつ歩む存在である。広く知られた祈りにおいて、アウグスティヌスは人間の生を絶えざる運動の中にあるものとして語っている。「あなたは私たちをあなたに向けてお造りになられました。私たちの心はあなたのうちに安らうまでとどまることを知りません」[21]。ここで言われているとどまることを知らない心の在り様、すなわち不断に遠ざかりゆく最終目的地に向か

19　Letty M. Russell, *The Future of Partnership* (Philadelphia: Westminster, 1979).
20　Alexander McKelway, "Perichoretic Possibilities in Barth's Doctrine of Male and Female," Princeton Seminary Bulletin 7 (1986): 231-43; Paul S. Fiddes, "The Status of Woman in the Thought of Karl Barth," in *After Eve: Women, Theology and the Christian Tradition*, ed. Janet Martin Soskice (London: Collins, 1990), 138-55 参照。
21　アウグスティヌス『告白』1.1.1。

っての、充足されることのない人間の衝動は、ヴォルフハルト・パネンベルクの言葉を借りるなら現象学的に「世界開放性」あるいは「未来への開放性」として表現されるであろう。

　人間以外の動物たちは、明確な必要あるいは特定の事物により引き起こされる衝動あるいは本能を持つが、人間の場合、実質上無制限なる、絶えざる落ち着きのなさといったものが存在する。人間は過剰なる（余剰なる）衝動を持つのである。人間は肉体的感情的満足を探求するのみならず、定義すること、捉えることの困難な生の意味を探求している。人間の落ち着くことのできなさは、（長いこと充足を与え続けている）この世界においてはゴールを見出せない。更に人間以外の動物は、きわめて厳密に環境に制限されるが、人間は不断に所与の環境を自然的であれ文化的であれ超越してゆく。人間は意味の世界を創造し、それを絶え間なく変革し続けてゆくが、十分な満足を得ることはできないでいる。人間は未来に対して、未だ到来していないものに対して、あらゆる個人的・社会的・あるいは文化的達成を超える生の充溢に対して根源的な開放性を持つものとして創造されている[22]。人間は根源的に時間的な存在であるが、単に、過去を保持し、無条件に現在にお墨付きを与えるだけでは決して満足することはできないのである。人間であることは、我々が明確に思い描くことのできない、また、確固とした仕方では十分には現実化することのできない未来に対して開かれてあることを意味する。全被造物において、とりわけ人間の生にあっては、新しき自由に向けての「召し出し」というものが働いているのである[23]。

　人間の生におけるこのダイナミズムは、来るべき神の支配と持続する神と他者との交わりに向かう人間の自由として神学が語るところのものの徴候である。創世記の創造物語においては、被造的自由のこのダイナミズムがかすかに仄めかされているにすぎない。第二の創造物語（創 2:9。黙 2:7 参照）に言及されているエデンの園における生命の木を、神の恵みに満ちた約束の、目に見えるしるし（sacrament）のようなものとして理解するようバルトは提案する[24]。人間の生は、豊饒かつ持続的な生を与えんとの神の約束に

22　Wolfhart Pannenberg, *What Is Man? Contemporary Anthropology in Theological Perspective* (Philadelphia: Fortress, 1970) を見よ。

23　John B. Cobb, Jr., *God and the World* (Philadelphia: Westminster, 1969), 42-66 を見よ。

24　*Church Dogmatics*, 3/1: 281-84〔バルト『教会教義学　創造論 I/1』516-22 頁〕を見よ。

よってのみ方向づけられ、開かれたものであり続ける。かかる生は把持することも、所有することもできず、ただ賜物としてのみ、その度ごとに受け止めうるものである。それに加えて、第一の創造物語によれば、神は未来を形作るよう、人間に委託と使命を与える。それは大地を支配せよとの使命である（創 1:26, 28）が、このフレーズは保護と責任ある管理を託する命令として解釈するのが正しいと考えられる。管理人であるとは、配慮することにおいて、神が創られた世界において神のパートナーとなることである。

　預言者の証言は、未来との関係における人間の生を、選択として、すなわち正義、慈悲、謙遜を要求する神の命令に従うか、それとも審きと破滅を招くかの選択として描くことにおいて、創世記の物語を拡大する。旧約聖書のメシア伝承によれば、人間の生は、神がすべてのものを新たにするであろう時を不断に希求しつつ、生きられるべきものである。イエス・キリストの福音も、人間の生を神の約束へと方向づけられたものとするこの理解を更に深化させている。神の支配の到来を宣べ伝えることによって、その開始を大胆に示す預言者的行為によって、そして何よりもその十字架と復活によって、人間の生はそれ自体では完結しておらず、神の将来に向けて、生を成就し豊かならしめんとする神の約束に向けて方向づけられていることを、イエスは明確に示したのである。人間は運命を持っている。すなわち神に栄光を帰し、神を永遠に喜ぶために、人間は創造され、贖われるとの運命を[25]。

　私がざっと概略を述べてきた創造された自由の諸次元、すなわち、神との関係や神の前での責任、他者との関わりにおける生、そして神の約束に対して開かれてあることは、互いに固く結び合わされている。我々の創造に際して与えられた自由は、我々に対する神の呼びかけによって目覚めさせられ、我々とはきわめて異なる他者との共同存在によって拡張され、来るべき神の支配における未来の成就に向けて方向づけられている。

　先に記したように、「神のかたち」を関係性における人間の生とするこの解釈は、神のキリスト中心的かつ三位一体論的理解によって基礎づけられている。無条件に（絶対的に）神と他者のための存在であったイエス・キリス

---

[25] 時代的制約のある言葉を用いることが許されるなら、「人間の主要な目的は、神を讃美し、神を永遠に喜ぶことである」との『ウェストミンスター小教理問答』の第一問に対する答えは、いまだに有効なものであり続けている。*The Book of Confessions* (PCUSA), 7.001.

トが、神がどなたであるか、および神の被造物としての我々のまことのアイデンティティとは何か、を双方共に明らかにする「神のかたち」そのものであるなら、交わりの中にある生と解する神の生の理解は、人間の生をもその本質において関係的なるものとして理解することを要求する。神が三位一体であるということは、人間の生もまた、神と他者との関係性においてのみ成就されることを意味している。スタンリー・グレンツが論じているように、「三位一体論の回復は、十全たる神学的人間論へと道を開いた」のである[26]。三位一体なる神は孤立したモナドではなく、交わりの中で生きておられる。神の三位一体における生は、関係性の中にあるすべての生の源であり力である。神のかたちに創られてあることにおいて、我々は神と他者との交わりにおける人格たることを求められている[27]。我々は神御自身の生に参与し、またささやかな仕方でその生を反映するよう求められているのである。

堕落した人間

キリスト教教理が人間を神のかたちに創られたものとしてのみ語るなら、それは全くの理想論となってしまう。けれどもキリスト教的人間論は、きわめて現実的である。ラインホルド・ニーバーが言うように、「人間の本性をめぐるキリスト教的見地は、［人間の］より高次の発展を主張しつつ、他のいかなる人間論にもまして［人間の］悪に関してより深刻な見方をするというパラドックスに巻き込まれている」[28]。神により創られたものとしての人間存在の良き可能性を肯定する一方で、神学的人間論は、実際の人間の状況を特徴づける深刻なる分裂や混乱、疎外や残虐そして抑圧などをきわめて真

---

26 Stanley J. Grenz, *The Social God and the Relational Self*, 16.「キリスト教的神学的人間論は、三位一体論的神学的人間論である」(23頁)。
27 Colin E. Gunton, "Trinity, Onthology and Anthropology: Towards a renewal of the Doctrine of the Imago Dei," in Christoph Schwöbel and Colin E. Gunton, eds., *Persons: Divine and Human* (Edinburgh: T&T Clark, 1991), 47-61 を見よ。
28 Niebuhr, *The Nature and Destiny of Man*, 18〔ニーバー『キリスト教人間観 第1部 人間の本性』38頁参照〕.

第7章　被造物、罪びと、そしてキリストにおける新しい存在としての人間

剣に取り上げる[29]。この状況は、我々は「堕落した」罪深い被造物であるとの主張において表現される。神からのみならず、仲間の被造物からの、また我々自身からの疎外は、ヤハウィストの手になる創造と堕落の記述に鮮やかに描き出されている（創 2–3 章）。神々にあるいは「神のように」ならんとの欲望により不服従へと駆り立てられたアダムとエバは、エデンの園より追放される。この神との関係の破綻は、人間環境の悪化に反映されてゆく。園の外における最初の人間の行為はカインのアベル殺しである。人間がそのようなものとして創られた「神のかたち」は、罪、そしてしばしばそれに伴う暴力によって曖昧にされ、歪められてしまったのである。

　それゆえ、我々の次の課題は、より詳細にこの罪の状況を人間存在の創造されてあるところの諸次元の破壊として描くことである。我々が、我々と絶対的に異なる方であられる神との、また相対的に異なる他の被造物との関わりを持つために創造されているなら、罪は真に「他なる」者たちとの本質的関係性の否定である。我々が、神である他者への我々の依存を否定し、仲間の被造物へ何かをなす必要性を、とりわけ、一見、我々と全く異質なる「他者」、すなわち犠牲者たち、貧しき者たち、「見捨てられた者たち」へ何かをなす必要性を拒絶することである[30]。この観点からすれば、罪は「異なる者に対して人間の抱く不寛容の深淵」[31]、被造物間の不寛容、そして最も根本的には被造物と神との間に存在する違いへの不寛容である。創造されたものとしての人間を論じる場合と同様、堕落した人間を描く際にも、イエス・キリストにおいて具現化された「神のかたち」が我々の第一の規範となる。

　1.「神のかたち」における人間であることが、自由にまた恵みのうちに語りかける神への自由な応答のうちに生きることを意味するならば、神との我々の本質的関わり、また神の恵みへの我々の必要性に抗うこととして罪を

29　罪の教理をめぐる近年の特筆すべき考察を知りたければ、Cornelius Plantiga, Jr., *Not the Way It's Supposed to be: A Breviary of Sin* (Grand Rapids: Eerdmans, 1995); Ted Peters, *Radical Evil in Soul and Society* (Grand Rapids: Eerdmans, 1994); Alistair McFadyen, *Bound to Sin: Abuse, Holocaust, and the Christian Doctrine of Sin* (New York: Cambridge University Press, 2000), Serene Jones, *Feminist Theory and Christian Theology: Cartographies of Grace* (Minneapolis: Fortress, 2000) を見よ。

30　Comblin, *Retrieving the Human*, 55 を見よ。

31　Susan Thistlethwaite, *Sex, Race, and God: Christian Feminism in Black and White* (New York: Crossroad, 1989), 59.

描くことができる。この地点に立って言えることは、罪は根本的に恵みに対立するということである。神の命の贈与を讃美と感謝をもって受け入れるようにとの招きを、また神に喜びをもって仕える生き方を、また仲間の被造物との間に友情を結んで生きることを拒絶することである。神の恵みは多様な他者と共に共同体の中で人格的に生きることを可能とするが、罪とはそのような神の恵みによって感謝と歓びをもって生きることを大きく拒むことである。罪は「拒絶された恵み」なのである[32]。

このことから、罪を、単に道徳規範の侵犯、常識的振る舞いからの逸脱、「悪いこと」と一般的にみなされている何かをすることと見るならば、罪の深刻さを取り違えていることになる。そうではなく、罪は第一に神と我々の関係の破綻である。詩編の詩人が書いているように、「あなたに、あなたのみに、わたしは罪を犯し」たのである（詩51:6）。罪の本質であるこの神との我々の関係の破綻は多くの異なる形をとって現れる。二つの形がとりわけ言及に値する。第一に、罪は神の恵みを拒絶し、自身を絶対化する形を取りうる。我々の自由が無限であると言い放ち、我々自身を神とするのである。これは、誇りに膨れ上がった巨大化した自己中心性の罪である。しばしば単に高慢の罪として言及され、能動的に自己中心的な偶像崇拝へと行き着く類の罪である。それは、自己の限界、生きる上で神に依存すること、また生の繁栄の否定である。有限性と限界はそれ自体では悪ではないが、しばしば不安と危うさの原因となる。我々自身を超えたところから来る恵みによって生きる代わりに、不安の中にあって我々は我々自身の神となることを求めてしまうのである。

しかし、神と我々の関係の破綻は異なる形をも取りうる。神の恵みを拒むことにより、我々は自らを軽蔑し、他の被造物を我々の生にあって神の代わりに据えてしまうことも起こりうる。これは、自己拒絶、自己憎悪の罪であり、容易に受身な他者中心的偶像崇拝に変質してゆく。高慢としての罪は説教や神学の教科書においてより多くの注目を集めるが、自己憎悪、自己否定そして自己喪失としての罪はしばしばなおざりにされる。だが、議論にのぼりにくいものの、このかたちの罪も、自由、成熟、そして共同体における責任へと我々を呼び出す恵み深き神からの背きであることにかわりない。自己

32　Jones, *Feminist Theory and Christian Theology* 第5章を見よ。

否定を黙認することによって、我々は自身をみすぼらしいちっぽけな偶像に受け渡し、そのことによって自身を、神が人間の生はかくあれかしと意図されていたものの惨めなカリカチュアに貶めてしまうのである。

近年ではフェミニスト神学者や他の解放の神学者たちが、高慢としての罪にのみ没頭する伝統的な従来の神学の粗雑な一面性を正当にも明るみに出している[33]。彼（女）らが主張しているのは、人間の側からの恵みの否定として、罪は反抗的でセンセーショナルなかたちをとるばかりでなく、陳腐で平凡、そしてきわめて独創性に欠ける姿をもとりうるということである。罪の教理は、それが十分に包括的なものであるなら、神の恵みに対する罪は、巨人的でルシファー的反抗であるばかりでなく、神の恵みにより勇気を持って全き人となることを臆病かつ追従的に拒否してゆくことであると認めるであろう。ユダの裏切りの行為は、攻撃的なかたちにおける罪であるが、イエスが裁判を受けている最中になされた他の弟子たちの逃亡は、受身のかたちにおける罪である。

2.「神のかたち」において人間であることが、神の召しにこたえ、我々の自由を賜物として受け取り、他者と共にまた他者のために自由に生きることを意味するとしたなら、仲間の被造物との関係における罪は、支配と隷従、自己称揚と自己破壊の二重のかたちをとる。神との関係における罪の描写と同様、人間相互の関係における罪の解釈においても、二重の形態に目をとめなければならないであろう。罪を他者に対する支配として描くことは、多くの人にとってなじみ深いものとなっている。そこでは人間は自然世界を自らの目的のために利用する科学技術至上主義的精神、劣等で危険とみなす民族や国民を排除するためには何でもせんとする民族主義的精神や国家主義的精神、ホロコーストや虐殺、また特定の被造物全体の殲滅にきわまる際限なき権力志向の精神が、罪としてただちに特定されることになる。

けれども、他者との関わりにおける罪は、このような権力への意志としてのみならず、より目立たないかたちにおいて、無力、無批判的な受身の姿勢、自己浪費、冗漫、陳腐さ、無気力、主導権を取ることへの怖じ気づきと

33　Judith Plaskow, *Sex, Sin and Grace: Women's Experience and the Theologies of Reinhold Niebuhr and Paul Tillich* (Lanham, Md.: University Press of America, 1980). フェミニスト神学における罪の教理に関する有益な注釈として Alistair McFadyen の *Bound to Sin*, 131-66 を見よ。

いった様相を呈することになる。ローズマリー・ラドフォード・リューサーはこのように話す、「罪は他者との間に高慢で対立的な関係を打ち立てる力において、また、集団的エゴイズムに黙従する受身的在り様の双方において認められねばならない」[34]。ここで「犠牲者に責任転嫁する」ことにならぬよう特に気をつけなければならない。大事なことは、虐待的関係において無力感と希望のなさを味わっている痛めつけられた女性たちに負い目を負わせたり、右翼の政治家の口からしばしば聞かれるような「貧乏人は怠け者ゆえに貧乏なのだ」的な主張をしてはならないということである。歪曲された罪理解は、不正義を前にした富める者たちの無感動や非行動を見逃すばかりでなく、自由になろうと欲する犠牲者たちの意思をなし崩しにすることによって、彼（女）らを犠牲者の立場に縛りつけておくことに手助けしてしまうことになりかねないからである。

　フェミニストの精神分析学者や神学者たちは、自己実現的な成功体験や権力志向に、またそのために独断的であったり攻撃的であることにもっぱら焦点を絞っていた伝統的な罪の教理に対して、正当にも、異議を唱えてきた。そのような罪の記述は、多くの女性たちにとって（どこの文化に属していようとも）、とりわけ第三世界に住んでいる絶望的なまでに貧しい人々や搾取された人々（男性、女性を問わず）にとって、しばしば奇妙なほどに的はずれなものとなっている。こうした伝統的な歪曲に対するしかるべき神学的応答とは、支配と隷従、自己称揚と自己放棄といった対極的なかたちであらわれる罪の二つの形態を、男性と女性にそれぞれ単純に振り分けることではない。そのような振り分けは、具体的な人間経験における罪の内的働きを明るみに出すどころか、むしろそれを隠蔽する新しい形のイデオロギーとなるだろう。押さえておくべき大事なことは、罪は多くの顔を持つということである。すなわち、メアリー・ポッター・エンゲルが述べているように、罪は、切断された一つの頭から、新たに二つの首を生やしてゆくヒュドラという怪物のようなものなのである[35]。

　近年の研究が示すように、性差は罪の多面性について考える際に考慮すべ

34　Ruether, *Sexism and God-Talk*, 164〔リューサー『性差別と神の語りかけ』223 頁参照〕.
35　Mary Potter Engel, "Evil, Sin, and Violation of the Vulnerable," in *Life Every Voice: Constructing Christian Theologies from the Underside*, ed. Susan Brooks Thistlethwaite and Mary Potter Engel (San Francisco: Harper & Row, 1990), 163.

き唯一の要因ではない。人種や階層もまた重要な要因である。アフリカ系アメリカ人の女性が抱える「生き残り」との関連で罪が意味することとは、白人の中流階級の女性たちが「自己実現」との関連において理解する罪とは異なってくるのである[36]。

　人種、性別（ジェンダー）、そして階級に注意をはらうことによって、我々の罪理解も深まり、罪の持つ多種多様な表れを想起することができるようになる。家父長制社会における多くの男性が、過剰なまでの自己主張的態度を悔い改める必要があるとするなら、多くの女性たち、また人種、性別（ジェンダー）を問わず惨めな境遇にある人々は、むやみに自らを責めることや破壊的な依存関係から解放され、「神のかたち」に創られた人格として語り、行為することのできるように励まされてゆく必要がある。単なる受動的な態度は、かえってとてつもなき高慢のみならず全体主義や非人間性を生む土壌となる。人種、階級を問わず、男性も女性も、ある程度は、罪のいずれかの形に屈しやすいものである。過度な自己愛も密かな自己憎悪も、特定の性、人種、階層に属する人々の占有物ではない。だが、伝統的な神学において罪の一方の側面だけが強調されてきたことを考えれば、罪の教理を再考するにあたって今日なすべき努力は、不正義を前にひたすら忍従せよと教え込む類の、宗教的イデオロギーとして機能してしまっているような罪の解釈を取り去ることにあると言えるだろう。神によって意図された人間の自由と成熟は、一人の者が他の者に対して主人として君臨する時のみならず、一人の者がそうされることに対して抵抗しない時にも、損なわれてしまうのである。

　3．「神のかたち」において人間であることが来るべき神の支配に開かれてあることならば、罪は神より定められた人間の運命を否定することである。ここでも、神の未来に人間が開かれてあることへの罪の攻撃を正しく把握するためには、それが高慢と怠惰、そして支配と隷従といった対極的な二つの形において表れるであろうことに注意を払わねばならない。

　一方で、無関心、無感動、諦観といった罪が存在する。ここで私が念頭に置いている類の諦観というのは、人類史に出現する悪魔的力に対して無条件

36　Jacquelyn Grant, *White Women's Christ and Black Women's Jesus: Feminist Christology and Womanist Response* (Atlanta: Scholars Press, 1989), 195-201; Thistlethwaite, *Sex, Race, and God*, 77-91 を見よ。

に黙従することである。それは真に変化をもたらす可能性、より良き状態へと変革されてゆく可能性に対する全き懐疑であり、冷笑である。我々や他者が経験している、あるいは我々の共同体や社会が、少なくとも部分的に他者に押しつけているかもしれない不正義や戦争や抑圧に対して語ることが、いわんやそれらを何とかしようと努めることが何になろうか？　それよりも、人生は煩雑であり不公平であるという事実に、また戦争や貧困は恒久的で不可避なこの世の現実であるという事実に、ひたすら慣れてゆかなければならないのではないだろうか？　このように我々は運命に対し諦観を抱くようになるのである。このような諦観の帰結として、より大きな正義に向けた小さな可能性、平和と和解に向けた小さな歩みは、往々にして無視されるか、シニカルに打ち棄てられてしまうのである。このような態度は証人としてのキリスト者のそれにふさわしくない。なぜなら、それは「神のかたち」につくられた者としての、またイエス・キリストにおける神の約束の相続人としての我々の運命を否定することになるからである[37]。

　けれども、他方、神の将来に向かう我々人間の開かれた在り様に対するそれらに劣らぬ矛盾は、厚かましさ（*presumption*）の罪である。それは、神の国を、神もろとも、あるいは神なしにもたらそうとする粗暴にして無謀な企てである。この厚かましき無謀な精神には、我々自身と我々自身に対する際限なき自信が、また恵みの神の働きに対する密かにしてあからさまな絶望が巣食っている。恵みの神は苦しむ愛を通して働くがゆえに、またその力は銃や戦車に比べればあまりにも弱くあてにならなく見えるがゆえに、神を信頼することができないのである。我々はこの世から悪を取り除こうとする。しかも必要とあらば、手段を選ばずにその業を成し遂げようとする。

　今日のキリスト者は、他宗教の人々に劣らず、蔓延する無感動と暴力的行為の間で、甚だしき悪を前にした希望のなさから生じる無感動に身を委ねることと、より良き未来の目的地に向かう歩みを深刻な危険にさらすばかりかそれを破壊しもする暴力や強圧的態度に走ることとの間で引き裂かれている。いずれの場合も、我々の創り主であり贖い主であられる神によって我々が向かうべく方向づけられた将来への道を閉ざしてしまうのである。

37　人間の罪の主要3形態としての高慢、怠惰、嘘に関するバルトの描写を参照（*Church Dogmatics* 4/1-3〔『教会教義学　和解論 I/1–III/4』〕）。

原罪そして敵としての死の意味

　罪の起源をめぐる厄介な問いに、伝統的な神学的人間論のほとんどが頭を悩ませてきた。この問いに対して提示された答えの中には、人間の自由の誤用あるいは腐敗に基づくものとして罪を捉える聖書の主要な強調点と明らかに矛盾しているものも存在する。罪の起源は、キリスト教神学の幾つかの潮流がそのような傾向を示したように、肉体的存在や人間の性に、あるいは他の生の自然的条件に求められるべきではない。だが、それは19世紀のプロテスタント神学の多くが信じたように、無知や教育の欠如の中に見出されるべきものでもない。またそれは、多くの社会改革運動によって考えられているように、単純に、不当なる社会的条件に位置づけられるべきでもない。不正義の条件は、人間の罪深さの究極的要因としてよりも、その集合的表出として見ることの方がより適当である。

　聖書の中のエデンの園、そして人間の堕落の物語（創2–3章）は、罪の起源をめぐる歴史的記述というよりも、良き創造と罪の普遍性に関する想像力に富む記述である。神学的伝統の中にも、堕落以前の黄金時代の人間存在の素晴らしさに空想をめぐらす向きも少なくはなかったが、そのような思考は聖書の証言のすすめるところではない。聖書は、失った楽園を回復することへの希求というよりも、罪の現実性、悔い改めの必要、そして贖いの神の約束を主張することの方にはるかに関心を寄せている。ローマ書5章12節以下におけるアダムとキリストとをめぐるパウロの議論が示すように、聖書は罪と贖いを考えるにあたって、起源論的にというよりも終末論的に方向づけられている。

　「原罪」の教理は、罪の起源に関する理論というよりも、人類全体が罪に囚われた状態あるいは状況のもとにあるとする主張である。伝統的な神学は、実際の罪（神の御心に対する特定の侵犯）と原罪（人間の根源的かつ普遍的な罪深き状況）とを区別する。原罪は、根源的（人間の生のすべての側面に影響を与えるという意味で）で、普遍的（すべての人間に影響を与えるという意味で）である。罪の状況のもとにある人類は、失望、堕落、汚染、そして崩壊といったものの網の目に絡め取られているのである。これらの主張は、啓蒙主義的伝統の中で教育を受けた者たち——とりわけアメリカ人——

にとって受け入れがたき言葉であろう。しばしばアメリカ政治を苦しめることになっているイノセンス（無垢性、罪なきこと）の危うき感覚に言及しながらギャリー・ウィルズは原罪を次のようなものとして描いている。「我々は、致命的と言ってもよいほどの相互関連性において互いに互いの人質となっている。自分たちの祖先の誰かしらによって走り書きされていないようなまっさらな自然の白板など存在しない」[38]。

　20世紀の破局的悪行の後に、罪の起源や対処法をめぐるすべての楽観的理解は、表面的なものであったことが暴露された。20世紀の神学的人間論の多くが——とりわけラインホルド・ニーバーの未だに影響力を持ち続けている著作[39]が——強調してきたように、原罪あるいは根源的罪の教理は、人間の状況に関する奥深き真理を（たとえ逆説的な言い方に頼らなければ十分に言い表すことはできないとしても）表現している。それらの逆説的真理の最重要なものとして以下のことが挙げられる。

　a．罪は普遍的状況であるが、それはまた、我々が責任を取らざるを得ない自らが選択した行為でもある。アウグスティヌスは遺伝的罪について、ルターは「意志の軛（くびき）」について、カルヴァンは「腐敗し堕落した意志」について、J．エドワーズは普遍的なる人類の「邪悪な性質（disposition）」について語る[40]。彼らの議論や彼らの用いるメタファーの中には大げさすぎるものもあるかもしれない。だが、これらの神学者の誰ひとりとして人間の責任や罪が自らの選択したものであるという事実を否定する者はいない。普遍性と人格的責任性の間には緊張関係が存在するが、とりわけ議論が熱するうちにその関係性が見失われてしまうことも起こりうる。その際には、罪は単なる宿命へと還元され、もはやすべての人間が責任説明を持たなければならないものではなくなってしまうのである。ニーバーは彼のしばしば引用される箴言（エピグラム）において次のように言い表している。「罪は不可避であるが、必然では

38　Garry Wills, *Reagan's America: Innocents at Home* (Garden City, N.Y.: Doubleday, 1987), 384. Cornelius Plantinga, Jr., *Not the Way It's Supposed to Be*, 198 で引用。
39　特に Niebuhr, *The Nature and Destiny of Man*〔ニーバー『キリスト教人間観　第1部　人間の本性』〕を見よ。
40　アウグスティヌス『原罪論』、ルター『奴隷意志論』、カルヴァン『キリスト教綱要』2.2、ジョナサン・エドワーズ『原罪論』。

ない」[41]。

　b. 罪は人間のすべての行動（行為）の中に、広く悪として非難されるものだけでなく、普通は善として称揚されるものの中にも忍び込んでいる。このことは善と悪の区別は重要ではないということではない。そうではなく、このことが強調するのは、罪は善行を装う形において最も魅惑的にまた悪魔的に働くのだということである。この点を強調したのも（他のどの現代神学者たちにもまして）、ラインホルド・ニーバーであった。エリ・ヴィーゼルの小説の中の一人の人物は、人間の生における罪と無実との絡み合いについて次のように語る。「突き詰めていけば……人間は処刑人、犠牲者、傍観者のいずれかの一人であるのではなく、同時にその三つの存在たりうるのである」[42]。

　c. 罪は個々人の堕落であるが、それは同時に生の公的・集団的構造においても活発に働く力である。現代社会においては罪を個人化し、それを個々人の振る舞いに限定する傾向がますます強まっている。この傾向に対するものとして屹立しているのが、悪の包括的支配と古き「アダム」に連帯する全人類の罪と疎外状況を強調する聖書の証言である。ニーバーは自らの著書『道徳的人間と非道徳的社会 Moral Man and Immoral Society』の中において、現代社会における罪の個人化傾向を明るみに出している[43]。

　これらの逆説的真理は、罪の起源に関する合理的な説明を提供してはいないものの、そのような説明を試みるどの神学にもまして、十分に罪の現実的性格を言い表している。罪とは、基本的には神と他者との正しき関係において生きることの拒絶、神の恵みの否定、交わりにおける神御自身の生にあずかり、その生を反映するところの正義と平和の共同体のうちに生きることを拒絶することである。

41　Niebuhr, *The Nature and Destiny of Man*, 263〔ニーバー『キリスト教人間観　第1部　人間の本性』323頁参照〕. Jones もまた「我々は本来的には罪深きものではないものの、我々の生において罪を免れうる特権的領域はどこにも存在しない」と語っている。*Feminist Theory and Christian Theology*, 117.

42　Elie Wiesel, *The Town Beyond the Wall*, 174. Marilyn McCord Adams, *Horrendous Evils and the Goodness of God* (Ithaca: Cornell University Press, 1999), 200 で引用。

43　*Moral Man and Immoral Society: A Study in Ethics* (New York: Charles Scribner's Sons, 1932)〔ニーバー『道徳的人間と非道徳的社会』大木英夫訳、白水社、2014年〕．

第 7 章　被造物、罪びと、そしてキリストにおける新しい存在としての人間

　罪の起源をめぐる問いに劣らず困難な問題は、罪と死の関係を問うことである[44]。「罪の代価は死である」（ロマ 6:23）とのパウロの言葉に従う形で、キリスト教神学において支配的なものであった見地は、アダムとエバは不死のものとして創造されたが、人間の罪に対する罰として死は世界に入ったとするものである。この見地によれば、死は厳密には最終的に神によって滅ぼされねばならぬ「最後の敵」（Ⅰコリ 15:26）として理解される。

　近代に入って、このような考え方は、幾つかの理由により、攻撃にさらされることになった。第一に、有限性〔死〕は人類の出現以前の地上のすべての生命に刻印されているという疑う余地なき事実である。第二に、人間の有限性は時間における有限を意味するという事実である。それゆえ、不死性を我々被造的人間性に本質的に属するものとして語ることによって、人間の有限性が曖昧にされ、創造者と被造物との間の区別がないがしろにされる危険が出てくる。キリスト者は実際に死後の永生を希求するが、この望みは人間の本性に本質的に属するものにではなく、ひとえに神の自由なる恵みと真実に基づくものである。十全性を主張する伝統的見方を不十分として挑戦する第三の理由は、聖書の少なからぬ章句において、人間の有限性は本質的には悪とみなされていないという事実である。旧約聖書においては、長寿は祝福と考えられており（創 25:8、ヨブ 42:17）、老いて寿命を全うして死ぬことは可能なのである。罪と死の関係をめぐる伝統的理解に疑問を呈する最後の理由となるのは、近年の終末医療倫理をめぐる議論において顕著になってきた「自然死」という考えである。

　死を「罪の代価」とする伝統的見方には重要な真理が含まれているものの、それは神と人類の関係の歴史全体におけるより広範な枠組みの中に置かれる必要がある。死をめぐるより包括的な理解の最も単純化された定式は、生と死は共に新しき生の創造者、贖罪者、贈与者であられる一つなる神との関連において見られなければならないというものである。先にも述べたように、

44　それとは異なる、ある場合においては対立する立場を知りたければ、Karl Barth, *Church Dogmatics*, 3/2: 587-640〔バルト『教会教義学　創造論 II/3』344-462 頁〕; Eberhard Jüngel, *Death, the Riddle and the Mystery* (Philadelphia: Westminster, 1975)〔ユンゲル『死――その謎と秘義』蓮見和男訳、新教出版社、1972 年〕; Karl Rahner, *On the Theology of Death* (New York: Herder & Herder, 1961); Wolfhart Pannenberg, *Systematic Theology* (Grand Rapids: Eerdmans, 1991), 2: 265-75 を見よ。

キリスト教的人間論と神の三位一体的理解は密接に関連し合っている[45]。

創造主なる神との関連で死を語ることは、それを我々の有限存在の限界であり境界として語ることである。神は、我々が現にそうであるように、具体的、時間的に有限なる存在として我々を創造した。我々は時間の中に初めと終わりを持つ。時空における我々の有限性は、人間の自由と道徳的霊的成長の可能性の条件である。我々は、我々の日を数えることを教え給えと神に祈る（詩 90:12）。なぜなら、我々が知恵の獲得のためにまた神と他者を愛し、また神と他者に仕えるために有する日は無限ではないからである。もし我々の時が無限であるならば、いかなる特定の時も、決定的なもの、緊急なもの、貴重なものではあり得ないであろう。誰も実際にはこのような仕方でのみ死を経験するのでないにしても（つまり、我々の有限的地上存在の被造的限界として）、そのことは我々が有限的被造物であることの現実性を越えるものではない。その時間における終わりは、我々が罪びととして経験する終わりとは、きわめて異なるものなのかもしれない。

実際に我々が経験する死は、敵、暴力、否定、全き喪失としての死である。聖書が死を「罪の代価」として語り、そのような罪と死に対して我々のために勝利を収めてくださったキリストによる神の和解の業を祝うのは、罪の条件のもとでのこの死の実際的経験との関連のもとにおいてである。罪の条件のもとで死は「自然的なもの」としてではなく、神の審きのしるしとして経験される。それは、我々を神から、また我々が愛し重きを置くすべてのものから切断するのである。生の「自然的」終わりとして死の在り様から、我々は深く切り離されている[46]。実際に我々の前に立ち現れてくる死は、実際パウロも呼ぶように「最後の敵」（Ⅰコリ 15:26）としての死である。我々が実際に死ぬ死は、逃れがたいほどに罪責感や悲しみと結び合わされている。我々が死を恐れるのは、それが、我々の欠陥だらけで不完全で自己中心的な生を容赦なく暴き出すからである。死に直面して我々は自分自身を正当化できないことを知る。死は審きの大きなしるしとなるのである。

我々が重荷としての死を死ぬのは、神と他者との関係を意図的に否定しな

45 　三位一体論的見地からの人間の死すべき性質をめぐる議論に関しては、David H. Kelsey, "Two Theologies of Death: Anthropological Gleanings," in *Modern Theology* 13, no. 3 (July 1997): 347-70 を見よ。

46 　Barth, *Church Dogmatics*, 3/2: 598〔バルト『教会教義学　創造論 II/3』368-69 頁〕．

がら生きてきたがゆえである。死と罪の繋がりは、死を関係性の喪失の中へ落ちてゆくこととして理解する時に明らかになる。あらゆる関係の喪失として、死は「代価」である。すなわち、自己を与えながら交わりの中で生きるよりも、意図的に他者から隔絶しながら生きた自己中心的な生を示す顕著なしるしであり、かかる生の動かしがたき結果なのである[47]。このことのゆえに、死を敵や呪いとして語る者たちのほうが、死を自然なもの、あるいは友や兄弟といった言葉で親近性を持たせ、美化したりする者たちよりも、実際に経験する死の真相にはるかに近くにいるのである。

　しかし福音は、神が、我々を、神御自身や他者やまた我々自身の被造的な在り様から疎外された状態に、罪深きままで、置き去りにはされなかったことを告げる。イエス・キリストにおいて神が賜った賜物は、罪の赦し、苦難と死のただ中における連帯、自己を与える愛の中で生きる新しき生に向けての解放である。神の恵みを信じること、そしてこの根拠によってのみ、我々は自身の死へと（征服された敵として）近づきうるのである。イエス・キリストにおける神の恵みは、死の棘（Ⅰコリ 15:56）を取り去る。キリストゆえに「我々は生きるも死ぬも主のものである」（ロマ 14:8）。それゆえにバルトは、生きるにあっても死するに際しても、イエス・キリストにおける神の恵みを視座に据える人々のことを「自然なこととしての死に向けて解き放たれている者たち」として語ることができる。この言い回しによって語られているのは、単なる生物学的中止としての世俗的意味における「自然死」ではなく、刺を抜かれたものとしての、今や「神の一つの御手より他の御手」へと移動する中継地点としての死のことである[48]。

　キリスト教的死の神学はここにとどまらない。それは「自然なこととしての死に向けての解放」のみならず、すべての死に対する神の究極的勝利について語らなければならない。人間の有限性、あるいは人間の罪に関しても、死は究極の言葉ではない[49]。永遠の生は、創造され、和解へともたらされた

47　関係喪失としての死に関しては、Jüngel, *Death, the Riddle and the Mystery*〔ユンゲル『死――その謎と秘義』〕を見よ。

48　この言葉は著名な神学者である Heiko Oberman が彼の死に際して語ったものである。私はこの引用を Gerhard Sauter, "Dying with Dignity"（未刊行論文、Center of Theological Inquiry, December 18, 2002）に負っている。

49　有限性（finitude）と人間の死すべきこと（mortality）の違いに関しては、Wolfhart

存在としての我々の究極的目標である。我々人間においても、より広範な領域にあってうめきの中にある被造物においても、死は完全には屈服させられていない。キリスト教信仰と神学は、いまや死の存在しない新しい天と新しい地を待ち望む。三位一体論的神学は、創造主であり和解の主である神との関連においてのみならず、新たに造りかえ、命を与える聖霊としての神との関連において死を理解する。新約聖書において、とりわけパウロがキリスト教信者に思い起こさせているのは、聖霊の力によってキリストにおいて今経験している新しい生は永生の前味であるということである。体の復活は、いまだ成し遂げられてはいない事実である。我々は来るべき世を待ち望む。うめきの中にある被造世界全体との連帯の中にあって神の贖いの業(わざ)の完成を待ち望む。

　今まで述べてきたことから明らかにされたのは、キリスト教的見地にあっては、死は一つ以上の顔を持つということである。それはすべての被造物が抱える「自然的」限界である（神によって創造された存在としての「自然的」部分は、我々には深く隠されている）。死はまた、我々すべてのためにキリストが自ら負ってくださった罪に対する神の審きを不可避的に思い起こさせるものである。死はまた神の恵みの御手に受け取られる瞬間でもある。死はこれらの三つの顔のうちの一つだけを持つというのではなく、それらすべての顔を兼ね備えている。なぜなら、我々の生と死とは、創造主にして和解の主、また贖い主でもあられる方の御前にて、すなわち、生の源にして、生の審き主、生を新たにされる方にして永生を与える方であられる一つの神の御前にて生起するからである。

キリストにおける新しき人間

　キリスト者の自由は、罪の軛(くびき)からの、また神と他者とのパートナーシップに向かう新しき自由の始まりである。この新しき出発は、聖霊の力によって我々が一つとされたイエスの新しき人間性において現臨する神の救しの恵みにその根拠を持つ。イエスは、歪められることなき神との関係性のうちに、

Pannenberg, *Systematic Theology*, 3: 560 を見よ。

人間であることを全き形において実現された。イエスはまた、すべての人との、とりわけ罪びと、異邦人、貧しき者たち、障害を持った者たち、抑圧された者たちとの究極的な連帯のうちに生きた、他者のための人間である。イエスは更に、正義と自由と平和に特徴づけられる神の約束された支配に向かう根源的開放性を生きる新しき人間（性）（ヘブ 12:2）の偉大なる開拓者である。神への全き信頼において、イエスは神の恵みと赦しを我々に媒介する偉大なる祭司として行為される。また、すべての人々との、とりわけ貧しき人々や虐げられた人々との驚くべき連帯において、そして我々が長らく遠ざけてきた「他者」との間に正義と交わりの成立する新しき領域へと我々を導く王として振る舞われる。また、神の到来しつつある支配を大胆に宣言し制定されることにおいて、イエス・キリストは、全被造物が待望するところの、神と仲間の被造物との交わりのうちに与えられる未来の全き自由に向けて我々を先導する預言者である。キリスト者であることは、イエス・キリストにおいて表された新しき人間性へと、信仰と希望と愛をもって参与することである。キリスト論、聖霊、キリスト者の生を扱う以下の諸章においてこれらのテーマを更に敷衍するつもりである。目下の文脈における私の目的は、先に述べた二つのセクションにおいて提示された被造的人間と堕落した人間の分析を、比較、対照しながらキリストにおける新しき人間を手短に叙述（描写）することである。

　1.　「神のかたち」であることが、神の恵みによって生きることを意味するのなら、また、そのような神との関係が自己栄化や自己放棄（self-abnegation）の罪によって否定されるというなら、信仰とは聖霊の力においてイエス・キリストによって我々に差し出された神の善意に対する、全き信頼と確信である[50]。

　神に自らを委ねる自由な行為として、信仰はあらゆる偶像崇拝（それが自己崇拝であれ、自己の代わりとしての他者崇拝であれ）の終わりである。心と精神と魂を尽くして神を愛せよとの第一戒の喜ばしき応答である。信仰は、他者に君臨しようと欲する絶対的権力への意志とは対極に位置するものであ

---

[50] カルヴァンによる信仰の古典的定義「信仰とは、我々に対する神の慈しみの意思についての堅固で確実な認識である。それはキリストにおける価なしの約束の真実に基礎づけられ、聖霊によって我々の精神に啓示され、心情に証印されるものである」（『キリスト教綱要』3.2.7〔渡辺信夫訳〕）参照。

るが、一方で、自己憎悪とも、また確信と喜びをもって生き行為するに際して自身の能力や権利に疑いを抱くことと表裏一体のなげやりな無関心へと身を委ねてゆくこととも明らかに異なる。他者と共ならんために他者に生きる余地を設ける仕方で力を行使なさる、信頼に値する恵み深き神への自由なる応答として、信仰は自らを世界の中心に置くこととも、自らを拒絶することとも異なる。キリスト者が信じる三位一体の神は、人間の自由を妬むことはなさらない。むしろ、恵み深き神は、我々の自由に力を与え、自らの足で立たせ、成熟と責任をもって生きるべく、我々を召し出される。自由が神の恵みに根拠づけられる時、人は自己の自由を絶対化しようとする衝動からも、また自らをとりまく歴史や文化の扇動的な潮流に身を委ねることによって自由であることの責任から逃避せんとの願いからも解き放たれる。

2. 「神のかたち」において存在することが、他者と相互的な協力関係にあって生きることを意味するのなら、また、人間の生のこのような被造的構造が、他者を軽蔑することと自らを憎悪すること、権力への意志と隷従の精神によって歪められるのであるなら、イエス・キリストによって至上なるかたちで具現化され、我々のうちに聖霊によって力を与えるところの愛こそが、他者と共なる、また他者のためなる人間であることの新しき在り様である。

キリスト教的愛は、力強く、また自由に（自発的に）自らを与える愛である。犠牲的に自らを表現するものの、それは、破壊的に自己をなくしてゆくこととも、受動的態度とも、状況に働くいかなる圧力に黙従してしまうこととも異なるであろう。信仰と同様、キリスト教的愛は、自由の行為である。それは自己限定と他者への配慮の自由な実践である。他者を、とりわけ敵と呼ばれる他者を進んで助けようとすることであり、正義と相互性と友情を促進すべく最初の一歩を歩み出そうとの覚悟である。

聖書の証言によれば、愛は何はともあれ果たさねばならぬ義務ではない。それは我々がイエス・キリストのうちに認め、彼から受け取るところの他者のための新たな自由を喜んで実践してゆくことである。キリスト者の愛には、我々に対する神の驚くべき愛が常に先行している。「［神が］最初に我々を愛したがゆえに我々は愛する」のである（Ⅰヨハ4:19）。いずこにおいても兄弟姉妹との連帯の中にある時に我々は人間となり、また人間であり続ける。なぜなら、創造の際に、我々は、そのような仕方で生きる者として造られたからである。自尊心ゆえに他者から孤立することのないように、しばし

ば代償を払わずにはいられないまでの他者との深き連帯の中に生きる者として、我々は創造された。キリストにおいてあるとは、すべての者が兄弟姉妹であり、また、ユダヤ人とギリシア人、主人と奴隷、男と女の間の関係を損なうようなヒエラルキー的秩序がもはや存在しないような包括的家族の中に加えられることである（ガラ 3:28）[51]。神の恵みに根拠づけられた自由を持ち、それゆえに、驚くほどに他者と（とりわけ、よそ者や望まれざる者とみなされている人々と）、何らのこだわりを持たずに共にいること、またその者たちのためにあることができる人々は、「主人」の行使する強制権力や「奴隷」の無批判的隷従については熟知するも、「神の子供たちの栄光に輝く自由」（ロマ 8:21）が意味することに関しては少しも想像力を働かせることのできない世界においては常に厄介な存在となるであろう。

3.「神のかたち」においてあることが、来るべき神の国への渇望を意味するなら、またこの渇望が絶望や厚かましさ（presumption）の罪により否定され、あるいは歪められているのなら、希望は、神の将来に向けて与えられた新しい自由のうちにあり、その中において我々は、聖霊の力により、イエス・キリストにおいて、神の恵み深き約束が成就されるであろうとの待望のうちに生きるのである。

キリストの霊は、神の創造と贖いの業（わざ）の大いなる完成に向けて我々を駆り立てる。信仰と希望と愛に生きることは、人間の自由の行使に他ならない。それは創造的想像力を用いてより公正な社会を思い描くことでもある。それは、友愛と平和への真の可能性を識別し、それらを実現するために可能な限りに働くことであり、ヨハネ・パウロ二世の言葉を借りれば、「死の文化」ではなく「生の文化」の建設へ貢献してゆくことである。キリスト者の希望は、我々自身の手によって神の国をもたらそうとする意味でのユートピア的希望ではない。それは過去と現在ばかりでなく、将来の主でもある神への揺るぐことのない信頼を形にしながら、生きそして活動することである。キリスト教的希望に生きるとは、神の恵みにより物事は変えることができ、病や死は人間の運命に対して最終的な言葉（権威）を持つことがなく、平和は可

51　J. Louis Martyn, *Galatians* (New York: Doubleday, 1997), 378-83 のこのテキストの注解を見よ。Elisabeth Schüssler Fiorenza, *In Memory of Her* (New York: Crossroad, 1983), 212〔シュスラー＝フィオレンツァ『彼女を記念して』山口里子訳、日本キリスト教団出版局、1990 年、310 頁〕参照。

能であり、敵との和解も起こりうるとの期待に生きることである。そして我々はこれらの目的のために祈り働くために召し出されている。希望に生きるとは、この世界にあって正義と和解と平和のために粘り強く働くことを意味する(たとえ、良き計画や高貴な目的が、しばしば抵抗にあい、敗北を喫することがあったとしても)。決して驕り高ぶることなく、キリスト者の希望は神の究極的勝利に確信を抱いている。

　信仰、愛、希望のうちに生きるとは、キリストにおいて我々のために現実のものとされ、我々に約束された「神のかたち」の中へと生きてゆく在り様のことである。神と人間との新しき関係において、他者との連帯のうちに人間となることの新しき在り様において、また神の来るべき支配への新たな待望において生きるかかる生は、神より与えられた賜物であると同時になすべき実践であり、「主イエス・キリストの恵み、父なる神の愛、聖霊の交わり」（Ⅱコリ 13:13）に基づき、養われてゆくのである。

更なる学びのために

Ashley, Benedict M. *Theologies of the Body: Humanist and Christian*. Braintree, Mass.: Pope John Center, 1985.

Barth, Karl. *Church Dogmatics*, 3/2: 203-85. Edinburgh: T&T Clark, 1960.〔カール・バルト『教会教義学　創造論 II/2』吉永正義訳、新教出版社、3-189 頁〕

Brunner, Emil, *Man in Revolt: A Christian Anthropology*. Philadelphia: Westminster, 1947.

Gunton, Colin E., ed. *God and Freedom*. Edinburgh: T&T Clark, 1985.

Hefner, Philip. *The Human Factor: Evolution, Culture, and Religion*. Minneapolis: Fortress, 1993.

Jensen, David H. *God, Desire, and a Theology of Human Sexuality*. Louisville: Westminster John Knox, 2013.

Kelsey, David. *Eccentric Existence: A Theological Anthropology*, 2 vols. Louisville: Westminster John Knox, 2009.

Macquarrie, John. *In Search of Humanity: A Theological and Philosophical Approach*. New York: Crossroad, 1983.

McFadyen, Alistair. *The Call to Personhood: A Christian Theory of the Individual in Social*

Relationships. Cambridge: Cambridge University Press, 1990.

McFarland, Ian. *Difference and Identity: A Theological Anthropology*. Cleveland: Pilgrim, 2001.

Niebuhr, Reinhold. *The Nature and Destiny of Man*. New York: Charles Scribner's Sons, 1941. Vol. 1, pp. 150-264.〔ラインホールド・ニーバー『キリスト教人間観　第1部 人間の本性』武田清子訳、新教出版社、1951年、232-324頁〕

Plantinga, Cornelius, Jr. *Not the Way It's Supposed to Be: A Breviary of Sin*. Grand Rapids: Eerdmans, 1995.

Tillich, Paul. *Systematic Theology*, 3 vols. Chicago: University of Chicago Press, 1967. Vol. 2: *Existence and the Christ*. Pp. 19-96.〔パウル・ティリッヒ『組織神学　第2巻』谷口美智雄訳、新教出版社、2004年復刊、21-120頁〕

Van Huyssteen, J. Wentzel. *Alone in the World? Human Uniqueness in Science and Theology*. Grand Rapids: Eerdmans, 2006.

Zizioulas, John. "Personhood and Being." in *Being as Communion: Studies in Personhood and the Church*. Crestwood, N.Y.: St. Vladimir's Seminary Press, 1985. Pp. 27-65.

第 8 章
イエス・キリストの人格と業
The Person and Work of Jesus Christ

キリスト教神学は探求すべき多くの主題を持つものの、それらすべての決定的基盤と基準は、イエス・キリストの人格と業であると主張する。先立つ諸章において三位一体の神、創造、摂理、人間、罪、悪について語る際に、これらの教理を理解する決定的な鍵としてキリストにおける神の啓示に目を向けてきたのはこのことゆえである。同様に、次章以下において、聖霊、キリスト者の生、教会、キリスト者の希望の教理を取り上げる際にも、とりわけキリストにおいて知らされた神の目的と業を証しする聖書の証言に意図的に自らの思考を繋ぎとめるであろう。いかなる主題をめぐる神学的省察も、それがイエス・キリストの中心性と彼がもたらす救いを認める程度に応じてキリスト教的となる。使徒信条の（「我は［神の］独り子、我らの主、イエス・キリストを［信ず］……」で始まる）第二項が他の二項に比べてはるかに長いのにももっともな理由が存在するのである。創造主なる神をめぐる第一項も聖霊と教会をめぐる第三項も第二項との関係なしには、確固としたキリスト教的内実を持ち得ない。キリスト教信仰にとり、「全能の父、天地の創造主」は我らの主イエス・キリストの父と特定されるのであり、聖霊も来るべきキリストの道備えをし、そのミニストリーに力を与え、その業を完成へともたらす霊として第一に定義される。キリスト論は、キリスト教教理の全体ではないが、そこから他のすべての教理が照らし出される地点なのである。

キリスト論の諸問題

イエスとは誰か？　いかにイエスは我々を助けるのか？　可能な限り単純

化して言うなら、これらのことが神学においてキリスト論（イエス・キリストの人格の教理）そして救済論（キリストの救いの業をめぐる教理）として議論されてきた問題である。

いかなる時代においても教会は、イエスが主であり、彼が救いをもたらすと告白してきた。しかしながら、今日の多くのキリスト者は、イエスをめぐるこれらの主張をいかに理解したらよいのか確信が持てないでいる。すべての真摯なキリスト論が直面しなければならない困難な問いには以下のことが挙げられよう。

1. 一つ目の問いは、古代のキリスト論信条をいかに理解するかということである。我々にとってはなじみ薄きキリスト論の初期の歴史における諸概念と専門的議論は、今日その意味を理解し伝えようとするいかなる努力に対しても深刻な難題を突きつける。ニケーア信条は神の子と父なる神を「同質」であると語り、カルケドン定式は、イエス・キリストは「まことの神であると同時にまことの人」であり、神性と人性が「混合、変化、分割、分離されることなく」一つの「人格」において結合されていると明言する。一般信徒にとっても多くの学者にとっても、古典的キリスト論定式は曖昧かつ抽象的であり、信仰の経験からはるかに切り離された言葉によって表現されている。それに加えて、いにしえの信条におけるキリスト論は、形而上的思弁の迷路の中でナザレのイエスの具体的な歴史的現実性をほとんど見失ってしまっていると批判者たちは指摘する。これらの批判者たちに同意しない者たちでさえも、古典的キリスト論信条は単に繰り返されるのではなく解釈されなければならないことを認めるだろう[1]。

2. キリスト論への別のかたちでの挑戦は、近代の歴史意識の高まり、そして歴史批評の福音書への適用から生じた。19世紀の間、歴史批評釈義は自信を持っていわゆる教会の凝り固まった教義そして新約聖書共同体の偏った信仰告白の背後に「真のイエス」を見出すことができるだろうと考えた。こうした運動の歴史を記したアルベルト・シュヴァイツァーは、そのような営みはとてつもなく勇気のある行為ではあったが、失敗であったと言わざる

---

[1] Sarah Coakley, "What Does Chalcedon Solve and What Does It Not? Some Reflections on the Status and Meaning of the Chalcedonia 'Definition,' " in *The Incarnation: An Interdisciplinary Symposium on the Incarnation of the Son of God*, ed. Stephen T. Davis, Daniel Kendall, and Gerald O'Collins (Oxford: Oxford University Press, 2002).

を得ないとした。シュヴァイツァーは、多くの聖書の歴史的研究者が試みたようには、イエスは近代人にとって魅力的で近づきやすい者とはされ得ないと結論づけた。それらの探求者たちが歴史の井戸を見下ろしたときにかろうじて見出すのは、水に映る自分たちの顔にすぎない。シュヴァイツァーによれば、イエスは終末論的預言者であって、差し迫った神の支配の到来に関するそのメッセージは、近代世界にとっては全くと言ってよいほどにそぐわないものであった[2]。

ここ数十年の間に、より洗練され、抑制された「史的イエスの探求」が開始された[3]。イエスに関する細大漏らさぬ伝記を描くことは不可能であることに同意するも、信仰と宣教の書としての福音書の性格を踏まえ、今や多くの新約聖書学者たちは、イエスを歴史的に知ることに対する全面的な懐疑主義的態度は正当化され得ぬばかりか危険であるとの考えを抱くようになっている。そのような懐疑主義は、ドケティズム（仮現論）に、あるいはイエスを教会の生と教えに同一化することへと容易に陥らせてしまう。近年の新約聖書研究においてコンセンサスを得ていることの一つは、イエスはユダヤ人であったがゆえに（「周辺的ユダヤ人」であるも）そのメッセージとミニストリーは1世紀のユダヤ教の宗教的、社会的、政治的潮流の中で理解されねばならないということである[4]。新約聖書学者たちのほとんどは、また、イエスのメッセージの中心は来るべき神の支配の宣教であるということで、意見を一にしている。しかしながら、何らかの合意的な尺度は存在するものの、探求の結果としてもたらされたイエス像は、困惑せざるを得ないほどに多様なものであり続けている。カリスマ的な人物、癒し人にして知恵の教師であると主張する者（マーカス・J. ボーグ）、ラディカルな社会的ヴィジョンを持ったユダヤ人の農民であるとする者（ジョン・ドミニク・クロッサン）、黙示的な預言者であったとする者（デール・C. アリソン）もいる。その他にも、

---

2 Albert Schweitzer, *The Quest of the Historical Jesus* (New York: Macmillan, 1961)〔シュヴァイツァー『イエス伝研究史　上・中・下』遠藤彰／森田雄三郎訳、白水社、2002年〕.

3 Dale C. Allison, *The Historical Christ and the Theological Jesus* (Grand Rapid: Eerdmans, 2009).

4 John P. Meier, *A Marginal Jew: Rethinking the Historical Jesus*, 3 vols. (New York: Doubleday, 2001); Leander E. Keck, *Who Is Jesus? History in Perfect Tense* (Columbia: University of South Carolina Press, 2000) を見よ。

多様なイエス像が提示され続けている[5]。

3. 第二の問題に密接に関連する現代キリスト論の第三の問題は、新約聖書におけるイエス像の顕著な多様性に対する意識である。新約聖書の証言は、キリストへの信仰において一つとされている。けれども、イエスを救い主そして主として描く描き方は、それぞれが際立った独自性を示している。パウロのキリスト論はキリストの十字架と復活に焦点を当てる。その勝利主義的な見方にもかかわらず、復活された主は十字架につけられた方に他ならないことを強調する。キリストの十字架こそが神の力と知恵そのものなのである（Ⅰコリ 1:24）。マルコは、イエスの物語をガリラヤからエルサレムへの旅として、力ある業によるミニストリーから恥と棄却の中での十字架上の死に至る運動として物語る。マルコによれば、イエスの力ある業は十字架と復活における神の贖いの目的の光においてのみ正しく理解されるのである。マタイはイエスを、自らの律法解釈によって新たなより高き義を照らし出した、また自らの生と死により旧約聖書の約束を成就した権威あるメシア的教師として描く。ルカはイエスの物語を教会の宣教（ミッション）の継続と拡大の土台として物語り、それは使徒言行録においても語り直される。ルカにとってイエスはイスラエルの神の約束を成就した方というのみならず世界の救い主である。ルカのイエスはとりわけ見捨てられた人々、貧しき人々、女性、また他の周辺に追いやられた人々に関心を持つ。ヨハネ福音書は「御子」と「御父」の間の唯一無比なる関係に焦点を当てる。ヨハネは、イエスは神からの光と生命をもたらすと告知する。イエスは、御父の御心に従って教え、働き、御父の愛を明らかにし、最終的には彼を遣わされた御父のもとに凱旋されるのである。これらすべては我々のためであるとヨハネは考える。

新約聖書の中で独特な仕方で描かれている幾つかのイエス像に加えて、もちろん教会の神学や芸術、また世俗の芸術や文学の中には、無数のイエスをめぐる解釈が存在する。このように驚くほど豊富なキリスト論の存在することには肯定的な側面と否定的な側面とがある。肯定的な側面としては、イエス・キリスト理解の豊富さは、その人格と業に関して、一つのイエス観のみに限定しているなら見過ごしたであろう諸側面へと我々の目を開くであろ

---

5 *The Apocalyptic Jesus: A Debate*, ed. Robert J. Miller (Santa Rosa, Calif.: Polebridge, 2001) を見よ。

う。キリスト論の豊富さは、キリストの救いに関してのより包括的な受容へと我々を導き、我々自身の時と場所にふさわしくキリストの意味を解釈する自由と責任に向けて我々を覚醒させる。

けれども、キリスト像の多様化には別の、より問題をはらむ側面が存在する。ハンス・キュンクが記しているように、あまりにもたくさんの異なるキリストが存在しており——敬虔なるキリストや世俗的キリスト、古代教理のキリストや現代イデオロギーのキリスト、支配的文化のキリストや対抗文化のキリスト、政治的反動のキリストや社会革命のキリスト、古典文学のキリストや大衆文学のキリスト、感動的宗教芸術のキリストや単にキッチュなだけのキリスト——、その中のどのキリストが真のキリストであるかとの問いは、緊急かつ不可避な問いである[6]。キリスト論の多様性は、その根拠を新約聖書の証言自体に持つゆえに恐れるに足らずということは正しいものの、豊かさを増していくこの多様性は、何でもありやの相対主義とは一線を画されねばならない。後者は、キリスト教アイデンティティの喪失、そしてキリストへの真の信仰とイデオロギー的歪曲を区別することの不能を意味する。

4. 今日のキリスト論の第四の問題は、しばしば「個別性の躓（つまず）き」の名のもとで知られているそれである。何らかの形でこの問題にキリスト論と神学は常に直面してきた。使徒パウロは、十字架につけられたキリストの使信は、それを聞くほとんどの者にとっては躓きであり、愚かなものであると語る（Ⅰコリ1:23）。しかしながら、十字架が根本的躓きであることに加えて、個別性をめぐる他の躓きにも今日のキリスト教とキリスト論は直面している。例えば、フェミニスト神学者たちの中には、教父神学が事実上、福音の真の躓きをイエスが「男性」であることの存在論的必然性の躓きに置き換えてしまったと考えている者たちもいる[7]。黒人のまた第三世界の神学者たちは、（ほとんどが白人と比較的裕福な人々で占められている）第一世界の教会が貧しき者たちや抑圧された者たちに対するイエスのミニストリーの躓きを曖昧にし、また倒錯させてしまうのではないかと問うている[8]。世界の諸宗教間に新たな理解や協働を涵養することに心を砕く他の神学者たちは、

---

6 Hans Küng, *On Being a Christian* (New York: Doubleday, 1976), 126-44.

7 Rosemary Radford Ruether, *To Change the World: Christology and Cultural Criticism* (New York: Crossroad, 1981), 45-56 を見よ。

8 Jon Sobrino, *Jesus in Latin America* (Maryknoll, N.Y.: Orbis, 1987) を見よ。

キリスト論帝国主義の誤った躓きを捨て「非排他的な」更に「非規範的な」キリスト論を展開しなければならないと主張する[9]。これらはすべて傾聴に値する関心事であり、今日のキリスト論的省察の中に自らの位置を持たなければならない。

キリスト論の諸原理

　これまで列挙してきた諸問題に配慮しつつキリストの人格と業の教理を探求する際の導きとなるのは、以下の作業原理である。
　1.　イエス・キリストを信ずるとは、実際に認識論的内実を伴った知識であるが、信仰における知識とは単に理論的あるいは歴史的な知識にとどまらない。キリストへの信仰に属する知識とは、単にキリストについて知ることではない。それはまた、まず第一に、キリストを信じること、そして、「道であり、真理であり、生命である」キリストに従う道備えをなすことである[10]。言い換えるならば、聖書の証言と教会の宣教が意図しているのは、単にかつてイエスという名の男が高貴な生を生き、尊い真理を説き、そして悲劇的な死を死んだということではない。聖書の中でまた教会の宣教の中でイエスに対する言及がなされている際には、それらの言及は、イエスの生と死と復活が「我々のため」、「多くの者のため」、「すべての者のため」であることを宣言するためなのである（マコ 10:45、ロマ 5:8、8:32、Ⅰコリ 15:22）。聖書と教会がこの人物に関して第一に主張したきことは、キリストにおいて神はこの世界に赦しと自由、和解と新しき生命をもたらされるということである。新約聖書の伝統（伝承）のあらゆる層において、また教会のすべての古典的キリスト論的主張には、救済的な側面が存在しているのである。それゆえ、キリスト論の肝要点は歴史的好奇心を満足させることでもなく、いい加減な憶測にふけることでもない。それはこのイエスにおいて神が決定的に

9　Paul F. Knitter, *No Other Name? A Critical Survey of Christian Attitudes toward the World Religions* (Maryknoll, N.Y.: Orbis Books, 1985) を見よ。
10　カルヴァンは、キリストを受け容れる信仰は「頭脳の問題である以上に心の問題であり、知性の問題である以上に感性の問題である」と断言する（『キリスト教綱要』3.2.8〔渡辺信夫訳〕）。

臨在し、世の救いのために恵み深く働かれているということなのである[11]。

2. イスラエルの民と神の契約から切り離される際には、あるいはその救いの業の及ぶ範囲が特定の個々人やグループに限定され、全人類に拡げられない場合には、イエスは正しく理解されない。新約聖書は、イエスはキリストであり、神と神の民との間の契約の成就であると主張する。それゆえにキリストとしてのイエスを知ることは、イスラエルの歴史と希望を前提とする[12]。それと同時に、イエスは神の永遠の御言葉（ロゴス）の決定的な具現であり、いずこにおいてもいかなる時にあっても恵みと審きの双方を与える形でこの世における人間の生に関わりを持たれる方として告白される（ヨハ 1:1-14）。このことが意味することとは、キリスト論はその歴史的個別性とキリストにおける神の救いの業（わざ）の普遍的広がりの双方において心配りがなされなければならないということである。キリストにおける神の和解の愛は「わたし」（ガラ 2:20）と「わたしたち」（Ⅱコリ 5:18）に向けられているということは正しく、キリスト論において重んじられなければならないが、神の愛は「世界」（ヨハ 3:16、Ⅱコリ 5:19）に向けられているという事実も同じように正しく、重んじられなければならない。キリスト論のこの「宇宙的」次元は、個人主義的態度によっても、教会中心的態度によっても、抑圧されて（覆い隠されて）はならない[13]。この意味において「非排他的」キリスト論が聖書の証言自体により要請されているのである。

3. キリストの人格の教理とその業の教理は不可分である。フィリップ・メランヒトンが正しく指摘するように、「キリストを知ることはその恵みを知ることである」[14]。他方、キリストの恵みを知ることは、キリストが誰であ

11　Schubert Ogden, *The Point of Christology* (New York: Harper & Row, 1982) を見よ。

12　Paul Van Buren, *Christ in Context* (San Francisco: Harper & Row, 1986) を見よ。

13　プロセス神学においては、キリスト論の宇宙的文脈に特別な関心が払われてきた。W. Norman Pittenger, *The Word Incarnate* (New York: Harper, 1959); N. M. Wildiers, "Cosmology and Christology," in *Process Theology*, ed. Ewert H. Cousins (New York: NewmanPress, 1971), 269-82 を見よ。Denis Edwards, *Jesus and the Cosmos* (New York: Paulist Press, 1991) 〔エドワーズ『イエスと宇宙』原田英一訳、中央出版社、1995 年〕はカール・ラーナーの神学の洞察を引き合いに出しながら、宇宙的キリスト論を展開している。

14　Philipp Melanchthon, *Loci Communes Theologici* 〔メランヒトン『神学総覧』〕in *Melanchthon and Bucer*, ed. Wilhelm Pauck, Library of Christian Classics, vol. 19 (Philadelphia: Westminster, 1969), 21.

るかを知ることでもある。便宜上、キリスト論においては人格と業(わざ)の区別がされてきたものの、それは甚だしい誤解を招きうるものでもある。誰であれ、特にイエスのアイデンティティに関してであるなら尚更であるが、その人間の生涯の行為と切り離してはその人のアイデンティティの意義を語ることはできない[15]。人格的アイデンティティは、その人の歴史、彼（女）の生涯の物語によって構成されている。初代教会は福音書の物語においてイエスが誰であるかを宣教した。イエスの物語を物語ることによって、すなわちそのメッセージ、ミニストリー、受難そして復活を含めた福音書全体を物語ることによって、我々はイエスの人格と業(わざ)を一つのものとして把握することができるのである。新約聖書がその人物と業(わざ)を切り離していないことは、その名の解釈において明白である。「その名前をイエスと名づけなさい。彼はその民を罪から救うだろうから」（マタ 1:21）。

4. イエス・キリストをめぐる理解や告白は、いずれも特定の状況から生まれたものであり、まずは、そうした状況における個別的な必要性や希望へと向かって語りかけられたのである。キリストをめぐる諸理解は、我々とはきわめて異なる苦難と希望の歴史によって形成されていることを知らなければならない[16]。既に記したように、新約聖書は複数のキリスト論を内包している。Q文書やマタイ福音書のように、イエスの教えに焦点を当てるものもあれば、マルコ福音書やパウロ書簡のようにイエスの受難を中心とするものもある。更にはヨハネ福音書のように、復活の主の栄光と勝利をより強調するキリスト論もある。唯一無比なる方であられるキリストは、無尽蔵に豊かな方であり、人間のあらゆる要求と経験を自らに引き寄せられる。新たな状況は新たなキリスト告白を要求する。なぜなら、いかなる時と場所にあって

---

15 これはバルトのキリスト論の顕著な特徴である。（*Church Dogmatics* 4/1-3〔『教会教義学 和解論 I/1–III/4』〕と近年の「物語神学におけるキリスト論」を見よ。）

16 これが解放の神学のキリスト論がとりわけ強調する点である。James H. Cone, *God of the Oppressed* (New York: Seabury Press, 1975), 108-37〔コーン『抑圧された者の神』梶原壽訳、新教出版社、1976年、163-205頁〕; Jon Sobrino, *Christology at the Crossroad* (Maryknoll, N.Y.: Orbis, 1978); Rosemary Radford Ruether, *Sexism and God-Talk: Toward a Feminist Theology* (Boston: Beacon, 1983), 116-38〔リューサー『性差別と神の語りかけ――フェミニスト神学の試み』小檜山ルイ訳、新教出版社、1996年、164-90頁〕; Jacquelyn Grant, *White Women's Christ and Black Women's Jesus: Feminist Christology and Womanist Response* (Atlanta: Scholars, 1989), 195-222 を見よ。

も御自身が主として、また救い主として受け入れられることこそ、イエスの御心であるからである。キリスト者は、新約聖書の証言との連続性において、また今ここに生きる人々の持つ特定の経験、必要性、希望との語り合いのうちに、適切かつ切実な仕方においてキリストを告白する自由と義務を有しているのである。

5. 生けるイエス・キリストはすべての諸告白や諸信条よりも偉大であり、彼をめぐるすべての神学的省察を凌駕している。復活の主は、我々が御自身とその救いに当てはめるこじんまりとしたカテゴリーや分類に揺さぶりをかける。「あなたはわたしを誰と言うか」とイエスは尋ねる。「あなたはキリストです」とペトロは正しく答える。けれども次の瞬間、イエスが御父の御心を行うために苦しみ、そして死ななければならないと言う時、ペトロはその言葉に抗い、彼のそれまでのキリスト理解が修正されなければならないことが明らかにされる（マコ 8:27–35 を見よ）。いかなるキリスト論もキリストという秘義の広さと深みを汲み尽くしたと主張することはできない。このこととはまた、エキュメニカルな教会のキリスト論信条にも当てはまる。それらは、教会のキリスト告白の歴史においては画期的な到達点であって、真摯な関心と敬意を受けるに値する。けれども、それらの諸信条は絶対的ではあり得ない。カール・ラーナーが言うように、カルケドン信条（AD 451 年）の両性論的キリスト論を念頭に置く、教会の信条は、我々の神学的省察にとっての最終的な言葉（権威）ではなく、その出発点である[17]。一方で、古典的諸信条が生まれた共同体との連なりの中に置かれた共同体の成員として、それらにより教えられたいと切に願いつつも、他方で、我々はそれらの諸信条の言語や概念と格闘しなければならないかもしれないのである。我々の信仰はキリストにおいて啓示された神への信仰であって、特定の神学体系やキリスト論定式への信仰ではない。我々は、生くる時も死する時もキリストに信頼し服従することを求められているが、そのことは特定のキリストの教理を（それが古代のものであれ現代のものであれ）絶対化することとはきわめて異なるのである。

17　Rahner, "Current Problems in Christology," in *Theological Investigations*, vol. 1 (Baltimore: Helicon, 1965), 149-200.

教父的キリスト論

　新約聖書が記されて以降の数世紀、イエスは主であり、救い主であるとの教会の告白は、新たな文脈の中で語り直されなければならなかったし、重大な誤解に対しては弁護されなければならなかった。そのために神学的営みの結集と新たな概念形式の使用が求められた。教父時代のキリスト論をめぐる議論や決定は、それに続くあらゆるキリスト論的省察に多大な影響を与えた。それゆえ、その発展に関して検証することが我々に求められている。

　使徒後時代のキリスト論の発展における最初の道標(到達点)は、AD325年にニケーアにて開催された第1回教会公会議であった。この公会議はアリウス主義によって突きつけられたキリスト教信仰への脅威に対抗するために招集された。アリウスとその弟子たちによれば、神のロゴスであるイエス・キリストは、永遠なる神の御子というよりも、傑出した被造物である。まことの神は、もろもろの限界のもとに、とりわけ苦しみや死の支配下に置かれることなどあり得ないとアリウスは論じた。それゆえ、神の唯一無二の啓示者であり、我々の贖罪者であるも、キリストは我々と同様、まことの神ではあり得ないのである。被造物のうちでは最も神に近きものであったが、神とは同等ではなかった。キリストは神の存在を分有してはいないのである。「キリストが存在しなかった時が存在した」とアリウスは言った。アリウスの意図が、神を讃え、あらゆる被造物に優る方として高めることであったにしても、彼はあらゆる被造物の対極に位置する方としてのみ神的超越を語ることができた。神を我々の一人として我々のもとに来られる方として語ることはアリウスには考えられなかったのである。アリウスの神は、その命と愛を我々に分かち与えることのできない神である。

　ニケーア信条(とりわけ偉大なる4世紀の神学者アタナシウスによって弁護された)は、アリウスとはきわめて異なる神概念を掲げ、キリストの全き神性を声高に主張した。ニケーア信条にとって、福音の神の神性を構成する諸性質は、絶対性でも伝達不可能性でも、不可受苦性でもない。そうではなく、福音の神は自己贈与的な愛の行為によって定義される。これこそがイエス・キリストがまことに神の子であると宣言するニケーア信条を特徴づけている神理解なのである。イエスは「神からの神、光からの光、まことの神か

らのまことの神」である。アリウス的見方に対峙しながら、ニケーア信条はイエス・キリストにおいて肉となられた神の子は「造られずに生まれ」、アリウス派の神学者たちが理解したような父なる神と「類似の質」(ホモイウシオス homoiousios) を持つというよりも、父なる神と「同質」(ホモウシオス homoousios) であると主張する。AD 381 年に開かれたコンスタンティノープル公会議において再承認され、更に豊かにされたニケーア信条は、教会の三位一体論的信仰を言い表した最古の信条定式であると同時に、イエス・キリストの全き神性を表明する決定的な信条声明である。

 ニケーア公会議は、キリストの神性の問題を落着させたものの、教会は今度はキリストの全き人性をいかに承認すべきか、またキリストの神性と人性の統一をいかに理解すべきかという問題に直面しなければならなくなった。これらの問題を解決せんと、アレクサンドリアとアンティオキアの二つの街をそれぞれの本拠地とする二つのキリスト論の大きな学派が現れた。これらの学派の強調点の違いを念頭に置けば、ニケーア公会議から AD 451 年のカルケドン公会議、更にはそれにひき続いて開かれた諸公会議に至るまでの複雑な、またしばしば混乱の様相を呈したキリスト論の論争史をより良く理解することができるだろう[18]。

 アタナシウス、そして後にアレクサンドリアのキュリロスにより導かれたアレクサンドリア学派は、学者たちが「御言葉の受肉」タイプと呼ぶキリスト論を打ち出した。この学派の主要な強調点は、キリストの神性とその人格の統一性にあった。イエス・キリストの歴史(物語)におけるひとつの主題は、三位一体の第二位格、すなわち受肉した神の御言葉である。アレクサンドリア学派によれば、受肉の際に永遠なる神の御言葉は肉を「負うた(帯びた)(assumed)」あるいは「とった(took on)」のである(ヨハ 1:14、フィリ 2:7)。キリストの人格の統一性を強調するがゆえに、アレクサンドリア学派は、アンティオキア学派、とりわけネストリウスの見方を特徴づけるキリストの神性と人性を分離しようとする傾向に鋭く反対した。アレクサンドリア学派の見地からすれば、そのような分離は、受肉した神の御言葉によって我々のために成し遂げられ、回復された神との交わりの現実を否定すること

---

18 4、5 世紀のキリスト論を概観したければ、J. N. D. Kelly, *Early Christian Doctrines* (New York: Harper & Brothers, 1958), 280-343〔ケリー『初期キリスト教教理史 下』津田謙治訳、一麦出版社、2010 年、46-119 頁〕を見よ。

になる。アタナシウスは彼のよく知られている声明において、「神は我々も神的なものになるよう人となられた」と語った[19]。この目的を実現するために、イエス・キリストの人格における神性と人性のまことの結合が要求されたのである。後に教会によって退けられることになるアレクサンドリア学派のキリスト論の極端な表現はアポリナリウスによって提示されたものだった。いかにして一つの人格において神性と人性とが結合されているかを説明しようとして、アポナリウスは受肉の際に神の御言葉がイエスの人間精神に取って代わったと説いた。

　アンティオキア学派（最も顕著にモプスエスティアのテオドロスとネストリウスによって代表される）は、キリストの全き人性を強調した。アレクサンドリア学派の「御言葉の受肉」型のキリスト論とは対照的に、アンティオキア学派は「御言葉が人となった」型のキリスト論を擁護した。言い換えれば、アンティオキア学派はイエスの全き人性を擁護したのだ。イエスの母マリアを「神の母」（theotokos）として語ることを拒否したネストリウスに対し、アレクサンドリアのキュリロスは腹を立てた。アレクサンドリア学派は肉を「とった」御言葉について語ったが、アンティオキア学派は人間に「内在」する御言葉について語った。アンティオキア学派がキリストの神性と人性の区別を主張したのは、一つには被造物の腐食性や苦しみから神性を守ろうと配慮したためであり、また一つにはキリストがまことの人という場合に限り、彼の服従や信仰は、人間の中にある罪や死を取り除き、我々の救いを達成しうるとの強い思いからであった。アレクサンドリア学派がアンティオキア学派に満足のゆくようにはイエス・キリストの全き人性の現実性を説明することが決してできなかったのと同様、アンティオキア学派もアレクサンドリア学派に満足のゆく形でイエス・キリストの人格の統一性を表現することができなかった。アポリナリウスの教説がキリストの神性とその人格の統一性を強調せんとするアレクサンドリア学派の極端な表現であるとするなら、ネストリウス派の両性の分離の主張はキリストの全き人性、またその神性の不可変性（immutability）と不可受苦性（impassibility）を擁護せんとするアンティオキア学派の極端な表現である。

　ニケーア以降のこうした複雑なキリスト論争は最終的にはAD 451年に開

19　アタナシウス『受肉論』54。

かれたカルケドン公会議へと導かれてゆく。この公会議は第4回のエキュメニカルな教会の公会議であり、古典的キリスト論の発展における第二の大きな到達点であった。カルケドン公会議の決定によれば、イエス・キリストは「まことの神であってまことの人であり、その両性は一人の人格の中に混ざったり変化したりすることなく、また分割されたり分離されたりすることなく保たれている」[20]。カルケドン公会議はキリストにおける神と人との区別を「性質」（*physeis*）のレベルで、受肉した御言葉の統一を「位格」（*hypostasis*）のレベルで論じる。ほとんどの教理史家たちは、カルケドン公会議の決定をアレクサンドリア学派とアンティオキア学派の強調点を慎重にバランスをとりながらまとめたものと見ている。この信条は、キリスト論の問題を「解決」しないものの、その内部においてキリストへの正統的告白が生まれるであろう境界を定めた[21]。アンティオキア学派の諸関心は、イエス・キリストの全き人性に対する明瞭なる承認と「混合したり変化したりすることのない」両性の統一の宣言においてとりこまれた。こうしたことの強調によってアポリナリウス的なキリストの人性の切り離し／削除や、キリストの全き人性に猜疑の目を向けるような他のキリスト論は斥けられた。他方、イエス・キリストは一人の人格であると繰り返し表明されたカルケドンの主張、またキリストの神性と人性は「分割されたり分離されたりすることなく」一つに結合されているとの宣言は、アレクサンドリア学派の抱いていた気掛かり（concern）の正しさを立証するものとなった。カルケドン公会議は、東方正教会、ローマ・カトリック、そしてプロテスタントを含む大多数のキリスト教会において、その後生まれることになるキリスト論的告白の基準となっていった。

　キリスト論論争はカルケドンでもって終止符を打ったのではない。第5回

20　カルケドン信条の定式全文については、*Christology of the Later Fathers*, ed. Edward Rochie Hardy, Library of Christian Classics, vol. 3 (Philadelphia: Westminster, 1954), 372-74 を見よ。

21　カルケドン信条は基本的にはアレクサンドリア学派によるものとの見方に関しては、John A. McGuckin, *St. Cyril of Alexandria: The Christological Controversy* (Leiden: Brill, 1994) を見よ。カルケドン信条は方向性においてアンティオキア学派に傾いているとの見方を知りたければ、Robert W. Jenson, *Systematic Theology*, vol. 1 (New York: Oxford University Press, 1997) を見よ。

公会議（コンスタンティノープル、AD 553 年）においては、イエス・キリストにおける神性と人性の「位格的結合」（unio hypostatica）は更に明瞭なものとされた。この教理の伝統的解釈によれば、キリストの人性は、それ自体において、また神の御言葉との結びつきから切り離されるならば、アンヒュポスターシス（anhypostasis）、すなわち具体的存在を欠くものとなる。つまり、キリストの人性は神の御言葉に先立って、あるいはそれから離れて独立した主体として存在するものではないのである。この教理のポジティブな側面は、キリストの人性がエンヒュポスターシス（enhypostasis）、すなわち神の御言葉の位格（hypostasis）との全き結合において主張されていることである。言い換えるなら、イエス・キリストの人性は、神の御言葉との結合においてのみ人格となるのである。キリストの人性（anhypostasis / enhypostasis としての）をめぐるこの教理は明らかにカルケドン定式のアレクサンドリア的理解を強化したものであった。

　第 6 回公会議（コンスタンティノープル、AD 681 年）においては、アンティオキア学派の関心が更に顕著なものとなった。この公会議によれば、受肉された一人の方である主はその二つの個別的な性質ゆえに、二つの意志と二つの行動的中心を持つとされた。二つの意志は区別し得るものの、人間としての意志は完全に神としての意志に従属するとされた。キリストの二つの意志に関するこの教理を裏付ける決定的な福音書のテキストはゲツセマネにおけるキリストの次のような祈りである、「わたしの欲することではなく、あなたの御心がなりますように」（マコ 14:36）。

　このように教父的キリスト論を手短に検証してきたが、言及に値するもう一つの教理的発展を見ておこう。教父時代においてイエス・キリストの人格の統一性を主張する重要な手立てとして、「属性の交流」（communicatio idiomatum）の教理が形成されていった。この教理によれば、受肉の主において神性と人性は完全に統一されているがゆえに、属性の「交流」あるいは「交換」が行われるとされた。それぞれの本性に相応しい述語（属性）はその一つの人格においても認めうる。それゆえ、「神の子は死んだ」ということが可能となる。すなわち、受難は人性に属する属性である一方、属性の交流によって受肉した神の子にも帰することが可能とされるのである。同様に、「イエスは主である」ということが可能となる。すなわち、主であることは神性に属する属性であるものの、属性の交流によってそのこともまた受肉し

た神の人性としてのイエスに帰することが可能となるのである[22]。

　属性の交流の教理は、今日の多くの人々にとっては抽象的思弁のもてあそびに思えるかもしれないが、その教理の意図するところは深い意味において救済論的である。このことは、密接に関連し、初代教父たちや後の多くの神学者たちの中心テーマであった「驚くべき交換」（*admirabile commercium*）の教説に最もよくうかがい知ることができる[23]。例えばカルヴァンはこのテーマを次のような美しい章句において展開させている。「これが［神の子］が測り知れぬ善意から我々との間になしてくださった驚くべき交換である。我々と共なる人の子となることにおいて彼と共に我々を神の子としてくださった。地に降ることにより、我々が天に上る道を備えてくださった。我々と同じように死すべきものとなってくださったことにより、我々に不死をお与えくださった。我々の弱さを受け入れてくださることにより、御自身の力で強めてくださった。我々の貧しさを御自身に引き受けてくださることにより、御自身の豊かさを我々に移し入れてくださった。我々の（我々を圧し潰す）不正義の重みを御自身が引き受けてくださることにより、我々に御自身の義を装わせてくださった」[24]。

キリストの人格に関する古典的主張の再考

　教会がイエス・キリストを告白するに際しては、ナザレのイエスの歴史的人格に関して言及されることもあれば、何らかの神学的主張がしばしば特定の称号を用いる形においてなされることもある。最初期のキリスト教的告白は、「イエスはキリストである」（マコ 8:29）また「イエスは主である」（Ｉコリ 12:3）といった形をとった。これらの告白においては、イエスはまことの人として認識されており、神との間に唯一無比なる関係を持つ我々の救

22　ダマスコのヨアンネス『正統信仰の講解（*Exposition of the Orthodox Faith*）』第 3 書第 4–5 章。

23　Hans Urs von Balthasar, *Theo-Drama*, vol. 4: *The Action* (San Francisco: Ignatius, 1994), 244-49 を見よ。

24　カルヴァン『キリスト教綱要』4.17.2。ルターにおいて、「交換」の主題を見て取ることのできる一例としては、『キリスト者の自由』を見よ。

いの唯一の代理執行人である。ニケーア・カルケドン信条は、方向性を定め、それに続くすべてのキリスト論の基準を追求したものの、今日、主としてまた救い主としてイエスを主張する際には、これらの信条を単に繰り返すこと以上のことが要求される。以下の解説において、私が意図したことは、初代教会のキリスト論的告白を再承認し、ニケーア、カルケドンの宣言との緩やかな一致のうちにとどまることである。しかし、古典的キリスト論の伝統には何らかの欠陥があることを認識し、その再定義を探求し、提案することもまた必要とされるのである。

　1.　イエスは全き人である。新約聖書はイエスの伝記を書くための材料は提供していないが、本質的には神の恵みからの疎外と敵対を意味する「罪を犯さなかった」（ヘブ 4:15）ことを除いて、あらゆる点で我々に等しい具体的人間であるイエスについて言及している。すべての人間と同じように、イエスは「女から生まれた」（ガラ 4:4）。1世紀に生きるユダヤ人として、イエスは彼の民の宗教と文化の中で教育を受けられたし、ローマ占領下の祖国における政治的緊張をも知っていた。彼は、肉体的にも知的にも霊的にも成長され、成熟されていった（ルカ 2:40）。来るべき神の国の巡回説教者としてイエスは自らの家を持たれなかった。彼は飢えと渇きと疲労を覚えられた。彼の知識は無限ではなかった。個人的にも愛する者が死する時の悲痛を彼は味わわれた。彼は見せかけのものではない現実の誘惑にさらされた。称賛と拒絶を御知りだった。しまいには裏切られ、捕えられ、辱めを受け、拷問され、最後に十字架につけられた。

　もし、イエスが全き人であることを告白することは、他のことと並んでとりわけイエスが知的・肉体的限界を抱えておられたこと、喜びや怒り、悲しみや同情といった感情を味わわれたこと、まことに苦しまれ本当に死なれたことを必然的に意味することを認めるなら、こうしたことよって困惑させられたドケティスト（仮現論者）たちと同じ道を行くことを拒絶することになる。仮現論者たちによれば、イエスの人間性は「見かけ」にすぎないものであった。つまり、イエスは本当に苦しんだり死んだりすることはなかったのである。仮現論者たちの中には、イエスは足跡を決して残さなかったし、瞬きさえしなかったと考える者たちもいた。あらゆる仮現論者たちの考えとは異なり、キリスト教の主流に位置する教説は、イエスの全き人性を肯定した。イエスは単なる幻影ではなかった。上から吊るされた糸によって操られる生

命を持たない人形ではなかった。イエスは現実（生身）の人間として、祈り、語り、行動し、そして苦しまれた。イエスの人性に愚鈍にあるいは微妙に制限を加えたり、それを縮小することに対して根本的に反対するのは、救済論的な意図からである。ナジアンゾスのグレゴリオスは記憶に残る以下のような言葉を語った、「その身にお引き受けなさらなかったことは主はお癒しにならなかった」[25]。キリストにおける神が、人間の限界、悲惨、そして神からの棄て去られることの深みにおいて我々に現臨されないのならば、何を語り、なされたにしろ、この人は人間の救い主とはなり得ないのである。そうではなく、主は限界と悲惨、また神から見棄てられることの意味を知りつくされた。キリストにおける神が、我々人間が突き落とされる地獄的状況における連帯の中へと踏み込んでくださらなければ、我々は救いも望みもなきままであり続けなければならないのである。古典的なキリスト論の伝統にあって、イエスの全き人性とは、主の救いが包括性を持つことの前提条件をなしているのである。

　しかしながら、我々の言うことがこれだけにすぎないのなら、イエスの全き人性に対する我々の主張は、信条的伝統同様に、形式的には正しいが、福音書の物語によって具体的に十分に導かれたものとは言えないであろう。福音書の物語によれば、イエスは単に人間であるというにとどまらず、・風・変・わ・り・で、・厄・介・で、・革・命・的とさえ言うことのできる人間であった。聖霊の力においてイエスは神の来るべき支配を宣べ伝え、驚くほどに自由に神の御名において振る舞われた。彼は神をアッバ、すなわち「愛するお父様」として語り、聞く者たちに敵を愛するように教え、罪びとや貧しき者たちに向けて神の恵みを告知された。イエスは、御自身の使命を預言者イザヤの言葉を引用することによって要約された。「主の霊がわたしの上におられる。貧しい人に福音を告げ知らせるために、主がわたしに油を注がれたからである。主がわたしを遣わされたのは、捕らわれている人に解放を、目の見えない人に視力の回復を告げ、圧迫されている人を自由にし、主の恵みの年を告げるためである」（ルカ 4:18–19。イザ 61:18–19 参照）。

　イエスの宣教とミニストリーは、その当時にあって想定されていた神の恵

25　ナジアンゾスのグレゴリオス、書簡 101。in *Christology of the Later Fathers*, ed. Edward R. Hardy, Library of Christian Classics, vol. 3 (Philadelphia: Westminster, 1954), 218.

みの境界を乗り越え、宗教的伝統を固守する者たちの感受性にショックを与えた。イエスは、貧しき者たちを祝福し、病める者たちを癒し、悪霊を追い出し、虐げられていた女性たちの友となり、罪びとたちと食卓を共にされた。彼の言葉と活動は、彼を批判する者たちの目には神を冒瀆するものと映った。更には、開始されつつある神の支配を告げる彼の言葉は、政治的陰謀を企てるものとの誹りを受けやすくした。波風を立てずにはおかないイエスのミニストリーは、神を冒瀆する者、そして皇帝の支配に対する脅威として、彼を十字架の上での処刑へと導いていった[26]。

　イエスは実際に全き人であられたが、その人性は新しき人としてのそれであった。神との親密な関わりと、罪びとや抑圧された者たちとの連帯の在り様は、新しく大胆なものであった。イエスは、神の来るべき支配にふさわしく根本的に自由な人間であり、それゆえ、隣人たちとの交わりや彼（女）らへの奉仕においても根本的に自由な人間であられた。放蕩息子のたとえにおける父親のように、イエスは、神の包み込むような愛を、それに最も値しないと考えられていた者たちへと広げていかれた（ルカ 15:11 以下）。別のたとえの中の良きサマリア人のように、傷ついた人間に多大な犠牲を払ってまでも助けの手を差し伸べられた。キリスト者たちがイエスのことを全き人と呼ぶ際、キリスト者が意図していることとは、単にイエスが一人の人間であるというだけではなく、神と他者との関係において「新しき人」を具現された方であり、規範であり、約束であられるということである。

　イエスの人性が神の恵みに根拠を持つ新しき人のそれであるということこそ、イエスは「聖霊によりて宿り、処女マリアより生まれ」との聖書や諸信条的条件において主張されていることの核心である。「聖霊によりて宿り」との言葉は、神の恵みが聖霊の力によってこの人の生において、またそれを通して唯一無比なるかたちで働いていることを強調する。「処女マリアより生まれ」との言葉が意味するのは、救いは人間固有の諸可能性においてではなく、神のみによりもたらされるということである[27]。これらの証言の目的は、それゆえ、イエスの神性を証明することでも処女性をこのうえなき聖な

26　"A Brief Statement of Faith," in *The Book of Confessions* (PCUSA), 10.2, lines 19-20.「不当にも冒瀆と扇動のかどで、イエスは十字架につけられた。……」。
27　これらの主張に関するバルトの解釈については、*Church Dogmatics*, 1/2: 172-202〔『教会教義学　神の言葉II/1』339-401 頁〕を見よ。

る状態として称えることでもなく、また単に婦人医学的奇跡を報告することでもない[28]。むしろ、それらが明言していることとは、イエスの人間性は神の人間性であること、そしてイエスと彼のもたらす救いは神の全くの賜物であるということである。

　我々は、フェミニスト神学者たちによってキリスト論のために提起された重大な諸問題を、イエスの全き人性に対するこのような理解をもって取り上げなければならない。「一人の男性は女性たちの救い主たりうるだろうか？」あるいは、「イエスのジェンダーの固有性は、彼が女性たちと男性たちの救い主であることを前もって不可能として（除外して）しまっているだろうか？」。この問いは、女性があからさまに経験してきた、またしばしば教会において全き人間の規範と言われている方は男であったという事実に、直接あるいは間接的に言及することにより支持されてきた抑圧の歴史から生じる。本来的人間性が男性的なるものとして定義されるなら、女性は常に全き人間の欠如態とされなければならない。こうした気掛かりへの応答として強調されなければならないことは、新約聖書は、多くのフェミニスト神学者たちがなしてきたように、イエスの全き人間性をその男性性においてではなく、罪びとたちに向けられた驚くべき赦し、貧しき者たちとの連帯、来るべき神の国の教えと掟において見ているということである。

　家父長制文化の諸前提は、多かれ少なかれ、聖書の証言全体に浸透している。イエスのメッセージとミニストリーともこの影響から免れているとは言えないものの、家父長制に対する鋭い挑戦的要素がそれらには含まれている。神の支配に関するたとえにおいても（放蕩息子を赦す父の物語のみならず〔ルカ 15:11 以下〕、失った硬貨を捜し求める婦人の物語においても〔ルカ 15:8 以下〕）、神そして御自身のミニストリーを表す際に用いる新しいイメージにおいても（ルカ 13:34）、貧しき者たちや抑圧された者たちの大義を訴える際にも、イエスの宣教、生そして死は預言者的であり、躓（つまず）きを与えるものであった。このように、聖書の証言に忠実なキリスト論は、常に、批判的、破壊的側面を有する。そのようなキリスト論は、自らに奉仕させるような神理解、またそのような神理解が抑圧的な態度や諸関係に与えてしまう

28　Jürgen Moltmann, *The Way of Jesus Christ: Christology in Messianic Dimensions* (San Francisco: HarperCollins, 1990), 82〔モルトマン『イエス・キリストの道——メシア的次元におけるキリスト論』蓮見和男訳、新教出版社、1992年、141 頁〕を見よ。

お墨付きに対しては、偶像破壊的な力を発揮するであろう。

　より具体的に言うなら、イエスが男であったことは神の御言葉の受肉の存在論的必然であったと主張すること、あるいはイエスが男であったがゆえに女性は聖職へと按手されるべきではないといった主張は、福音書の物語において描かれているイエスの人性を完全に歪曲したものである[29]。福音書の物語に描かれているイエスの姿を見るなら、イエスの人性に関する神学的意義は、イエスが男であったことにあるのではなく、神への無条件の愛と他者への驚くほどに献身的な愛にあることにきっぱりと同意することになろう。このことが、そしてこのことのみが、イエスの生と死を「神のかたち」と、すなわち自己贈与的、他者肯定的、共同体形成的なる三位一体の神の永遠なる愛の人間にあっての光り輝く表出とするのである。

　2.　イエスは全き人であるのみならず全き神である。古典的信条は、イエス・キリストの神性を、躊躇することなく、新約聖書の証言に忠実に、次のように宣言する。「神はキリストにおいて世界を御自身と和解しておられる」（Ⅱコリ5:19）。この証言が何事かを意味するとするなら、それはイエスの行為と苦難は、同時に神の行為であり苦難でもあったということである。イエスの説教は預言者の言葉以上のものである。すなわちその説教において神が決定的に語りかけておられるのである。イエスは単に来るべき神の支配の到来を告知したのではない。神の支配はイエスの人格と業（わざ）において具現化されているのである。イエスが罪びとを赦す時、それは一人の人間によって与えられた赦しにとどまらない。それはまたこの人間において表現され、実行される神の赦しなのである。貧しき者たちや病める者たちとのイエスの交わりは、苦しめる仲間の人間たちとの間に一人の人間の結ぶ思いやりに満ちた交わりというにとどまらない。この人が行為し、苦しむことにおいて具現化された、これらの者たちとの間に結ぶ神御自身の連帯なのである。イエスの

29　エリザベス・シュスラー・フィオレンツァ、「生物的ジェンダー実証主義の受肉理解は、イエスの救いの意義は彼の『男性性』にあるのではなく彼の『人間性』にあるとする伝統的理解と一致しない」（Elisabeth Schüssler Fiorenza, "Lk. 13:10-17: Interpretation for Liberation and Transformation," *Theology Digest* 36 [Winter 1989]: 303-19）。同様に、ジャクリーン・グラントも「キリストの意義は、彼が男性であることにではなく、彼が人間であることに存する」と言う（Jacquelyn Grant, *White Women's Christ and Black Women's Jesus*, 220）。

受難と死は、邪な世界においてなされた無辜なる者の犠牲の一つとしての殉教であるにとどまらない。それは第一には、高価な愛よりなされる神の至上の行為であり、神が我々の罪と疎外を御自身のうちに取り込まれると共に、我々の救いのためにそれらを克服してくださったということである。死からのイエスの復活は、死に対する一人の人間の勝利にとどまらない。それが意味することは、イエスという人間を甦らせることにおいて、神が我々すべてのために罪と死に対する勝利を収められたということである。

　神はイエスにおいて、またイエスを通して行為し、苦しみ、そして勝利される。イエス・キリストにおいて我々が出会うのは、我々人類におけるまさに神御自身の現臨そのものに他ならない。この人において、永遠なる神が我々のために苦しまれ、行為される。その言葉がしっくりしたものとは思えなくとも、イエス・キリストは御父と「本質において一つであり」、「全き人」であると同時に「全き神」であると宣言するニケーアとカルケドンの古代の信条が訴えたい要点は、まさにこのことなのである。ここでの関心もまた救済論的である。人間であるだけでは我々を救うことはできない。イエス・キリストが我々と共なる神でないのなら、彼の差し出される生と赦しが神御自身の生と赦しでないとするなら、我々のために注ぎ出される彼の自己贈与的・犠牲的愛が神御自身の愛でないとするなら、イエスは救い主そして主ではあり得ない。キリスト教信仰は、イエスの全き人性あるいは全き神性の主張のいずれにおいても妥協することはできないのである。

　けれども、このイエスが我々と共なる神であられるなら、「神」そして「主」という言葉に関する我々の通常の理解において根本的な転換が求められる。このことはカルケドン信条においては明確にされていない。キリストの全き人性に関する告白の場合と同様、カルケドン信条は、福音書の物語の具体性を欠いた、きわめて公式的かつ抽象的な仕方において神の神性について語る。福音の物語は、まずは「神はかくあるべし」と誰もが想定するような神性について考えさせ、然る後にその想定された神性の現れをイエスのうちに認識するようにとは我々を招いてはいない。そうではなく、それは、自ら低きに降られ、十字架の死に至るまで従順であられた僕の行動と苦難における（フィリ 2:5 以下）神の御言葉、すなわち神の子の到来を描き出している。福音書の物語が、神との親密なイエスの関係や罪びとや貧しき者たちとのショッキングなまでのイエスの交わりを描くことを通して、まことの人

間性の意味を驚くべき仕方において再定義するのと同様に、この物語は、この世界の贖いと再生のために、自らの生を無条件に捧げるへりくだった僕(しもべ)の行動と苦難を描くことを通して、まことの神性と神が主であられることの意味を予期せぬ仕方において再定義する。キリスト教信仰は、イエスのミニストリーにあって働いているところの、変革をもたらし、苦難を担われ、そのことを通して勝利を勝ち取られる愛の中に、他ならぬ神を見ているのである。だが、まさにこの人において、罪びとたちを喜んで迎え入れ、他者のために自らも傷つきやすき者となられ、ショッキングなまでに弱き者たち、貧しき者たち、見捨てられた者たちに心を寄せることにおいて、神性は、また神の主権は、根本から再定義されたのである[30]。

3. イエスが全き人にして全き神であるとの証言は、・イ・エ・ス・の・人・格・の・統・一(・結・合)の神秘を指している。古典的なキリスト論によれば、キリストの神性と人性は一つの人格（ヒュポスターシス）において、「混合したり変化したりすることなく」また「分割されたり分離されることなく」結び合わされているとされる。批判者たちは、両性説（論）の教理は互いに離れた二つの物体を作為的に結合したかのような、あたかも二つの板を糊で接合したかのような印象を与えると言って非難する。基本的には、カルケドン信条に同意する神学者たちでさえ、その教説をよりダイナミックな用語を用いて再考し、言い直すことを求めてきた。

一つの提案は、二つの本性（two natures）の教理を「二組の関係性」、すなわち、イエスの御父と御霊との関係性において、もう一つは他の人間との関係性において、再考するというものである[31]。別の提案は、神と人の二つの「本性」の結合を語るのではなく、そこにおいて神と人のそれぞれの働きかけ（agency）が、混じり合うことも分離することもなく結合されているようなイエス・キリストの唯一無比なる歴史（物語）を語るというものである。

---

30 *White Women's Christ and Black Women's Jesus* の中で、Jacquelyn Grant は、黒人のキリスト者は、イエスを神であり主として告白するという点で、リベラルな白人キリスト者たちが抱える問題を持ってはいないと論じている。黒人たちにとって、イエスは「苦しみを共にしてくださる神であり、抑圧的状況にあって彼（女）らを力づけてくださる方である」(p.212)。

31 Schwöbel, "Christology and Trinitarian Thought," in *Trinitarian Theology Today*, ed. Christoph Schwöbel (Edinburgh: T&T Clark, 1995), 143 を見よ。

ここでは、イエス・キリストの歴史において神と人とが同時に働いているとする、「二重の働きかけ／二重作用（double agency）」という考え方が想定されている。幾人かの哲学者や神学者たちによって探求されているこの「二重作用」説は、首尾一貫した、論理的整合性を持った考え方であろうか？　またもしそうであるなら、キリストにおける神性と人性の結合の教理を解釈する際に使うことができるものであろうか？[32]　それともこの考えは、二つの別個の主体の単なる外的自発的結合とするネストリウス派の誤りを再導入する危険を犯しているのではなかろうか？

『神はキリストにおいていまし給う God Was in Christ』と題された書物においてドナルド・ベイリーは、キリストの人性と神性の人格的結合は、我々が十分には決して把握し得ない「逆説」ではあるものの、それにもかかわらず、我々自身のキリスト教的経験からのアナロジー（類比）によって、そのことに関する何らかの現実性を知ることができると論じている。キリスト者の存在の核心にあるものは、人間の自由に先立ちそれを可能とする神の恵みの経験である。神の恵みに応答して生きる時に、我々は最も真実にまことの人間となり、最も十分に自分自身となり、そして最も深い意味で自由になると、いかなる時代にあってもキリスト教会は証言してきたのだった。使徒パウロが書いているように、「働いているのは……わたしではなく、わたしと共なる神の恵みである」（Ⅰコリ 15:10。またガラ 2:19–20 も見よ）。神が行為する際、人間の行為は取り除かれることはない。神の恵みと人間の自由は相互に排除し合うことはない。神の恵みは、自由なる人間の行動を否定することなく、許容し、確立するのである[33]。

32　バルトは、Church Dogmatics, 3/3: 90-154〔『教会教義学　創造論 III/1』174-293 頁〕において、「神的な同伴」（concursus divinus）の教理を扱う中で、「二重作用」説について論じているが、それをキリスト論の秘義を解釈する際のモデルとしては斥けている。バルト神学における「二重作用」説を論じたものとして、George Hunsinger, How to Read Karl Barth: The Shape of His Theology (New York: Oxford University Press, 1991), 185-233 を見よ。

33　Donald Baillie, God Was in Christ (New York: Scribner's, 1948), 106-32.「人間性は、神との接触において、消失することはない。むしろ、より余すところなきかたちにおいて人間となる」。John Meyendorff, Christ in Eastern Christian Thought (Washington: Corpus Books, 1969), 64〔メイエンドルフ『東方キリスト教思想におけるキリスト』小高毅訳、教文館、1995 年、136 頁参照〕．

ベイリーの影響力を持つこの提案は示唆的であるものの、重要な諸点において明確化する必要がある。第一に、イエス・キリストにおける神の御言葉と人間の結合は、全くもって唯一無比なる結合であるということである。それは形式と実体、あるいは魂と身体、あるいは二人の友人の結びつきのようなものではない。また、すべての被造物に対して神が持たれる関係の中の、また、それらにおける神の臨在の単なる特筆すべき例として考えることも正しくない。キリストへのキリスト者の、またキリスト者へのキリストの参与は、現実ではあるものの、神の御言葉が人間の本性と結び合わされた受肉の出来事とは同じものではない。イエス・キリストにおける神と人との結合は、神の単独なる行為である。疑いもなく、キリスト者の経験における「恵みの逆説」へのベイリーの言及は、受肉の唯一無比なる性格や単独性を守る傾向を持つ。しかしながら、この意図はベイリーの議論が、厳密には、キリスト者の経験からキリストの人格理解へと進められているという事実によって、いささか曖昧なものとされてしまっている。我々の経験によっては、キリストにおいて我々と共なる方としての神の現実性を説明することはできない。むしろ、キリストの現実性こそが我々の現実性を照らし出すのである。キリストの光のもとで、我々はより明確に、神により意図された人間存在は自らのうちに閉ざされた生ではなく、神と他者との深い関係のうちに置かれた生であることを理解するのである。友情や愛情といった人格的関係の領域から試みられるキリストにおける神と人との結びつきのアナロジーは、即座に却下されるべきではない。しかしながら、それらのアナロジーは、せいぜいキリストにおける神と人との結合の秘義(ミステリー)の不完全な模倣にすぎないことも常に心に留めておかねばならない。

　第二に留意すべきは、イエス・キリストにおける神の御言葉と人との結合は、非対称的なる結合であるということである。すなわち、神の働きが優位に立ち、人間の行為に先立つのであって、人間の応答は二義的であって後続的である。キリストにおける神の御言葉と人との結びつきは、同等のパートナー同士の関係でもなく、同等の者同士の対称的協働関係でもない。神の永遠なる御言葉は、イエス・キリストの歴史における主導的な主体である。初期の伝統的なキリスト論が、キリストのアンヒュポスタティック *anhypostatic* でエンヒュポスタティック *enhypostatic* な人間性という今となっては曖昧なものとなってしまった概念をもって言おうとしたことは、人間の

うちに自由な応答の余地を創造し、与えるところの神的働きかけ（agency）の全き先行性（prevenience）と寛容性について語ることによって、より明確に語りうるかもしれない。

　第三に心に留めなければならないことは、キリストにおける神の御言葉と人との結合は、ダ̇イ̇ナ̇ミ̇ッ̇ク̇なそれであるということである。伝統的なキリスト論の概念は、動性を欠いた（inert）非歴史的な性質を有している。それゆえ、運動、歴史、相互干渉（交渉）、出会い、発展といった考えを容易には受け入れてこなかった。あたかも、神と人との結合において、人としてのイエスのまことの成長や神と他者との関係の深化（ルカ 2:40）といった要素を取り入れる余地がないとでも言うかのようであった。しかしながら、キリストにおける神的なるものと人間的なるものの結合は、単に受胎や誕生の瞬間だけに限定されるべきものではない。キリストの実際のミニストリー、受難や死もまた、彼における神と人との結合を説明する際には考慮されなければならない。キャスリン・タナーが言うように、「イエスは誘惑されるまでは誘惑を克服されず、また死を感じるまでは死の恐れを克服されなかった。それらの時にあって初めて、誘惑や死が御言葉によって引き受けられていったのである。イエスが死ぬに際して御言葉が死を引き受けられた。その時まではイエスが死を癒されるということはなかったのである。イエスが罪びとらの手にかかって死を苦しまれることにより彼（女）らの罪を引き受け担われるまでは、主が罪を克服されるということはなかったのである」[34]。我々はイエス・キリストにおける神性と人性の結合を、静的にではなく動的(ダイナミック)に考えるべきである。

　第四に大事なことは、キリストにおける神の御言葉と人との結合は、聖霊によって力を与えられ、維持される。キリストの人格における統一性をよりダイナミックに捉えることにおいて実り豊かなものとなるであろう考え方とは、キリストの生涯とそのミニストリーを一貫する聖霊の活動により大きな関心を払うことである。イエスは聖霊の力を通して受胎した（マタ 1:20）。その洗礼に際しては霊が降り、イエスの上にとどまった（ヨハ 1:32）。またイエスは霊の力によって悪霊を追い払われた（マタ 12:28）。また聖霊によって聖別され、その力において良き業(わざ)と癒しを行いながら各地を巡回された

34　Kathryn Tanner, *Jesus, Humanity and the Trinity* (Minneapolis: Fortress, 2001), 28.

（使10:38)。また永遠の霊を通して、御自身をしみ一つなきものとして神にささげられた（ヘブ9:14)。タナーの次の要約は的を射ている。「キリストが我々のために成し遂げられたすべてのことは霊を通して（via）であった。……」[35]。霊の働きをキリスト論的考察において考慮に入れるなら、新鮮な視座が開かれることだろう。永遠にあって御父と御子を愛において結ぶ方であると共に、その結合力においてキリストと信者を結ぶ方であられる聖霊こそが、受肉の主の人格において神と人とを無比なる仕方で結び合わせる力なのである。

　第五の留意点は、イエス・キリストにおける神の御言葉と人との結合はケノーシス的な結びつきであるということである。カルケドン信条を乗り越えつつもそれに忠実であり続けるキリスト論は、イエス・キリストにおける神と人との「ケノーシス的統一」について正当に語りうるであろう[36]。ケノーシス（謙卑）という考えは、フィリピ書2章5節以下のキリスト讃歌に由来する。ケノーシス（文字通りには「空にする」）は、自由なる自己限定そして自由なる自己蕩尽の行為である。イエス・キリストにおいて、神と人は相互に自己贈与的愛において一つに結ばれる。それは霊における結びつきであり、そこには互恵的な自己限定、互いに対する完全なる開放性というものが存在する。イエスの神性と人性は、混合されることも（単性説)、分離されることも（ネストリウス派）ない。神の御言葉はこの人間と愛ある統一を生き、この人間は神の御言葉と愛ある統一を生きる。自由なる神の恵みと自由なる人間の奉仕の間に唯一無比なる統一が生じるのである。フィリピ書2章5節以下を導きとするならば、イエス・キリストにおける神性と人性の統一は、相互に自らを放棄し合う愛の霊に根ざしたケノーシス的統一として最も良く描きうるのである。

　受肉の主の生を特徴づけるケノーシスの行為は（19世紀のケノーシス・キリスト論が誤って教えてきたような）神の本性の否定や縮小を伴うものではない。三位一体論をめぐる議論において強調したように、神の本性そのものとは、自己を贈与し、他者を肯定し、共同体を創造する愛である。相互性

35　Kathryn Tanner, *Christ the Key* (Cambridge: Cambridge University Press, 2010), 165.

36　Lucien J. Richard, *A Kenotic Christology* (Lanham, Md.: University Press of America, 1982); さらに最近のものは *Exploring Kenotic Christology*, ed. C. Stephen Evans (New York: Oxford University Press, 2006) を見よ。

と友愛からなる生は、神の現実性を縮小するどころかそれを定義づける。神の永遠の生にあっては、聖霊の結ぶ愛において、御父と御子の間の相互的働きかけと交換が存在する。三位一体の神の統一性は互恵的で自己贈与的な交わりである。

　三位一体的なる愛の交わりは、このように、イエス・キリストにおけるまことの神とまことの人の結合の永遠の根拠にして原型である[37]。キリストの人格の秘義は、人格性と交わりが不可分な三位一体の秘義を背景とする際に正しい理解の場を与えられる。関係性の中にあることは、人（格）であることの本質をなしている。受肉において、神は自由と愛をもって人間の生をとられ、またこの人間の生は自由と愛をもって神に応答なさる。イエス・キリストの歴史において、神の人間に対する自由と真実は、人間の神に対する自由と真実と完全に結びつけられている。彼において神の完全なる愛と完全なる人間の応答は一つとなる。一つの視点から見れば、神はイエスを神の「選ばれし者」、神の「愛する子」（マタ 12:18）として選んだのであり、別の視点から見れば、イエスは神に全面的に献身し、自由に神の御心に自らの意志を従わせたこととなる（ルカ 22:42）。一つに結ぶ聖霊の愛の力により、まことの神とまことの人は、分離することなく、個別性を失うこともなく、イエス・キリストにおいて人格的に一つに結ばれる。

　要約するなら、受肉の主における神性と人性の統一のいわく言いがたき（faint）アナロジーは、キリスト者の生における「恵みの逆説」において、あるいは二人の人間が一つのものとして考え、意志し、行為するような親密な人間関係のようなありふれた人間経験にあっても見出しうるかもしれないが、聖書において描き出され、信条によって宣言されているイエス・キリストのアイデンティティは理解を超える神秘である。神のイエスに対する、またイエスの神に対する関係は、その根拠と十全たるアナロジーを三位一体の神の生における永遠の愛の交換の神秘の中に持つのである。

37　ウォルター・カスパーによれば、「つまるところ、イエス・キリストにおける神と人との媒介は、三位一体論的神学の光のもとにおいてのみ、理解される」という。Walter Kasper, *Jesus the Christ* (New York: Paulist, 1976), 249. Schwöbel, "Christology and Trinitarian Thought," 113-46 も見よ。

キリストの業をめぐる古典的解釈の再考

　キリストのミニストリー、死、そして復活のすべては、その解放と和解をもたらす業に属してはいるものの、西欧神学における大抵の贖いの教理にあっては、十字架が興味の中心であり続けていた。新約聖書は我々のためにキリストの死において何が起こったのかを表現するにあたり多くの異なるメタファーを用いる。我々が見出すのは、経済的、法律的、軍事的、供犠的またその他のメタファーであるが、それらすべてに溢れんばかりの意味が込められている。これらのメタファーはなじみ深いものになっているが、それでも今もって驚くほどに新鮮な洞察を与えてくれる[38]。キリストの業に関する新約聖書のメタファーの中には、いわゆる贖罪説へと発展させられていったものもある。イエス・キリストの贖いの業に関する理解は、どれ一つとして、単独では包括的で超教派的なお墨付きを得てはいない。だが、それにもかかわらず、その幾つかはキリスト教神学史において顕著な役割を演じてきた[39]。

　1. 贖いをめぐる有力な理解の一つは、宇宙的闘争、あるいは勝利者キリスト説と呼ばれるものである。この説は——多くの教父神学者たちのお気に入りの説であるが——新約聖書のところどころに見出しうる戦いのメタファー（例えば、コロ 2:15）を発展させる。この見方によれば、贖いの業は、神とこの世の悪の諸勢力との劇的闘争とされる。キリストの神性は人間のかたちにおいて深く隠されているがゆえに、悪の諸勢力は、キリストを自分たちの餌食にすることなどたやすいことと思い込まされてしまう。ニュッサのグレゴリオスは、釣り針につけられた餌を疑うことなく飲み込む魚のイメージを用いて、このことを鮮やかに説明している。キリストは、人性のヴェールの下で、人間を囚われの身とする悪鬼や悪魔、更にはこの世のあらゆる諸勢力に対して勝利を収める。十字架と復活において、キリストはこれらの諸勢力を打ち倒し、そのことを通して囚われていた者たちを解放するのである。

38　Colin E. Gunton, *The Actuality of Atonement: A Study of Metaphor, Rationality, and the Christian Tradition* (Grand Rapids: Eerdmans, 1989) も見よ。

39　以下の事柄にかんしては、Gustav Aulén, *Christus Victor* (New York: Macmillan, 1951)〔アウレン『勝利者キリスト——贖罪思想の主要な三類型の歴史的研究』佐藤敏夫／内海革訳、教文館、1982 年〕を見よ。

この説は、人間をその軛(くびき)のもとに置く悪の現実性や力を分かりやすく強調し、神の値高き勝利やその確かさを正しく強調するものの、その限界もまた露呈している。釣り針のイメージが、イエスの人性が悪の諸勢力を欺く単なる変装にすぎぬものととられかねないように解釈されるとするなら、あるいは神と悪魔の間の宇宙的闘争といった言葉が、罪の状況に対する人間の責任感覚を損なうことに加担してしまうとするなら、とりわけそれは誤った理解へと人々を導いてしまうことになる。キリストの贖いの業(わざ)についてこのように考えることは、信仰者たちを、頭上で行われている宇宙的闘争の単なる傍観者にしてしまうことにもなりかねない。勝利者キリスト説の批判者たちの中には、その説が過度に勝利を勝ち誇りすぎてはいないか、またそれは歴史や我々自身の生において今もなお働き続けている悪や罪の力の否定に繋がるのではないかと疑問を呈する者たちもいる。

こうした限界にもかかわらず、贖いの宇宙的闘争説は少なくとも二つの深遠なる真理を内包している。一つには、神が強引かつ粗暴な力を用いることによってではなく、十字架の愚かしき知恵を用いて世界の解放と和解をもたらしたということである。神は悪の手段によらず、御自身の愛の力を通して悪に打ち勝たれる。ニュッサのグレゴリオスの言うように、「神の超越的なる力は、天空の広大さや星々の輝き、あるいは宇宙の規則的運行やその運行を恒久的に見そなわしておられることにおいてというよりかは、我々と同じ弱き性質に下りたもうことの中に示されている」[40]。宇宙的闘争説に埋め込まれているもう一つの真理は、悪の諸力は単に破壊的であるばかりではなく、自己破壊的であるということである。神は、救いの業(わざ)において幻惑を用いるとの考えは道徳的に抵抗をもたらそうとも、この説の鮮明なイメージが伝えようと意図していることは、人類を贖わんとする神の隠されたあるいは「愚かな」方法は、一見無敵に思われる悪の諸力よりも賢く強力であるということである。フェミニスト神学者たちの中に、古典的な贖いの宇宙闘争説の洞察の復権を要求している者たちがいることも注目に値することである[41]。

2. 影響力を持つもう一つの贖罪説は、アンセルムスにより提唱された充

---

40 ニュッサのグレゴリオス「宗教教育に関する講話」in *Christology of the Later Fathers*, ed. Hardy, 301.

41 Darby Kathleen Ray, *Deceiving the Devil: Atonement, Abuse, and Ransom* (Cleveland: Pilgrim, 1998) を見よ。

足(満足)説である。この説が論拠としているのは、人類が贖われる方法としての身代わりの(代償的)苦難を示唆する聖書の章句である(例えば、イザ53章、ガラ3:13)。この説の古典的表現は、アンセルムスの *Cur Deus Homo?*(「なぜ神は人となられたか？」)という言葉に見出されうる。この問いに対するアンセルムスの省察は、中世の思想世界より生じ、その当時の法律、罪、賠償、社会的義務の理解を前提としている。神と人とは、封建領主と奴隷のように関連づけられている。不服従は主人の名誉を傷つけるがゆえに、賠償がなされるか、あるいは処罰がなされねばならない。罪科ゆえに神に当然支払うべき賠償(充足)の度合いは無限である。この賠償(充足)は人間が備えなければならないものの、神のみがそれをなしうる。「他ならぬ神のみがこの充足をなしうる。……他ならぬ人のみがそれをなさなければならない」[42]。このために神はキリストにおいて人となられた。死に至るまでの全き従順において、賠償(充足)が与えられ、正義がなされ、神の名誉が回復され、罪びとは赦されるのである。

　キリストの人性に対して、宇宙闘争説におけるよりも、この贖罪説においてより重要な役割が与えられている。更に、罪の重大さと贖いの高価さが中世の教会に理解できる形で表現されている。だが、伝統的に提示されてきた充足説は重大な幾つかの問題を引き起こす。そのなかで最も重要なのは、この説では神が神自身と矛盾の関係に置かれてしまうように思えることである。それは新約聖書における司法／法律的メタファーを、慈悲と正義に衝突する仕方で引き合いに出している。言い換えれば、アンセルムスの説は赦しの行為を神のためになされる何らかの問題としてしまう。恵みは充足を条件になされる。だが、条件付き恵みはそれでも恵みであろうか？　新約聖書によれば、和解される必要があるのは人間であって神ではない。新約聖書においては神はキリストにおける和解の対象というよりも主体である。

　アンセルムスの充足説の伝統にしっかりと立ちながらもジャン・カルヴァンは、贖いの動機が神の正当な怒りを満足させる必要にあるのか、それとも神は世界に対する純粋かつ自由な愛によって動かされるのであるかとの間を揺れ動いた。アンセルムス的伝統にこれまた深く根差しながらも、カール・

42　アンセルムス『クール・デウス・ホモ』第2書第6章〔『クール・デウス・ホモ──神は何故に人間となりたまひしか』長沢信寿訳、岩波書店、1948年〕。

バルトは、キリストの贖いの業がひとえに神の聖なる愛により動機づけられているとしいて解釈することによりアンセルムスとカルヴァン双方の更に先を行っている[43]。

充足説のもう一つの欠陥は、伝統的に言われてきたように、それが代償的であることと代表的であることを十分に区別しないことにある。ドロテー・ゼレはこの点をかなりの説得力をもって指摘した。代償の世界は、交換可能なる事物からなる非人格的世界である。機械の一つの部品が磨耗すれば新たな部品と交換することができる。代表はしかしながら、人と人との人格的関係の世界である。代表は我々の代わりとなって我々を代弁し、我々のために行為をなす。単に我々の代替となるというのではなく。言い換えるなら、代表は我々から責任を取り去ることはない。例えば、両親は子どもたちが大人になって自らのために語り行為することができる時が来るまで彼（女）らの代わりを務めるのである。キリストの贖いの業は、機械的代償の働きというよりも、人格的代表の行為としてより忠実に、また理解可能な形で解釈されるであろう[44]。

3. 贖いの三番目に重要な贖罪説はしばしば・道・徳・感・化・説と呼ばれるものである。それはまた、既に略述してきた二つの説の強調する「客観的」な性格と対照させるために「主観説」とも記述される。道徳感化説においては、キリストは何らかの宇宙的闘争や法的取引——その双方の説では、この贖いの行為の対象となる者たちの参与なしに完結しているように思われる——によらず、人類と和解される。むしろ、キリストは神の愛を、我々が驚きと感謝をもって否が応にも応答せざるを得ないような仕方で我々に示される。キリストの贖いの業は信仰の行為において受け入れられ、その人の生を変革させうる時においてのみ完全なものとなるのである。

アンセルムスの同時代人アベラルドゥスは、しばしば、贖罪の道徳感化説の代表として真っ先にその名を挙げられる。アベラルドゥスの説は時に、模範説とも呼ばれる。しかしながら、アベラルドゥスがキリストの業を単に模範としての業に限定しているかどうかは全くもって定かではない。アベラル

---

43 Bruce McCormack, *For Us and Our Salvation: Incarnation and Atonement in the Reformed Tradition, Studies in Reformed Theology and History* (Princeton Theological Seminary, 1993) を見よ。

44 Sölle, *Christ Our Representative* (Philadelphia: Fortress, 1967).

ドゥスの著作の章句の中には、彼にとってはキリストにおける神の愛は神の恩寵であり、我々のうちに愛の応答を生み出すような創造的賜物であることを示唆するところも存在する。アベラルドゥス自身がキリストにおける神の愛の力は、単なる模範以上のものであるという事実を明らかにすることに成功しているとは言えぬものの、彼の思考は確かにこの説明を内包するものとして拡大しうる。キリストがなしていることは、啓示的であって模範的であるが、「模範的価値以上にまたそれを越えて、その中には単なる人間の愛が持ち合わせていないような神秘的な因果的効力の余剰といったようなものが存在するのである」[45]。

　道徳感化説は、神の愛の無条件なる性質、変革をもたらす力、そして我々人間の側からの応答の重要性を強調する点において強みを持っている。第一には、贖いの「主観的」側面に仕えつつも、この説は、我々の罪深き状況を構成する幻想や自己欺瞞が複雑に絡み合った状態の客観的様相のみならず、我々の罪により暗くされた世界に光を差し込む神の犠牲的愛の啓示の客観的力をも認めてゆく方において発展させうるかもしれない。だが、道徳感化説の、とりわけ近現代における多くの感化説が、神の愛の感傷化に向かう傾向を持ち、この世における悪の力とその執拗さを低く見積もり、またイエスを人々が従うべき単なる模範として描いてきた。H. リチャード・ニーバーがアメリカにおけるナイーブな形の自由主義神学に対してなした次の批判はいまだに適切である。「怒りなき神は、罪なき人々を、十字架なきキリストへの奉仕を通して、審きなき王国へと連れてくる」[46]。

　これらの贖罪説と、それらが依拠する新約聖書のメタファーは互いに排他的に存在しているのではない。もちろん、神学史にあって、特定の贖罪説やイメージこそが総合的かつ排他的な真理を体現すると主張された時期も多々あった。だがこのようなことが起こる際には、キリストの贖罪の業(わざ)の意味をめぐる新約聖書の宣教の豊かさや教会が数世紀にもわたって熟考を重ねるこ

45　Philip L. Quinn, "Abelard on Atonement: 'Nothing Unintelligible, Arbitrary, Illogical, or Immoral about It,'" in *Reasoned Faith*, ed. Eleonore Stump (Ithaca: Cornell University Press, 1993), 296. Richard E. Weingard, *The Logic of Divine Love* (Oxford: Oxford University Press, 1970) も見よ。

46　Niebuhr, *The Kingdom of God in America* (New York: Parper Torchbook, 1959)〔ニーバー『アメリカにおける神の国』柴田史子訳、聖学院大学出版会、2008 年〕, 193.

とによって得てきた成果を喪失してしまうのである。

　更に、それら三つの説は、束縛ということに関する特有の意識やそこからの解放を求めて叫びを発する我々の同時代に相応しい形で、自分たちのものとして再生、再解釈してゆくことも可能である。キリストのミニストリーや十字架の業(わざ)を通して神は、抑圧されている人類のために決定的なことをなされる。我々を虜としている悪の諸力から解放し、やましき良心から自由にし、秩序なき世界に道徳的秩序を再建し、隣人のみならず我々自身にも破壊をもたらす幻想や自己欺瞞から我々を解き放ち、新たな信仰と希望と愛を我々のうちに呼び覚ますのである。教会の現行の賛美歌のうちに贖罪のこれら三つの見解がすべて含まれているのは示唆的なことである。例えば、次の三つの賛美歌がそうである。「力強き砦なる我が神 A Mighty Fortress Is Our God〔『讃美歌21』377「神はわが砦」〕」（勝利者キリスト説）、「あぁ、傷を負われた聖なる御頭 O Sacred Head Now Wounded〔『讃美歌21』310, 311「血しおしたたる」〕」（充足説）、「恵みの神、栄光の神 God of Grace and God of Glory〔『新生讃美歌』575「栄えのみ神よ」〕」（道徳感化説）。

　ジャン・カルヴァンの唱えるキリストの三つの職務（munus triplex）に関する教理は、贖いに関する我々の理解を開いたもの、また包括的なものにしておくために有益である。カルヴァンによれば、キリストは我々の預言者、祭司、そして王として行為される[47]。この三職務の教理においてカルヴァンは、イエスの教えとその犠牲的な死、そして王的統治を取りこむことに成功している。キリストの三職務に関するカルヴァンの教えを次のように言い直すこともできよう。預言者としてのキリストは来るべき神の支配を宣べ伝え、その支配に相応しい生の形において我々を教え導き（道徳感化説）、祭司としてのキリストは、愛の全き犠牲と服従を我々にかわって神に捧げ（充足説）、任命（選任、指定）された王としてのキリストは、悪の反抗にもかかわらず、世界を治め、神の義と平和の支配（御世）の最終的勝利を約束する（勝利者キリスト説）。

　その精緻な和解論において、カール・バルトもまたキリストの三職務という考えを用い、想像力を駆使してそれらをキリストの人格に関する両性論（神性と人性）やキリストの二つの身分（ケノーシスと高挙）等の古典的

47　カルヴァン『キリスト教綱要』2.15 を見よ。

教理と織り合わせる。そのようにして「僕(しもべ)としての主」(イエス・キリストにおける神は我々の祭司として謙虚に振る舞われ、我々を高慢の罪より贖われる)、「主としての僕(しもべ)」(イエス・キリストにおける人は、恵みにより神との忠実なパートナーシップへと高められ、我々を怠惰の罪より解き放たれる)や「まことの証人」(イエス・キリストにおける神と人との結合は、光り輝く真理であって、それ自身の預言的力を持ち、我々の偽りの罪を駆逐する)といった三つの主題を導き出している[48]。カルヴァンとバルトのキリストの人格と業(わざ)をめぐる神学は、新約聖書における豊富なメタファーと古典的神学の相互補正的な諸モチーフに包括的にアプローチしてゆくがゆえにより豊かなものとなっている。

　贖罪をめぐる幾つかの代表的見地に関する以上の考察から示されるのは、キリストの業(わざ)に関する実りある解釈は、我々の時代にあっては、以下の原理によって導かれるべきということである[49]。

(1) すべてを、一つの共通基準に還元するのではなく、贖罪に関する新約聖書のメタファーの豊かさと古典的定式の多様性を尊敬すべきであること。
(2) キリストの贖いの業(わざ)は、福音書の物語全体すなわちキリストのミニストリー、教え、十字架、復活のすべてを包括する。これらのうち一つとして除外されたり、他から切り離されたりしてはならない。
(3) 贖罪の業(わざ)は、神の恵み深きイニシアティブに基づくが、人間の側からの応答も要求する。すべてを網羅する包括的な贖罪論となるためには、双方の要素に相応の注意を向けなければならない。
(4) 神の恵みは、審きをも含み、神の審きは恵みの目的に仕える。贖罪論は神の恵みと審きを互いに対立するものとして提示してはならない。
(5) キリストにおける神の贖いの業(わざ)は、個々人に、社会にそして宇宙全体に対して意義を持つ。

48　Barth, *Church Dogmatics*, 4/1–3〔バルト『教会教義学　和解論 I/1–III/4』〕.
49　パウル・ティリッヒの *Systematic Theology*, 3 vols. (Chicago: University of Chicago Press, 1967), 2: 173-76〔『組織神学　第2巻』谷口美智雄訳、新教出版社、2004年復刊、220-23頁〕における贖罪論の諸原理の要約を参照のこと。

暴力と十字架

聖書は異口同音に、イエスの死が「わたしのため」(ガラ 2:20)、「わたしたちのため」(ロマ 5:8)、「多くの人のため」(マコ 10:45)、「すべての人のため」(Ⅱコリ 5:14–15) であることを証言している。使徒パウロによれば、「キリストは聖書に従って、わたしたちの罪のために死なれた」(Ⅰコリ 15:3)。この聖書的主張は、明確な仕方であれ、暗黙の仕方においてであれ、古代のエキュメニカルな信条の中にも存在している。イエス・キリストは「ポンティオ・ピラトのもとで苦しみを受け、十字架につけられて死に、葬られ」た(使徒信条)。これらすべてのことは「我らのため、また我らの救いのため」なされたのである(ニケーア信条)。「キリストは我らのために十字架につけられた」との告白を、我々の生きる時代に向けて確固とした直接性をもって語りかけてくるものとして理解する方法はないものだろうか？

恐らくイエスの死を「我らのため」の死として理解することに非常な困難を覚える第一の理由は、それが暴力的な出来事であるからであろう。我々は、自身の生や我々の世界の営みに浸透する暴力を隠蔽するのみか、我々のためのキリストの死にあっても存在していた暴力を巧妙に別物にしてしまうことに往々にして非常に長けている[50]。多くの教会において、礼拝に参加する者たちにとって、装飾を施され宝石を埋め込まれた十字架はなじみ深いものとなっている。皇帝たちは、皇室の威厳や栄光のシンボルとして十字架を採用してきた。福音書のドラマの中心に位置する暴力的出来事を隠蔽するために、神の値高き愛のメッセージは、感傷的なお伽話、あるいは支配のシンボル、あるいはその真意を何らかの形で歪曲した他のものへと変えられてしまった。あるいはその暴力性を認めるものの、その責任は、自分たちにとって軽蔑に値すると目する集団(それはしばしばユダヤ人であった)や神(神の怒りをなだめるために十字架を必要とする贖罪説に見られるように)に転嫁される。

古代世界に劣らず、我々の世界は恐るべき組織的暴力の氾濫する世界であ

---

50 以下の諸段落において、私が負っているのは、René Girard (*Violence and the Sacred* 〔ルネ・ジラール『暴力と聖なるもの』古田幸男訳、法政大学出版局、1982 年〕) と Gerhard Forde の *Christian Dogmatics*, vol. 2, ed. Carl E. Braaten and Robert W. Jenson (Philadelphia: Fortress, 1984), 79-99 における Girard の諸作に関する省察である。

る。この事実を 20 世紀において何よりも思い起こさせたのは、ホロコーストの出来事である。20 世紀が新たな始まりとして示し得たかもしれない諸々の希望は、一瞬にして打ち砕かれた。20 世紀後半の「冷戦」は、テロリズム、そして 21 世紀最初の 10 年間の「テロとの戦い」に取って代わられた。おぞましき自爆テロや、それらに対するあまたの軍事的報復の後には、身のすくむような生物、化学、また核戦争の恐怖が広まった。国際レベルでの暴力や無法状態に対する抑制があるとするなら、その特徴的形態は、相互確証破壊システムの建設である。

　国際関係だけが、しかしながら、暴力の現実性に遭遇する唯一の領域ではない。黒人やアメリカ先住民に対する残虐な扱いは、アメリカ史のぬぐい消すことのできない一部であるにもかかわらず、封印されたり、無視されたりすることもたびたびであった[51]。社会的また経済的領域においては、野放図な競争や自己拡張が、（たとえそれが他者を犠牲にした名声や富の増長を意味するとしても）称賛される。統計が示すように、家庭もまた、調和や安らぎの領域というよりは、配偶者が打ちのめされ、両親が子どもを虐待するような暴力の領域となってしまうことが多い。教会の領域でさえも暴力の現実から無縁であると言うことはできない。教権の乱用と、そして最もか弱き者たちに対する搾取によってあまりにも汚されてしまっている。その無限とも言うべき多様な形態において、暴力は人間の状況を形作っているのだ。

　人間の状況をこのように描き出すことによって、我々は、実質的には、暴力の現実を古典的なキリスト教信仰が罪と呼んできたものに代用しようとしているのであろうか？　だが、そうすることは、重大な誤りとなるであろう。罪というのは、神の恵みや、隣人に善をなすこと（我々すべての者がそれに対して個人的に責任を負っている）から疎外された人間の普遍的状況を指す必要不可欠な神学用語であるからである。遍在する暴力は、単に罪と等価に捉えられるだけでなく、罪に常に変わらず付随する形で現れるものとして捉えられなければならない。罪に関する余すところなき聖書的意味が考慮されるならば、カインのアベル殺しの物語が証しするように（創 4:1–8）罪と暴力の密接な関連は紛うことなきものとなる。我々が皆、同等に、我々の生や

51　James H. Cone, *The Cross and the Lynching Tree* (Maryknoll, N.Y.: Orbis, 2011)〔コーン『十字架とリンチの木』梶原壽訳、日本キリスト教団出版局、2014 年〕．

社会や世界を包み込む暴力と死の恐るべき網の目に対して責任があるということはない。しかし、我々は皆、この網の目に捕らえられている。犠牲者であろうが、加害者であろうが、傍観者であろうが、またこれが最も実相に近いであろうが、その各々の幾らかずつを兼ね備えている者であろうが、我々は皆、暴力の悪循環の一部になっている。

　要するに、救いのドラマが繰り広げられる現実の世界は、無数の暴力行為と広範囲にわたる暴力システムにより特徴づけられた——貧しき者たちや弱き者たちが搾取され、打ち棄てられるような、また女性たちが打ちたたかれ、暴行されるような、そして子どもたちが虐待され、無実の者たちが虐殺され、大地が略奪され、預言者たちが殺戮されるような世界である。イエスのメッセージとそのミニストリーは、この世界の中に不可避的に混乱をもたらし、またそれと衝突する。イエスは、罪びとたちに対する神の赦しを告知され、神の律法のまことの目的を軽んじ、それを自分たちの利権を守るために用いる律法学者たちと真っ向からぶつかられた。イエスはまた、貧しき者たちに未来を約束し、疎外されている者たちや異邦人たちを暖かく迎え入れ、すべての者たちに悔い改めを求めながら、神の愛と他者への愛に特徴づけられる新しい生き方へと招く。彼の言葉と行いは、政治指導者たちからも、宗教指導者からと同様、強い反発を引き起こした。

　イエスが、暴力の上に立てられた世界において宣べ伝え、具現化し、制定し、御自身が苦しみをもって勝ち取らねばならなかった神の支配とは、恣意的な宗教的教理ではなく、最も深遠なる真理である。すなわち、三位一体の神の際限なき愛は、他者を支配し思うがままに操作する権力手法が勝ち誇るような、また暴力が対抗暴力の種を撒き、しまいには復讐の連鎖を引き起こしてゆくような世界とは、真っ向から衝突するのである。甦りのイエスがエマオ途上において弟子たちに説明されたように、キリストはこれらすべてのことを苦しみ、栄光に入られたのではないか（ルカ 24:26）？　それは神的「必然」——世界に向けての、まさにその土台が据えられた時からの、自由にして、恵み深い、強制されることなき神の愛の「必然」、すなわち、神の愛は、イエス・キリストにおける傷つきやすさそのものにこそ、余すところなく、無制限に表されなければならないとする神の「必然」であった。それは罪深き人間の「必然」——自分自身で作り出したところの暴力的世界秩序を刻みつけられた「必然」、すなわち、神の赦しを媒介し、正義、自由、平

和によって特徴づけられる神の支配を始められたこの方は、我々が住み、維持しようとする暴力的世界全体を脅かすがゆえに、我々の暴力の標的とならねばならないとの「必然」でもあった。暴力の神々に隷属する世界は、イエスを取り除かなければならなかったのだ。

キリストが我々のために「陰府に下られた」との福音は、良き知らせである。使徒信条のこの一文はあまりにも挑発的であって、動揺をもたらすがゆえに、省略されてしまうこともしばしばである。だがこのフレーズに込められているのは喜ばしき知らせであり、それは十字架につけられたキリストにおける神の御自身を与える愛の深みと無制限の広がりを生き生きと言い表している。キリストの陰府下りは、死の領域に住む者たちに福音を宣べ伝えるために、十字架と復活の間にイエス・キリストが引き受けられた派遣(ミッション)の旅であると解釈する者たちもいる。ジャン・カルヴァンとカール・バルトも含めて、解釈者たちの中には、陰府下りが指し示しているのは、キリストが我々のために十字架上で味わわれた肉体的苦痛よりもはるかに大きな恐怖としての恐るべき孤独と棄却の経験であると理解する者たちもいる。私としては、後者に同意する。だが、更に、キリストが我々のために下られた地獄とは、暴力と残虐非道が支配する世界、神と他者との交わりにおける生が凄まじいばかりに、また絶えず攻撃されているような世界、神の存在が深く隠されたままとなっている世界であると言いたい[52]。

キリストが我々すべてのために生き、そして死なれたのは、暴力的法則に囚われた世界の中であった。だが神は十字架につけられたイエスを甦らせ、彼を新しき人間（性）の隅のかしら石とされたのであった。新しき人間は、もはや暴力行為や暴力システムを支持することはなく、スケープゴートも必要としない。もはや犠牲者たちの犠牲の上に生きることを欲せず、血に飢えた神を想像し、礼拝することもない。新しき人間は、もはや暴力の正当化に興味を持たず、むしろ、新しき聖霊の力によって、イエスに従ってゆくのである。

我々が生きる暴力的世界に抗するものとしての十字架につけられたキリストの救いの業(わざ)の意味は、神の自由にして恵み深き世界への自己贈与として描

---

52 陰府下り（地獄行き）に関しては、David Lauber, *Barth on the Descent into Hell: God, Atonement, and the Christian Life* (Burington, Vt.: Ashgate, 2004) を見よ。

き出されるのが最も適当であろう[53]。新約聖書の証言によれば、御父は我々の救いのために御自身の独り子を「お与えに」なられ（ヨハ 3:16）、御子は我々を愛し、自由に我々に「身をささげられ」（ガラ 2:20。1:4 も参照のこと）。また神の愛は「わたしたちに与えられた聖霊によって、わたしたちの心に注がれている」（ロマ 5:5）。三位一体の神の自由のうちになされる自己贈与は暴力とは何らの関わりを持たない。暴力は、他者に危害や損害を与えることを意味する。それは他者から何らかのものを——それが彼（女）らの尊厳であれ、正当な報酬であれ、身体的健やかさであれ、命そのものであれ——奪い取ることである。それとは対照的に、まことの賜物とは、暴力とは対極に位置する。それは、しばしば「慈善（施し）」と呼ばれるものとも異なる。慈善は、ある種、恩着せがましき形をとることもありうる。まことの贈りものとは、何らかの「物」を他者に与えるだけではない。そこには、自身を与えるということが含まれている。イエス・キリストにおける神の自己贈与とは至上の贈りものであり、その源泉と内実と効果において非暴力的なものである。源泉においてそうであるのは、それが暴力など存在しない、自由なる自己贈与的愛をその生の在り様として持つ三位一体なる神に由来するがゆえである。それが内実においてそうであるのは、神が、キリストにおいて具体的に、罪と暴力と死の勢力に、十字架の死に至るまで関わりを持ち、それらに抗い、それらを克服されたからである。しかも、非暴力的にそうなさったのである。キリストにおける神の賜物は効果においても非暴力的である。なぜなら、我々の応答を強要することなく、我々が、自由のうちに（自発的に）感謝と讃美をもって応答するまで待っていてくださるからである。

更には、十字架につけられたキリストにおける神の非暴力的な自己贈与が、我々の暴力的世界に対して訴えかけることとして、以下の三つの側面を挙げることができるかもしれない。

1. キリストが我々のために死なれたのは、暴力に満ちる我々の世界をありのままの形で——すなわち致命的なまでに罪と暴力の軛に繋がれた、神の審きのもとにある世界としてさらし出すためである。キリストにおける神の恵み深き自己贈与に対する時代風潮的（climatic）な拒絶として、キリスト

---

[53] Risto Saarinen, *God and the Gift: An Ecumenical Theology of Giving* (Collegeville: Liturgical, 2005) を見よ。

の十字架は、神から疎外されてあることの罪の深みと人間の生における「身の毛もよだつ暴力性」を暴き出し、我々、我々の宗教や政治、また個人的そして公的な道徳性が共謀する恵みなき世界の過酷な現実を明るみに出す[54]。来るべき神の支配を宣べ伝え、神の助けを必要とするすべての人々と連帯することにより、罪びとを赦し、貧しき者たちの友となり、病める者たちを癒し、平和を作り出す人々を祝し、正義と和解と平和を望まれる神よりも剣に頼ろうとするすべての者たちを叱責することによって、そして最後にはその苦難と十字架の死によって、キリストは、神の目的とは完全に対立するものとしての我々の暴力的在り様を決定的に露呈したのである。十字架により、我々は皆、個人的にも、集団的にも、神の審きのもとに置かれている。もちろん、キリストの十字架の死は、神の恵みに抗する世界の暴力的な審きの顕れであるということは正しい。だが、はるかに深い次元において、十字架は、罪深き暴力的世界に対する神御自身の容赦なき審きである。自らの正しさに執着することにおいて、我々は、我々自身と世界に審きを招き寄せている。キリストの死において、神は、我々のためにそれをなさる。我々が望まないこと、できないことを、神は我々に代わってなさるのだ。罪の支配とその暴力的特質が神の審きのもとにあることを知ることができるように「キリストはわたしたちのために死んでくださった」（ロマ5:8）のである[55]。

2.　キリストが我々のために死なれたのは、憎しみが憎しみを、暴力が暴力を生む果てしない連鎖を断ち切る神の自由な愛と赦しの賜物を明らかにし、媒介するためである。我々のためになされたキリストの死における最も深い秘義とは、キリストにおいて、神が、自由に、また恵み深き仕方において、我々の救い主として我々を審かれるということである。キリストの十字架の光のもとで、神の正義は神の報復とは全く異なるものであることが明らかにされる。聖にして恵み深き神の審きは、目には目を、歯には歯を、の法によって縛られることはない。反対に、破滅的な死とその暴力の連鎖は、キリストにおける神の高価な愛と赦しによって、決定的に断ち切られるのである。イエス・キリストにおいて神はこの世界の罪と憎しみと暴力を御自身の

54　Michael Welker, *God the Revealed: Christology* (Grand Rapids: Eerdmans, 2013), 186-87 を見よ。
55　このテーマについては、Barth, *Church Dogmatics*, 4/1: 222-83〔バルト『教会教義学　和解論 I/2』120-233 頁〕を見よ。

人格の中へと引き受けられ、驚くべき神の赦しの行為においてそれらを消滅させられる。比較を絶するこの賜物としての行為は、実際、「驚くべき交換」というべきものである。キリストにおいて神は、我々の敵意と暴力と死を引き受けられ、我々には赦しと新しき生と友情を与えてくださる。信仰によって識別されるであろうように、十字架上にて起こることは、罪の支配とその壊滅的な暴力の連鎖の終わりを指し示している。悪に対して悪をもって、暴力に対して暴力をもって抗することを拒むことにより、十字架上のキリストは、暴力を引き起こす憎しみと、対抗暴力を促すような復讐心を打ち負かされる。「神の弱さ」（Ⅰコリ 1:25）は暴力の力とその際限なき連鎖よりも優っているということが明らかにされるのだ。十字架は、自由にして値高き、神の愛と赦しの自己贈与であり、その目的は、罪と暴力の支配が過去のものとされ、神の正義と平和の新しき世界が始まるような、新たな人間（人類）と世界の創造である。

3. キリストが我々のために死なれたのは、暴力に溢れる世界の真っただ中にあって新しい人類と新しい被造物のために和解と平和の新たな未来を開くためである。キリストの十字架は、「希望を超えた希望」（ロマ 4:18 参照）を与えてくださる神の自由な賜物である。この主張は、希望は、苦難のどん底や暴力的な死のただ中から生み出されうるし、十字架につけられたキリストこそが、神の目的の成就に対する揺るぎなき希望の根拠であると訴える点において、きわめて逆説的な主張である。それでも、復活の光のもとで見るなら、十字架にきわまるイエスの歴史（物語）こそは、被造物全体に平和と和解をもたらすことを望まれる神の非暴力的愛の勝利の賜物であり、約束である。十字架につけられた神の復活においてまばゆき輝きをもって明らかにされることとは、十字架のメッセージにこそ良き知らせが込められているということでるる。すなわち、「神は十字架の苦難を永遠化し、我々すべてのものから望みを奪うために十字架を引き受けられたのではない。反対に、神は歴史におけるあらゆる十字架に終止符を打つために、十字架を身に引き受けられたのだ」という喜ばしき知らせが[56]。キリストの十字架のメッセージが正しく説教され悔い改めの心をもって聞かれる際には、また信仰の民が主の食卓を囲み、イエス・キリストにおける新しい生命と新たに創造されるで

---

56 Leonardo Boff, *Passion of Christ, Passion of the World* (Maryknoll, N.Y.:Orbis, 1988), 144.

あろうことの約束を祝う際には、キリストの名のもとに赦しが与えられ、聖霊の力において受け入れられる際には、いついかなる時においても、暴力の悪循環と連鎖は断ち切られ、暴力の支配は連帯と憐れみと平和の新しき世界に道を譲り始めるのである。イエス・キリストの十字架と復活は、人類の歴史に深く以下の諸真理を刻み込んだ。すなわち、神の憐れみは世界の殺気立った熱情よりも大きいという真理。神の栄光は人間の残忍さのきわまりゆく闇夜も照らすことができ、また現に照らしているという真理。そして、神の赦しの愛は、しばしば麻痺状態に陥る我々の罪責感よりも大きく、神の生の在り様は、我々の死の在り様よりも大きいという真理を。

キリストの復活の諸次元

　十字架につけられたキリストの復活は、新約聖書の中心に位置する。キリストの復活の神学は十字架の神学より切り離されてはならない、ということが確かに正しいとするのなら、十字架の神学は復活の神学より切り離されてはならないということも同等に正しい。ミヒャエル・ヴェルカーは次のように記している。「十字架の神学というものは、不可解であって疑わしき苦難の神秘主義とでもいうべきものにおける悲しき結末にたどりつきたくなければ、復活から切り離すことはできないし、切り離してはならない。……」[57]。キリストの復活は四つの福音書すべてに証しされているし、他の使徒的文書の中にも確固たる位置を占めている。「彼はここにはおられない」と墓を訪ねた女性たちに天使は言う。「彼は甦られたのだ！」（マタ 28:6）。キリストの復活に関する最も初期の説明は、二つの基本的形において見出される。一つは、「空虚な墓」の物語（例えば、マコ 16:1–8）において、もう一つは、甦りの主の顕現の物語（例えば、Ⅰコリ 15:1–11 やルカ 24:13–35）においてである。これらのうちの一つの古代の復活伝承をもう一つの伝承と競合させることには何の意味もない。どちらの伝承がより初期のものであるかが判明したとしても、使徒パウロが断言するように、キリスト教信仰は十字架につけられたイエスの復活の真実によって立ちもし倒れもするという事実は残る

57　Welker, *God the Revealed*, 150.

のである（Ⅰコリ 15:14）。

　キリストの復活をめぐる解釈は二つの極端を避けなければならない。一方で、イースターのメッセージの真理は、近代的歴史研究によっては実証されない。キリストの復活に対する信仰は、イエスの身体は蘇生したのだという主張に還元されない。たとえ、イエスの墓が空虚であったとの強力な証拠が存在したとしても、新約聖書の証言が既に認めているように（マタ 28:11–15）、このことは信仰の諸主張を証明しないであろう。このことは、信仰と神学は、イースターの宣言を取り囲む多くの批判的文献や歴史的問い掛けを簡単に避けることができるということではない。だがローワン・ウィリアムズが警告するように、この種の問いに没頭するあまりに、「なぜ、復活が良きおとずれなのかという問いが、今やほとんどと言ってよいほどに消え失せてしまう」こともありうるのである[58]。

　他方、キリストの復活の意味は、初期の弟子たちの側の精神や心の変化に還元されない。この見解においては、復活はイエスに起こった何らかの出来事、十字架につけられたイエスを死者のうちより甦らせた神の新たな行為ではないとされる。そうではなくて、復活は弟子たちの内に起こる何かとされるのである。例えば、ルドルフ・ブルトマンによれば、復活とは、初期のキリスト者のメッセージにおいて宣べ伝えられたように、十字架の救済的意義に対する信仰が生起したことのシンボルである。「イースターの信仰とは単にこのことを、すなわち、宣教の言葉に対する信仰を指す」[59]。この解釈において不明な点は、十字架の出来事を超えて、宣教の言葉と信仰の応答を促すような何かが起こったかどうかということである。キリストの復活を、罪や暴力や死によって支配される公的世界を変えることも、挑むこともさせないような、内面的な、概して個人的な出来事に還元してしまう危険性がこうした解釈には存在する。

　聖書において証言されているように、キリストの復活は、単に歴史的な、あるいは単に個人的なパースペクティブの限界内では捉えきれない出来事で

58　Rowan Williams, *Resurrection: Interpreting the Easter Gospel* (Cleveland: Pilgrim, 2002), 110.

59　Rudolph Bultmann, "The New Testament and Mythology," in *Kerygma and Myth: A Theological Debate* (New York: Harper & Row, 1961), 41〔ブルトマン『新約聖書と神話論』山岡喜久男訳、新教出版社、1980 年、88 頁〕。

ある。復活は、聖書的な言葉の意味においては、後期ユダヤ教的な、また初期キリスト教の黙示的希望に属する概念である。その言葉は、神の契約に基づく約束の最終的成就が始まったことを告げる出来事を指し示している。神が十字架につけられたイエスを新たな生命へと甦らせたことは、最終的に悪が打ち負かされ、正義が神の被造物全体を支配するとの約束に対する、神の具体的な承認なのである。黙示的終末論のこの枠組みにおいて、「イエスは甦られた」とのメッセージは多面的解釈を要求する。

　第一に、決定的とも言うべき神学的次元が存在する。神は真実な方である。墓を開き、死者に生命をもたらすことのできる唯一の方であるイスラエルの神が（エゼ37章）、十字架につけられたイエスを復活させた。「アブラハムの神、イサクの神、ヤコブの神、わたしたちの先祖の神は、その僕（しもべ）イエスに栄光をお与えになりました」（使3:13）。イースターの朝に起こったことは、当たり前のことでもなく、人間の想像力による驚くべき産物でもなかった。またイエスが、自ら御自身を死から甦らせたのではなかった。復活について語ることは神について語ることである[60]。イエスの復活は神の行為、救いのドラマにおいて、予期せぬ、栄光に満ちた新しい始まりを創造される、真実で恵み深き神の行為である。イエスは我々のために死なれたように、我々のために復活させられたのである。罪と暴力と死の世界は、イエスに有罪宣告を下した。けれども神はそれとは正反対の宣告を下され、世の宣告をひっくり返し、却下した。イエスの復活はこのように、御子に対する、またそのために御子が生命を与えた世界に対する、御父の尽きせぬ愛を承認する「御父の宣告」である[61]。十字架につけられた方を甦らせることにおいて、神は力強き、決然とした「然り（yes）」を、イエスに、また彼において全世界に語り、人間の状況を決定的に変えられたのである。

　第二に、復活にはキリスト論的次元というものが存在する。新約聖書におけるすべての復活物語は、甦りのキリストと十字架につけられた方が一つであることを強調する。甦りのキリストは、我々の救いのために我々と同じ肉となられ、へりくだった僕（しもべ）として我々のただ中を生き、十字架の死に至る

60　Karl Barth, *The Resurrection of the Dead* (London: Hodder and Stoughton, 1933; reprint Wipf and Stock, 2003)〔バルト「死人の復活」、『カール・バルト著作集15』山本和訳、新教出版社、1981年〕を見よ。

61　*Church Dogmatics*, 4/1: 283-357〔バルト『教会教義学　和解論 I/2』234-367頁〕．

まで従順であられた方に他ならない（フィリ 2:5–11）。神によって死者の中から甦らされたのは、このイエスである。聖書が伝えるように、復活のキリストは「弟子たちに手とわき腹とをお見せになった」（ヨハ 20:20）。死者の中からの甦りによって、僕(しもべ)であられる主は、今やその存在の輝きにおいて現臨される。そのケノーシス（空化）の在り様は、取り返しのつかない悲劇ではなくプレローシス（充溢）をもって、英雄的死をもってではなく生の充溢のうちに終わるのである。復活において、イースター以前にはその栄光がほぼ覆い隠されていたと言ってもよいその方が、今やまばゆく照り輝くのである（イザ 53:1–3 参照）。甦りのキリストの光は、すべての闇を追い払う。キリストの愛が、罪により支配され、暴力と死に浸かりきった世界の虜とされることなどあり得ない。したがって、キリストが甦られたとのメッセージは、恐れと畏れ、そして驚愕をもって受け止められ、それを聞く者の言葉を最初は奪ったのである（マコ 16:8）。デイヴィッド・ベントレイ・ハートが書いているように、復活のキリストの栄光は、我々の世界を支配する「秩序立った形而上学を侵犯する」[62]。我々が必然と考えるものをひっくり返し、何が可能であるかに関する我々の世界観を転覆させ、我々の目をくらませる「暴力の幻惑」を打ち砕き、そのかわりにイエス・キリストにおいて実現した神の和解と平和の真理の輝きを据えるのである[63]。甦られた方において、我々の人間性は高められたものとして見られる。イースターは、神の子らの栄光の自由の始まりである（ロマ 8:21）。エイレナイオスが断言するように、神の栄光は、生ける人間性（humanity alive）なのである[64]。

　第三に、復活には聖霊論的次元が存在する。福音は、「肉によればダビデの子孫から生まれ、聖なる霊によれば、死者の中からの復活によって力ある神の子と定められた」（ロマ 1:3–4）神の御子の物語を語る。ヨハネ福音書によれば、甦りの主は弟子たちに聖霊を吹きかけられた（ヨハ 20:22）。キリストの復活は、使徒パウロの言葉を用いれば、新しい創造の「初穂」（Ⅰコリ 15:20, 23）であって、信仰者は聖霊の力によりキリストにおける新しい生に参与するのである。聖霊は、キリストが決定的に（一回性において）

62　David Bentley Hart, *The Beauty of the Infinite: The Aesthetics of Christian Truth* (Grand Rapids: Eerdmans, 2003), 389.
63　Hart, *The Beauty of the Infinite*, 349.
64　エイレナイオス『異端駁論』4.20.7。

お与えになられた生命の賜物を再び与える。聖霊によって、十字架の、また甦りのキリストにおいて輝き出した光が、輝き続けるのである。聖霊により、十字架につけられ、甦られたキリストの愛が、人間の心と知性に届けられてゆく。「わたしたちに与えられた聖霊によって、神の愛がわたしたちの心に注がれている」(ロマ 5:5)。御父は御子を、自由に(自発的に)、与えられ、御子は御自身を、自由に、我々にお与えになり、更には聖霊も、自由に、お与えになる神である。「神はただひたすら、自由に、尽きせぬ仕方で、また拒まれたとしても、与え続けられる」[65]。このように、十字架と復活のキリストは、世界のために御自身をお与えくださる神の愛の三位一体論的充溢を顕されるのである。すなわち、御父の贈与は際限なきものとして、御子の贈与は栄光に満ちたものとして、更に聖霊の贈与は生命を造りかえるものとして明らかにされるのである。聖霊において、生けるキリストは、新しい生命を弟子たちに与え、彼らに使命をお与えになる。復活物語の肝要点は、宣教と奉仕への使徒的派遣である。甦りのキリストの権威と聖霊の力において、弟子たちはキリストの真理を教え、三位一体の神の名のもとに洗礼を授け(マタ 28:19–20)、他者に仕えるべく(ヨハ 21:15–17)遣わされてゆくのである。

第四に、復活のキリストを受容することには、教会的次元が存在する。十字架につけられた方の復活をめぐる使徒的宣教は、信仰の個人的行為によって受け入れなければならない。だがそれは決して孤立した経験や認識ではない。復活された方の輝きは、新しき共同体を創造する。「キリストの体」なるその共同体の証言、生、実践を通して、十字架につけられ、甦られたキリストの真理は宣べ伝えられる。ローワン・ウィリアムズが指摘するように、初期キリスト教時代のグノーシス派の福音書において、甦りのキリストは、「肉を離れた形で戻り、使徒たちに、彼ら自身の逃走のために、超然とした(detached)指示を与える」とある。しかしながら、新約聖書の復活証言にとって、「教会はイエスとの出会いが起こる所であり、肉体を伴う仕方で、歴史的恵みと和解が、今や表される所なのである」[66]。エマオの途上での物語は、この点において、とりわけ示唆的である。イースターの朝、二人の弟子が歩きながら、自分たちの打ち砕かれた希望を落胆をもって語っている。

65　Hart, *The Beauty of the Infinite*, 351.
66　Williams, *Resurrection*, 93-95.

一人の見知らぬ人が二人の道連れになるが、彼らはその人がイエスであることに気がつかない。二人が甦りの「主」であることを知るのは、その人が御言葉を解き明かし、二人と共にパンを裂いた時である（ルカ 24:13–35）。

　甦りの主を識別し、受容する上でのキリストの体としての教会の役割を強調することにおいて、我々が言おうとしていることは、甦りの主は信仰共同体と同一、あるいは単にその敬虔さの造り出したものであるということではない。そのように言うことは、復活の現実を、証言に対する応答に還元してしまうことになり、別の仕方において、それを虚しいものとしてしまうことになるだろう。甦りのキリストは、弟子たちのもとに来た。それは、秘かな仕方でキリストが弟子たちと一つにされたというのでも、単に信仰共同体の想像力の産物というのでもない。信仰共同体とは、しばしば、生けるキリストとの出会いが起こり、キリストが承認され、告白され、キリストへの献身がなされるところであるが、それが甦りの主の究極の源であり力であるというのではない。「教会は、いまだに他者として、見知らぬ一人の方として、イエスに出会うのであり、自分たちの愛する方であり、審き主であることがなくなってしまうような方として、自分たちの中にイエスを取り込むことはできないのである」とウィリアムズは言う [67]。

　第五に、甦りの主には政治的次元が存在する。N. T. ライトは「キリストが甦られた」とのメッセージは「政治的ダイナマイト」であったし、今もそうであるとの興味深い主張を提示する [68]。甦りのイエスは主であるとの宣言（Ⅰコリ 12:3、ヨハ 20:28）――イースターのメッセージと不可分の宣言――と同様に、キリストは甦られたとの宣言は、この世のすべての諸勢力にとっての挑戦となる。十字架につけられたキリストがこの世界における甦られた主であるなら、皇帝はそうではないということになる [69]。イエスの復活によって神がこのイエスを「神の子」と宣言したのであるなら、またそうすることにおいてイエスの主権を承認したとするなら、罪と死の専制的支配のみならず、諸々の皇帝や諸々の帝国の専制的主張や暴力的統治体制（ライトは「罪と死の制度化」として説明する）は、疑問に付され、根本から覆さ

67　Williams, *Resurrection*, 95.
68　N. T. Wright, *The Resurrection of the Son of God* (Minneapolis: Fortress, 2003), 730.
69　N. T. Wright, *The Resurrection of the Son of God*, 225.

れるのである[70]。ハートは次のように記す、「復活ゆえに、強圧的あるいは自然的暴力と折り合いをつけること、またその原因を運命や宇宙秩序に帰することは不可能とされた。……すべての暴力、すべての死は、神が克服したもの、そして克服するであろうものとして、審きのもとに立たされているのである」[71]。

　ヨン・ソブリノもまた、キリストの復活の政治的次元を強調する。彼は甦りのメッセージは、すべての不正義や暴力に対する神の勝利を宣言するものとして、すべての歴史の犠牲者たちに新たな永続する希望を与えるものであると理解している。ソブリノによれば、キリストの十字架、そして歴史のすべての「虐げられた民」の苦難は、「イエスの復活を理解する上での最も相応しい文脈を提供している」とされる[72]。最初期の復活記事において、甦りのキリストが見出される場所はガリラヤ（貧しく虐げられた者たちの象徴的場所）であるとソブリノは指摘する。甦りのイエスの弟子とされた者たちは、歴史における多くの「ガリラヤ」ミニストリーに従事することにおいて、イエスを見出すことになるだろう。これらすべてのことはソブリノにとってきわめて実践的な意味を持つ。十字架につけられ、甦られたイエスに従うことには、必然的に葛藤や格闘を伴う。イエスを死より甦らされた生命の神は、すべての死の偶像に反対する。それゆえ、弟子たちもまたそうしなければならないのである。武器を取れとの呼びかけではないものの、イースターのメッセージはすべての不正義や暴力に対する絶えざる抵抗への呼びかけである。イエスの十字架と復活は不可分である。双方とも、犠牲者たちとの神の連帯と神の際限なき愛の効力を言い表している。このように理解することにより、十字架は力なき愛の現れであることをやめ、復活は愛なき力の現れであることをやめるのである[73]。

　最後に、キリストの甦りには宇宙的次元が存在する。このことをキリストの復活の終末論的次元として語ることもできよう。ユルゲン・モルトマンが言うように、キリストの復活は、神の新しき世界の始まりである。それは「神の新しき創造の差し迫った夜明けにおける最初の先駆け的な輝き」であ

70　N. T. Wright, *The Resurrection of the Son of God*, 729.
71　Hart, *The Beauty of the Infinite*, 394.
72　Jon Sobrino, *Christ the Liberator* (Maryknoll, N.Y.: Orbis, 2001), 14.
73　Sobrino, *Christ the Liberator*, 87-88.

る[74]。キリストの甦りは、神の来るべき新しき世界のしるしであり、約束であり、始まりである。モルトマンが彼の神学において特に強調するのは、その宇宙的広がりである。少なくとも西洋の教会において、キリストの復活はあまりにも狭き仕方において、人類の未来に希望を与えるものとしてのみ理解されてきたとモルトマンは考える。イースターのメッセージがこの希望を含んでいるのは確かだが、それが思い描き切り拓いた新しき世界は、人間の運命だけに限定されない。人間や共同体のための希望であることに加えて、キリストの甦りは死の軛（くびき）からの解放を求めてうめき続ける全宇宙にとっての希望をも意味する（ロマ 8:18-25）。罪びととの、また暴力のもとで苦しむすべての人間との連帯においてのみ、キリストは死なれたのではない。彼はまた死の軛（くびき）に繋がれた生きとし生けるすべての被造物との連帯のうちに死んだのである。それゆえ、正しく理解するならば、キリストの復活は、来るべき神の宇宙的支配の「初穂」であり、全被造物に神が新しき生命を賜るであろう将来の始まりを告げる出来事である。キリストの甦りを信じることとは、人間の歴史を支配する暴力的な死に対して、神が現在において既に勝利しておられ、また未来においても勝利されるであろうということのみならず、すべての生命が目下のところ服している悲劇的死に対しても、神が現在において既に勝利を収めておられ、また未来においても勝利を収められるであろうということを信じることである[75]。このような包括的意味において、十字架につけられたキリストの復活の宣教は、実に良き知らせ、すなわち「福音」なのである。

更なる学びのために

Ashley, Benedict Anselm. *Cur Deus Homo*. La Salle, Ill.: Open Court, 1951.〔聖アンセルムス『クール・デウス・ホモ——神は何故に人間となりたまひしか』長沢信寿訳、岩波文庫、1948 年〕

74　Jürgen Moltmann, *The Way of Jesus Christ: Christology in Messianic Dimensions* (San Francisco: HarperCollins, 1990), 220〔モルトマン『イエス・キリストの道』396 頁参照〕.
75　Moltmann, *The Way of Jesus Christ*, 253〔モルトマン『イエス・キリストの道』448-49 頁〕.

Athanasius. "On the Incarnation of the Word," in *Christology of the Later Fathers*, ed., Edward Rochie Hardy. Library of Christian Classics, vol. 3. Philadelphia: Westminster, 1954. Pp. 55-110.〔アタナシオス「言(ロゴス)の受肉」小高毅訳、上智大学中世思想研究所編『中世思想原典集成2』平凡社、1992年、65-140頁〕

Baillie, Donald. *God Was in Christ*. New York: Charles Scribner's Sons, 1948.

Balthasar, Hans Urs von. *Mysterium Paschale*. Edinburgh: T&T Clark, 1990.〔ハンス・ウルス・フォン・バルタザール『過越の神秘』九里彰訳、サンパウロ、2000年〕

―――. *Theo-drama*, 5 vols. San Francisco: Ignatius, 1988-1998. Vol. 4, pp. 240-44.

Barth, Karl, *Church Dogmatics*, 4/1: 157-357; 4/2: 3-378; 4/3.1: 3-274. Edinburgh: T&T Clark, 1956-1961.〔カール・バルト『教会教義学 和解論 I/2』、『同 II/1』、『同 II/2』、『同 III/1』、『同 III/2』3-190頁、以上すべて吉永正義訳、新教出版社〕

―――. *The Humanity of God*. Richmond: John Knox, 1960. Pp. 37-68.〔「神の人間性」、『カール・バルト戦後神学論集1946-1957』井上良雄編訳、新教出版社、1989年、249-86頁〕

Brown, David. *Divine Humanity: Kenosis and the Construction of a Christian Theology*. Waco, Tex.: Baylor University Press, 2011.

Cone, James. "Who Is Jesus Christ for Us Today?" In *God of the Oppressed*. New York: Seabury, 1975. Pp. 108-37.〔J. H. コーン「今日のわれわれにとってイエスとは誰か」、『抑圧された者の神』梶原壽訳、新教出版社、1976年、163-205頁〕

Hill, Charles E., and Frank A. James III, eds. *The Glory of the Atonement*. Downers Grove, Ill.: InterVarsity, 2004.

Kasper, Walter. *Jesus the Christ*. New York: Paulist, 1967.

McCormack, Bruce. "The Humility of the Eternal Son: A Reformed Version of Kenotic Christology." *International Journal of Systematic Theology* 8 (2006): 243-51.

Meyendorff, John. *Christ in Eastern Orthodox Thought*. Washington: Corpus Books, 1969.〔J. メイエンドルフ『東方キリスト教思想におけるキリスト』小高毅訳、教文館、1995年〕

Moltmann, Jürgen, *The Crucified God: The Cross of Christ as the Foundation and Criticism of Christian Theology*. New York: Harper & Row, 1974.〔ユルゲン・モルトマン『十字架につけられた神』喜田川信／土屋清／大橋秀夫訳、新教出版社、1976年〕

―――. *The Way of Jesus Christ*. San Francisco: Harper, 1990.〔ユルゲン・モルトマン

『イエス・キリストの道——メシア的次元におけるキリスト論』J. モルトマン組織神学論叢 3、蓮見和男訳、新教出版社、1992 年〕

Rahner, Karl. *Foundations of Christian Faith*. New York: Seabury, 1978. Pp. 176-321.〔カール・ラーナー『キリスト教とは何か——現代カトリック神学基礎論』百瀬文晃訳、エンデルレ書店、1981 年、229-427 頁〕

Saarinen, Risto. *God and the Gift: An Ecumenical Theology of Giving*. Collegeville, Minn.: Liturgical Press, 2005.

Stott, John R. W. *The Cross of Christ*. Downers Grove, Ill.: InterVarsity, 2006.

Tanner, Kathryn. *Christ the Key*. Cambridge: Cambridge University Press, 2010.

Tillich, Paul. *Systematic Theology*, 3 vols. Chicago: University of Chicago Press, 1967. Vol. 2: *Existence and the Christ*. Pp. 97-180.〔パウル・ティリッヒ『組織神学 第 2 巻』谷口美智雄訳、新教出版社、2004 年復刊、121-228 頁〕

Welker, Michael. *God the Revealed: Christology*. Grand Rapids: Eerdmans, 2013.

Williams, Rowan. *Resurrection: Interpreting the Easter Gospel*. Cleveland: Pilgrim, 2002.

第9章

文脈においてイエス・キリストを告白すること
Confessing Jesus Christ in Context

　イエス・キリストに対する告白は、特定の歴史的・文化的文脈(コンテキスト)において生じる。先に述べたように、イエス・キリストを誰と言うか、また、彼がどのように我々を助けるのかという問いに対する我々の応答は、これらの問いが生起する特定の文脈によって、それぞれに重要な仕方において、形成されるであろう。この章の目的は、キリスト論の社会的・文化的文脈を真剣に取り扱っている近年における神学的営為の幾つかを詳細にわたり探求することにある。

　なぜ、神学入門の一章を文脈化神学（contextual theology）一般のトピックに、とりわけ文脈化キリスト論（contextual Christology）のために費やすのであろうか？　その問いに対する第一の答えとしては、すべての神学は文脈的であること、また歴史的・文化的文脈はすべてのキリスト者の生、証言、また神学にとっても一つの大事な要因であることを思い起こして欲しいからである。伝統的なヨーロッパ神学も北米の神学もアフリカ系アメリカ人の神学やフェミニスト神学に劣らず文脈的である。第二の理由としては、キリスト論の営みに携わるに当たり、リスクの存在しない方法などないと認識しているからである。自ら文脈的であることを意識するキリスト論にリスクがあるとするなら、同じことが、キリストとは誰か、またいかなる救いを彼はもたらすのか、との問いに答えるすべての試みに対しても当てはまる。第三の理由としては、教会全体が、新たな形で提示されている文脈化キリスト論（それらは時にローカルなキリスト論と呼ばれる）から何らかの形で得るところがあり、むしろそれらを無視し、却下することによってのほうが失うところが多いと考えるからである。それゆえ、この章は前章に付け足された任意的な補遺としてではなく、キリストの人格と業(わざ)をめぐる省察の重要な延長部分として読まれるべきものである。

福音の個別性と普遍性

　文脈化キリスト論の発展を促すにあたって、外的な要因と内的な要因の双方が存在する。外的要因の幾つかは容易に特定しうる[1]。アジア、アフリカ、ラテン・アメリカのキリスト者は、自分たちの神学的省察は彼（女）ら自身の固有の非西洋的文化や思考形成に沿ったものでなくてはならないとの確信を抱いている。彼（女）らは、キリスト教が自分たちの国に普及するにあたり、しばしばそれに付随する形で持ち込まれることになった西洋の文化的帝国主義に対し、苛立ちを抱えている。彼（女）らが不思議に思うことは、なぜにイエス・キリストに対する信仰が西洋哲学の概念の助けによってではなく、アジアやアフリカ固有の思考形式を用いて表現し得ないのかということである。北米やヨーロッパにおいて、多くの黒人キリスト者やアジアのキリスト者、また民族に関係なく多くの女性キリスト者が、伝統的神学は彼（女）らの個別的歴史や葛藤を無視してきたと考えている。

　しかしながら、同様に重要なのが、文脈化キリスト論の発展を可能かつ必然なものとする内的要因である。キリスト教の福音の中心はイエス・キリストにおける神の和解の業である。聖書の証言や教会のエキュメニカルな諸信条によれば、神は抽象的原理や観念においてではなく、具体的歴史において我々のもとに来たる方である。キリスト教は、イスラエルの民を召し出されることを通して働かれる神、とりわけナザレのイエスの人格と業において到来する神に焦点を持つ信仰である。だがそのような個別性にもかかわらず、イスラエルの民のうちでの、また究極的にはイエス・キリストにおける神の業は、普遍的意義を有していると宣言されている。キリストは「すべてのもののために」生き、十字架につけられ、そして死人のうちより甦られたのである。神は個別性を通して普遍性に至る道を選ばれる。このことは、世界中でなされるイエスに対する教会の証言に対しても深遠なる意味合いを持っている。神の決定的な自己伝達が個別的な人間の生をとる受肉を通してなされるのと同様、教会による福音のメッセージの伝達も、具体的かつ多様な言語、経験、哲学概念、文化的慣習を用いることになる。

1　Stephen B. Bevans, *Models of Contextual Theology* (Maryknoll, N.Y.: Orbis, 1992), 5-10 を見よ。

第9章　文脈においてイエス・キリストを告白すること

　宣教学者のアンドリュー・ウォールズは、福音を伝えるにあたってあらわになる「翻訳原理」について語る。受肉を通しての神の自己伝達の行為は、par excellence〔ひときわ優れた〕神的翻訳の行為であり、教会の宣教(ミッション)と派遣における必要不可欠な翻訳の業(わざ)に対する神学的根拠を提供する。神の御言葉の受肉としてのイエス・キリストは、個別的地域性を生き、特定の民族グループに属し、特定の言語を話した。その躓(つまず)きに満ちた特定的個別性における神の自己伝達の行為に対する証言とその受容は、キリスト教のメッセージが新たな時と場所において伝達されるべくなされる不断の翻訳プロセスである。ウォールズによれば、「受肉は翻訳である。キリストにおいて神が人となられた時、神性は人性へと翻訳された。……このように神の最初の翻訳行為としての受肉は、新たな翻訳を不断に繰り返し、継承してゆくことへと道をつけた。キリスト教の多様性は、受肉の必然的産物である」[2]。

　初代教会の実践は、福音の普及（伝達）にあたっての翻訳原理の豊富な証拠を提供する。我々は一つだけでなく四つの福音書を持つが、それらの福音書の各々がキリストを固有の仕方で（それぞれに固有の文脈によって形成されるところの）キリストを宣べ伝える。パウロは、「何としてでも」幾人かを救わんがために、彼は「すべての人々にとってすべてのものになった」（Ⅰコリ 9:22）と宣言した。もちろんこのことが意味するのは、誰をも苛立たせぬ小ぎれいなものとして福音を仕立ててゆくことではない。そのことが意味するのは、異なる文化的状況にある異なる人々に福音が明確に宣べ伝えられるためには、骨の折れる解釈作業が必要不可欠だということである。福音のまことの躓(つまず)きは、ただ一つの言語と一つの文化のみが福音のメッセージの手段たりうるとの考えに由来する誤った躓(つまず)きから区別されねばならないのである。

　個別性と普遍性の間に存在する不可分の結びつきを認識することは、文脈化神学の必然性とそれに伴う困難な課題の双方を説明する手助けとなる。福音のメッセージを一般化し、そこからすべての歴史的偶然性（contingency）を払拭することによってその普遍性を強調することを求めるなら、あらゆる歴史の個別性と多様性において人間の生を受容し変革するものとしての福音

2　Andrew Walls, *The Missionary Movement in Christian History: Studies in the Transmission of Faith* (Maryknoll, N.Y.: Orbis, 1996), 27-28.

自身の個別性と力を見失うことになる。他方、福音の一つの特定の表現を強調し、他のすべての表現を除外するなら、その普遍的力を見失うことになる。ロバート・シュライターはこの問題に関して次のように述べる。「今日のキリスト者が表している凄まじいヴァイタリティのただ中において、次の問題が繰り返し立ち現れてくる。すなわち、福音の今日的経験と、継承されてきたキリスト者の生の伝統の双方に対して、いかに誠実たりうるかという問題が」[3]。

　前章において、イエス・キリストの人格と業（わざ）をめぐる教会の共通の証言を解釈し、要約する試みがなされた。そこでなされた言い直しの作業もまた、疑うべくもなく、この本が書かれている個別的・歴史的文脈と、著者の属する個別的・教会的伝統のしるしを帯びている。この章のポイントは、キリストの人格と業（わざ）に対する告白には、必然的に公同的（普遍的）次元と地域的（個別的）次元が存在することを理解することにある。キリスト論は、今や、以前にもまして、これらの双方の次元に沿った仕方で従事されなければならないだろう。このためには、支配的な西欧の神学的伝統とは異なる状況や歴史から生じるキリストとその救いの業（わざ）をめぐる解釈に対しても、進んで耳を傾けてゆく必要があるだろう。「公同的」な神学的伝統と、より近年の、また強い自意識のもとで営まれる「文脈化」諸神学との対話においてなされる相互批判と相互修正の作業も、確実に重要な一部となってくるであろう。だが、そのことを通して、相互に豊かなものとされてゆくということも結果として起こってくるだろう。目下のところ生まれつつある文脈化キリスト論は、イエス・キリストの福音があらゆる歴史的・文化的多様性を持った人間の生に語りかけること、また真に人間的であることと福音とは疎遠ではあり得ないことを示す力を内に秘めているのである。

ラテン・アメリカのキリスト論

　近年におけるキリスト論の最も創造的な仕事は、ラテン・アメリカの解放の神学から生じている。その指導的存在の中には、グスタボ・グティエレス、

3　Robert J. Schreiter, *Constructing Local Theologies* (Maryknoll, N.Y.: Orbis, 1986), xi.

ヨン・ソブリノ、レオナルド・ボフ、ホセ・ミゲス・ボニーノ、それにホアン・ルイス・セグンドといった人たちがいる[4]。ラテン・アメリカのキリスト論は、決して一枚岩的ではなく、自己修正や新たな思考性の余地を残しているものの、超教派的な教会全体のキリスト論の営みにも影響を与え続けるであろう幾つかの共通の強調点が存在する。

　ラテン・アメリカの神学者たちによれば、キリスト論の営みは真空地帯においてはなし得ない。それは聖書のメッセージがその中において読まれ聞かれるべきラテン・アメリカの具体的な生の現実に沿ったものとならなければならない。人間であることを不可能としてしまうような貧困は、ラテン・アメリカにおいては圧倒的な現実である。数世紀にもわたって、ラテン・アメリカの人々の歴史は、植民地的搾取によって、またそれに引き続く自身の衰弱化と相俟った第一世界への依存によって特徴づけられてきた。この経済的・文化的そして霊的依存からの解放を求めてゆく探求こそがラテン・アメリカのキリスト論の文脈である。ラテン・アメリカの解放の神学者たちにとって、キリストをめぐる省察の場（文脈）は、「貧しき者たちの世界」である。「この場が（キリスト論の）内容を生み出すのではないが、この場を離れては［キリストを］見出すことも彼に関する諸文書を十分に読み取ることも困難となるであろう」[5]。

　ラテン・アメリカの神学者たちは、自らの置かれた状況の光のもとで聖書を、また聖書の光のもとで自らの置かれた状況を解釈する。この解釈学的循環のうちにおいて、彼（女）らは、神はキリストにおいて貧しき者たちとの連帯に入られたことを主張するのである。ラテン・アメリカの解放の神学者たちは、キリスト論を「上から（from above）」（すなわち、三位一体論や永遠のロゴスの受肉といったことから始めること）ではなくて「下から（from

---

4　Gustavo Gutiérrez, *A Theology of Liberation*, 15th anniversary ed. (Maryknoll, N.Y.: Orbis, 1988)〔グティエレス『解放の神学』関望／山田経三訳、岩波書店、1985年〕; Jon Sobrino, *Christology at the Crossroads: A Latin American Approach* (Maryknoll, N.Y.: Orbis, 1978); idem, *Jesus the Liberator* (Maryknoll, N.Y.: Orbis, 1993); idem, *Christ the Liberator* (Maryknoll, N.Y.: Orbis, 2001); Leonardo Boff, *Jesus Christ Liberator* (Maryknoll, N.Y.: Orbis, 1978); Juan Luis Segundo, *Jesus of Nazareth, Yesterday and Today*, vol. 2: The Historical Jesus of the Synoptics (Maryknoll, N.Y.: Orbis, 1985); José Miguez Bonino, *Faces of Jesus: Latin American Christologies* (Maryknoll, N.Y.: Orbis, 1984).

5　Sobrino, *Jesus the Liberator*, 28.

below)」（すなわち、イエスの具体的・歴史的なミニストリーから始めること）を主張する。ソブリノによれば、「キリスト論の終着点（end）が、イエスはキリストであると告白することにあるのなら、そのキリストが歴史のイエスであることこそその出発点（starting point）である」[6]。ナザレのイエスのミニストリーと十字架をめぐる聖書の証言から始めることによってのみ、教会の古典的キリスト論の諸教義は正しく理解されるであろう。

「下から」、「史的イエス」と1世紀のパレスチナにおける彼のミニストリーより始めるなら、そこで我々が直面することになるのは、そのメッセージとミニストリーによって、正義と平和と自由の王国の差し迫った到来を告げ、貧しき者たちを祝福し、罪びとを赦し、疎外された者たちと食卓を共にし、自己義認的な律法の番人たちと衝突し、ローマ帝国当局の権威に対して疑いと怒りを向けられた一人の方である。イエスの具体的なミニストリーと苦難と死に焦点を当てるならば、イエスによって啓示され現臨される神は、貧しき者たちとの連帯に入られる、との結論を避けることはできないであろう。

このような強調点を持つラテン・アメリカのキリスト論への批判者たちは、それが聖書の宣教において普遍的に差し出されているところの救いを歪めると言って非難する。しかしながら、ラテン・アメリカの解放の神学者たちにとって、貧しき者たちとの神の連帯というテーマは、排他的ではなく包括的なものである。不当にも排除されているのは貧しき者たちであるのだから、神の救いの経綸（divine economy of salvation）において真っ先に入れられるのは貧しき者たちでなければならないのである[7]。

ラテン・アメリカの神学者たちにとって、人々を囚われの身に置き続ける罪とそこからの解放をもたらす救いは、個人的な次元と政治的な次元の双方を併せ持つ。この神学の特質とも言うべき強調点は、はっきりと、福音の社会的・政治的側面に置かれている。このことは、キリスト教の信仰と生を孤立させ、結局はそれらを損なってしまう類の個人主義化に対する返答である。そのような個人主義化は、近代西洋文化に浸透する二元論にはしっくりするものの、ラテン・アメリカの神学者たちの目には聖書のメッセージの歪曲に

---

6 Sobrino, *Christology at the Crossroads*, xxi.
7 Julio Lois, "Christology in the Theology of Liberation," in *Mysterium Liberationis: Fundamental Concepts of Liberation Theology*, ed. Ignacio Ellacuria and Jon Sobrino (Maryknoll, N.Y.: Orbis, 1993), 168-93 を見よ。

映る。罪や不正義には集団的構造なるものが存在する。イエスは、個々の罪びとたちにのみならず、生の罪深き構造にも立ち向かわれるのである。同様に、イエスは救いを、孤立した魂を神との交わりへと救い出すこと以上のものと見ている。イエスは、神の国を、すなわち生全体を包み込む恵み深き義なる神の支配を宣べ伝え、始められた。

　ラテン・アメリカのキリスト論の特徴は、罪の集合的・政治的次元を強調することにあるが、罪と救いの個人的次元の重要性を等閑にしているわけではない。ラテン・アメリカのキリスト論は、「総体的 (integral) 解放」の神学、また「解放の霊性」の神学の必要を語る。貧しき者たちに関する感傷的見方や、万人が悔い改めと回心を必要とすることを軽視することは、総体的解放と何ら関係ない[8]。

　ラテン・アメリカの神学者たちは、イエスのミニストリーの政治的重要性は、イエスの行動と、キリスト者が今日それぞれの個別的状況にあって何をしなければならないかということの単純な対比によっては求められないことに気づいている。例えば、今日のキリスト者による革命的行動を正当化するために、イエスとゼロタイ派と呼ばれるユダヤ教革命家たちの間に結びつきを見つけようとの試みは、正しく方向づけられているとは思われない。ふさわしいアナロジー（類比）があるとするなら、それは来るべき神の支配の名におけるミニストリーの一環としての不正義の力に対するイエスの闘いと、神の恵みによりすべての人々のために和解と平和が与えられる時を待ち望みつつ、正義のために今日のキリスト者が戦う闘いとの間に成立する。

　ラテン・アメリカのキリスト論において、キリストの十字架と復活は、独自の解釈を与えられている。イエスは、その躓(つまず)きに満ちたメッセージとミニストリーの結果として（ある種の贖罪論が教えるように、神が要請されたからではなく）殺された。十字架は必ずしも人間に対する神の態度を変えるために立てられたのではなかった。むしろそれは神と神の支配に全身全霊をもって捧げられたイエスの献身的生のクライマックスに位置する。「イエスの生の一部だけではなく、その全体が神の喜びとするところである」[9]。イ

8　Gustavo Gutiérrez, *We Drink from Our Own Wells: The Spiritual Journey of a People* (Maryknoll, N.Y.: Orbis, 1984) 〔グティエレス『解放の地平をめざして――民衆の霊性の旅』日本カトリック正義と平和協議会訳、新教出版社、1985年〕を見よ。

9　Sobrino, *Jesus the Liberator*, 229.

第9章　文脈においてイエス・キリストを告白すること

エスの十字架は何を本当に語りかけているのだろうか？　十字架が語るのは、神は取り返しのつかないほどにこの世界に歩み寄られたということ、イエスは「我らと共なる神」「我らのための神」であるということである[10]。

　ラテン・アメリカの解放の神学の見地から、キリスト教の十字架の解釈をめぐる教説の持つイデオロギーの危険性が最も明白にされるのである。十字架は、神はすべてのものが極限まで苦しむことを望んでおられるということを表す出来事ではない。多くの場所で——とりわけラテン・アメリカにおいて——十字架のメッセージは繰り返し、不正義に対する抵抗を中座させ、抑圧された者たちを現状に押しとどめておくための方便として利用されてきた。しかしながら、十字架の宣教のこのような誤用が曖昧にしてしまうのは、他者に課せられた苦難と、他者をその軛(くびき)から解放せんがために進んで引き受けられた苦難との間に存在する違いである。搾取と乱用によって引き起こされる苦難をイデオロギー的に弁護することとははるかに異なり、十字架は、キリストの受難における神の苦しみのしるしであり、抑圧された者たちとの神の交わりの約束でもあると同時に、不当な苦しみに対する抵抗を象徴するのである。

　同様に、キリストの復活は、この世界の現実的変革への呼びかけというよりも、単に死後の生に関心を引き寄せるものとしか考えられなければ、それは誤った考えである。「イエスの復活に固有のものとは……神が死体に対して何をなさったかということではなく、犠牲者たちに対して何をなさったかということである。……神は犠牲者たちを解放する神である」[11]。復活は、生の包括的変容に向けての神の約束であり、神の義の普遍的勝利である。

　ラテン・アメリカの解放の神学者たちにとって、キリストを知ることは、キリストに従うことと不可分に結びつけられている。信仰の主張とキリスト者の実践は切り離すことはできない。キリストが御自身をどこに置かれたか（苦しめられ不当に扱われた者たちや、失ってしまった、あるいは一度も味わったことのない正義や自由を求めて叫びを上げる者たちの友となられた）を見出すことなしには、キリストも、その宣教やミニストリーも、その死や復活も、正しく理解することはできないであろう。ソブリノは次のように主

10　Sobrino, *Jesus the Liberator*, 231.
11　Sobrino, *Christ the Liberator*, 84.

張する、「イエスを知りうる唯一の方法は、自らの生においてイエスに従うこと、自身とイエス御自身の歴史的関心を同一化しようと試みること、我々のただ中にイエスの王国を形成しようとすることである。言い換えるなら、キリスト教的実践を通してのみ、我々はイエスに近づくことができるようになるのだ」[12]。

ソブリノのキリスト論における公理（axiom）は一面的であるとの批判にさらされている。正しくイエスを知ることは、彼に従うことの前提条件であるということも、はっきりと言っておかねばならないことである。さもなくば、イエスではなく、自分自身が作り上げたイエスに関するイメージを追い求めてゆくということもありうる。だが、しかるべき条件を付した上でであれば、ソブリノの強調点は、特定の状況下にある教会にとっても、普遍的な意味における教会全般にとっても、きわめて重要な次のことを想い起こさせることになろう。すなわち、キリストに従うというリスクを負った実践から離れては、キリスト論の探求も的外れなものに終わるであろうということを。

ラテン・アメリカの解放の神学は、将来どのような変貌を遂げることになるのだろうか？　多くの異なる陣営から、雨あられのような批判が解放の神学に浴びせられてきた。それらの批判の大部分は、そのユートピア的傾向、マルクス主義的分析への過度の依存、「イエスの歴史的側面ばかりに焦点を合わせる（low）」キリスト論への疑念、そしてもちろんヴァティカン当局にとっては、解放の神学の温床である地域の諸グループや「基礎共同体（base communities）」が繰り広げる、教権を有する監督当局（episcopal authority）への挑戦的姿勢などに対するものである。これらの批判を点検することによって、注意深き読者であるなら、ラテン・アメリカの解放の神学の不朽の洞察を（その幾つかの欠点と共に）認めることができるであろう[13]。その欠点の一つは、少なくともその初期の段階において、人種や性別といった事柄に対して、そして長きにわたって沈黙を強いられてきたすべての声に対して注意を向けてくることが少なかったということである。レベッカ・チョップは次のように考える、「今後、ラテン・アメリカの解放の神学が、自らの多様性、自らの文化と慣習において認めることのできるモザイク的状況といった

12　Sobrino, *Christology at the Crossroads*, xiii.
13　Nancy E. Bedford, "Whatever Happened to Liberation Theology?" *The Christian Century* 116 (Oct. 20, 1999): 996-1000 を見よ。

事柄を検討事項に加えてゆくようになるなら、女性や黒人やアメリカインディアン、そしてラテン・アメリカの解放の神学の内部においていまだ発言していないその他の者たちの（顔ばかりでなく）声をも、将来においては更に多く自らのうちに取り込んでゆくことになるであろう」[14]。

アフリカ系アメリカ人のキリスト論

　間違いなく、アフリカ系アメリカ人つまり黒人神学は、北米における文脈化神学の先駆け的存在であり、その影響はいまや世界中に広がっている。黒人神学が最初に登場したのは、1960年代の合衆国における公民権闘争の頃であり、そのルーツは、更に数百年前のアフリカ系アメリカ人キリスト者の歴史と経験に遡ることができる。黒人神学はダイナミックな運動であり、激動の活動期から学問的確立期を迎え、そののち、再び黒人教会の経験と使命に結びつくといった幾つかの段階を経てきた[15]。他の文脈化神学がそうであるように、黒人神学の内部にも多くの声が存在し、それらは異なる、時に相互に補正的な強調点を持っている。後で記すように、黒人神学は活き活きとした自己批判力を備えている。
　黒人神学は、アフリカ系アメリカ人の歴史と経験に根ざしている。それは黒人の歴史と文化の持つ固有の価値、そして神への信仰によって武装しつつ、抑圧と闘い、長きにわたる艱難辛苦を生き延びた勇気ある人々の物語として、人々を鼓舞する力（inspiration）を持っていることを主張する。社会全般と既存の教会の双方において、最初に奴隷の民として、次に人種差別主義者たちの態度や慣習の度重なる餌食となりながらも、アフリカ系アメリカ人のキリスト者は、福音の神に対して確固とした証言をなし続けてきた。黒人神学は、この歴史と社会的文脈の中から登場したものであるが、この文脈にそのすべてが由来するのでもなく、決定づけられているわけでもない。人々が神について、イエス・キリストについて、またキリストの弟子たることの意味

14　Rebecca S. Chopp, "Latin American Liberation Theology," in *The Modern Theologians*, ed. David F. Ford (Malden, Mass.: Blackwell, 1997), 409-25.

15　M. Shawn Copeland, "Black, Hispanic/Latino, and Native American Theologies," in *The Modern Theologians*, 357-67 を見よ。

について考えることは、特定の歴史や所与の社会における地位によって形成されることを強調するも[16]、黒人神学は、アフリカ系アメリカ人キリスト者の信仰は、いかなる類の還元主義によっても説明し得ないと主張する。それは単に社会的文脈の産物なのではない。キリスト教の福音は、アフリカ系アメリカ人の経験か̇ら̇、また同時にその経験へ̇向̇け̇て、力をもって語られているのである。

　黒人神学者によれば、黒人共同体の経験と信仰のレンズを通して聖書と出会うことにより、抑圧されたものを解き放つ神の福音が再発見されたという。黒人神学にとってこの発見は、その重要性において、功績による救いの教説に抗したルターによる、恵みによって信仰を通して義とされるという福音の再発見、またプロテスタント・リベラリズムの矮小化された神性に抗したバルトの神の根本的他者性の再発見に比しうるものである[17]。アフリカ系アメリカ人の経験は、聖書とその解放のメッセージの「世界への窓」として用いられ、そこで獲得される諸洞察はすべてのものに提供されている[18]。

　自由を求めて戦い続ける人々の目を通して聖書を読みながら、またイエス・キリストの人格と業（わざ）を自分たちの解釈の中心としながら、黒人神学者たちの多くは、キ̇リ̇ス̇ト̇は「黒̇人̇」であると宣言する。この主張は、正しく理解されねばならない。キリストが「黒人」と呼ばれるのは、そのミニストリーにおいて、貧しき者たちと疎外された者たちと連帯されたことゆえに、またその死に際して、二人の犯罪人の傍らにおいて十字架刑に処せられたゆえにである。「キリストが黒人であるというのは、黒人にとっての何らかの文化的、あるいは心理的必要からではなく、ひとえにキリストがまことに、貧しき者たち、軽んじられた者たち、また黒人たちのいる世界に入ってくださり、屈辱と苦しみに耐えながら、彼（女）らと共にある方であることを明らかにし、抑圧された奴隷を解放された僕（しもべ）へと解き放ってくださったことに

16　James H. Cone, *God of the Oppressed* (New York: Seabury, 1975)〔コーン『抑圧された者の神』梶原壽訳、新教出版社、1976 年〕を見よ。

17　James Cone, *For My People: Black Theology and the Black Church* (Maryknoll, N.Y.: Orbis, 1984) を見よ。

18　Brian K. Blount, *Then the Whisper Put on Flesh: New Testament Ethics in an African American Context* (Nashville: Abingdon, 2001), 22.

よる」とジェイムズ・コーンは記す[19]。

黒人キリスト論は、イエスがまことの神にしてまことの人であられる救い主であることをはっきりと認めている[20]。しかしながら、この正統的主張の本来的意図がしばしば人種差別主義的思考によって曖昧にされ、更には覆されてきたとして非難する。言い換えれば、キリストは既存の教会によって、神であり人であると告白されてきたにもかかわらず、受肉の神のまことの人間性の中に黒人たちの苦しめる人間性を取り込んではこなかったと主張するのである。このことの証拠として挙げられるのは、19世紀アメリカにおいて多くの白人教会が奴隷制を支持してきたという事実である。コーンは、「キリストと神との関係をめぐって、また、その人格における神性と人性の意味をめぐって考察するも、これらのキリスト論的事柄を、社会における奴隷や貧しき者たちの解放と関連づけることをしない伝統を、我々はいったいどう考えたらよいのだろう？」と問いかける[21]。

黒人キリスト論は、キリストのミニストリー、十字架、復活が、地上の貧しき者たちや軽んじられた者たちに対して持つ意味を問うことに集中する。コーンが考えるように、イエスのアイデンティティは、彼が、過去においてどのような方であられたか、現在においてどのような方であられるのか、また将来においてどのような方となられるのか、ということにおいて考察されなければならない。イエスは、過去においては、「貧しき者たちと共に生き、十字架上で死なれた方」であった。またイエスは、現在においては、貧しき者たちと共におられ、「抑圧状況にあって人間性を守るために戦っている」彼らを助けておられる。またイエスは、将来においては、抑圧された者たちが「たとえ自分たちの戦いが不毛に思われようとも、戦い続けるようにと」力を与えてくださる「来るべき主」であられるのである[22]。十字架の過酷な現実を、抽象的で客観的な理論へと転化してしまうようなすべての十字架の神学（それは、十字架をきれいな装飾品として首にかけるようなものである）との違いを鮮明に示すべく、コーンは次のように記している。「福音

19　Cone, *God of the Oppressed*, 136〔コーン『抑圧された者の神』204頁参照〕.
20　James H. Evans, Jr., *We Have Been Believers: An African-American Systematic Theology* (Minneapolis: Fortress, 1992), 96を見よ。
21　Cone, *God of the Oppressed*, 114〔コーン『抑圧された者の神』171頁参照〕.
22　Cone, *God of the Oppressed*, 108-37〔コーン『抑圧された者の神』163-205頁〕.

の真のつまずきは次のことである。人間の救いは死刑宣告された犯罪人イエスの十字架において啓示されており、したがって人間の救いは、われわれのただ中にある十字架につけられた人々とのわれわれの連帯を通してのみ有効となる」[23]。コーンによれば、「十字架を冒瀆——またはよりつまらぬものに貶めること——から解放する最善の方法は、それをリンチの木と並べて配置することである」[24]。

　黒人神学にとって、聖書に証しされている救済史は、個別性のスキャンダル（躓き）により特徴づけられている。イスラエルの民のエジプトの軛からの脱出から、今日軽んじられている者たちの間でのイエスのミニストリーに至るまで。神の愛がとりわけ貧しき者たちに注がれることを強調するも、黒人神学は、恵みが持つ普遍的広がりを否定することはない。もっともと言わざるを得ない怒りは、とりわけ黒人神学者たちの初期の著作には顕著に見られる。同時に、黒人神学者たちのほとんどは、福音の持つ普遍的性格を危うくし、キリスト教のメッセージを人種的イデオロギーに転化してしまうほどに黒人であることの個別性に「過度の焦点」を当てることを斥ける[25]。

　黒人神学は、教会の神学であるのみならず、「政治的神学」である。それが求めていることは、（北米の教会と社会の態度、構造、慣習を特徴づけ、あまねく浸透している人種差別主義を含めての、またそれに限らないが）悪の力を暴き出すことである。黒人神学の隅々までゆき渡っている戦闘的言語は、暴力的復讐を呼び求めているかのように思われるがために、多くの読者たちをうろたえさえさせる。だが実際には、黒人神学は一度たりとも、復讐の精神を支持したり、先制的暴力行為を要求したことはない。コーンが教えるように、黒人神学は、二人の北米の黒人リーダーの生と証言によって刻印づけられてきた。その二人とはマーティン・ルーサー・キング Jr. とマルコム X である。キングの一貫したメッセージは、非暴力的抵抗のそれであった。

23　James H. Cone, *The Cross and the Lynching Tree* (Maryknoll, N.Y.: Orbis, 2011), 160〔コーン『十字架とリンチの木』梶原壽訳、日本キリスト教団出版局、2014 年、234 頁〕.

24　James H. Cone, "Wrestling with the Cross and the Lynching Tree," in *Theology Today* 70, no. 2 (July 2013): 226.

25　James H. Cone, *A Black Theology of Liberation* (Philadelphia: J. B. Lippincott, 1970)〔コーン『解放の神学——黒人神学の展開』新教出版社、梶原壽訳、1973 年〕および Cone, *For My People*, 225, n. 6 参照。

一方でマルコム X は、人種差別主義に対しては強靭かつ妥協を許さぬ言葉をもって対決し、暴力に対する黒人の自己防衛の権利を支持した。だが、キング同様、マルコム X も、少なくともその生の最晩年には、すべての民族が普遍的調和のうちに生きることを思い描いていた。コーンはこの二人の指導者たちの生と証言を、黒人共同体の信仰と希望の、最終的には合流するであろう、二つの流れとみなしている[26]。

黒人神学者たちの第一世代の第一の関心は、アメリカ社会とアメリカの教会特有の人種差別主義を暴露し、解放を告げる聖書のメッセージの政治的意味合いを明らかにすることにあったとするなら、続く世代の関心は、黒人社会と文化を今日のキリスト教信仰と神学にとっての豊かな資源として探究することにあると言えよう。ドゥワイト・N. ホプキンスは、奴隷宗教を、以下の三つの教理に焦点を当てた黒人神学の建設のための第一の資料として用いる。「神は、建設的黒人神学においては、我らにとっての全き解放の霊である。イエスは、我らと共にあることが啓示されたところの、全き解放の霊の成就である。そして人間の目的は、全き解放の霊を我らのうちに住まわせることである」[27]。

他の解放の神学と同様、黒人神学は、キリストを告白することはキリストに従うことと不可分であると主張する。これは（その目的のために用いられうるのであるが）、反知性主義の表現ではない。そうではなく、神学と倫理、理論と実践、精神と身体、個人と社会、白人と有色人、教会と世界といった、一つに結び合わせてしかるべきものを、よからぬ結果をもたらす仕方において二つに分離してしまうことに対する拒絶である。そのような分断は、福音の全体的統一性、そして人間の生の不可分性に対する罪である。洞察に富んだ歴史的・神学的分析において、J. キャメロン・カーターは、人種概念の創出にあたって神学が果たした役割を明らかにしている。キリストにおける

26　James Cone, *Martin, Malcolm, and America: A Dream or a Nightmare?* (Maryknoll, N.Y.: Orbis, 1992)〔コーン『夢か悪夢か・キング牧師とマルコム X』梶原壽訳、日本キリスト教団出版局、1996 年〕; Peter J. Paris, "The Theology and Ethics of Martin Luther King Jr.: Contributions to Christian Thought and Practice," in *Reformed Theology for the Third Christian Millennium*, ed. B. A. Gerrish (Louisville: Westminster John Knox, 2003).

27　Dwight N. Hopkins, *Down, Up, and Over: Slave Religion and Black Theology* (Minneapolis: Fortress, 2000), 158.

神御自身の貧しき者たちや隷属状態にある者たちに向かうケノーシス的運動（フィリ 2:5–8 参照）に従う代わりに、西洋の支配的キリスト教神学は、「人種的言説の発明において先頭に立つ」と共に、帝国建設の大義のために神学を展開していったのである[28]。

　黒人神学は、自らを拡張し、変革する驚くべき能力を明らかにしてきた。黒人神学は、それ自体の業も、黒人共同体の生も、批判から免れうるとは考えていない。黒人の経験の窓を通して見た福音との根源的出会いは、支配的社会のみならず、黒人共同体（／社会）のうちに存在する抑圧的態度や慣習をも審きのもとに置く。すべての共同体におけるのと同様、黒人共同体（／社会）内にも、「外部（そこにおいて諸問題はより顕著である）からのみならず内部（そこにおいて諸問題は更に破壊的かもしれない）からもいまだに解放と変革を必要とするような」生の現実が存在する[29]。とりわけウーマニスト神学者たちは、黒人神学のプロジェクトにおいて、女性が不在であること、また女性への関心が欠如していることを非常に問題視している。これらの批判をきっかけに、近年、黒人神学者とウーマニスト神学者との間に頻繁な対話や重要な協働作業が行われるようになった[30]。

　M. ショーン・コープランドは、将来、黒人神学によって取り上げられなければならないその他の問題事項を提起した。その中には、より一層の「批判的黒人聖書研究との関わり」と教会の教理史との持続的格闘の必要性といったことが数えられる。コープランドは、「黒人神学は、いかにより十全たる形でニケーア・カルケドン定式から救済論的意義をひねり出すことができるであろうか？」と問うている[31]。

　アフリカ系アメリカ人教会内において、キリストと彼の道への献身は、アカデミックな神学（それがどれほど大事であろうとも）によってではなく、苦難の状態を思い起こし、イエスを救い主として覚え、彼の現臨を祝い、そ

28　J. Cameron Carter, *Race: A Theological Account* (Oxford: Oxford University Press, 2008), 368-69.

29　Blount, *Then the Whisper Put on Flesh*, 188.

30　Dwight N. Hopkins and Linda E. Thomas, "Womanist Theology and Black Theology: Conversational Envisioning of an Unfinished Dream," in *Dream Unfinished* (Maryknoll, N.Y.: Orbis, 2001), 72-86 を見よ。

31　Copeland, "Black, Hispanic/Latino, and Native American Theologies," 361-62.

の来るべき統治への希望を表現する、生き生きとした礼拝と鼓舞するよう
な説教、そして悲しみと喜びを歌う感動的な歌を中心とする固有の伝統によ
って養われ、維持されてきた。アフリカ系アメリカ人教会において最も力強
い告白の方法の一つは、唯一無比なる豊かな音楽的遺産を通しての告白であ
る[32]。この遺産は、アフリカ系アメリカ人神学が教会全般に与えうる多くの
貴重な賜物の中の一つである。

　ここ数十年間に花開いたアフリカ系アメリカ人神学は、アフリカにおける
教会の歴史と生命力に対して、アフリカ系アメリカ人の教会のみならず、実
際には教会全般の目をも開かせた。今日のキリスト論は、アフリカ人の礼拝
と神学に特有なイエス理解とイエス像を無視することはできない。聖書の証
言、それに自分たちの民の歴史と宗教性（敬虔）に注意を払いつつ、アフリ
カ系神学者たちの中には、すべての苦しみを癒す偉大な「治癒者」、我々に
先行し、我々の人間性を分かち持つ原初の「始祖」、また悪と破壊のすべて
の力に打ち勝たれる力強い「首長」あるいは「勝利者」といったイエスのイ
メージをとりわけ重要視する者たちもいる。こうしたアフリカ人特有の「イ
エスの顔」は、他の地域にいるすべてのキリスト者をも、イエス・キリスト
における神の恵みの真新しい次元を発見するようにと招いているのである[33]。

フェミニスト、ウーマニスト、そして
ムヘリスタのキリスト論

　フェミニスト神学は、近年においておそらく最も影響力を持つ神学運動で
ある。複雑にまた広範囲に枝分かれしているとしても、フェミニスト神学の

32　「こうした［黒人（アフリカ系アメリカ人）霊歌という］音楽的形式こそは、黒人キ
　　リスト論にとっての、入手しうる限りの最も豊かな歴史的資料である」。Evans, *We Have
　　Been Believers*, 81. James H. Cone, *The Spirituals and the Blues* (New York: Seabury, 1972)〔コ
　　ーン『黒人霊歌とブルース――アメリカ黒人の信仰と神学』梶原壽訳、新教出版社、
　　1983年〕を見よ。Blount, *Then the Whisper Put on Flesh*, 90 参照。
33　*Faces of Jesus in Africa*, ed. Robert Schreiter (Maryknoll, N.Y.: Orbis, 1991) および Kwame
　　Bediako, "The Doctrine of Christ and the Significance of Vernacular Terminology," in *Inter-
　　national Bulletin of Missionary Research* 22 (1998): 110-11 を見よ。

中心的関心事は容易に言い表すことができる。フェミニスト神学者の中の一人によれば、「フェミニストとは……単に、女性が全き人であることを認め、数世紀にわたり教会と社会における女性の状況を特徴づけてきた不均衡と不正義を認識し、献身的にその誤りをただそうとしている人（男女を問わず）たちのことを指している」[34]。プロテスタントやローマ・カトリック、保守派や進歩派また急進派をも含む広範囲の思想家たちを網羅するフェミニスト神学は、一枚岩的な神学体系でも、画一化された神学学派でもない。それでも、フェミニスト神学者たちの間に存在する多くの共通の強調点を認めることは可能である[35]。

他の文脈化神学と同様に、フェミニスト神学は特定の歴史と文脈から生じている。その文脈とは、女性たちが組織（構造）的に劣った地位に貶められ、多くの活動領域やリーダーシップから除外されてきた、・教・会・や・社・会・に・お・け・る・女・性・特・有・の・経・験である。文化的に刻印され神学的に擁護されてきたこのような男性支配と女性従属のシステム（フェミニスト神学により家父長制と呼ばれる）は、性差別的態度や不正義の慣習を永続させると共に、隠れた、あるいはあからさまな虐待や暴力に力を貸してきた。

フェミニスト神学の目的は、・家・父・長・制・の・組・織・的・な・不・正・義・を・暴・き・出・し、・そ・れ・と・戦・う・こ・と・である。フェミニスト神学はこの課題を女性の経験の重要性を訴えることにより、また、聖書や教会の歴史やキリスト教神学に見られる歪んだ女性観を明るみに出すことにより、長きにわたり公にされず、蓋をされてきた信仰共同体に対する女性の貢献を明らかにすることにより、また、キリストと福音に忠実に、ということは女性をも男性をも深く取り込むような仕方で、キリスト教教理を言い直し、教会の典礼と慣習を改革することにより、その務めを成し遂げようとする。

多くの伝統的キリスト論は家父長制的態度や構造に抵抗するというよりもそれらを支持してきたと、フェミニスト神学のキリスト論は批判する。前章において記したように、イエスの男性性こそが救い主としてのその業(わざ)の存在論的必然性であるとする、あからさまな、あるいは暗黙の思い込みを、フェミニスト神学者たちは斥ける。反対に、彼（女）らは、「救い主としてのキ

---

34 Anne Carr, "Feminist Views of Christology," *Chicago Studies* 35 (Aug. 1996), 128.
35 最近の研究を知りたければ、Lisa Isherwood, *Introducing Feminist Christologies* (London: Sheffield Academic Press, 2002) を見よ。

リスト・イエスの能力は、その男性性にではなく、悪と抑圧の力のただ中において人を愛し、解き放ち続けたその生涯の歴史にこそ存する」と考えている[36]。ローズマリー・リューサーによれば、イエスは聖書のダイナミックな預言者的伝統のうちに立ち、貧しき者たちも疎外されてきた者たちも温かく迎え入れ、男女共に平等に扱われる新しき人類を告知なさったのである。自由をもたらす神の御言葉の宣教者として、また解放された人類の代表として、イエスは家父長制の模範ではなく、むしろ「家父長制のケノーシス（空虚さ）」を明らかにする[37]。

　イエスをヒーローにまつり上げることに慎重な他のフェミニスト神学者たちは、最初期のキリスト者共同体をめぐる通常の解釈を改訂することに力を注いでいる。彼（女）たちは、神の包括的支配をめぐるイエスのヴィジョンと、互いに同等な者たちが弟子としてイエスの周りに集まり始めたことを強調する。最初期のキリスト者共同体にあっては、包括性と非階層性こそが人間関係の特質であり、その中で女性はきわめて重要な役割を担っていた。実際に、空の墓の伝承が示唆しているように、おそらく女性こそが復活を証しする最初のキリスト教宣教者であったのだ[38]。

　最初期のキリスト者共同体においては、イエスは神の知恵（*sophia*）の受肉として理解されていたと多くのフェミニスト神学者たちは考えてきた。彼（女）たちは、旧約聖書における（例えば箴言第 8 章で、そこでは知恵が女性として、また神と初めから共におられた方として描かれている）神の知恵（*sophia*）の姿の重要性を強調する。イエスを神の知恵として語ることは、教会の古典的キリスト論信条との繋がりにおいて彼の人格と救いの業を解釈する際のイメージの幅を広げることを可能とする[39]。

　フェミニスト神学にとって、古典的キリスト教教理と実践において、二つ

36　Elizabeth A. Johnson, *She Who Is: The Mystery of God in Feminist Theological Discourse* (New York: Crossroad, 1992), 167.

37　Rosemary Radford Ruether, *Sexism and God-Talk: Toward a Feminist Theology* (Boston: Beacon Press, 1983), 137〔リューサー『性差別と神の語りかけ——フェミニスト神学の試み』小檜山ルイ訳、新教出版社、1996 年、189 頁〕.

38　Elisabeth Schüssler Fiorenza, *Jesus: Miriam's Child, Sophia's Prophet: Critical Issues in Feminist Christology* (London: SCM, 1995) を見よ。

39　Johnson, *She Who Is*, 164-67.

の最も問題をはらんだ領域となっているのは、古典的三位一体論で用いられたメタファーとイメージ、そしてキリストの贖いの死をめぐる既存の解釈と言ってもよいだろう。父と子と聖霊という古典的な三位一体論的言語を批判するフェミニストたちの間にも、その主張における強調点の違いが存在する。キリスト教の神理解を本質的に性差別的にするがゆえに古典的な三位一体論的言語を批判するフェミニストたちもいれば、我々の言語により表される神観が一義的で、文字通りのものでしかあり得ないこと、あるいは〔父・子・霊という〕一揃いの神のイメージのみを排他的に用いていることこそが真の問題であるとするフェミニストたちもいる。エリザベス・ジョンソンは教会的言語の問題の大部分は、古代神学の婉曲話法（apophatic）の伝統に特有の神の秘義や無限性に対する感覚の喪失から生じていると論じる。ジョンソンによれば、我々が認めなければならないのは、キリストの霊の力においてイエス・キリストを通して知りうる神を証言すべく我々が召し出されているとしても、神をめぐる我々の言語は、すべて不十分なものでしかあり得ないということである。我々の言葉が、聖書の証言や教会の証言を通して、また神の民が現在、経験していることを通して媒介される生ける神の特徴を忠実に表現し得てさえいれば、神に関して我々が用いる言語を聖書が用いる言葉だけに限る必要はないのである[40]。

　キリストの死に関して、多くのフェミニスト神学者たちは伝統的贖罪論に異議を唱えている。彼（女）たちは、イエスの死をそのミニストリーから切り離すような、またその死の理由を、父なる神から我々が赦しを得るために、キリストが我々の代わりに耐えねばならぬ罰として描くような（この点においてフェミニスト神学者たちは神的児童虐待に対する告発を引き出してゆく）、また、女性の生を損なう結果をもたらしかねない、苦難、犠牲、代理性を讃える傾向のある贖罪解釈を拒否する[41]。

　これらの主題は、フェミニスト神学自体において活発に議論されている。児童虐待を培い、犠牲を代償に赦しを買うものとして古典的贖罪論を捉える解釈を、聖書的また神学的伝統の誤読と考えるフェミニスト神学者たちもい

40　Johnson, *She Who Is*, 7.

41　Delores S. Williams, *Sisters in Wilderness: The Challenge of Womanist God-Talk* (Maryknoll, N.Y.: Orbis Books, 1993) を見よ。

る[42]。更に、フェミニスト神学者の中には、他者のための自己贈与的、また自己棄却的行為は、それが自発的なものであるなら、本質的には抑圧的なものではないと考える者たちもいる。逆に、そのような行為は、(家父長制文化において優勢を占める) 自己絶対化のメンタリティや、他者支配の精神に抗して人間の弱さ (vulnerability) を受容してゆくこと、またリスクを負ってまでも与えられる愛の現れとして見ることができる。サラ・コークレイは、あらゆる形の弱さを抑圧することは、キリスト教的フェミニズムにとって危険なことであると考える。あらゆる弱さを切り捨てることに「伴い、被害者学的観点を別にすれば、脆さや苦しみ、あるいは『自己空化』といった問題に向き合うことができなくなるといったことが起こってくる。そしてそのことは究極的には、十字架と復活の力のフェミニズム的再概念化を受け入れることさえも困難としてしまうのである」[43]。

　キリスト教のメッセージの解釈において、個別性と普遍性の強調のどちらを優位とすべきかに関して、黒人神学者たちの間で盛んに議論がなされているように、フェミニスト神学者、ウーマニスト神学者、またムヘリスタ神学者たちの間にも活発な議論が存在する。黒人の女性神学者たち (ウーマニスト神学者)、そしてヒスパニックの女性神学者たち (ムヘリスタ神学者) は、フェミニスト神学と緊密な関係を持ちつつも、その内部において批判的な声を上げている。彼女たちは、社会と教会における性差別に加えて人種差別と階級差別の抑圧的力を強調する。ウーマニスト神学者たちは性差別の悪と取り組まない神学者たちの怠慢 (白人、黒人を問わず) を批判するが、それと同様に、男性たちのみならず白人たちによる人種差別や階級差別の悪に取り組まない白人のフェミニスト神学者たちの、とりわけ裕福な女性たちの間に見られる怠慢を批判する[44]。ムヘリスタ神学者たちは、(マッチョ的メンタリ

42　Leanne Van Dyk, "Do Theories of the Atonement Foster Abuse?" in *Dialog* 35, no. 1 (Winter 1996): 21-25; JoAnne Marie Terrell, *Power in the Blood: The Cross in the African American Experience* (Maryknoll, N.Y.: Orbis, 1998).

43　Sarah Coakley, "Kenosis and Subversion: On the Repression of 'Vulnerability' in Christian Feminist Writing," in *Power and Submissions: Spirituality, Philosophy and Gender* (Oxford: Blackwell, 2002), 33. Johnson, *She Who Is*, 246-72 も見よ。

44　Jacquelyn Grant, *White Women's Christ and Black Women's Jesus: Feminist Christology and Womanist Response* (Atlanta: Scholars, 1989); Stephanie Y. Mitchem, *Introducing Feminist Theology* (Maryknoll, N.Y.: Orbis, 2002) を見よ。

ティやその品位を欠いた虐待的態度や振る舞いを熟知している）ヒスパニック神学共同体の中で同様の批判の声を上げている[45]。ウーマニスト神学者やムヘリスタ神学者の著作は、連帯の意味を掘り下げ、全人種、全階級にまたがる女性たちが積極的に協働してゆくことの可能性を切り開いた。

ヒスパニックのキリスト論

　ヒスパニック神学の文脈は、北米におけるヒスパニック、すなわちラティーノ／ラティーナと呼ばれる人々に対する差別の経験と闘争の歴史である。ヒスパニック神学は、ラテン・アメリカの神学と密接な関連を持ち、多くのテーマ（社会的位相の重要性、出発点としての史的イエス、とりわけ貧しき者たちに注がれる神の愛、信仰と実践の不可分性といった）を共有している。だが、ヒスパニック神学はそれ自体に固有の強調点やテーマをも抱えている。以下の概説においては、メキシコ系アメリカ人でローマ・カトリックの神学者ヴィルジリオ・エリツォンドのキリスト論的著作と、キューバ系アメリカ人でプロテスタント系神学者のフスト・ゴンサレスのキリスト論を重点的に取り上げ議論を進めてゆく。

　ヴィルジリオ・エリツォンドは、信仰の統一性を重んじ、教会のキリスト論を承認し、また、ヒスパニックのキリスト者の信仰と実践の個別性を讃える忠実なローマ・カトリック信者としての立場から著作する。彼のキリスト論と教会論における中心概念は、文化的、人種的混合を意味するメスティサヘ（*mestizaje*）である。

　イエスの「ガリラヤの旅」をめぐる省察において、エリツォンドは、ヒスパニックのキリスト者にとって、また教派を超えた全体的教会にとってイエスのガリラヤ的場（locus）の持つ重要性を取り戻そうと試みる[46]。エリツォンドは、イエスがガリラヤ人であったという事実には、幾つかの意味的な層があると考えている。ガリラヤ人であることは、ユダヤ人にとって、多くの

45　Ada Maria Isasi-Diaz, *En la Lucha/In The Struggle: A Hispanic Women's Liberation Theology* (Minneapolis: Fortress, 1993) を見よ。

46　Virgilio Elizondo, *Galilean Journey: The Mexican-American Promise* (Maryknoll, N.Y.: Orbis, 2000).

315

点において——地理的にも社会的にも文化的にも言語的にも宗教的にも——アウトサイダーとして分類されることであった。ガリラヤは、複数の起源が混合した人々が住んだ地域である。また、エルサレムの権力の中心から切り離され、経済的には周辺に押しやられた人々の住む地域でもあり、特有の方言を話すのみならず、宗教的律法に関しては無知であり、ユダヤ教の慣習や儀礼を守ることに関してはそれほど厳格とは言えないことで知られる人々の住んだ地域でもある。エリツォンドによれば、神の子イエスがガリラヤ人であったということは、受肉の、そしてイエスにおける神の救いの業(わざ)の目的を我々が理解する上で、非常に大きな意義を持つ。イエスの「ガリラヤの旅」を読み解いてゆくにあたって、エリツォンドが主張するのは以下の諸点である。

　イエスのガリラヤ的アイデンティティは、受肉というこの躓きに満ちた出来事の意義を具体化している。「人となられた神の躓(つまず)きに満ちた在り様は、十字架においてではなく、ガリラヤにおける神の御子の歴史的‐文化的受肉において始まる」[47]。イエスにおいて「神は単に人間となられたのではなく、世界の周辺に追いやられ、辱められ、拒まれた者となられたのである」[48]。他の文脈化神学あるいは解放の神学者たちと同様、エリツォンドは「史的イエス」に焦点を当てるが、学界や、そこに属する人々が史的イエスを探求する多様な試みとは異なる仕方で行う。エリツォンドが関心を寄せるのは、福音書に描かれたような特定の歴史的状況に生きる具体的な人物イエスとその業(わざ)である。

　イエスのガリラヤ的アイデンティティは、イエスの神の国のメッセージの持つ、また十字架においてきわまりゆく、周辺に追いやられた人々の間でのイエスのミニストリーの持つ闘争的性格を強調する。「救済力を持つのは十字架上の死だけではなく、十字架において頂点を迎えることになる、ガリラヤからエルサレムに至るまでの全体の道行きであった。ガリラヤからエルサレムに向かう道行きの闘争的緊張において、イエスの救済的方法の与える衝

47　Elizondo, *Galilean Journey*, 53.
48　Virgilio Elizondo, "Mestizaje as a Locus of Theological Reflection," in *Mestizo Christianity: Theology from the Latino Perspective*, ed. Arturo J. Banukelas (Maryknoll, N.Y.: Orbis, 1995), 19.

撃の全重量があらわにされるのである」[49]。イエスは彼が宣べ伝え、具現化する神の国に反対する人々と衝突することになったが、敵の暴力に暴力をもって報復することを拒んだ。エリツォンドによればイエスは「非暴力的愛の攻撃的預言者である」[50]。

　エリツォンドは、イエスのガリラヤ的アイデンティティと、メキシコ系アメリカ人の「混合された」アイデンティティの間にアナロジーを見出している。この点がエリツォンドのキリスト論において最も挑発的な要素であり、他のヒスパニック神学者たちからも多くの疑問と反論を引き起こしている。エリツォンドにとって、社会的・文化的混合（メスティサへ）（mestizaje）によって特徴づけられるイエスのガリラヤにおける出自と人格形成は、メスティサへという言葉によって規定されるところの人間における、またその人間を通しての神の恵みの現臨を指し示している。「メスティサへは新たなキリスト教的普遍主義の始まりである」[51]。イエスをメスティサへとする言及は、イエスが黒人だと主張するアフリカ系アメリカ人神学者たちに浴びせられたのと同様の批判を促すものの、エリツォンドの目的は、人種的に排他的な用語によってではなく、「人間の差別的障壁を回避する新たな普遍主義の言葉によって語ることである」[52]。自分たち同様、軽んじられ、周辺に追いやられたメスティソであったガリラヤ人イエスにおける神の臨在と働きをめぐる神の良きおとずれを耳にすることにより、メキシコ系アメリカ人キリスト者は、新たな希望と自らの尊厳を見出しうるかもしれない[53]。

　エリツォンドは、ガリラヤ人イエスのアイデンティティと救いの業（わざ）の光のもとで、メキシコ系アメリカ人キリスト者の使命は明らかになると考える。メスティサへの民は選ばれし民、特権のためにではなく使命のために選ばれし民である。彼（女）らは、新しき創造の代理執行人（agents）として

49　Elizondo, *Galilean Journey*, 69.
50　Elizondo, "Mestizaje," 20.
51　Elizondo, *Galilean Journey*, 124.
52　Elizondo, *Galilean Journey*, 124.
53　Miguel H. Diaz, *On Being Human: U.S. Hispanic and Rahnerian Perspectives* (Maryknoll, N.Y.: Orbis, 2001). 私はこの点において、プリンストン神学大学院の博士課程の学生である Ruben Rosario-Rodriguez に負っている。彼はヒスパニック神学の貢献と課題について理解するにあたり、私を助けてくれた。

の包括的民である。少数の者を厚遇し多くの者から収奪する悪の偶像的支配と対決するために召し出されているものの、このことは武器をとったり暴力に訴えたりすることへの召命を意味しない。むしろ「我々の正当なるアイデンティティと宿命が経験されるのは、我々のフィエスタ（fiestas）においてである」[54]。そのフィエスタとは、「違いがあろうとも分裂は消失するであろう［神の民の］究極的な終末論的アイデンティティの始まり」の祝いのことである[55]。

エリツォンドは、教会のキリスト論の諸信条をすんなりと受け入れているものの、それらがいかにガリラヤ人イエスの人格とミニストリーをめぐる彼自身の解釈と関連しているかは説明していない。しかしながら、そのことこそが、キューバ系アメリカ人のプロテスタント神学者フスト・ゴンサレスの仕事においては重要な関心事となる。エリツォンド同様、ゴンサレスは聖書を自由をもたらす書物として読むことを要求する。すべてのヒスパニック神学は、責任感を担いつつ営まれる聖書解釈は「我々の現状に光を投げ、その理解を助け、正義と解放のための闘争において我々を支持しなければならない、ということに関しては一致している」と主張する[56]。だがエリツォンドと異なり、ゴンサレスは、いかに古典的キリスト論とヒスパニックの文脈が互いに協力的に啓発し合えるか示そうとする。ゴンサレスによれば、ニケーア・カルケドン公会議において承認されたことは、驚くべき妥当性をもって、今日のヒスパニック系の教会にも語りかけているのである[57]。

ゴンサレスは、ニケーア信条をそのことの一つの例として挙げている。イエス・キリストの永遠なる神性を告白するに際し、ニケーア信条は同時に神の「コンスタンティヌス化」（権力者のためのキリスト教化）に異議を申し立てる。「コンスタンティヌス化」という言葉によってゴンサレスが意図しているのは、福音の神をヘレニズム世界になじみ深い神理解へと適合させて

54　Elizondo, "Mestizaje," 25.

55　Elizondo, "Mestizaje," 25.

56　Justo L. Gonzalez, "Scripture, Tradition, Experience, and Imagination: A Reflection," in *The Ties That Bind: African American and Hispanic American/Latino/a Theologies in Dialogue*, ed. Anthony B. Pinn and Benjamin Valentin (New York: Continuum, 2001), 64.

57　Justo Gonzalez, *Mañana: Christian Theology from a Hispanic Perspective* (Nashville: Abingdon, 1990) を見よ。

しまうことである。アリウスは聖書に通じていたものの、彼は自身の哲学的・宗教的環境から自由になれず、苦難のイエスを威厳ある超越の神と一つなる方として考えることができなかった。聖書の生ける神を捨て、「現状維持（status quo）の神学」（まことの力と栄光に関する観念も含めて）に妥協しようとの誘惑はアリウスにとって切実なものであったし、今日の我々にとってもそうであり続けている。良きおとずれを貧しき者たちに宣べ伝え、二人の盗人の間で十字架につけられた方を、神のまことの御子として、また御父と「同質」であるとすることは、当時も今も、神を超絶的皇帝と考えるすべての者たちにとっては躓（つまず）きの石である。言い換えれば、ニケーア信条は、神性の本質、またまことの力の本質に関する我々の理解を革新したのである。

　ゴンサレスによれば、キリストのまことの神性とまことの人性を主張するカルケドン信条は、あらゆる形での「コンスタンティヌス化」に抗して、またそれが抑圧された人々の魂に与えるダメージと戦っている。軛（くびき）に繋がれた人々は、しばしば自らの状況を合理化する神学的原理を受容するように仕向けられてしまう。そのような合理化原理は、教会の最初の数世紀には、ドケティズム（仮現論）の形で与えられた。ドケティスト（仮現論者）たちにとって、イエスは見かけ上、人間に見えたにすぎない。彼は事実、純粋に天上的存在であり、人間の苦難と死とは無縁であった。イエス・キリストの全き人性を主張することによって、カルケドン信条はきっぱりと仮現論を斥ける。そしてそうすることによって、今日のキリスト者にとってもいまだに誘惑であり続けている異端的傾向を否定する。とりわけヒスパニックのキリスト者に向けて、ゴンサレスは、無力感に打ちひしがれている個々人が、今ここにおける生の変革の問題を避け、かわりに貧しき者たちに向かって現在の惨めさを忘れて来るべき生のみを考えよと激励する多くのテレビ説教者たちのメッセージに、いかに屈しやすいかについて警鐘を鳴らす。そのようなメッセージは仮現論の現代版なのである[58]。

　カルケドン信条は仮現論のみならず、養子論、アポリナリウス主義、またネストリウス主義をも否定する。ゴンサレスは、これらの古代の異端は、どのような名のもとに現れるかはきわめて異なるのであるが、今日のヒスパニックのキリスト者を惑わしていると論じる。例えば、現代養子論は、イエス

58　Gonzalez, *Mañana*, 143.

はその業(わざ)によって神の好意を勝ち得たとの考えに立って、イエス・キリストにおける神の具現化、あるいはその恵みを拒む。これは、誰もが十分に努力しさえすれば頂点に登りつめることができるとするアメリカ神話のキリスト論バージョン（counterpart）である。抑圧された者たちが、イエス・キリストは「成功した地元の少年」などではなく、我らと共なる、また我らのためなる神であると教えられない限り、彼（女）らは自分たちを無価値な負け犬と考えるであろう。養子とされたイエスは社会の底辺に位置する者たちにとっては福音ではないのである[59]。

ヒスパニックの文脈においてゴンサレスに以上のように読み直されたニケーア・カルケドン信条は、時代遅れのものとは決して言うことはできない。我々の救いのためにイエス・キリストにおいてまことの神がまことの人となられたという主張は、今日のヒスパニックの教会にとって、他の時代と場所における教会にとってそうであったのと同様、重要である。しかしこのポイントを把握するためには、これらの信条がヒスパニック系アメリカ人の文脈に訴えかけるような仕方で解釈されなければならない。ゴンサレスは、カルケドン信条は、イエス・キリストのまことの神性とまことの人性を、聖書に証言されているようには十分具体的に定義していないという批判者たちに同意する。「まさに他者のためのその存在においてこそ、イエスはその全き神性をあらわす。同様に、他者のためのその存在においてこそ、イエスはその全き人性をあらわす」[60]。しかしながら、正しく解釈される際には、古代のキリスト論信条は、イエス・キリストにおける神の溢れんばかりの恵みの福音が文脈化されて宣教されるための、必要欠くべからざる導き手となるのである。

アジア系アメリカ人のキリスト論

最近になって合衆国において台頭してきた文脈化神学の一つが、アジア系アメリカ人神学である。まだその萌芽期にあるものの、この神学は、アジア

---

59 Gonzalez, *Mañana*, 145.
60 Gonzalez, *Mañana*, 152.

系アメリカ人キリスト者の数が安定して増え続けていることから見ても、間違いなく、これからも成長し続けてゆくであろう。アジア系アメリカ人は多様な文化的言語的背景を持つ多くの異なる国からやってきた人々である。多くの共通の関心事があるものの、アジア系アメリカ人神学という一つの神学が存在するのではない。この単元において要約して扱うものの大部分は、韓国系アメリカ人の神学的文献に基づいたものである[61]。

　アジア系アメリカ人神学の文脈となるのは、合衆国におけるアジア系移民とその家族のたどってきた経験である。この文脈は二つの広範な異なる文化の複雑な交差ということによって特徴づけられる。黒人神学においてアフリカ大陸と北米大陸の出会いが見られるのと同様、ヒスパニック神学において北アメリカと南アメリカが合わさっているのと同様、アジア系アメリカ人神学においては、西洋文化と東洋文化の出会いが起こっている。

　多くのアジア系アメリカ人神学者たちは、東洋の哲学的・宗教的・文学的伝統を引き合いにし、自らの神学的営みを、典型的な西洋的カテゴリーや思考スタイルよりも、よりアジアの人々に適していると思われるスタイルや形式においてまとめ上げようとしている。「陰と陽」のようなアジア的概念に、直接的にまた間接的に影響を受けている神学者たちもいる。彼（女）らが好むのは、西洋に共通するものと彼（女）らが考える排他的・対立的・「どちらか」的思考法ではなく、包括的・相補的・「どちらも」的思考形態である。他のアジア系アメリカ人神学者たちは、「道」や「恨」といった将来的に発展する可能性のあるアジア的概念を自らの神学的営為において用い、東洋文化からのイメージや生の情景を引き合いに出している。アジア的イメージを用いた生き生きとした例は、日系アメリカ人神学者小山晃佑の仕事の中に見出すことができる。小山は、数年間宣教師としてタイで働いたことがある。小山は、「組織」あるいは「教義」神学ではなく、「水牛の神学」について語る。「水牛の神学」とは、トラクターの力よりも水牛の力を借りて畑を耕す東南アジアの貧しき人々にも理解可能な神学のことを指す[62]。重要な中国系

61　私はこの点において、韓国系アメリカ人の神学を論じた Kevin Park の博士論文に負っている。"Emerging Korean North American Theology: Toward a Contextual Theology of the Cross," (Princeton Theological Seminary, 2002).

62　Kosuke Koyama, *Water Buffalo Theology* (Maryknoll, N.Y.: Orbis, 1974)〔小山晃佑『水牛神学』森泉弘次訳、教文館、2011 年〕.

321

アメリカ人神学者の一人 C. S. ソンは、神学を本質的に物語ることとして理解する。彼はアジアの人々の、とりわけ貧しき人々と抑圧された人々の物語を語り、その物語をイエスの物語の光のもとに解釈する[63]。

　アジア系アメリカ人神学者の中には、その神学的営みにおけるキーコンセプトを、「周縁性」とする者たちもいる。J. Y. リーによれば、「受肉は……神的周縁化であり……キリストは周縁性の中における周縁的存在となられた、持てるすべてを放棄することによって」[64]。神とその救いの業を語る際に用いるアナロジー（類比）が抱える限界を認めつつも、J. Y. リーは、合衆国においてアジア系アメリカ人が経験する周縁化を、イエス・キリストにおける神の自己周縁化になぞらえる。神が天上からこの世界に移り住むことによって拒絶と屈辱を味わったのと同様に、アジア系アメリカ移民もすべてを捨ててアメリカに来る際に拒絶と屈辱を経験した。「かつて故国において専門職についていた彼（女）らは、ここアメリカでは、掃除夫、洗濯夫、料理人またその他の周縁的仕事に従事する労働者からスタートしなければならなかった」[65]。

　サン・ヒョン・リーは、周縁性のテーマをいささか異なる仕方で発展させる。彼にとっての周縁性、すなわち二つの世界の境界線上に生きることは、アジア系アメリカ人にとって否定的側面と肯定的側面の双方を併せ持っている。否定的側面とは、おもに人種の偏見によって支配的社会の周縁に押しやられる経験である。この否定的意味において、周縁的であることは選択した上での事柄ではなく、抑圧的で、人間性を喪失させるような、不本意な状況である。肯定的側面としては、周縁性は文化的差異の交差点において創造的活動への機会、そして構造的不正義や排除に抗して正義を求める預言者的な声を響かせるチャンスを提供するといったことが挙げられる[66]。

　より近年においては、サン・ヒョン・リーは、周縁性の積極的かつ創造

63　C. S. Song, *The Believing Heart: An Invitation to Story Theology* (Minneapolis: Fortress, 1999).

64　J. Y. Lee, *Marginality: Key to Multicultural Theology* (Minneapolis: Fortress, 1995), 83.

65　Lee, *Marginality*, 83.

66　Sang Hyun Lee, "Pilgrimage and Home in the Wilderness of Marginality," *Princeton Seminary Bulletin* 16, no. 1 (1995) および Kevin Park, "Emerging Korean North American Theology," 72-119 を見よ。

的な側面を、「敷居性（liminality）」との言葉のもとに、更に発展させてきた。敷居とは二つの世界の間の空間というだけでなく、それらの世界を超越し、乗り越えてゆく諸可能性が存在する場所でもある。敷居性は、抵抗と連帯の、また新しきことに向かって開かれてあることの創造的な空間たりうる。エルサレムの権力と富から見れば周縁に置かれた一人のガリラヤ人として、イエスは、周縁にあることと敷居にあることの状況を直接的な仕方において知っていた、とリーは論じる。御自身の敷居的状況にあって、イエスは、到来しつつある神の支配を宣教し、具現化していった。イエスの敷居性、またこの空間を共有するようにとの弟子たちの召し出しこそが、イエスのミニストリー全体を特徴づけるものであり、それは十字架において最深部へと至ったのであった。「十字架上のイエスの敷居性の中から、聖霊の働きによって、贖いと変革をもたらす神御自身との交わり（communitas）が生じるのである」[67]。

周縁性と敷居性のテーマは、以上のように、アジア系アメリカ人のキリスト論とヒスパニックのキリスト論の双方において顕著である。エリツォンドはメスティサヘ、すなわちイエスのガリラヤ的状況の人種的文化的混合を強調するが、サン・ヒョン・リーは権力の中心であるエルサレムとの関連においてのガリラヤの文化的・政治的・宗教的周縁性を強調する。双方にとっての重要な点は、キリストの受肉と救いの業（わざ）の意義が、周縁性の文脈における彼の生や活動と切り離すことができないということである。リーの際立った貢献は、イエスの人格と業（わざ）をめぐる新約聖書の証言を、具体的な歴史的文脈においてのみならず、より根本的には、その究極的根拠を三位一体の神の永遠なる生の中にも持つものとして、またその歴史的現実化を神の御子の受肉として解釈しようと試みている点にある。

アジア系アメリカ人神学の展開にあたって、アジア文化の洞察を用いる一つの顕著な例は、「恨（ハン）」の概念である。恨（ハン）は、不当に扱われた者たちの怒り、恨み、苦渋を示す韓国語である。アンドリュー・サン・パクは、恨（ハン）の概念は「罪」の、そしてキリストの救いの業（わざ）の意味を照らし出すと問題提起する。罪はほとんどと言ってよいくらい常に「加害者」の見地から論じられ、犠牲者に及ぼす被害の観点から論じられることは滅多にない。「伝統的な罪の教

67　Sang Hyun Lee, *From a Liminal Place: An Asian American Theology* (Minneapolis: Fortress, 2010).

理は、罪びとの見地からのみ世界を見、罪や不正義の犠牲者の見地を考慮に入れることのない一面的なものである」[68]。加害者同様、犠牲者も罪の軛(くびき)に繋がれている。その軛(くびき)とは赦しを必要とする罪責感の軛(くびき)ではなく、解放を求める怒りや恨みの軛(くびき)である。キリストの救いの業(わざ)は、それゆえ、神の罪びとに対する赦しとしてのみならず、犠牲者たちが彼(女)らに悪事を働いた者たちに抱く怒りや恨みや憎しみの重荷からの解放としても見られなければならない。それらの感情がそのまま放置されたなら、生のすべての喜びを破壊してしまい、変革され、新しく造りかえられてゆくすべての可能性を阻んでしまうことになるであろう。

　他の文脈化神学者たち同様、アジア系アメリカ人神学者たちは、贖罪論における充足説といったイエスの死をめぐる西洋のスタンダードな解釈に、概して批判的である。彼(女)らがその代わりに強調するのは、貧しき者たちや虐待された者たち、また苦しめる者たちとの間に死に至るまで結んだイエスの連帯である。小山晃佑はその著作の中で、イエスの受難と死において宣言されているところの支配的力に対する根源的批判を強調する。宗教においても政治においても、帝国主義的「中心主義」の偶像化を示す、数えきれないほど多くの事例が存在する。すなわち、権力と富と影響力の中心にいて、周縁にいる者たちを支配し、搾取したがっている者たちが存在するのである。キリスト者はイエスが万物の中心にいることを信じるが、イエスは周縁にいる者たちに対して憐れみを抱くことを通して御自身の中心性を実現される。「宗教と政治の世界における破滅的中心主義に抗し、十字架につけられたキリストは、御自身の中心性を、周縁に追いやられた者たちのために棄てることによって主張される。シャロームへの道がそれである」[69]。C. S. ソンに言わせれば、まことのイエスとはどのような方か、またどのような救いを彼がもたらされるのかという問いに対する最も重要な手がかりは、「貧しく見捨てられ、社会的にも政治的にも抑圧された人々」の間に見出される。また、イエスが何を言い、何をなしたかということは、身体と精神において苦

68　Andrew Sung Park, *The Wounded Heart God: The Asian Concept of Han and the Christian Doctrine of Sin* (Nashville: Abingdon, 1993), 10.

69　Kosuke Koyama, "The Crucified Jesus Challenges Human Power," in *Asian Faces of Jesus*, ed. R. S. Sugirtharajah (Maryknoll, N.Y.: Orbis, 1993), 155.

しむ男たち、女たち、子どもたちから離れては理解されないのである[70]。

アジア系アメリカ人の女性たちはまた、隷属と抑圧の歴史の文脈において主なるイエスの意味を求めて格闘を続けている。イエス・キリストに従うことは、女性の受身的な依存のパターンを強化することにならないだろうか？　キリストを選ぶことは、彼女たちをおろそかにし、また打ち棄てておくような男性を、それにもかかわらず愛することを意味するのだろうか？　チョン・ヒョンギョンによれば、これらの問いに対するアジア系アメリカ人の女性キリスト者の答えは、明らかに「否（No）」である。イエスは「女性たちを肯定し、尊敬し、また解放と全体性を求める長くて厳しい彼女たちの旅路に積極的に臨在される。アジアの女性たちは、イエスは、抑圧されているすべての人々との連帯において、沈黙を強いられているアジアの女性たちにも味方しておられるということを、情熱と共感をもって見出しつつある」[71]。

アジア系アメリカ人キリスト者たちのこれらの提案の多くは、この章で紹介した他の文脈化神学と同様に、人々の心を惹きつける。その主張が注意深く聞かれ、まっとうな評価をされることを彼（女）たちは求めている。ピーター・C. ファンは、そのような評価が行われる際の重大な基準として、次の二つのことを挙げている。一つ目は、妥当性、すなわち「そのメッセージが、聖書とキリスト教の伝統を通して媒介されたイエスの生と教えと（比較的）一貫しているかどうかということである」。二つ目は、十全性、すなわち「それを聞く者たちの状況を理解し変革するために、キリスト教的言語が指し示していることの内実を今日のイディオムにおいて語る力を有しているかどうかということである」[72]。

70　C. S. Song, *Jesus The Crucified People* (New York: Crossroad, 1990), 12〔C. S. ソン（宋泉盛）『イエス——十字架につけられた民衆』梶原壽監訳、金子啓一ほか訳、新教出版社、1995 年、36 頁参照〕.

71　Chung Hyun Kyung, "Who Is Jesus for Asian Women?" in *Asian Faces of Jesus*, ed. Sugirtharajah, 226.

72　Peter C. Phan, *Christianity with an Asian Face: Asian American Theology in the Making* (Maryknoll, N.Y.: Orbis, 2003), 118.

キリスト論における地域性と地球性

　地域的固有性を有する文脈化神学のきわめて多様な在り様とそれら特有のキリストやキリストのもたらす救いをめぐる考え方は、一見、困惑と脅威を引き起こすものと思われるかもしれない。多様な形をとって表出される地域的神学のキリスト証言を、単に混乱と分裂をもたらすだけの異端的なものとして退け、古典的なキリスト論信条や既成の神学的伝統のキリスト論解釈において採られ、なじんできた言語やカテゴリーに逃げ場を求めようとするかもしれない。だが、そうすることは誤りであろう。我々が直面しているのは、あれかこれかの選択ではなく、対話の必要性である。文脈的あるいは地域的なキリスト論の特定の証言と、教会全般がなじんできたキリスト論的告白は、我々の住む多元的な世界において福音の効果的翻訳というものが生起するために、互いを必要としているのである。

　世界に広がる教会は、地域的諸教会の証言とそれらの教会の経験するキリストとの出会いに耳を傾ける必要がある。単純に数的に見れば、キリスト教の「中心」はヨーロッパや北米からアフリカや南米に移行した。成長が見込まれる中国のキリスト教は、疑うべくもなく、21世紀におけるキリスト教の証言と神学に対し、新たなまた独自の貢献をなしてゆくであろう。

　ここ数十年の間に、世界中に広がるキリスト教の多くの声が聞かれ始めている。第二ヴァティカン公会議は、第三世界が強力に主張を始めたローマ・カトリック教会における最初のエキュメニカル会議であった。至るところに存在するキリスト者に向けて、また彼（女）らの代わりに語ることを望む将来のいかなるエキュメニカル教会会議も、未だかつてないほど多様な人種・言語・文化・神学そして儀礼的慣習を代表する者たちの声に耳を傾けてゆく必要があるだろう。地域的諸神学抜きでは、世界全体に広がる共同体としての教会の声は概して抽象的かつ理論的なものになる。地域的諸神学は、普遍的教会によって聞かれ、また吸収される必要のある、キリストとキリストのもたらす救いに関する個別的で具体的な証言を提供する。これらの声は、時に厄介な問いを引き起こすが、そうした問いは作為的でも単にアカデミックなものでもない。それらの問いは、生きられた経験から生じ、省察を促し、応答とおそらく改革をも要求するのである。

だが、公同の教会が地域的諸神学の声に耳を傾ける必要があるというなら、その逆もまた然りである。すなわち、地域的諸神学も古典的諸信条、諸告白、諸典礼において表現されている世界的な公同の教会に共通する証言に耳を傾ける必要がある。信仰のエキュメニカルな諸告白がとらわれがちな誘惑が、抽象性に囚われたままであり続けることであるなら、地域的な諸証言や諸告白のそれは、地元主義や一面性の餌食になってしまうことである。具体的文脈におけるキリストの意味を新たに言い表してゆくことはきわめて重要ではあるが、その表現は聖書に証しされ、教会のエキュメニカルな信条に要約されているところの、神の救いの業(わざ)をめぐるより大きな広がりを持つ物語と切り離されてはならない。初期の教会において「信仰の規則」として知られていた、大きな広がりを持つかたちでの聖書の物語の要約は、新たな地域や文化へと教会が広がってゆく際に、教会の生と使命(ミッション)において重要(本質的)な役割を果たした。神学における一面性は、常に避けうるわけではない。実際、神学と呼ぶに値する営みが常に一面的な強調をなさずにやってきたかどうかは疑わしい。けれども、神学における一面性は、保守的であってもリベラルであっても、他者の声に心と耳を頑なに閉ざし、自らを変革することができなくなってしまうのなら、それは失敗である。

　キリスト論における文脈的関心とエキュメニカルな関心を、切り離すことなく、結びつけておこうとするなら、また、それらを、互いに修正し合い、互いに豊饒化し合う関係に置こうとするなら、少なくとも次の二つの原理が提示されることになる。

　第一に、エキュメニカルな神学におけるあらゆる試みは、文脈化神学の声に真摯に開かれていなければならない。それらは「長きにわたり沈黙を強いられてきた人々の声に耳を傾け」ようとしなければならない[73]。神の真理は、何らかの中心から、すなわちローマやロンドン、ジュネーヴやニューヨークといった中心的な地区から、滴がしたたり落ちるような仕方で広まると考える時代は終わった。エキュメニカルな神学は、生けるキリストの御言葉と聖霊が地域的諸教会を通して語っているすべてのことに耳を傾け、それらを汲み取りまとめ上げる度量があるかどうかで試されることとなる。北米の主流派教会とは異なる文化と状況にあるキリスト者の声に耳を傾けることは、仕

73　"A Brief Statement of Faith," in *The Book of Confession* (PCUSA), 10.4, line 70.

方なしの妥協的行為であってはならない。むしろ、これらの異なる声に聞き入ることは、アンドリュー・ウォールズの言葉を用いれば、新たに「キリストを発見する」一つの機会となる。イエス・キリストの現実は、「以前には思いもよらなかった」意味と次元を持つ。また洞察や賜物をエキュメニカルな次元で交換することにより、「完成へと導かれ、贖われた人類の栄光」を、驚くべき仕方で垣間見ることができるかもしれないのである[74]。

　第二に、地域的諸神学は、自らの文脈において、またそこに向けてのみならず、キリスト教信者の世界的共同体に向けての文脈において語ることに、真摯に関心を持たなければならない。ロバート・シュライターが書いているように、「地域的共同体の神学は、外側に向かって自らを押し出してゆくべきである。キリスト教会全体が、伝統中の既知のものを承認することにより、あるいは、新たな状況にその既知のものを広げてゆくことによって、より良き自己理解に導かれてゆくために、地域的共同体の神学は何らかの貢献をしてゆかなければならない」[75]。もし地域的神学が、自らが神の民全体のために獲得したはずの洞察によって貢献することなく、孤立したまま、仲間内のものにとどまるなら、それは自らの職務を短絡的なものとしてしまうだろう。すべての地域的神学の目的は、全体的教会の証言が深められ、豊かにされ、またおそらく修正されてゆくことにある。使徒パウロは、すべてのものが利するように与えられた賜物の多様性について語った。キリストの体に属する者は、同じくその体の一部である他者に対して「お前はいらない」（Ⅰコリ12:21）と言うべきではない。責任感を有する地域的神学であるなら、その意図においてエキュメニカルでなければならない。同様に、まことのエキュメニカルな神学も、地域的諸神学からの洞察や行動への呼びかけに対し開かれていなければならない。

　以上のことは神学にとって容易な課題ではない。だが教会はその使命において、また神学はその営みにおいて、安易さを期待してはならない。カルケドン定式は、キリスト論的省察の決定的な出発点ではあるが終着点ではない、とカール・ラーナーは言う。神学は不断の運動であり、自己修正である。あるいはカール・バルトが言うように、キリスト教信仰の諸教理は、教会の告

74　Andrew Walls, *The Missionary Movement*, xviii. Margaret O'Gara, *The Ecumenical Gift Exchange* (Collegeville, Minn.: Liturgical, 1998) も見よ。

75　Schreiter, *Constructing Local Theologies*, 120.

白が「暫定的に停止する」[76] 地点である。神学の営みとは、「繰り返し、初めから、始め直すこと」によって、「理解を求める信仰」の旅路を続けてゆくことである。その初めとは、その物語が聖書において語られ、聖霊により生気を与えられ、教会の「信仰の規則」に要約され、異なる文化的イディオムにおいて、また異なる時と場所において語り直されるところの、生けるなるイエス・キリストである。

更なる学びのために

Bonino, José Míguez. *Faces of Jesus: Latin American Christologies*. Maryknoll, N.Y.: Orbis, 1984.

Cone, James H. *The Cross and the Lynching Tree*, Maryknoll, N.Y.: Orbis, 2013.〔ジェイムズ・H. コーン『十字架とリンチの木』梶原壽訳、日本キリスト教団出版局、2014 年〕

Douglas, Kelly Brown. *The Black Christ*. Maryknoll, N.Y.: Orbis, 1994.

Gilliss, Martha Schull. "Resurrecting the Atonement." In *Feminist and Womanist Essays in Reformed Dogmatics*, ed. Amy Plantinga Pauw and Serene Jones. Louisville: Westminster, 2006. Pp 125-38.

Gonzalez, Justo. *Mañana: Christian Theology from a Hispanic Perspective*. Nashville: Abingdon, 1990.

Grant, Jacquelyn. *White Women's Christ and Black Women's Jesus: Feminist Theology and Womanist Response*. Atlanta: Scholars, 1989.

Johnson, Elizabeth A. *She Who Is: The Mystery of God in Feminist Theological Discourse*. New York: Crossroad, 1992. Pp. 150-69.

Lee, Sang Hyun. *From a Liminal Space: An Asian-American Theology*. Minneapolis: Fortress, 2010. Pp. 63-108.

Oduyoye, Mercy Amba. "Jesus Christ." In *The Cambridge Companion to Feminist Theology*. ed. Susan Frank Parsons. Cambridge: Cambridge University Press, 2002. Pp. 151-70.

76　Karl Barth, *The Göttingen Dogmatics*, vol. 1 (Grand Rapids: Eerdmans, 1991), 39.

Phan, Peter. *Christianity with an Asian Face: Asian American Theology in the Making.* Maryknoll, N.Y.: Orbis, 2003.

Rigby, Cynthia L. "Scandalous Presence: Incarnation and Trinity." in *Feminist and Womanist Essays in Reformed Dogmatics*, ed. Amy Plantinga Pauw and Serene Jones. Louisville: Westminster, 2006. Pp. 58-74.

上巻人名・事項索引

あ 行

愛 Love
 神の我々に対する愛を基礎とした他者への良き配慮としての—— as concern for the good of others based on God's love for us　240-41
 キリストの十字架において決定的に言い表された—— definitively expressed in the cross of Christ　281-82
 三位一体の神、御自身を与え、他者を肯定し、共同体を建設する愛 the triune God as mutual self-giving, other-affirming, community-forming love　117

アウグスティヌス Augustine　20-21, 33, 37, 54, 99, 113, 116, 120, 126n.19, 132, 139-40, 149, 186-88, 222, 233

アウレン Aulén, Gustav　271n.39

贖い Atonement
 「驚くべき交換」"wonderful exchange"　258, 284
 解釈の諸原理 principles of interpretation　277
 充足説 satisfaction theory　272-74
 勝利者キリスト説 Christ the Victor theory　271-72
 道徳感化説 moral influence theory　274-75
 ——と暴力 and violence　278-85

アクィナス Aquinas, Thomas　37, 54, 139-40, 149, 212

アジア系アメリカ人の神学 Asian American theology
 周縁性と敷居性のテーマ themes of marginality and liminality　322-23
 ——のキリスト論 Christology of　320-25
 ——の文脈 context of　321-22

アタナシウス Athanasius　33, 253-55

アダムス Adams, Marilyn McCord　198-99, 234n.42

アフリカ系アメリカ人神学 African-American Theology
 「政治的神学」としての—— as "political theology"　307-8
 聖書の「世界への窓」を開く opens a "window into the world" of Scripture　305
 ——のキリスト論 Christology of　304-10
 ——の文脈 context of　304-5

アベラルドゥス Abelard　274-75

アポリナリウス Apollinarius　255

アリウス Arius　253-54, 319

アリソン Allison, Dale C.　246

アンセルムス Anselm　20-21, 132, 272-74

イエス・キリスト Jesus Christ
 史的——の探求 quests of the historical Jesus　246-47
 すべてのキリスト論よりも偉大な—— greater than every Christology　252
 ——の三職務 threefold office of　276-77
 ——の僕のかたち servant form of　157, 269-70, 288, 309
 ——の処女降誕 virgin birth of　261-62
 ——の人格の統一（結合）unity of his

331

person 265-70
——の神性 divinity of 263-65
——の人性 humanity of 259-63
——の復活 resurrection of 285-92 →
下巻補遺 B も見よ
——の業 work of 271-85
→「贖い」「キリスト論」も見よ
イサシ＝ディアス Isasi-Diaz, Ada Maria 315n.45
イシャーウッド Isherwood, Lisa 311n.35
イスラエル Israel
　神の選んだ民としての—— as elect people of God 139-40, 142
　神の審きと憐れみの証人 witness of God's judgment and mercy 94
　ホロコーストのおぞましさ the tremendum of the Holocaust 184-86
　——と神との契約 covenant of God with 51-52
『一致信条書』Book of Concord 100
祈り Prayer
　——と神学 and theology 39
ヴァレンティン Valentin, Benjamin 318n.56
ヴァン・ダイク Van Dyk, Leanne 314n.42
ヴァン・ビューレン Van Buren, Paul 250n.12
ヴィーゼル Wiesel, Elie 185, 195, 234
ウィトゲンシュタイン Wittgenstein, Ludwig 174
ウィリアムズ Williams, Rowan 19n.1, 39n.22, 70-71, 207, 286, 289
ウィリアムズ Williams, Tennessee 183, 184n.6
ウィルズ Wills, Garry 233
ウィルソン＝カストナー Wilson-Kastner, Patricia 122n.14
ウィルディース Wildiers, N. M. 250n.13

ヴェーユ Weil, Simone 185
ヴェルカー Welker, Michael 61n.23, 176n.40, 283n.54, 285
ウォーカー Walker, Alice 107
ウォールズ Walls, Andrew 297, 328
ウッド Wood, M. Charles 32n.16, 88, 89n.15
エイブラハム Abraham, William J. 48-49, 50n.6, 83n.7
エイレナイオス Irenaeus 33, 99, 167, 258
エヴァンス Evans, C. Stephen 269n.36
エヴァンス Evans, James H., Jr. 19n.1, 306n.20, 310n.32
エドワーズ Edwards, Denis 250n.13
エドワーズ Edwards, Jonathan 157, 233
エーベリンク Ebeling, Gerhard 82
エラクリア Ellacuria, Ignacio 300n.7
選び Election
　イエス・キリストにおける—— in Jesus Christ 139-42
　三位一体の神、——の主体としての the triune God as subject of 140-41
　人間の——、神に仕えるための of a people to service of God 142
　——と神の審き and the judgment of God 142-44
エリツォンド Elizondo, Virgilio 315-18, 323
エンゲル Engel, Mary Potter 102n.31, 229
オガラ O'Gara, Margaret 328n.74
オグデン Ogden, Schubert 250n.11
オコナー O'Connor, Flannery 47
オコリンズ O'Collins, Gerald 245n.1
オットー Otto, Rudolf 159
オドンネル O'Donnell, John J. 124n.17
オーバーマン Oberman, Heiko 237n.48
オルソン Olson, Roger E. 123n.15

か 行

カー Carr, Anne E. 19n.1, 129, 311n.34

カウフマン Kaufman, Gordon D.　184n.6
カスパー Kasper, Walter　270n.37
カズンズ Cousins, Ewert H.　250n.13
カーター Carter, J. Cameron　308, 309n.28
カニンガム Cunningham, David S.　123n.15
カブ Cobb, John B., Jr.　165n.24, 196, 223n.23
神 God
　　隠された――と啓示された―― hidden and revealed　49-55
　　キリスト教独特の――理解 distinctive Christian understanding of　105
　　今日の多くの人々にとっての問題である―― as problem for many people today　105-14
　　――に関する知識（神認識）、自己に関する知識と絡み合う knowledge of God intertwined with knowledge of self　105
　　――の属性 attributes of　131-39
　　――の恵みとしての選び electing grace of　139-44
　　――論における諸歪曲 distortions in doctrine of　118-20
神のかたち Image of God
　　「キリストのかたち」「三位一体のかたち」としての―― as *imago Christi* and *imago trinitatis*　214
　　――の諸解釈 different interpretations of　212-15
神の御言葉 Word of God
　　人間とイエス・キリストの業(わざ)の中に具現化する―― incarnate in person and work of Jesus Christ　52-53, 59, 73, 92, 138, 212, 254
　　――の三様態 threefold form of　72
ガリレオ Galileo　175
カルヴァン Calvin, John　28, 50, 56, 60-62, 73, 75, 82, 91, 105, 127n.21, 132, 139, 143, 159, 163, 167, 186-89, 203n.39, 211-12, 233, 239n.50, 249n.10, 258, 273, 276, 281
カルケドン定式 Chalcedon, Formula of　245, 257, 319, 328
カント Kant, Immanuel　80
ガントン Gunton, Colin E.　126n.19, 134n.36, 225n.27, 271n.38
希望 Hope
　　神の約束の成就の期待としての―― as anticipation of the fulfillment of God's promise　241
キュリロス、アレクサンドリアの Cyril of Alexandria　254-55
キュンク Küng, Hans　248
教会 Church
　　常に改革されねばならない―― *semper reformanda*　100-1
キリスト論 Christology
　　アレクサンドリア学派の Alexandrian school of　254-56
　　アンティオキア学派の Antiochian school of　255-56
　　カルケドン公会議 Council of Chalcedon　33, 254-56, 318
　　――の諸原理 principles of　249-52
　　――の諸問題 problems of　244-49
　　→「イエス・キリスト」も見よ
キルケゴール Kierkegaard, Søren　75n.46
キング King, Martin Luther Jr.　307-8
クイン Quinn, Philip L.　275n.45
グティエレス Gutiérez, Gustavo　19n.1, 42-43, 298, 299n.4, 301n.8
グラント Grant, Jacquelyn　230n.36, 251n.16, 263n.29, 265n.30, 314n.44
グリフィン Griffin, David　196
グリューネヴァルト Grünewald, Matthias　87
グリーン Green, Garrett　56, 57n.19, 89n.15

333

グレゴリオス、ナジアンゾスの Gregory of Nazianzus 127, 260
グレゴリオス、ニュッサの Gregory of Nyssa 126n.20, 271-72
クレック Kreck, Walter 92n.19
グレンツ Grenz, Stanley J. 214n.6, 225
クロッサン Crossan, John Dominic 246
クーン Kuhn, Thomas 55n.16
啓示 Revelation
 人格的自己開示とのアナロジー analogy with personal self-disclosure 66-71
 その受容において信頼と批判の双方が必須とされる―― both trust and criticism required in its reception 75-77
 常に媒介される―― always mediated 72-74
 ――において神秘であられ続ける神 God remains a mystery in 51-53
 ――の諸モデル models of 64-66
ケック Keck, Leander E. 246n.4
ケノーシス（謙卑） Kenosis 157-58, 269, 288, 309
ケリー Kelly, Anthony 129n.27
ケリー Kelly, J. N. D. 254n.18
ケルジー Kelsey, David H. 32n.16, 95n.24, 214-15, 236n.45
ケンドール Kendall, Daniel 245n.1
コーエン Cohen, Arthur A. 180, 182n.2, 185, 186n.9, 195
コークレイ Coakley, Sarah 20n.1, 111, 112n.9, 126n.20, 245n.1, 314
コープランド Copeland, M. Shawn 304n.15, 309
小山晃佑 Koyama, Kosuke 321, 324
ゴーリンジ Gorringe, Timothy J. 194n.28
コリンズ Collins, John J. 85n.8
コーン Cone, James 38, 199, 251n.16, 279n.51, 305n.16-17, 306-8, 310n.32
ゴンサレス Gonzalez, Justo 315, 318-20
コンブリン Comblin, José 215n.8, 217n.11, 226n.30

さ 行

ザウター Sauter, Gerhard 209n.45, 237n.48
審き Judgment
 悪と不義に対する―― on evil and injustice 202
 ――と恵み and grace 142-43
サーリネン Saarinen, Risto 282n.53
『三十九箇条』 Thirty-Nine Articles 100
「三職務」 Munus triplex 276
サントマイヤー Santmire, H. Paul 148n.2, 165n.23, 168-69
三位一体 Trinity
 古典的――の教理 classical doctrine of 114-18
 創造的、自身を与え、共同体を建設する愛なる―― as creative, self-expending, community-forming love 116-17
 ――と選び and election 139-44
 ――と神の属性 and attributes of God 131-39
 ――と死の神学 and theology of death 235-38
 ――と神学的人間論 and theological anthropology 216, 225
 ――と摂理 and providence 200-6
 ――と創造 and creation 165-69
 ――の教理の言い直し restatement of the doctrine 120-31
 ――の聖書的根拠 biblical roots of 110-14
シェイクスピア Shakespeare, William 211
ジェニングス Jennings, Theodore W. Jr. 11
ジェンソン Jenson, Robert W. 19n.1,

123n.15, 256n.21, 278n.5
ジジウラス Zizioulas, John　127n.22
シスルスウェイト Thistlethwaite, Susan Brooks　102n.31, 125n.18, 226n.31, 229n.35, 230n.36
シットラー Sittler, Joseph　166
使徒信条 Apostles' Creed　99-100, 146-47, 244, 278, 281
ジャッキ Jaki, Stanley L.　176n.42
シュヴァイツァー Schweitzer, Albert　245-46
シュヴェーベル Schwöbel, Christoph　123n.15, 225n.27, 265n.31, 270n.37
宗教 Religion
　アメリカ的市民宗教 American civil religion　119
ジュエット Jewett, Paul　221n.18
シュスラー・フィオレンツァ Schüssler Fiorenza, Elisabeth　107n.4, 241n.51, 263n.29, 312n.38
シュライエルマッハー Schleiermacher, Friedrich　37, 158
シュライター Schreiter, Robert J.　298, 310n.33, 328
シュルツ Shults, E. LeRon　27n.10
ジョドック Jodock, Darrell　98n.26
ジョーンズ Jones, Serene　226n.29, 227n.32
ジョーンズ Jones, William　106n.2
ジョンソン Johnson, Elizabeth A.　121n.12, 123n.15, 128n.24, 134n.36, 174n.36, 312n.36, 313
ジョンソン Johnson, W. Stacy　207
ジラール Girard, René　278n.50
ギルキー Gilkey, Langdon　156, 186n.10
神学 Theology
　「初めから問い直す」自由を持ち続けなければならない―― must have freedom to "begin again at the beginning"　39

理解を求める信仰としての―― as faith seeking understanding　20-27
　――の基本的問い basic questions of 33-39
　――の諸方法 methods of　39-44
　→下巻補遺Aも見よ
神義論 Theodicy
　解放の神学における―― in liberation theology　199-200
　抗議の神学における―― in protest theology　195-96
　摂理と悪 providence and evil　180-86
　人間形成的神学における―― in person-making theology　197-99
　プロセス神学における―― in process theology　196-97
信仰 Faith
　カルヴァンによる定義 Calvin's definition of　239n.50
　信頼に値する恵み深き神への自由なる応答としての―― as trust in the gracious God revealed in Jesus Christ 239
『信条書』（合衆国長老教会）*Book of Confessions*, Presbyterian Church (U.S.A.)　100
　ウェストミンスター小教理問答 Westminster Shorter Catechism 224n.25
　ウェストミンスター信条 Westminster Confession　139-40
　信仰小声明 Brief Statement of Faith 102n.30, 122n.13, 154n.9, 261n.26, 327n.73
　ハイデルベルク信仰問答 Heidelberg Catechism　181
　バルメン宣言 Barmen Declaration　33
スキレベークス Schillebeeckx, Edward　24
スタウト Stout, Jeffrey　80n.2

335

スチョッキ Suchocki, Marjorie　196
ステンダール Stendahl, Krister　86n.11, 93
ストループ Stroup, George　49n.5, 69n.34, 70n.37
聖書 Scripture
　　イエス・キリストの唯一無比なる証言としての―― as unique witness to Jesus Christ　52-53
　　証言の多様性と統一性 diversity and unity of its witness　88-90
　　――の神中心的解釈 theocentric interpretation of　94-97
　　――の教会の解釈 ecclesial interpretation of　97-101
　　――の権威に対する不十分な見方 inadequate views of authority of　83-87
　　――の文学的・歴史的解釈 literary-historical interpretation of　90-94
　　――の文脈的解釈 contextual interpretation of　101-3
聖霊 Holy Spirit
　　――と啓示 and revelation　72, 74, 77
　　――と聖書 and Scripture　84, 87, 101-2
セグンド Segundo, Juan Luis　299
摂理 Providence
　　伝統的――の教理 traditional doctrine of　125-29
　　バルトによる――の教理 Barth's doctrine of　191-95
　　――と祈り and prayer　206-9
　　――とおぞましき悪 and horrendous evils　180-86
　　――と主に従うキリスト者の実践 and practice of Christian discipleship　208
　　――の三位一体論的解釈 trinitarian interpretation of　200-6
　　――の定義 definition of　181

ゼレ Sölle, Dorothee　189n.19, 274
創造 Creation
　　――と環境危機 and ecological crisis　146-152
　　――と現代科学 and modern science　173-78
　　――と三位一体 and Trinity　165-69
　　――の教理の諸テーマ themes of doctrine of creation　155-64
　　――の諸モデル models of　169-73
創造、無からの Creatio ex nihilo　156
ソスキース Soskice, Janet Martin　222n.20
ソブリノ Sobrino, Jon　248n.8, 251n.16, 291, 299-300, 301n.9, 302nn.10-11, 303
ソン（宋泉盛）Song, C. S.　322, 324-25

た　行
第一ヴァティカン公会議 Vatican I　60-61
第二ヴァティカン公会議 Vatican II　326
ダウニング Downing, F. Gerald　49n.5
タナー Tanner, Kathryn　123n.15, 128n.26, 167n.26, 268-69
ターナー Turner, Denys　54n.9
ダレス Dulles, Avery　64-66
チョップ Chopp, Rebecca S.　303, 304n.14
チョン・ヒョンギョン（鄭玄鏡）Chung Hyun Kyung　325
「常に改革されねばならない（教会）」Semper reformanda　100-1
罪 Sin
　　厚かましさと諦観としての―― as presumption and resignation　230-31
　　原罪を意味するものとしての―― as meaning of original sin　232-34
　　自己中心と自己否定としての―― as self-centeredness and self-negation　227-28
　　支配と隷従としての―― as domination

and servility　228-30
　　恵みへの対立としての―― as
　　　opposition to grace　226-27
　　――と死 and death　235-38
ディアス Diaz, Miguel H.　317n.53
デイヴィス Davis, Stephen T.　195n.29,
　　245n.1
ティーマン Thiemann, Ronald F.　68n.31,
　　69n.34
テイヤール・ド・シャルダン Teilhard de
　　Chardin, Pierre　165
テイラー Taylor, Charles　213n.4
ティリッヒ Tillich, Paul　19n.1, 41, 55,
　　124n.16, 277n.49
テオドロス、モプスエスティアの Theodore
　　of Mopsuestia　255
デカルト Descartes, René　25
デリダ Derrida, Jacques　151
テレル Terrell, JoAnne Marie　314n.42
デンプシー Dempsey, Carol J.　165n.22
テンプル Temple, William　66n.28, 217n.11
同伴（神的な）*Concursus*　192, 203
トーマス Thomas, Linda E.　309n.30
トマス・アクィナス　→「アクィナス」
トーランス Torrance, T. F.　123n.15
トルバート Tolbert, Mary Ann　94n.23
トレイシー Tracy, David　19n.1, 35, 39-41
トレイシー Tracy, Thomas F.　67n.30

な　行

ナッシュ Nash, James A.　165n.22
ニケーア公会議 Nicea, Council of　114, 253,
　　318
ニケーア信条 Nicene Creed　33, 99-100,
　　115, 245, 253-54, 264, 278, 319
ニッター Knitter, Paul F.　249n.9
ニーバー、H. リチャード Niebuhr, H.
　　Richard　57, 63n.24-26, 70, 118n.11, 275
ニーバー、ラインホルド Niebuhr, Reinhold

　　213n.3, 225, 233-34
人間の本性 Human nature
　神と他者との関係性において構成され
　　る―― as constituted in relationship
　　with God and others　224
　キリストにおいて新しくされた――
　　as renewed in Christ　238-42
　創造された―― as created　216-25
　堕落した―― as fallen　225-31
ネストリウス Nestorius　254-55

は　行

バー Barr, James　86, 89n.16
パウク Pauck, Wilhelm　250n.14
パク Park, Andrew Sung　323, 324n.68
パク Park, Kevin　321n.61, 322n.66
パスカル Pascal, Blaise　133
ハーディー Hardy, Edward R.　256n.20,
　　260n.25, 272n.40
ハート Hart, David Bentley　182n.3, 288,
　　289n.65, 291
バード Bird, Phyllis A.　98n.26
バトカス Butkus, Russell A.　165n.22
パネンベルク Pannenberg, Wolfhart　19n.1,
　　134n.36, 216, 223, 235n.44, 237n.49
バーバー Barbour, Ian　170n.32, 174,
　　175n.38, 177n.46
パリス Paris, Peter J.　308n.26
バルト Barth, Karl　19n.1, 21, 28-29, 31n.15,
　　33, 37, 39n.21, 40, 54, 62, 72, 75n.45,
　　87, 88n.13, 90, 96, 114n.10, 117, 124,
　　133n.36, 134, 138, 139n.39, 143, 161-
　　62, 174, 180, 191-95, 219-23, 231n.37,
　　235n.44, 237, 251n.15, 261n.27, 266n.32,
　　274, 276, 244n.48, 281, 283n.55,
　　287n.60-61, 305, 328, 329n.76
ハンシンガー Hunsinger, George　266n.32
バーンズ Barnes, Michel René　126n.19
ビーヴァンズ Bevans, Stephen B.　296n.1

337

ピーコック Peacocke, A. R.　174n.36, 177n.44
ヒスパニック神学 Hispanic Theology
　　「混合された」アイデンティティのテーマ theme of "mixed" identity　317
　　――のキリスト論 Christology of　315-20
　　――の文脈 context of　315
ピーターズ Peters, Ted　226n.29
ヒック Hick, John　197-99
ピッテンジャー Pittenger, W. Norman　250n.13
ビルマン Billman, Kathleen D.　189n.17
ピン Pinn, Anthony B.　318n.56
ファックル Fackre, Gabriel　69
ファーリー Farley, Edward　32n.16, 80n.3, 193
ファン Phan, Peter C.　325
ファン・ヒュイステーン Van Huyssteen, Wentzel　174n.36
フィデス Fiddes, Paul S.　132n.34, 222n.20
フェミニスト神学 Feminist theology
　　家父長制への批判 critique of Patriarchy　107, 148, 213, 220-22, 311-12
　　――と贖いの教理 and doctrines of atonement　313
　　――とウーマニスト神学とムヘリスタ神学 and womanist and *mujerista* theologies　314-15
　　――とキリスト論 and Christology　248, 262-63, 311-15
　　――と三位一体論的神の言語 and trinitarian language of God　120-23
　　――と聖書解釈 and biblical interpretation　93, 101-2
　　――と罪の教理 and doctrines of sin　228-30
　　→下巻補遺Cも見よ
フォイエルバッハ Feuerbach, Ludwig　106, 148-49
フォーデ Forde, Gerhard　278n.50
フォン・バルタザール von Balthasar, Hans Urs　130n.30, 201nn.36-37, 258n.23
フォン・ラート von Rad, Gerhard　52n.8
復活 Resurrection
　　キリストの―― of Christ　285-92
　　→下巻補遺Bも見よ
ブーバー Buber, Martin　218n.12
フライ Frei, Hans　85n.9, 89n.16
ブライアン Bryan, Christopher　81n.4
ブラウン Brown, David　127n.22, 172n.34
ブラウント Blount, Brian K.　94, 305n.18, 309n.29
プラスカウ Plaskow, Judith　228n.33
ブラーテン Braaten, Carl E.　278n.50
プラトン Plato　156
プランティンガ Plantinga, Cornelius, Jr.　126n.20, 127nn.22-23, 226n.29
ブルッゲマン Brueggemann, Walter　93n.21
ブルトマン Bultmann, Rudolf　286
ブルンナー Brunner, Emil　157, 158n.13
プレーチャー Placher, William C.　91n.18
フレットハイム Fretheim, Terrence E.　81n.4
フレーリッヒ Froehlich, Karlfried　81n.4
フロイト Freud, Sigmund　106
プロタゴラス Protagoras　148
文脈 Context
　　キリスト論の―― in Christology　295-98
　　神学の営みの―― in the task of theology　36-37
　　聖書解釈の―― in interpretation of Scripture　101-3
ベイリー Baillie, Donald　266-67
ベイリー Baillie, John　47n.2
ベーコン Bacon, Francis　149
ヘッセル Hessel, Dieter T.　165n.22

ベッドフォード Bedford, Nancy E.　303n.13
ヘッペ Heppe, Heinrich　132n,35
ベディアコ Bediako, Kwame　310n.33
ペリカン Pelikan, Jaroslav　74n.43
ペリコレーシス Perichoresis　124-25, 127
ベルカウワー Berkouwer, G. C.　194n.27
ベルコフ Berkhof, Hendrikus　25n.8
ヘルム Helm, Paul　206
ヘンドリー Hendry, George S.　74n.42, 162n.16, 170-71, 177n.46
ボウカム Bauckham, Richard　69n.32
ボエサック Boesak, Allan　219n.13
ボーグ Borg, Marcus J.　246
ホジソン Hodgson, Peter C.　216n.9
ボニーノ Bonino, José Miguez　299
ボフ Boff, Leonardo　128, 284n.56, 299
ホプキンス Hopkins, Dwight N.　308, 309n.30
ホモウシオス *Homoousios*　254
ポラニー Polanyi, Michael　176n.41
ホール Hall, Christopher A.　123n.15
ホール Hall, Douglas John　25n.8, 58n.21, 183n.4, 214n.5
ポールキンホーン Polkinghorne, John　158n.13, 174n.36, 176n.40, n.43
ホワイト White, Lynn, Jr.　147
ホワイトヘッド Whitehead, Alfred North　57, 165
ボンヘッファー Bonhoeffer, Dietrich　36-37, 43-44, 200-1

ま行

マイヤー Meier, John P.　246n.4
マクガッキン McGuckin, John A.　256n.21
マクファディン McFadyen, Alistair　226n.29, 228n.33
マクフェイグ McFague, Sallie　107, 170, 171n.33
マコーマック McCormack, Bruce　274n.43
マッキントッシュ McIntosh, Mark　112n.9
マックレイン McLain, F. Michael　69
マッケルウェイ McKelway, Alexander　222n.20
マッコーリー Macquarrie, John　47n.2, 183
マーティン Martin, James　207n.41
マーティン Martyn, J. Louis　241n.51
マルクス Marx, Karl　31, 106
マルコム X Malcolm X　308
マルセル Marcel, Gabriel　22-23
ミークス Meeks, M. Douglas　152n.8
ミグリオリ Migliore, Daniel L.　79n.1, 133-34n.36, 189n.17, 207n.43
ミッチェム Mitchem, Stephanie Y.　314n.44
ミッチェル Mitchell, Basil　66
ミラー Miller, Arthur　211
ミラー Miller, Robert J.　247n.5
メイエンドルフ Meyendorff, John　266n.33
メッツ Metz, J. B.　202
メランヒトン Melanchthon, Philipp　250
モーツァルト Mozart, Wolfgang Amadeus　172
モルトマン Moltmann, Jürgen　19n.1, 54n.13, 110, 111n.7, 123n.15, 127n.22, 131nn.32-33, 133n.36, 164, 167, 168n.29, 173, 177, 201, 262n.28, 291-92
モルトマン=ヴェンデル Moltmann-Wendel, Elisabeth　111n.7

や・ら・わ行

ユルゲンスマイヤー Juergensmeyer, Mark　106n.3
ユンゲル Jüngel, Eberhard　129n.29, 157n.12, 235n.44, 237n.47
ヨアンネス、ダマスコの John of Damascus　127, 258n.22
ライト Wright, N. T.　290
ラウバー Lauber, David　281n.52
ラクーナ LaCugna, Catherine Mowry　111,

122n.14, 123n.15, 131n.31
ラスムッセン Rasmussen, Larry 165n.22
ラッシュ Lash, Nicholas 75n.44
ラッセル Russell, Letty 94n.23, 221
ラテン・アメリカの解放の神学 Latin American Liberation Theology
 キリスト者の実践の強調 emphasis on Christian Praxis 302-3
 罪の理解 understanding of sin 300-1
 ——のキリスト論 Christology of 298-304
 ——の文脈 context of 299-300
ラーナー Rahner, Karl 124, 235n.44, 250n.13, 252, 328
リー Lee, J. Y. 322
リー Lee, Sang Hyun 322-23
リクール Ricoeur, Paul 71n.39, 88
リチャード Richard, Lucien J. 269n.36
リューサー Ruether, Rosemary Radford 148n.3, 165n.22, n.24, 221n.18, 229, 248n.7, 251n.16, 312

リンゼイ Linzey, Andrew 149n.6
リンドベック Lindbeck, George 89n.15, 100n.29
ルイス Lewis, Alan 148n.4
ルター Luther, Martin 21, 27, 33, 37, 54, 73, 74n.42, 82, 96, 139, 159, 162, 258n.24, 305
ルーベンスタイン Rubenstein, Richard 195
レイ Ray, Darby Kathleen 272n.41
レーマン Lehmann, Paul 26n.9, 221n.16
レン Wren, Brian 122n.13
レンブラント Rembrandt 172
ロイス Lois, Julio 300n.7
ロサリオ゠ロドリゲス Rosario-Rodriguez, Ruben 317n.53
ロス Roth, John 195, 196n.30
ロースキィ Lossky, Vladimir 54n.11
ロッホマン Lochman, Jan Milič 123n.15
ロナガン Lonergan, Bernard 176n.39
ワインバーグ Weinberg, Stephen 163n.19

上巻聖句索引

旧約聖書

創世記
1–2 章 174
1 章 172, 219
1:1 146
1:2 163, 172
1:10 160
1:12 153
1:18 153, 160
1:21 153, 160
1:25 153, 160
1:26 147, 224
1:26–27 212
1:27 125, 214, 219
1:28 224
1:31 153, 160
2–3 章 226, 232
2 章 219
2:7 170
2:9 223
2:18 162
3 章 154
3:8 以下 212
3:9 26
4:1–8 279
4:9 26
9 章 154
9:8–17 181
9:12–13 155
17 章 51
25:8 183, 235
32:23–33 196
32:25 以下 27

出エジプト記
3 章 48
3:1–10 135

3:14　52
20:3　110
20:4　212
33:12–23　52

レビ記
25:8–12　153
26:12　142

申命記
6:4　110
7:7–8　140
23:1–8　94n.21

サムエル記上
15:3　85, 153

サムエル記下
12 章　48

列王記上
19:11 以下　52

歴代誌上
22:10　121

ヨブ記
38–41 章　188
39–41 章　153, 161
42:7　189
42:17　235

詩編
8:2　25
8:4–5　25
13 編　196
13:2　186
19:2　59, 95, 153
24:1　153

35 編　196
50:3　51
51:6　227
74 編　196
82 編　196
86:10　95
89 編　196
90 編　196
90:10　183
90:12　236
94 編　196
100:3　159
103:13　121
104 編　181
104:30　59, 163, 172
127:1　170
130:1　44
139:8　203

イザヤ書
1:16–17　102
6:1–8　48, 135
11 章　155
40:6　158
40:18　95
40:21　51
40:25　95
43:18–19　68
45:15　52
49:15　121
53 章　273
53:1–3　288
55:9　51
56:3–8　94n.21
61:18–19　260
66:12–13　121

エレミヤ書
5:1　102

18 章　170
22:16　26, 63

エゼキエル書
37 章　287

ホセア書
11:8–9　130, 136

アモス書
5:23–24　102

ミカ書
6:8　63, 88, 102

ゼカリヤ書
4:6　95

マラキ書
3:6　135

新　約　聖　書

マタイによる福音書
1:20　268
1:21　251
5:21 以下　81
5:45　181
6:6–9　121
6:26　153
6:26–30　181
6:28–29　153
9:36　204
10:30　181
12:18　270
12:28　268
16:16　123
23:37　121

341

25:34　143
25:41　143
28:6　285
28:11–15　286
28:19　110, 141
28:19–20　289
28:20　68

マルコによる福音書
8:27–35　252
8:29　26, 99, 258
10:17　49
10:42–44　154
10:45　249, 278
11:28 以下　81
12:13–17　81
12:29–30　110
12:29–31　63
12:30　115
14:36　257
15:34　26, 136, 186, 196
16:1–8　285
16:8　288

ルカによる福音書
2:40　259, 268
4:18–19　260
4:18 以下　53
6:20　68
7:48　68
9:24　68
13:4　190
13:10–17　263n.29
13:34　262
15:8　20
15:8 以下　262
15:11 以下　261, 262
22:42　270
24:13–35　285, 290

24:26　280

ヨハネによる福音書
1:1–3　163
1:1–14　250
1:9　59
1:14　53, 59, 73, 92, 138, 212, 254
1:32　268
3:3　49
3:3–6　122
3:8　137, 164
3:16　95, 133, 250, 282
3:21　30
4:14　68
8:12　57
8:32　57
9:1–13　189
16:23　23
16:33　68
20:20　288
20:22　288
20:28　290
20:31　98
21:15–17　289

使徒言行録
3:13　287
8:30–31　74
10:9 以下　48
10:38　269
17:22 以下　59

ローマの信徒への手紙
1:1　34
1:3–4　288
1:18–23　61
1:20　59
4:17　95, 146, 159

4:18　284
5:1　159
5:1–5　111
5:5　112, 282, 289
5:8　94, 249, 278, 283
5:12 以下　232
5:20　141
6:23　235
8:9–30　111
8:18　190
8:18–25　292
8:18–39　130
8:21　92, 97, 241, 288
8:22–23　154
8:26　136
8:28　191, 203, 208
8:32　249
8:35–39　136
8:38–39　57, 208
8:39　141
9–11 章　142
9:18　143
9:21　170
11:25–36　140
11:32　143
11:33　53
12:2　56
12:21　203
14:8　237
15:4　99
15:13　99

コリントの信徒への手紙 I
1:7　53, 66
1:18 以下　95
1:22–23　53
1:23　44, 70, 248
1:23–24　114, 136, 137
1:24　247

1:25　284	12:7–9　191	1:17　163
3:9　164	12:9　75	2:15　271
4:20　30	13:13　100, 111, 129, 242	3:3　53
9:22　297		3:4　66
12:3　99, 111, 258, 290	**ガラテヤの信徒への手紙**	
12:21　328	1:4　282	**テサロニケの信徒への手紙 I**
13 章　205	1:6 以下　33	5:19　101
13:12　23, 53, 99, 180	1:12　48	
14:34　93	2:19–20　266	**テモテへの手紙 I**
15 章　155	2:20　250, 278, 282	2:4　141
15:1–11　285	3:1　70	2:12　85
15:3　278	3:13　273	
15:10　266	3:28　85, 93, 222, 241	**ヘブライ人への手紙**
15:14　286	4:4　137, 259	1:1–2　23, 52, 96
15:20　288	4:4–7　111	4:15　259
15:22　249	5:6　38	5:8　191, 198
15:23　288	5:13　141	9:14　269
15:26　235, 236		11:3　163
15:28　131	**エフェソの信徒への手紙**	12:2　239
15:56　237	1:3–14　111	13:8　135
	1:4　140	
コリントの信徒への手紙 II	2:8　140	**ペトロの手紙 I**
1:20　95, 142	3:18–19　36	1:13　53
3:6　82, 98	4:6　111	
3:17　111, 141	5:21　222	**ヨハネの手紙 I**
4:4　215	6:5　85	3:2　53
4:5　77		4:1　29
4:6　53, 212	**フィリピの信徒への手紙**	4:8　111, 117
4:7　73, 94	2:5　56	4:12–13　111
5:14–15　278	2:5 以下　95, 264, 269	4:18　27
5:17　85	2:5–6　157	4:19　99, 240
5:18　250	2:5–8　309	
5:18–19　114	2:5–11　288	**ヨハネの黙示録**
5:18–20　111	2:7　254	2:7　223
5:19　72, 85, 250, 263		21 章　155
8:9　95, 103	**コロサイの信徒への手紙**	21:5　146
10:5　29	1:15　56, 215	

D. L. ミグリオリ　　Daniel L. Migliore

アメリカの組織神学者。1935年ピッツバーグの長老派牧師家庭に生まれる。ウェストミンスター・カレッジ（ペンシルヴァニア州ニューウィルミントン）で歴史学を専攻したのち、1964年プリンストン大学にて Ph.D. 取得。1965-66年テュービンゲン大学留学。
1962年よりプリンストン神学大学院で教鞭をとる。2009年退職時プリンストン神学大学院チャールズ・ホッジ記念教授（組織神学）。現在、同大学院名誉教授。
主著である本書 *Faith Seeking Understanding: An Introduction to Christian Theology* (Eerdmans, 1991, ²2004, ³2014) をはじめ *Called to Freedom: Liberation Theology and the Future of Christian Doctrine* (Westminster, 1980) ; *The Power of God and the God of Power* (Westminster John Knox Press, 2008) ; *Philippians and Philemon* (Belief: A Theological Commentary on the Bible, Westminster John Knox Press, 2014) ; *Rachel's Cry: Prayer of Lament and Rebirth of Hope* (with Kathleen D. Billman, Wipf & Stock, 2007) ほか単著・共著多数。
ドナルド・M. マッキム編『リフォームド神学事典』（いのちのことば社、2009年）「信仰 Faith」の項目担当。

下田尾　治郎（しもたお・じろう）

1962 年群馬県生まれ。1985 年国際基督教大学教養学部人文科学科卒業（教養学士）。1988 年慶応義塾大学大学院文学研究科ドイツ語・ドイツ文学専攻博士前期課程修了（文学修士）。1993 年東京神学大学大学院神学研究科組織神学専攻博士前期課程（神学修士）。日本基督教団銀座教会伝道師・副牧師を経て、1997 年米国プリンストン神学大学院にて Th.M. 取得。大町教会牧師、田浦教会牧師を経て、2014 年より敬和学園大学准教授。

著書
『牧師とは何か』（共著、日本キリスト教団出版局、2013 年）　他

訳書
ファン・リューベン『デージェだっていちにんまえ』（福音館書店、1991 年）、レギーネ・シントラー『シモンとクリスマスねこ　クリスマスまでの 24 のおはなし』（同、1994 年）、同『聖書物語』（同、1999 年）、A. E. マクグラス編『現代キリスト教神学思想事典』（共訳、新教出版社、2001 年）　他

論文
「エーバーハルト・ユンゲルの自然神学理解」（『神学』56、東京神学大学、1994 年）　他

D. L. ミグリオリ
現代キリスト教神学　理解を求める信仰　上

2016 年 8 月 25 日　初版発行　　　　Ⓒ 下田尾治郎　2016

訳者　下　田　尾　治　郎
発　行　日本キリスト教団出版局
〒169-0051　東京都新宿区西早稲田 2-3-18
電話・営業 03 (3204) 0422、編集 03 (3204) 0424
http://bp-uccj.jp

印刷・製本　三秀舎

ISBN 978-4-8184-0945-3 C3016　日キ販
Printed in Japan

日本キリスト教団出版局

《オンデマンド版》
現代キリスト教神学入門
W. ホーダーン：著
布施濤雄：訳

「現代神学というジャンルの中をこれほど的確に道案内してくれる書物はまたとない」とまで激賞された、信徒のためのプロテスタント神学案内で、同時に牧師・神学者にとって興味ある好著である。
4,000 円

《オンデマンド版》
キリスト教教理史
ルイス・ベルコフ：著
赤木善光、磯部理一郎：訳

わが国における教理史や神学史は、ドイツを中心とするルター派のものが多いが、本書は、改革派も含め、テーマ毎に区分けして、当該テーマについて古代から現代までの歴史を簡潔に叙述したものである。
4,400 円

《オンデマンド版》
福音主義神学概説
H. ミューラー：著
雨宮栄一、森本あんり：訳

著者は統一前の東ドイツ社会で、無神論的世界観教育で教会と対峙しようとする政府に向き合い、真の「福音主義神学」の構築を目指した代表的神学者。その闘いの中から生まれた本書は、問答形式で福音主義神学全体を概説する。
7,800 円

キリスト論論争史
小高 毅、水垣 渉：編著

キリスト教信仰の中心がイエス・キリストにあるゆえに、キリスト論はキリスト教内部でも他宗教との関係においても常に問題化せざるをえない。初代教会から現代に至るまでの様々なキリスト論の展開、ならびに論争を概観する。
9,500 円

十字架とリンチの木
ジェイムズ・H. コーン：著
梶原 壽：訳

19〜20世紀米国南部で「リンチの木」に吊るされた何千もの黒人は、繰り返し十字架につけられたイエスの似姿であった。あらゆる人種・民族差別に抵抗するすべを探る、黒人神学の先駆者の「全著作の継続であり完成点」。
3,800 円

《オンデマンド版》
彼女を記念して
フェミニスト神学によるキリスト教起源の再構築
E. S. フィオレンツァ：著　山口里子：訳

2000年に及ぶ父権制的キリスト教によって歴史の記録から隠され抹消されてきた初期キリスト教における女性たちの業績と記憶を、最新の聖書学を駆使して再構築する、フェミニスト神学の古典。
9,300 円

重版の際に定価が変わることがあります。定価は本体価格。
オンデマンド版書籍のご注文は出版局営業課（電話 03-3204-0422）までお願いいたします。